汲古叢書42

高橋芳郎著

宋代中国の法制と社会

汲古書院

序　言

本書には主に宋代の法制度に関わる論文を集成した。収録論文は多く直接には法制とその周辺にわたる問題を論じたものではあるが、私の関心は奥底の部分では中国人とは何か、中国とはどのような社会かという点にある。この点はおそらく多くの中国史研究者と共通するであろう。そしてまた、中国社会を理解することは日本社会と日本人を、ひいては私たち自身を理解することにもつながるはずである。私たちは上記の最終目標に到達するために、それぞれのテーマを選択しているのであって、論題の解明自体が究極の目標であるとすれば、それは好事家の暇つぶしにすぎないであろう。残念なことに、本書において私が描く中国史像をまとまった形では提示できていないけれども、各論文の中にそうした意図をくみ取っていただければ幸いである。

第一部は宋代の法制と社会に関する論文を収めた。

第一章は、主戸客戸制度の中で最も基本となるべき主戸、客戸概念を論じた。宋朝の税役制度運用の基軸をなした主客戸制度は、課税対象となる資産に応じて主戸を五等に階層化し、税産は持たないものの労働力としては徴発できる客戸をその下に配置するという形で構成されていた。両税法の課税原則たる資産対応賦課という側面からすれば、主戸と客戸の区分は両税負担者か否かにあり、徭役差発の面から見れば、そこにあるのは均等な丁男の労働力ではなく、背後に資産に応じた異なる負担能力を持つ差発対象なのであった。すなわち徭役差発の面から見れば、五段階に格付けされた資産を背後に持つ丁男と生の労働力しか持たない丁男との区別が主戸と客戸の違いとなって現れる。主戸客戸制と戸等制が宋代に大きな意味を担ったのは、本書の付録一で論じたように、国家によって収取される税役が多様な形態をとっていたからであり、この税役収取が、後の歴史の展開が示すように、貨幣形態に統一されるにしたがって主客戸制と戸等制とは歴史的意味を失うことになる。

第二章および第三章は、宋代官田の「立価交佃」や「資陪」と呼ばれる取引行為が何を意味し、どのような歴史的位置を占めていたかを論じたものである。両税法の施行とともに私人の土地所有は合法化され、必然的に階層分化は進行した。国家に所有権が帰属するところの土地すなわち官田は、決して一律の内実を持っていたわけではない。それは土地経営の実際に関してのみならず、「所有権」の内実においてもそうであった。国家が土地経営に全く関与せず、人戸の耕作に委ねて租課を徴収するだけの官田にあっては、人戸に已業意識が生じ、人戸は非合法ながら官田の典売を行っていたし、またある種の来歴を持つ官田では国家自体が人戸の官田典売を許可していた。合法化された官田の典売を宋代には「立価交佃」「資陪」と称していたのであった。名目的な所有権が国家に属し、事実上の所有権が耕作者に属すこうした官田は、以後、元・明・清代へと拡大普及してゆく。一方、宋代の土地取引に少なからず見られるところの、まず土地を典しのちに売却する「先典後売」の事例を見てみると、典業（典に出した部分）は典主に、「骨」・「根」（業主の回贖権あるいはのちに売却される部分）は典主とは別の人戸に売却される事例が現れてくる。典業と骨・根とがそれぞれ独立して取引される事態は、ひとつの業にふたつの物権が設定されていたことを示すものにほかならず、これは後世の一田両主制を支える観念的基礎をなしたと推測される。

第四章は、長江下流地帯の水利慣行を扱っている。私は東北の山村で育ったことから、わが国における村落の共同体的慣行、すなわち農業の再生産過程への村落の関与、冠婚葬祭における相互扶助、河川や道路の修復、村落内の紛争の解決方法、祭祀や娯楽の挙行等々の存在――それはすでに多くの変容を被った衰退した形態ではあったが、しかし一九六〇年代に所謂「高度経済成長」が始まる前にはほぼ江戸末期から明治以降の形態を保持していたやに感じられる。そして労働力、生産物、生産資材がすべて貨幣によって賄われ、商品となったことによってそれらはすべて消滅した——は日常的に肌身で感じることができたのだが、宋代の中国社会に関する史料に接するとき、「ムラ」とはそういうものだという先入観は全く通用せず、すべて捨て去らねばならないという思いを強くする。私が経験したような共同体的関係を持たない社会はいかにして再生産が可能であったか、そこでは共同体的関係に代るいかなる社会関係と秩序とが見られたのかという問題は、実は中国史・中国社会のみならず文明社会の諸形態をも解き明かす鍵になるであろう。

第五章は、宋代の抗租闘争を検討した。抗租闘争は戦後の階級闘争史、農民戦争史研究の高まりの中で持続的に研究が積み重ねられてきた分野であった。本章の基となった原稿は一九八〇年夏の北海道大学における「抗租闘争の諸問題」と題するシムポジウムの発表に備えて起草されたものである。このシムポジウムは以後「明清史夏合宿の会」へと発展してゆくきっかけとなったもので、翌年は名古屋大学主催で「地域社会への視点」と題して開催された。以後周知のように地域社会論はわが国の中国史、特に明清史研究に大きな影響を与えることになり、おそらく後の研究者は一九八〇年と八一年の研究会とを対比しつつ、わが国の中国史研究における階級闘争史観から地域社会論への転換という総括を行うことになるであろう。そのこと自体は現象的に見れば誤りではないのだけれども、しかし、抗租闘争を中心とする階級闘争史研究は明確な総括がなされた結果捨て去られたのではなく、いわば時代の流行の中で古着を脱ぎ棄てるように忘れ去られたにすぎないという思いも私にはある。中国史研究に階級分析が不適合なのではなく、中国史の文脈に即して階級分析を行う私たちの方法が未熟だったにすぎないのではなかろうか、あるいは私たちはお湯と一緒に赤ん坊も流してしまったのではなかろうかという思いである。

第六章は、私の身分制史研究の過程で生れた小論である。概して中国史における盗みの罪に対しては、強盗ならばいうまでもなく、刑罰が極めて重いという印象を誰しもが抱くであろう。ところが家族・親族内における窃盗罪に対する刑罰は一般の窃盗罪に比して軽減されるという事実が存在する。それが何に起因するかを検討したのが本章で、そこには同居共財とその解消を意味する家産分割という連綿と続いた中国人の経済関係が存在したことを主張したものである。何が罪であり、どのような罪に対してどれだけの罰が加えられるべきかという問題は、人々の法意識＝価値観と時代によるその変化によって異なってくるものではあるが、だとすれば刑罰史の研究はある社会の秩序と価値観の研究にほかならないものとなる。ここに刑罰史研究のおもしろさと困難とがあると言ってよいであろう。

第七章は、宋代の裁判制度の一側面である務限の法と茶食人とについて論じたものである。宋代の裁判制度は先学の努力によって大筋で解明されてはいるが、なお究明すべきいくつかの論点が残されている。本章はその一歩にすぎない。

第七章の付論は、植松正氏の論考を批評しつつ、第七章の務限の法に関する自説を再確認したものである。

第八章は、書籍解題として執筆したものである。一九八三年に中国で明版の『名公書判清明集』（北京図書館の一〇巻本、上海図書館の一四巻本）が発見されたという消息が翌年わが国にも伝えられた。東北大学の大学院で愛宕松男先生が宋版の清明集を演習の素材に用いておられたことは知ってはいたが、私が大学院に入学したときにはすでに前年までに読み終えられたということであった。そこで一学年先輩の地濃勝利氏と私的な研究会を開いて輪読したが、一向に内容の把握ができなかったことを覚えている。北大に助手として赴任の後には、初めは院生諸氏と、やがては先生方も参加されて一緒に輪読会を開いた。こうした経験から、清明集には少しく思い入れがあり、一九八四年に上海復旦大学に留学した際には真先に上海図書館に赴いて明版の閲覧を申し出た。閲覧はマイクロフィルムならばということですぐに許可を受けたが、電子複写を取ることやマイクロのコピーは許されなかった。当時の私の計算では、毎日筆録をしておよそ三ヶ月で宋版と重ならない部分は書き終えられると踏み、以後連日窓のない裸電球一個がぶら下がった部屋で、時々不具合を起すマイクロリーダーをなだめつつ筆写を続けた。こうして一〇日ほどが経ったときに、名古屋大学（当時）の森正夫氏から紹介をいただいていた閲覧主任の方と偶々廊下でお会いした際に、「今何を見ているか」との質問があり、「清明集を見ているが筆録に時間がかかる」と申し上げたところ、「マイクロのコピーは駄目だが、一部分ならば写真に焼き付けることはかまわない」とのお話であった。私は小躍りするような気持ちで早速宋版と重ならない部分──宋版は一度通読していたのでどの部分が宋版と重複するかはおよそ記憶にあった──の写真版作成を願い出た。持ち帰った写真版は梅原郁氏の手で電子複写が作成され、京都大学人文科学研究所と東京大学東洋文化研究所に寄贈した。こうして明版の清明集は一九八五年からわが国でも見ることができるようになったのであるが、一九八七年に中華書局から点校排印本が出版され、また近年は上海図書館で自由に複写がとれるとのことで、それによって私が持ち帰った清明集の写真版はその役割を終えることになった。それにしても初めて明版のマイクロにふれたときの感激は今でも鮮明に覚えている。のちに一九八五年春には北京図書館で、一九九五年春には上海図書館で実物を目にする機会があった。清明集にはこうした個人的な思い出が多々あって、現在でも本書には愛着を禁じえないものがある。現在疑問として残されているのは、上海図書館蔵の清明集に校訂を加えた人物と、その人物が持っていた版本に関することである。上海図書館本に校訂を加えた人物は、明らかにそれとは異なる版本を傍らに置いていたと考えられる。したがって、本章の中で清明集の版本の継承関係についていささかの考察を加えたが、その中の一書が現存している可能性は否定できないことである。その版本が出現すれば、清明集に関する書誌学的知見は大きく前進するであろう。期待は今後に繋がる。

第九章は、長く論争となってきた南宋代の女子の財産権に関して私見を述べたものである。宋代には多くの民事立法がなされ、裁判の記録にもそれらは多く残されている。問題の女子に財産継承の権利があったかに見える立法もその一部である。宋代になぜあれほどまでに民事的な立法がなされたかは、宋代史を考えるときに重要な論点を提供することだと思われるが、そうした立法の多くは、私には行政を画一的に運用する手段として、あるいは官僚の恣意を排除するために作られたもので、いわば行政の効率化と省力化をねらったものではないかと思われる。つまりは、民衆の何らかの権利を法的に保護する目的は当初から持ってはいなかったと考えられるのである。こうした私のいまだ形をなして公言することができないけれども、しかしいささかの確信を伴った考えから本章は書かれた。本章の考え方に対しては、明に暗に批判が寄せられているが、私は依然として本章で提出した考えを改めるには至っていない。

第十章は、明律の有名な一条「威逼人致死」に先行する法が唐宋代にすでに認められることを論じたものである。本章も第九章と同じく清明集という史料に負うところが大きい。何が罪であるかという意識は、民族や時代によって異なるが、その恰好の事例を自殺の誘起という問題は提供してくれる。自殺の誘起を犯罪と認めるのは旧中国に独特の考え方であると言われており、さらに自殺の誘起を犯罪視したのは漢民族であり、その証拠に元朝では自殺の誘起は犯罪とは見なされなかったようである。自殺の誘起を犯罪視する法意識は現代中国の刑法にも一部現れているが、不自然な死あるいは自殺という行為を刑事的責任のレベルでも問題にしようとする態度は、生命に対する中国的な価値観の現れであると考えられ、ひいては中国的な正義と法＝人権観の現れであるとも言えるかもしれない。

第十章の付論は、滋賀秀三氏との私信のやりとりで教示を受け啓発されたことをもとに、第十章の論点を補強しようと試みたものである。すなわち、自殺の誘起を犯罪視する法意識は唐律の中に明確に存在し、また後漢以降の史書にもその痕跡が窺えることを論じたものである。

第二部には、本書の書名に掲げた「宋代」あるいは「法制と社会」とは直接関わりのないものを集めた。それゆえ、雑纂と名付けている。

第十一章は、有名な『水滸伝』の主人公である宋江の歴史像について日中の研究史を紹介したものである。文化大革命終息直後の研究ということもあってか、歴史上の宋江に関する中国人研究者の研究はほとんど取上げられることがなかった。それらを紹介したのが本章である。中国では長く庶民が自国の歴史に接する機会は演劇や語り物による以外なく、『三国演義』はその代表格であるが、宋江についても歴史上にモデルとなった人物がいた。ただ歴史上の宋江は野盗の頭目ではあったがさほど影響力があった人物とは思えず、また宋江に関する史料はきわめて断片的で少なく、あるいはそれが『水滸伝』における宋江の生彩のなさと関係するのかもしれない。

第十二章は、上海図書館所蔵の『著存文巻集』を紹介したもの。私は中国の判牘に興味を抱いており、一九八九年に上海図書館を訪れた際に本書を目にした。個人の手になる判牘は文集等に多く収録されており、近年は徽州文書中の判牘も紹介・活用されているが、こうした争いの一件書類を出版した事例は多くはない。

第十三章は、森正夫氏を団長とする名古屋大学の調査団の一員として上海市青浦県朱家角鎮を調査した際の記録を紹介したものである。人民調解委員会という現代中国の特色ある制度が、実は伝統的な中国の紛争処理機関、処理方法と歴史的つながりがあることを感じさせられた調査であった。

付録二篇は、柳田節子氏の著作に対する書評である。書評ではあるが、あるいは書評であるがゆえに、宋代史に関する率直な私の考えを述べている部分があるので、あえて収録した。

目次

凡例

一 本書で使用した主な漢籍の略称と版本は以下の通りである。
『長編』 李燾『続資治通鑑長編』一九七九年～一九九五年中華書局排印本
『宋会要』 徐松輯『宋会要輯稿』民国二五年国立北平図書館景印本
『元典章』 『大元聖政国朝典章』民国六五年故宮博物院景印元刻本
『清明集』 『名公書判清明集』一九八七年中華書局排印本
文集や筆記等は主に『四部叢刊』本、景印文淵閣『四庫全書』本に拠った。
二 引用史料は主にわが国の常用漢字を用いて表記した。
三 引用史料の原割注は《 》で示し、史料の傍点は特に断らないかぎり筆者が付したものである。
四 各章末の《付記》は旧稿に付していたもの、《補記》は今回新たに付したものである。
五 論文集などの形で単行本に収録されている論文は、原掲載年のみを記して原掲載雑誌名は省略した。

第一部　法制と社会

第一章　宋代主客戸制と戸名——戸籍法上の取扱いを中心に——

はじめに

主客戸制研究は、周知のように土地制度・地主佃戸制研究とともに、これまで最も活発な議論が蓄積されてきた分野であった。それは、主客戸制が、税役収奪に集中的に表現される宋朝権力と農民層との支配隷属関係を媒介した[1]というだけでなく、地主佃戸制研究や郷村レベルにおける村落行政ないし村落規制の解明にも、不可欠の問題を提供するものであったからにほかならない[2]。

ところで、主客戸制と関連するそれら社会制度・経済史研究が一定の成果をあげたとはいえ、主客戸制の形成過程やその展開＝消滅の歴史的原因等の重要な問題は依然として未解決のまま残されており、わけても議論の出発点ともなるべき主戸・客戸概念については制度概念にせよ実態概念にせよ、研究者間に大きな見解の隔たりがあって、いまだに定論を見るに到っていない[3]。このことは、逆に言えば、従来の宋代史研究が主戸・客戸といった用語の概念を明確にしないまま進められたということであって、これらの用語の概念を明確化することは、基礎的作業として当面する課題であると言えよう。したがって、本章では、戸籍法上の取扱いとの関連で主戸・客戸の制度概念の確定を試みようと思う。

(1)　研究史の簡単な総括

草野靖氏は、一九五九年に「宋代の戸口統計上に所謂客戸について」(『史淵』七九)を、続いて一九六三年に「宋代の主戸・客戸・佃戸(上)(下)」(『東洋学報』四六―一、二)を発表し、主戸・客戸あるいは佃戸といった史料用語の概念規定を試みている。この中で氏は、それに先行する周藤吉之氏[4]・柳田節子氏[5]等の研究が、客戸の実態概念と制度概念とを区別することなく、単に客戸の存在形態からその概念を抽出するに止まっていた点に反省を促し、多様な存在形態を示す「文献上の客戸」と「戸籍上の客戸」を区別するという方法を新たに採用した。その結果、まず戸籍法よりすれば、客戸とは僑寓の有産戸であり、主戸と同じく戸籍上に戸名を持つが、無産佃戸は独立の戸名を持たず主戸の戸名下に付籍される主戸下の戸である。また、主客戸の区分基準は、当初本貫地居住者か否かに置かれたが、両税法の資産対応見居地課税原則が貫徹するにつれ「居住七年以上」・「物力主戸三等以上」という二条件で客戸の主戸化が行われた。つぎに税役法よりすれば、両税は主客戸負担、職役は主戸、時には客戸も負担、夫役は主客戸負担であるが、佃戸は税役免除である。草野氏の所論は以上の如く要約されよう。

これに対して多くの批判が提出されたが[6]、戸籍法との関連では主客戸の区分基準は宋代を通じて本籍地居住者か否かにあり、客戸が本籍地へ帰業しないかぎり客戸の主戸化はありえない、とする批判が岡本雅博氏から出された[7]。一方、柳田氏は、佃戸も独立の戸名を持ち、身丁銭米や保丁の役を負担するなど戸として国家に把握されていたとして、草野氏の「佃戸は主戸下の戸」とする説を批判した[8]。同様の批判は丹喬二氏からも提出され、丹氏は無産佃戸も戸名を持つ以上「主戸下の戸」ではなく、したがって「立戸の条件は田産所有」とは言えない、と述べている[9]。

以上の諸氏に共通する理解は、客戸ないし佃戸の概念規定には異同があるにせよ、戸籍上に戸名を持つのは主戸に限られず、客戸（あるいは佃戸）も戸名を持つとする点にある。これに対して島居一康氏は、両税法施行以後の主客戸の区分基準は、加藤繁氏が提唱したように一貫して不動産の有無に置かれており[10]、また、立戸名とは主戸となることと同義であって、客戸として戸名を立てるということは起りえなかった、と主張している[11]。

(2)　問題の所在

さて、以上のような主客戸制に関する学説的混乱の原因を検討してみると、そこには、史料解釈の相違もさることながら、およそ二点にわたる方法的欠陥を指摘しうるように思われる。

第一点は、草野氏の方法論に関してであって、氏は上述のように「文献上の客戸」と「戸籍上の客戸」を区別するという方法を用いたが[12]、それと同時に、というよりは区別したがゆえに、主戸・客戸と佃戸とを同一次元で取扱う結果に陥った。「佃戸は主戸下の戸」とか「佃戸は戸名を持たない」と言う時、氏はあたかも「戸籍上の佃戸」といったものすら想定しているごとくであるが、戸籍法・税役法上に佃戸という概念が成立するわけではない。つまり、草野氏の方法論には、主戸・客戸や佃戸の概念が成立する場を無視するという誤りがあったと言えよう。したがって、われわれは、制度概念として成立するのは主戸・客戸であって、佃戸とはその実態概念であることを確認しておかねばならない[13]。

つぎに第二点は、「戸籍上の客戸」を対象とした研究すべてに該当することであるが、客戸（あるいは佃戸）の戸名の有無や、「立戸名」＝登籍の条件等をめぐって議論が交わされた時に、そこで想定された「戸籍」とは一体どの「戸籍」であるかが全くと言ってよいほどに不問に付されていた点である。周知のように、宋代には五等丁産簿をはじめ各種の帳籍が作成されていた[14]のであって、それらの帳籍を一括して「戸籍」として取扱い、客戸の戸名の有無や登籍の条件について議論を展開したとしても、それは要するに水掛論に終始せざるをえないであろう。なぜなら、各種の帳籍はそれぞれ税役賦課や戸口統計といった何らかの目的を持って作成されており、賦課税役の種類や調査対象の相違に応じて、当然記載形式の相違がもたらされるだろうからである。

以上の二点にわたる方法的反省をふまえて、本章の叙述は、まず宋代の各種帳籍の性格に注意を払いつつその記載形式を検討し、それによって、戸籍法上の主戸・客戸の取扱いとその制度概念の確定を試みるという体裁を取ることになる。

一　各種帳籍上の主戸・客戸

まず客戸の戸名の有無を問題としよう。北宋中期の人、呂南公の『灌園集』巻一四、書「与張戸曹、論処置保甲書」は、まず主戸内に極端な階層分化が生じており、両税負担額が百銭・十銭の戸も主戸として捉えられ、保甲の役がそれら貧窮主戸を一層飢渇に追いやったと述べ、続いて客戸について、

而客戸之憂、又其最重。何者、客戸之智、非能営求也。能輸気力為主戸耕鑿而已、則其一日不任事、其腹必空、而況使之与主戸共分一旬再旬之憂乎。此正所謂使之責之、未出於憂者也。

と述べ、さらに保甲の編排については、

今之居民、無常定也。有団落之間雑数十百家者、有五里三里寂無一家者、有東西相望而阻以山川者、有懸絶之聚止於三両家者。此皆戸名著在官書、而其遠近疎密、則官所不能知也。知之者、其里之長正而已。今不以責長正、

而使胥徒坐廡下、按籍而列之。蓋胥徒能以主客戸参雑耳、安能識其所比而聯之。是以一版之民、有相隣而属異者、有極遠而属同者、皆按籍遙点之効也。

と論じている。この史料を、草野氏は編戸としての客戸（＝有田納税戸）の戸名が「戸籍上に登録されて」いたことの根拠とし[15]、柳田氏は、この客戸は無産無税であり、無産無税の客戸も「官籍に戸名を記載されて」いたとして草野氏を批判した。ここに見える客戸は確かに柳田氏が言うように無産無税の戸であるが、この史料は保甲の役とその編排を批判したものであって、保甲の編排は保甲簿に基づいて行われた以上[16]、ここで言う「官書」ないし「籍」とは具体的には保甲簿を指すと考えねばならない。保甲簿の記載形式は、前掲『灌園集』に「此皆戸名著在官書」とあるが、傍点を施した箇所から明らかなように、これは主客戸ともに該当するものであり、さらに、『宋会要』兵二―一七、郷兵、元豊三年（一〇八〇）□（□は六、『長編』巻三〇五、参照）月二四日条に、

京東路転運副使李察言、保甲之法、……本路排定、累年既不教習、復無点閲之法、進丁開戸、簿籍不明、寖成空文。乞毎歳農隙、委提点刑獄司、選官分県、就郷村対籍閲丁数、其不同者正之。詔送司農寺。

とあるように、主客戸ともに戸名を持ち、戸名下に丁数が記されていたと考えられる。客戸が保甲薄上に戸名を持つのは、保甲が戸数単位の編成であり、客戸も保内に組み込まれて保丁の役を負担していたことによるものと言えよう[17]。したがって、『灌園集』巻一四の記事は、保甲簿上に客戸が戸名を持ったことは示すものの、ここから客戸は「戸籍」や「官籍」上に戸名を持つ、と一般化することはできない。

このような一般化が危険なのは、たとえば職役差発のために作成された差役鼠尾都簿のように三等戸以上の主戸だけを登載する帳籍が存在するからであって、差役鼠尾都簿には客戸のみならず四等戸以下の主戸も戸名を持たないのである[18]。また、両税徴収の台帳である夏秋税租簿上に戸名を持つのは主戸に限られ、客戸は丁中小老疾病の総数を記

載されたにすぎなかった。[19] こうした記載形式の相違は、賦課税役の種類とその対象によって規定される。すなわち、差役鼠尾都簿の記載形式は、職役が基本的に三等戸以上の主戸に課せられたことの反映であり、夏秋税租簿に客戸が戸名を持たないのは、両税負担が主戸に限られていたからなのである。

つぎに、宋朝の戸口統計や県望の升降および州県官の成績調査等[20]の手段となった帳籍に升降帳がある。『宋会要』食貨一二―二、戸口雑録、景徳四年（一〇〇七）七月条の権三司使丁謂の上言に、咸平六年（一〇〇三）との比較で景徳三年に戸部が集計した新収戸・流移者・旧管戸口・増収戸口・賦入総数・増収賦入数を記しており、同書食貨一二―三、戸口雑録、天禧四年（一〇二〇）一二月条には、

詔、諸升降戸口、毎年正月、具新収人戸・所増税賦、旬磨訖結罪、申三司。

とあるように、升降帳には新収戸口と流移者数、ならびに税賦の増（減）数が記入されていたと思われる。また、同書、食貨一二―二、戸口雑録、景徳四年（一〇〇七）九月条に、

詔、諸路所供升降戸口、自今招到及創居戸、委的開落得帳上荒税、合該升降、即撥入主戸。供申内、分烟析生不増税賦及新収不納税浮居客戸、並不得虚計在内。方得結罪保明、申奏升降。

とあり、招到戸と創居戸は升降帳に荒税を記入して升降の対象とする（客戸より主戸へ升す）とともに、主戸下より分析されても税賦を増さない客戸および新収の納税しない客戸は主戸として供申してはならぬと指示しているが[21]、このことは、升降帳に主戸と客戸が区別して記載されていたことを示すであろう。[22] ただし、『宋会要』食貨六九―四二、逃移、政和八年（一一一八）閏九月一一日条に、

詔、江淮京浙広南福建路被水、官吏失于循撫、民多流移。在法、当招誘復業、……計一州県、随戸口数、具流移与復業人、比較多寡、各具数以聞。其最多最少官吏、並当量行賞罰。候到、仰三省、将上取旨。

とあり、単に流移と復業の人数を問題にしていることからすれば、升降帳には主客戸ともに戸名は持たず、各々の戸口数が記載されたにすぎなかったと考えられる。

さて、保甲法は幾多の変遷を経ながら南宋の保伍法へと引き継がれてゆくが[23]、保伍の編排に当っては各県・郷に保正帳と主客保薄（=保伍籍）が置かれていた[24]。保伍籍の記載形式は、周知の史料であるが、『宋会要』食貨六六—二九、役法、開禧元年（一二〇五）七月二七日条の臣僚の上言に、

所謂団籍者、起于保甲、以五家結為一小甲、三十小甲結為一大甲、毎甲須当開具、甲内某人係上戸、見係第幾等戸、曾不応役、人丁若干、某人係下戸、作何営運、或租種是何人田畝、人丁若干、某人係客戸、元係何処人氏、移来本郷幾年、租種是何人田地、人丁若干、某人係官戸、是何官品、曾不係析戸、一一籍之於冊。

とあり、郷村人戸は上戸・下戸・客戸・官戸に区別され、各々の戸名下に丁数が記入されていた。したがって、保伍籍には客戸も戸名を持っていたのである。

ところで、柳田氏はこの保伍籍の記載形式から、下戸と客戸の区別は他郷からの移住者か否かにあると言い、「客戸は産無くして僑寓する者」という氏の客戸の概念規定の有力な根拠としている[25]。しかしながら、島居氏が言うように[26]下戸の項にはまず「作何営運」とあって、農業以外の経営に従う主戸の存在が確認される。このような不動産、特に田産を持たない主戸[27]が郷村に創出されたのは、ひとつには、免役法施行後の家業銭評価法によるであろうし、ひとつには、坊郭を対象とした営運銭物評価法の郷村への適用によるものであろう[28]。また、自己の土地所有だけでは再生産が不可能な下戸層は、その経営の大部分を小作関係に頼らざるをえなかったと考えられる[29]。かかる農業外の経営に従事する主戸と自作兼小作の主戸が、この保伍籍に見える下戸であろう。とすれば、第一に、下戸と客戸の区別は税産[30]の有無に関わる。第二に、下戸の項に「作何営運」と「租種是何人田畝」とを区別して記すのが、下戸の多くは商

業等に従事するか自作兼小作であったことの反映だとすれば、客戸の本籍地を記し、さらに誰の田畝を租種しているかを記すのは、同様に客戸の多くが外来僑寓戸であり、典型的な存在形態として他人の田畝を租種する者であったことによるものと考えられる。第三に、客戸の項に「移来本郷幾年」とあるのは、第二点で述べた数量的な問題とともに、保伍組織の性格に関わるものであろう。保伍組織は治安警察を主たる目的のひとつにするが[31]、主としてその対象となったのは村落への定着に対する不安定性を強く持つ客戸層ではなかったかと考えられ、それゆえに、村落に対する定着度を年数で表記したと推測される。こうした保伍組織の性格の反映という点から言えば、同じく主戸でありながら下戸の等第を記さず、上戸の等第だけが問題となるのは（見係第幾等戸）、上戸を甲首等の役に差充するためであると説明しえよう。

以上から、この保伍籍の記載形式は、宋朝権力が制度上に「無産」と「僑寓」の二条件で客戸を把握していたことの反映ではなく[32]、下戸や客戸の社会的性格や存在形態、および保伍組織の性格に起因するものと考えられる。

さて、つぎに草野氏の客戸＝有産戸説を検討してみよう。草野氏はこの規定を、（1）主戸とともに客戸も編戸、（2）編戸は戸籍に戸名を持つ、（3）戸名を立てる際に田産所有が必要、（4）したがって、戸名を持つ客戸は有産戸、という論理過程で導き出したのであるが、先に累説した所から、（a）客戸が編戸であるとはいえ、すべての帳籍上に戸名を持つとは限らないこと、（b）保甲簿や保伍籍上に戸名を持つ場合には田産所有が必ずしも必要ではないこと、この二点が明らかとなった。この（a）（b）を草野氏の論理の（2）（3）に対置すれば、草野氏の客戸＝有産戸説が成立しないことは明白となる。したがって、主客戸の区分基準は税産の有無にあり、客戸とは無税産者であると言わねばならない。

以上の検討を通じて、われわれは、各種帳籍は賦課税役の種類や調査対象に応じてそれぞれ特定の記載形式を取っていること、したがって客戸の戸名の有無も一概に論じられないことを確認したが、このことは、税役法と戸籍法とが密接不可分の関係にあったことを示すであろう。なお、次節との関連で言えば、保甲簿や保伍籍上の戸名とは、税産の有無に関わらない以上、単なる「戸主の姓名」という意味であることを、ここで注意しておきたい。

二　五等簿上の主戸・客戸

五等丁産簿あるいは丁産等第簿、物力簿、戸口版籍等と呼ばれる宋代の基本原簿（以下「五等簿」で代表する）は、他の帳籍と同じく散佚して伝わらず、その記載形式を詳細に再現することは困難であるが、従来の研究によれば、それは三年毎に作成され、民戸の戸産・戸口を記載するとともに、戸産の多寡に基づき五等の等第のいずれに所属するかを明記していた。

ところで、ここで問題となるのは、従来言われてきたように五等簿上に「主戸籍」とともに「客戸籍」が存在したか、換言すれば、五等簿上に客戸が戸名を持ちえたかである。この問題に答えるために、ここではまず五等簿上の戸名の持つ具体的内容を検討し、それによって五等簿上に戸名を立てる際の条件を探り、最後に主客戸の記載形式を推測するという手続きを取りたい。

(1)　五等簿上の戸名と立戸名

『宋会要』食貨六三―一六八、農田雑録、乾興元年（一〇二二）一二月条の三司の言に、

准農田勅、応郷村有荘田物力者、多苟免差徭、虚報逃移、与形勢戸同情啓倖、却於名下作客、影庇差徭、全種自

己田産。……又准天禧四年勅、応以田産虚立契、典売与形勢豪強戸下、隠庇差役者、与限百日、経官首罪、改正戸名。

とあり、所謂詭名挟佃(33)を行った者に「戸名を改正せよ」と指示している。

ところで、詭名挟佃とは右の史料に見えるように、税役規避を目的として、虚契による典売や逃亡と詐称することにより等第を減落させ、時には全くの無産戸として官籍上に登録する行為であって、そこでは必ず田産所有者の名義書き替え登録が伴わねばならない。そして、この場合の官籍とは、言うまでもなく民戸の戸産を記す五等簿である。このように、詭名挟佃が五等簿上の田産所有者名義の書き替え登録によって成立する行為である点と、天禧四年勅が形勢戸の戸下に差役を隠庇する者に「改正戸名」と指示している点とを併考すれば、五等簿上の戸名とは、単なる「戸主の姓名」ではなく「田産所有者名義」を指称すると考えられよう。このことを明確に示す史料がある。すなわち、『宋会要』食貨六一―五八、民産雑録、天聖元年（一〇二三）八月二八日条の淮南路提点刑獄宋可観の上言に、

伏覩編勅、婦人夫在日、已与兄弟伯叔分居、各立戸籍之後、夫亡、本夫無親的子孫及有分骨肉、只有妻在者、召到後夫、同共供輸。其前夫荘田、且任本妻為主、即不得改立後夫戸名、候妻亡、其荘田作戸絶施行。

とあり、前夫の荘田は妻を所有者となし、後夫の戸名に改立してはならないとする編勅の存在を伝えるが、注目すべきは、「其前夫荘田」が「即不得改立後夫戸名」の主語となっている点であって、ここから、この戸名とは田産と不可分の関係を持ち、実質的に前夫の荘田の「所有者名義」という意味であることが知られる。また、『建炎以来繫年要録』巻一七四、紹興二六年（一一五六）九月戊辰条に、潼川府路転運判官王之望に対して当路の百姓が経界法を行うよう乞うたことを記すが、そこには、

自入本路境、百姓多遮道投牒、乞行経界、……則曰、人戸詭名寄隠産業、有田者無戸、有戸者無田。差某等充戸

長、催駆税賦、率皆代納、以此破家者甚衆。若用経界、則戸名有帰、此弊可絶。

とあり、[34]「詭名寄隠産業」すなわち詭名挟佃や詭名挟戸によって、田有る者には戸が無く、戸有る者には田が無いという弊害が生じていた。このことは、有田者には戸が有り、逆に無田者には戸が無いのが当然であり、戸と田産とが対応関係を持つものであることを明確に示すものである。しかも、経界法の施行によって「則戸名有帰、此弊可絶」と述べているが、この戸名もまた明らかに「田産所有者名義」である。

以上から、われわれは、五等薄上の戸には田産が付随し、その戸名とは「田産所有者名義」であることを知った。ただし、先に見たように、免役法施行後の家業銭評価法や営運銭物評価法によって、田産を所有しない主戸が創出された点を考慮すれば、五等簿上の戸名とは「課税対象たる資産＝税産の所有者名義」と、より幅を持たせて規定するのが妥当であろう。

さて、五等簿上の戸名が「税産所有者名義」という意味内容を持つとすれば、われわれは、ここから論理上次の二点を導き出すことができる。すなわち、第一に、五等簿上に戸名を持つのは税産所有者＝主戸に限られ、客戸は戸名を持たず、したがって戸として捉えられなかったこと、第二に、客戸が五等簿上に戸名を立てる、すなわち主戸となる際には税産所有がその条件となること、この二点である。まず第一点については、前掲の『建炎以来繋年要録』巻一七四を見ればすでに明白であるが、ほかに例を求めると、南宋中期の人、陳傅良の『止斎先生文集』巻二一、奏状劄子「転対論役法劄子」に、差役法と保甲法の違いを述べて、

役法者、五等簿是也、保甲法者、魚鱗簿是也。五等簿者、以通県計之、自第一至「五」[35]、以其戸強弱各自為簿。魚鱗簿者、以比屋計之、自第一都至第幾都、不以其戸強弱、併為一簿、各自為簿。

とあり、魚鱗簿＝保甲簿[36]は比屋をもって第一都より第幾都までを併せて一簿と為すと述べているが、これは先述の主

客戸を戸数単位に編成して造簿する保甲簿の記載形式と符合する。この保甲簿との比較で、五等簿は戸の強弱によって戸を五等に分けて造簿すると述べている以上、税産を持たない客戸が戸として五等簿に登載されなかったことは明白であろう。さらに、南宋末の人、陳耆卿の『篔窓集』巻四、疏「奏請正簿書疏」には、

郷胥里豪、始得株連姦偽、以為牢不可破之計。故有一戸而化為数十戸者、有本無寸産而為富室承抱立戸者、有虚為名籍、以避斂歛、稍久而成乾没者。

とあり、胥吏と豪民が結託し、本来寸産無き者すなわち客戸が富室に承抱されて立戸している例が見えるが、これは逆に言えば、税産を持たない客戸は立戸すべき条件を持たず、したがって、五等簿上に戸名を登載されなかったことを示している。(37)

つぎに、第二点の立戸名の条件については、『長編』巻二四六、熙寧六年（一〇七三）八月丁丑条に、

検正中書刑房公事沈括言、両浙州県、民多以田産詭立戸名、分減雇銭夫役、冒請常平銭斛、及私販禁塩。

とあり、詭名挟戸といえども田産が立戸名の条件となっており、また、南宋初期の人、胡宏の『五峯集』巻二、書「与劉信叔書五首」の第五首には、

夫客戸依主戸以生、当供其役使、従其約束者也、而客戸或稟性狼悖、不知上下之分、……或丁口蕃多、衣食有余、稍能買田宅三五畝、出立戸名、便欲脱離主戸而去。

とあり、丁口が増え衣食に余裕が出てきた客戸が、田宅三畝から五畝を買得して戸名を立てている。ここには、田宅三畝から五畝を買得する以前は客戸に戸名が無かったこと、また、客戸が戸名を立てる際には田産＝税産獲得が必要であったことが明確に示されている。

以上、われわれは、五等簿上の戸名が「税産所有者名義」という意味内容を持つことから、五等簿に戸として捉え

られ独立の戸名を持つのは主戸に限られたこと、客戸は戸として捉えられず、客戸が五等簿に戸名を立てる際には税産の獲得が必要とされたことを確認した。それでは、客戸と五等簿との関係はどうであったか、これが次の問題である。

(2)　五等簿上の客戸

五等簿上に客戸が戸名を持たなかったとはいえ、客戸が載籍されなかったわけではない。そのことは、『宋会要』食貨一二―三、戸口雑録、大観三年（一一〇九）正月二一日条に、

戸部[上]侍郎呉択仁言、地官之職掌戸口版籍、寔賦税力役之所自出、民事之先務也。今承平日久、生歯繁庶、而天下所尚、因仍旧籍、略加増損具文而已。戸口登耗、無由尽知。乞自今歳具増減実帳、毎路委監司一員類聚、上戸部、置籍銷注。従之。

とあり、毎年戸部へ上申される升降帳が、戸口版籍すなわち五等簿に基づいて作成されていたこと、つまり間接的ではあれ、五等簿を原簿として国家の戸口統計が行われたことによって確認される。それでは、客戸はどのような形で五等簿に記載されていたであろうか。前掲の『宋会要』食貨六三―一六八、農田雑録、乾興元年（一〇二二）一二月条には、

准農田勅、応郷村有荘田物力者、多苟免差徭、虚報逃移、与形勢戸同情啓倖、却於名下作客、影庇差徭、全種自己田産。

とあるが、傍点部分を『文献通考』はより明確に「却於名下作客戸」と作る。[38] また、宋代の文献には「主戸下所管客戸」[39] とか「主戸下客丁」[40] といった用例も見られる。こうした表現からは、客戸が主戸の戸名下に付籍されていたので

はないかと推測されるが、南宋中期の人、薛季宣の『浪語集』巻二三、書「与張左司書」には、

始与趙師俊民収流移之未業者、為官荘以処之。斉安二十二区、合肥復三十六圩之旧、各不過三百四五十戸。其余、土人招為客戸、無慮数千人、情不欲聞。官所籍、止三千五百戸。

とあり、官は流移者を一方で官荘の耕作戸として、他方で地主の招いて客戸とした者として把握している。これら地主の招いて客戸とした者は、官の登籍したかぎりにおいて升降帳に基づく国家の戸口統計上に表現されるであろうが、先に見たように、升降帳は五等簿を原簿として作成されていた。とすれば、当然この客戸は五等簿上にも登籍されていたはずであって、客戸は五等薄上に戸名を持たない以上、地主の招いて客戸とした者は地主の戸名下に付籍されていたと考えられる。

つぎに、周藤氏の研究によって、客戸の中には無産佃戸のほかに雇傭人も含まれることが明らかになったが、その雇傭人については、南宋中期の人、呂祖謙の『東莱別集』巻一、宗法条目「進退婢僕約束」に、

凡進退婢僕、並先書於籍《進者、書郷貫・姓名・年月及牙保、退者年満或遣去、各書其由》稟尊長請書押。如未経書押、而擅行者、子弟夏楚、婢僕改正《成契者毀抹、已去者復帰》。

とある。この「婢僕」は「進者、書郷貫……年月及牙保」とあり「成契者毀抹」とあるように、契約によって一定期間傭われる者であるから、明らかに雇傭人である。この雇傭人が雇傭関係に入る時は、その郷貫・姓名・雇傭期間および牙保人名を、雇傭が解除された場合には、満期かあるいは期限内の契約解除かを主家の家籍上に明記すべきであった。これと関連して、袁采『袁氏世範』巻三、治家「婢僕得土人最善」には、

蓄奴婢、惟本土人最善。……或有婢妾無夫子兄弟可依、僕隷無家可帰、念其有労、不可不養者、当令預経鄰保自言、併陳於官。

とあり、依るべき親属や帰るべき家のない婢僕は、主家で養育されている旨を鄰保や官に届け出るよう戒められており、その結果、彼らは主家の戸籍に付籍されたであろう。したがって、そのすべてではなかったであろうが、右に見たような雇傭人としての客戸もまた主家の戸籍に付籍されていたのである。

　このように、五等簿上において、主客関係下にある客戸が主戸の戸名下に付籍されていたとすれば、「至有析生客戸為主戸者」[41]とか、「分煙析生客戸、虚作主戸」[42]といった表現は、先に見た詭名挟佃の例（却於名下作客戸）とは逆のケースで、客戸を分析して独立の主戸とすることを示すものである。

　ところで、五等簿は郷村の民田に関わる戸籍であるが、官田については、『宋会要』食貨六一―三六、官田雑録、淳熙一〇年（一一八三）一〇月一七日条に、

　浙西提挙王尚之言、近根括到平江府五県、自淳熙三年以前、出売不尽官田及以後新収田畝、創置簿籍、抄上畝歩・佃戸・租課数目、若私家之砧基簿者、庶幾有以稽考、……本司自行差官交納、別置租課簿、発下諸県、委自令佐拘催銷落、庶使常平官租歳有所収、或遇款歳、得以接済。詔、其田籍、令尚書省、用印給付浙西提挙司、行下所部州軍、遵依施行。

とあり、南宋の平江府の官田（新収田畝すなわち逃田や戸絶田を含む）には租課簿が置かれ、これは民田の砧基簿のごときものであった。砧基簿は土地台帳であって、田畝の坐落・四至・畝歩・土色等を記し、その所有者を注記したものであること、[43]また租課簿の記載順が畝歩・佃戸・租課数日であることの二点からすれば、官田耕作者は耕作地下に付籍されたと考えられる。また、『宋会要』職官五八―一一、職田、宣和四年（一一二二）一二月二五日条には、

　詔、応職田並所属州県、以官員職任・見破的実頃畝・郷村卓望・佃戸姓名・耕佃年月・租課色数、置籍拘管、遇有改更、即時掲貼。

とあり、職田の田籍においても、その耕作者は耕作地下に付籍されていた。ただし、官田や職田の田籍と五等簿を単純に同一視することはできず、官田の耕作には主戸も従事しているのであるが、田畝を媒介として官と耕作戸を主客関係と見ることも可能であって、この意味で以上の事例は、五等簿上に客戸が戸名を持たず、主戸の戸名下に付籍されたことと照応して興味深い。

以上の検討を通じて、われわれは、五等簿上に戸名を持つのは主戸に限られ、主客関係下にある客戸は主戸の戸名下に付籍されていたことを知った。ただし客戸は戸として把えられない以上、主戸下の戸ではない。

ところで、宋代の客戸は制度理念ないし支配理念としては良民であって、たとえば唐代の部曲とは身分上異なる存在である。ところが、五等簿上には、あたかも唐代の奴婢や部曲と同様に主家の戸籍に付籍されていた(44)。その理由のひとつは、所謂随田佃客(45)に象徴されるような、地主に対して隷属度の強い客戸の存在形態(46)の反映と見ることができようが、本質的には、両税法原則が戸籍法を規定したためと考えるべきであろう。すなわち、主客戸の区分基準が税産の有無に置かれていたこと自体がすでに両税法原則の貫徹を示すのであって、両税法原則が資産の多寡を基準に課税するものである以上、五等にランクづけられたにせよ、一様に税役負担者として把握される主戸層とは異なり、何ら税産を持たない客戸を税役賦課の基本原簿である五等簿上に戸として把握する必要はなく、ただ地主や雇主との関係が記載されるに止まったと考えられる。したがって、客戸＝無税産者であり、かつ五等簿上において主戸下に付籍されたことは、両税法の「資産対応賦課原則」と戸籍法の「見居地造簿原則」とが相俟って貫徹していたことの現れとみなしうるであろう。

三　主戸・客戸間の升降

前節では主客戸の区分基準が税産の有無に置かれていたことを、各種帳籍や五等簿の記載形式の検討を通じて確認したが、とすれば、税産の獲得と喪失とに伴って主客戸間に升降が存在したこともまた実証されなければならない。すでに島居氏は、唐末五代における客戸の主戸化が、田産の保有が公認された段階で行われたことを実証しているが、宋代における主客戸間の升降はどうであったろうか。

まず、客戸が荒田を請佃することによって主戸化する過程を追ってみよう。[47]『宋会要』食貨六三―一六三、農田雑録、咸平二年（九九九）二月条に、

詔曰、前許民戸請佃荒田、未定税賦。如聞、抛棄本業、一向請射荒田。宜令両京諸路、牓壁暁示、応従来無田税者、方許請射係官荒土及遠年落額荒田、候及五年、官中依前勅、於十分内、定税二分、永遠為額。

とあり、請佃戸は五年間の免税期間の後、一〇分の二という軽税が起徴される規定が見える。したがって、荒田請田の「従来無田税者」＝客戸は、五年間は「無税」の戸であるが、果して彼等が「有田」となるのは請田の段階であろうか、あるいは両税負担の段階であろうか。『宋会要』食貨六一―一八、墾田雑録、乾道四年（一一六八）二月二九日条に、

知鄂州李椿言、本州荒田甚多、往歳間、有開墾者、縁官即起税、遂致逃亡。乞募人請佃、与三三（衍字）年六料税賦、三年之外、以三之一輸官、所佃之田、給為己業、至六年、逓増一分、九年、然後全輸。或元業人有帰業者、別給荒田耕種。従之。

とあり、三年間の免税期間の後、通常の三分の一の税率で両税を負担する段階をもって耕作地の所有の公認が行われており、同書食貨六－二〇、墾田雑録、乾道七年（一一七一）八月二八日条には、

知泰州李東言、泰州田、計二百余頃。今欲、置買牛具、椿辨種糧、人戸請佃一頃、与借給耕牛一頭及農具種糧、随田多寡仮貸、計元価、均以五年還官、更不収息。依元降指揮、次辺州県、免五年十料租課、如限満、合行起納課子、毎畝乞減作三升、三年之内、不逋官課、印給為永業、改輸正税。従之。

とあり、五年間の免税期間の後、三年間は毎畝三升の課子[48]を輸納し、その実績を見て耕作地の所有が公認されるとともに、正税＝両税に改められる。つまり、耕作地の所有の公認と両税負担は一体化した規定となっており、請佃戸が客戸であれば、免税期間中は「無田」である。以上の二例は南宋のものであるが、北宋においては、『宋会要』食貨六三－七一、営田雑録、天聖四年（一〇二六）九月条に、

詔、廃襄・唐二州営田務、令召無田産人戸請射、充為永業、毎頃輸税五分。

とあり、襄・唐二州の営田務を廃止するに当って免税期間は置かれなかったものの、耕作地の所有の公認と両税負担が同時に行われた点は南宋の場合と同様である。したがって、先に免税期間中「有田」か「無田」かを保留しておいた咸平二年二月条の客戸は、以上の例から推して、免税期間中は「無田」であり両税負担の段階で「有田」とされたと見てさしつかえないであろう。一方、これを戸籍法より見れば、荒田請佃の客戸は免税期間中は「無田無税」の戸であるから客戸扱いであり、その後は「有田納税」の戸であるから主戸とされたと考えられる。

さて、荒田請佃の客戸の戸籍法上の取扱いが以上のように行われたとすれば、従来解釈上問題のあった『宋会要』食貨一二－二、戸口雑録、景徳四年（一〇〇七）九月条の、

詔、諸路所供升降戸口、自今招到及綴居戸、委的開落得帳上荒税、合該升降、即撥入主戸。供申内、分烟析生不

増税賦及新収不納税浮居客戸、並不得虚計在内。方得結罪保明、申奏升降。

とあるものは、客戸から主戸への編籍手続きを示したもので、招到戸と剏居戸で荒田を請佃する者のうち、免税期間を過ぎて荒税（十分の二といった軽率の荒田の税）を負担するに到った者は、升降の対象として主戸の枠内に入れて供申せよ、という指示と解釈しうる。また、剏居戸と「分烟析生不増税賦」の客戸は対応関係にあり、主戸下より分析して荒田を請佃した者であろうし、招到戸と「新収不納税浮居客戸」も対応関係にあり、外来戸の荒田を請佃した者であろう。しかも、両者はともに免税期間内にある者である。また、同書、食貨一二―二、戸口雑録、大中祥符四年（一〇一一）正月四日条には、

詔、諸州県、自今招来戸口及創居入中開墾荒田者、許依格式申入戸籍、無得以客戸増数。旧制、県吏能招増戸口、県即申等、乃加其俸緡、至有析客戸者、雖登于籍、而賦税無所増入。故条約之。

とあるが、『文献通考』巻一一、戸口考二では、これを天禧五年に掲げ、年代に若干の相違がある外、「戸籍」の部分を「戸口籍」＝五等簿に作る。しかも、先述の如く升降帳は五等簿に基づいて作成されていたのであるから、この詔勅は、荒田を開墾する招到戸および創居戸の、五等簿とそれに基づく升降帳への編籍手続きに関して出されたものであり、「格式」とは、耕作田土の所有の公認や税負担といった手続きを規定したものであろう。とすれば、この詔勅の大意は「招到戸と創居戸で荒田を開墾する者は、格式にしたがって五等簿上に主戸として申入するを許す。その際、客戸を主戸と詐って主戸数を水増し申告し、県望の昇格や俸緡の増額を目論んだとしても、国家の賦税が増入することはない」となる。したがって、この詔勅は、客戸の主戸化に関する法的規定の存在を示すとともに、客戸が両税を負担しなかったことをも示している。

続いて、主戸の客戸化を検討しよう。先に詭名挟佃によって形勢戸の戸名下に客戸となった者の例を示したが

（『宋会要』食貨六三―六八、農田雑録、乾興元年一二月条）、こうした例は、主戸が税産のすべてを失えば客戸となるべき法的規定が存在すればこそ成立する事態であって、仮りに主戸＝土著戸、客戸＝僑寓戸とすれば、主戸は税産のすべてを失っても依然として主戸であるから、詭名挟佃の場合、他郷からの逃戸とでも詐称しないかぎり――たとえば虚契による典売を通じては――「却於名下作客」といった事態は生じえない。

さて具体例を求めると、『宋会要』食貨六九―一二四、版籍、紹興二二年（一一五二）二月七日条に、

右宣義郎大理評事王彦洪言、切見甲令所載、三年一造薄書、於農隙之時、令人戸自相推排。蓋欲別貧富、升降等第、務従均平、此万世之良法也。近来間、有県令将欲任満、輒促期限、或遷延、以待後政、致有下戸物産已去、而等第猶存。欲望、申厳法禁、於農隙推排之時、不得妄有展促期限、以杜貪墨慵懦之弊。如或違戾、令監司郡守、按劾以聞。従之。

とあり、県官が五等簿作成の時期を早め、あるいは遅らせるために下戸の物産がすでに失われてもなお等第に留め置かれる者があるとして、法令に基づき厳しく禁止するよう述べているが、これは、税産を失えば五等簿上の等第から除かれて客戸となるべきであったことを物語る。また、『建炎以来繋年要録』巻六五、紹興三年（一一三三）五月己巳条に、

宋之季世、税法為民大蠹、権要豪右之家、交通州県、欺侮愚弱、恃其高貲、択利兼併、售必膏腴、減落税畝、至有入其田宅、而不承其税者。貧民下戸、急於貿易、俯首聴之。間有陳詞、官吏附勢、不能推割、至有田産已尽而税籍猶在者。

とあり、北宋末には、権要豪右の家と州県官が結託して下戸を詐欺し、また、官吏が税籍（五等簿ないし夏秋税簿）に推割を加えないために、下戸の田産がすでに尽きても税籍がなお存するという悪弊が生じていたことを記すが、これ

もまた、田産が尽きれば税籍より除かれて客戸となるべきであったことを示している。さらに、『建炎以来繫年要録』巻一六一、紹興二〇年（一一五〇）九月辛巳条に、

詔、川蜀諸県郷村民戸家業、並用本名所管税色物料、依見今州県裒折則例、併紐税銭。旧例、郷村以典買田産升降。至是、左朝散大夫楊師錫知資州代還、論今田価比昔倍貴、或売田及半、則所推価貫巳尽、戸下遂無等第・差役・科配、比之創買人戸、極為不均。故有是命。

とあり、旧例では田産の典買をもって戸等の升降を行っていたために、田価の高騰によって田産の半ばを売れば戸下に等第・差役・科配が無くなると述べているが、これが所謂家業銭評価法であって、田産を銭数で表記して税産の高下を決定したことによって、右のような事態が生じたのである。ということは、家業銭評価法の場合にも、家業銭が尽きれば等第や科配が無くなり、すなわち客戸とされたのである。

以上の検討を通じて、われわれは、戸籍法上に、税産の獲得と喪失とに伴い、客戸の主戸化と主戸の客戸化が存在したことを確認した。従来、主客戸の区分基準を本籍地居住者か否かに求める理解と相俟って、客戸は戸等の升降対象から除外され、税産を獲得しても依然として客戸として留め置かれたとする説が有力であったが、以上の検討は、主客戸の区分基準が税産の有無に置かれていたことをあらためて証明するものである。一方、荒田請佃の客戸は、一定の免税期間中は戸籍上客戸扱いであり、耕作地の所有の公認と両税負担の段階で主戸とされたと考えられる。したがって、免税期間中の請佃戸を「有田無税」の客戸ないし「有田無税」の主戸とする見解は成立しない。

おわりに

本章は、従来の主客戸制研究の学説的混乱の原因を、草野氏の方法論および宋代の多様な帳籍・戸籍を一括して「戸籍」として取扱う不十分さの二点に求め、各種帳籍・戸籍の記載形式と戸籍法上の主戸・客戸の取扱いの検討を通じて、主客戸制を制度的に把握しようと試みたものであるが、それを要約すると以下のごとくになる。

一、宋代には各種の帳籍が作成されていたが、それらの帳籍は税役の賦課対象や種類、また調査目的に応じて主戸・客戸の記載形式を異にしていた。たとえば主戸・客戸が独立の戸として戸名を持った帳籍には保甲簿や保伍籍があったが、国家の戸口統計の手段となった升降帳には、主戸・客戸が戸口統計上に「戸」として表記されていたにせよ、主戸・客戸の戸名は記載されず、各々の戸口数が賦税増減数とともに記されていたにすぎない。また、差役鼠尾都簿上に戸名を持つのは主戸三等以上の戸だけであり、夏秋税租簿上には主戸だけが戸名を持ち、客戸は戸名を持たなかったと考えられる。要するに、税役法上客戸を戸として掌握する必要のある帳籍には客戸も戸名を持ち、その必要のない帳籍には客戸は戸名を持たなかったのである。これは、戸籍法が税役法と密接な関連を持っていたことを示している。したがって、「客戸は戸籍上に戸名を持つ」ことを前提とした草野氏の客戸＝有産戸説は成立せず、一方、柳田・丹氏の客戸も戸名を持つとする説、島居氏の客戸として戸名を立てることはないとする説は、各種帳籍それぞれの記載形式が異なり、戸名を持つ場合と持たない場合がある以上、いまだ不十分な理解と言わざるをえない。

二、つぎに、五等簿上の戸名とは、各種帳籍上の戸名が単に「戸主の姓名」であるのに対し、「税産所有者名義」という意味内容を持つものであった。これは、五等簿上に戸名を持つのが税産所有者＝主戸に限られていたからにほかならない。また、五等簿上には従来想定されていたような「客戸籍」は存在せず、主客関係下にある客戸は主戸の戸名下に付籍されていたと考えられる。このように、五等薄上に戸名を持つのが主戸に限定されていたことから、客戸が五等簿上に戸名を立てて主戸となる際には、税産の獲得がその条件となっていた。一方、官田の租課簿や職田の田籍においても、その耕作者は耕作田土下に付籍されており、民田の五等簿上で客戸が主戸下に付籍されたことと照応している。支配理念上良民に係る客戸が、あたかも唐代の奴婢や部曲と同様に主戸下に付籍されたのは、実態的には地主に対して隷属度の強い客戸の存在形態の反映であろうが、本質的には、制度的に資産の多寡を基準に課税する両税法の「資産対応賦課原則」と戸籍法の「見居地造簿原則」が相俟って貫徹していたことによると考えられよう。

三、具体的に主戸客戸間の升降を検討してみると、税産の獲得と喪失とに伴って客戸の主戸化と主戸の客戸化が戸籍法上確認される。また、荒田請佃の客戸は、耕作田土の所有の公認と両税負担の段階を境にして、戸籍法上は、それ以前は「無田無税」であるから客戸扱いであり、それ以後は「有田納税」であるから主戸とされたと考えられる。したがって、荒田請佃の客戸の分析を通じて従来言われてきたような「有田無税」の客戸、および「有田無税」の主戸は、戸籍法上には認められない。

以上の検討から結論すれば、主戸客戸間の区分基準は、加藤繁氏によって提唱され、島居一康氏によって再確認されたように、税産（主として不動産）の有無に置かれたとするのが最も妥当であり、したがって、土著・僑寓を問わず、主戸とは有税産者であり客戸とは無税産者と規定すべきであろう。

なお、本章は、主戸客戸制を戸籍法の面から郷村に限定して検討したに止まっており、坊郭の主戸・客戸については触れることがなかった。また、主客戸制の理解に不可欠な宋朝権力の性格や戸等制、地主佃戸制との関連についても述べることがなかった。いずれも今後の検討に俟たねばならない。

（1）このことは、従来の税役制・郷村制研究が主客戸制を抜きにしては成立しないものであったことを見れば明白である。ただし、この場合主客戸制とは、当然ながら、主戸五等の戸等制と客戸という農民層の階層序列として把握されねばならない。

（2）たとえば、佐竹靖彦「宋代郷村制度之形成過程」（一九六六年原載、同氏『唐宋変革の地域的研究』同朋舎、一九九〇年、所収）、柳田節子「郷村制の展開」（一九七〇年原載、同氏『宋元郷村制の研究』創文社、一九八六年、所収）、参照。

（3）従来の研究史を総括したものに、中川学「唐宋の客戸に関する諸研究」（『東洋学報』四六－二、一九六三年）、柳田氏注（2）前掲論文の第二章「戸等制支配の成立」、島居一康「宋代の佃戸と主客戸制」（『東洋史研究』三〇－四、一九七二年）がある。

（4）周藤吉之「宋代の佃戸・佃僕・傭人制－特に「宋代の佃戸制」の補正を中心として－」（一九五三年原載、同氏『中国土地制度史研究』東京大学出版会、一九五四年、所収）。

（5）柳田節子「宋代の客戸について」（一九五九年原載、同氏注（2）前掲著書、所収）。

（6）以下本文中に紹介するもののほかに、佐竹靖彦「宋代四川夔州路の民族問題と土地所有問題」（一九六七年原載、同氏注（2）前掲著書、所収）、佐竹氏注（2）前掲論文、柳田節子「宋代佃戸制の再検討－最近の草野靖氏の見解をめぐつて－」（一九七三年原載、同氏『宋元社会経済史研究』創文社、一九九五年、所収）、柳田氏注（2）前掲論文、梅原郁「宋代の戸等制をめぐって」（『東方学報（京都）』四一、一九七〇年）、周藤吉之「王安石の免役銭徴収の諸問題」（同氏『宋代史研究』東洋文庫、一九六九年、所収）、中村良広「宋代客戸制度の一試論」（『秋大史学』二〇、一九七三年）等がある。

（7）岡本雅博「宋代の戸籍上の客戸について」（『東方学』二八、一九六四年）。

（8）柳田節子「宋代国家権力と農村秩序－戸等制支配と客戸－」（仁井田陞博士追悼論文集第一巻『前近代アジアの法と社会』勁草書房、一九六七年、所収）。本論文はのちに大幅に増補・改訂し「宋代郷村の戸等制」と題して、同氏注（2）前掲著書に収録。

（9）丹喬二「戸に関する一考察―主戸客戸制研究の前提―」（『東洋史研究』二七―一、一九六八年）。なお、岡本・柳田・丹氏の批判が提出されたのちに、草野氏は「宋代官田の租種管業」（『東洋史研究』二八―一、一九六九年）の注（21）で「戸籍上に戸名を持つ客戸は田産所有者であり、無産の佃戸には戸名はなかったと云う卑見に就いては、これまで数名の方から御批判を戴き、再度熟考する機会を与えられたが、矢張り右の基本点だけは未だに改めるに到っていない」と述べている。

（10）加藤繁「宋代の主客戸統計」（一九三三年原載、同氏『支那経済史考證』下巻、東洋文庫、一九五三年、所収）。

（11）島居一康「両税法下における客戸の主戸化と戸名について」（『鹿大史学』二〇、一九七二年）、同氏『宋代税政史研究』（汲古書院、一九九三年）前篇第二章「主客戸制と課税対象」。

（12）具体的に草野氏の史料操作を検討すると、一体何を基準にして氏が「文献上の客戸」と「戸籍上の客戸」を区別したのか、私には理解できない。たとえば、『五峯集』巻二、書「与劉信叔書五首」に見える客戸を、氏は「戸籍上の客戸」ではなく「佃戸」とするが、この客戸は制度上は客戸であり、存在形態としては佃戸であって、同一実態の両側面を表しているにすぎない。また『宋会要』食貨七〇―一一、賦税雑録、熙寧四年（一〇七一）一〇月六日条に見える客戸をなぜ「戸籍上の客戸」としたのか、理解に苦しむ。

（13）周藤氏は佃戸範疇に含まれるものとして、租戸・種戸・客戸・佃戸・佃客・荘客・火客・佃僕・傭人・地客等を検出されたが（周藤氏注（4）前掲論文）、島居氏も言うように（島居氏注（3）前掲論文）、租戸・種戸および佃戸の中の自作兼小作の者あるいは税産を所有する者は戸籍上主戸とされ、それ以外は客戸扱いであったと思われる。

（14）五等丁産簿や各種帳籍については、加藤繁「宋代の人口統計について」（一九四〇年原載、同氏注（10）前掲著書、所収）、曾我部静雄『宋代財政史』（生活社、一九四一年、再版、大安、一九六六年）第二篇第一章三「宋代戸の等級」、仁井田陞『唐宋法律文書の研究』（東方文化学院東京研究所、一九三七年、再版、大安、一九六七年）第二篇第一五章「戸籍」、草野靖「宋代の戸口統計上に所謂客戸について」（『史淵』七九、一九五九年）、梅原氏注（6）前掲論文、参照。

（15）草野靖「宋代の主戸・客戸・佃戸（上）・（下）」（『東洋学報』四六―一、二、一九六三年）。

（16）『長編』巻二六七、熙寧八年（一〇七五）八月壬子条に、
司農寺言、保甲之法、主客戸五家相近者為小保、五小保為大保、十大保為都保、諸路皆準此行之、惟開封府界五路、則除客戸、独選主戸有二丁者、入正保。……欲令開封府界五路、依諸路編排。詔、自今保甲、三年一造簿編排、開封府界五路、候造簿日、如所請施行。
とあり、また、保甲簿が保甲籍とも呼ばれたことは、『宋会要』兵二―九、郷兵、熙寧八年五月一七日条に、
詔、諸路民兵、皆有籍、惟保甲・江南西路槍手、未籍名、並依義勇置籍。
とあるのによって知られる。なお、緊急の編排には保甲牒が用いられた（『長編』三三九、元豊六年（一〇八三）九月己酉条、および『宋会要』兵二―二七、郷兵、同年月日条、参照）。

（17）保甲法に関する研究は多くあるが、さしあたり、曾我部静雄「王安石の保甲法」（一九五七年原載、同氏『宋代政経史の研究』吉川弘文館、一九七四年、所収）、和田清編『支那地方自治発達史』（中央大学、一九三九年）第二章「宋代」、参照。

（18）『長編』巻四七四、元祐七年（一〇九二）六月丙寅条に、
左朝奉大夫権両浙路転運副使毛漸状、自到任已来、巡歴所至州県、取索到諸郷第三等以上人戸差役鼠尾都簿、点検所差色役、逐処多称不曾起置、只有逐郷五等丁産文簿。縁各郷丁産簿、卒難見得、差役失当。唯是鼠尾都簿、易為検察、……各起置鼠尾都簿、将所管諸郷第三等已上人戸、依物力等第・人丁数目、裒同鼠尾排定、于逐人名下、注鑿逐次所差色役名目・年限・得替日月。

とある。

（19）夏秋税租簿の記載形式については、『州県提綱』巻四「整斉簿書」に、
県道財賦本源、全在簿書、郷典姦弊、亦全在簿書。大率県邑賦籍、毎戸折色、必拠税総数而科、如某戸元税若干・収若干推若干・今総計若干、然後合科折色某物若干、逮輸、即於折色毎項、注某月某日・某号紗・納若干、遇点追掲。

とあるのが参考になる。客戸が両税を負担しない以上（周藤氏注（6）前掲論文、参照）、「某戸元税若干・収若干・推若干・今総計若干」という形で戸名を立てえたのは主戸に限られたと考えられる。なお、『慶元条法事類』巻四七、賦役門一、賦役式、夏秋税租簿の項目、参照。

ところで、草野氏は、『慶元条法事類』巻四八、賦役門二、賦役式、諸州申夏秋税管に見える諸州より転運司へ提出される夏秋税管額帳に、

主客戸丁《新収・開閣・逃移・見管項内、各閣（開）坊郭・郷村主戸丁各若干・客戸丁各若干、及各開丁中小老疾病人数、内自来不載者、即将保甲簿照会具数、具新収・開閣、仍説事因》。

とあることをもって、客戸の両税負担の根拠としたが（草野氏注（15）前掲論文）、すでに佐竹氏が批判されたように（佐竹氏注（6）前掲論文）、ここには客戸の丁中小者疾病の人数を記すにすぎず、身丁銭米等の総税額の確認のために客戸の丁数を記入したのであろう。

（20）『宋会要』食貨六九―七七、戸口雑録、建隆元年（九六〇）一〇月条に、

吏部格式司言、準周広順三年勅、天下県、除赤県・次赤畿・次畿外、其余三千口（衍字）戸已上為望、二千戸已上為緊、……拠今年諸道申送到闕解木夾帳点検。

とあるが、続いて紹興元年（一一三一）条には、

降勅命、戸口不等、……欲拠諸州見管主戸重升降、取四千戸已上為望、三千戸已上為緊、二千戸已上為上、千戸已上為中、不満千戸為中上、自今三年一度、諸道見管戸口升降。従之。

とあって、県望の升降は主戸数に基づいて行われた。また、『宋会要』職官五七―四一、俸禄雑録上、元豊元年（一〇七八）五月二一日条に、

中書言、奉詔、選人禄、以戸口定数、令吏房立法、雖約主戸数以為増損、恐未尽天下繁簡之実。欲令逐（衍字）戸路転運提点刑獄提挙司、同約州県繁簡、自三等至五等以聞、乃随等定俸。従之。後不果行。

とあり、州県官の俸禄は主戸数に基づいて決定されていた。「後不果行」とは、文脈からして「欲令……乃随等定俸」の部分を指すものであろう。同様の事情は、『長編』巻一三一、慶暦元年（一〇四一）二月戊戌条の、張方平が弓手を募ることを論じた「利害八事」の第二に、

只如臣州管内戸籍、有升降帳、有桑功帳、並歳上于戸部、升降帳所管主戸二万二千三百有余。此蓋官吏受俸、約此戸口数也。

と見えている。

（21）このように解釈する根拠については、第二・三節で述べる。

（22）このことはあらためて言うまでもなく、宋代の戸口統計上に「主戸若干・口若干、客戸若干・口若干」と表記されることからも明らかである。

（23）この間の経緯については、周藤吉之「宋代郷村制の変遷過程」（一九六三年原載、同氏『唐宋社会経済史研究』東京大学出版会、一九六五年、所収）、および注（17）前掲論文、参照。

（24）『宋会要』食貨六－四〇、経界、紹興一五年（一一四五）二月一〇日条の権戸部侍郎王鉄の上言に、詭名挾戸の防止について、

欲候人戸供到、従本県将保正帳並諸郷主客保簿参照、若非係保伍籍上姓名、即是詭名挾戸。

とある。続いて、

如外郷人戸寄庄田産、亦合関会各郷保甲簿有無上件姓名、如有、即行将物力于住居処関併、作一戸。其外州県寄荘戸、準此関会、若後来各郷有創新立戸之家、並召上三等両戸作保、仍即時編入保甲簿、庶得永遠杜絶詭名挾戸之弊。

とあり、保甲簿なるものが見えるが、ここで言う保甲簿とは、この前文に経界法施行の措置について、

今欲、将両浙諸州県、已措置未就緒去処、更不須図画打量造納砧基簿、止令逐都保、先供保伍帳、排定人戸住居去処、如寄庄戸、用掌管人、毎十戸結為一甲、従戸部経界所立式、毎一甲、給式一道、令甲内人遞相糾挙、各自従寔供具本戸応干

田産畝角数目・土風水色・坐落去処・合納苗税則例（原注略）、具帳二本、……若産多税少、或有産無税、亦于帳内開説寔管田畝数目・土風水色高下、供認税賦。若田少税多、即具合減数目。若産去税存、即行除豁、務要尽寔。

とあるのを見れば、砧基薄の代わりに作成されたもので、民戸の土地所有額やその所在地、税額等を記載したものである。しかも、先に「創新立戸之家」が即時保甲簿に編入されたこと、また「若産去税存、即行除豁」とあることを見れば、これは担税戸＝主戸のみの記載であったと思われる。

(25) 柳田氏注（2）および（8）前掲論文。

(26) 島居氏注（3）前掲論文。

(27) たとえば、朱熹『晦庵先生朱文公別集』巻九、公移「取会管下都分富家及闕食之家」には、出糶可能な家とその米石数、ならびに闕食の家の口数と必要米石数を調査する状式を掲げており、そこにはまず、富家の出糶可能な家、ついで、富家の出糶不可能ながら自給可能な家を記し、つぎに、

一、中産僅能自足、而未能尽贍其佃客地客者、計幾家《開戸名、取見佃客地客姓名・所闕之数》。

一、下戸合要糴米者、幾家。

作田、幾家、各開戸名、大人幾口、小人幾口《別経営甚業次》。

不作田、幾家、各開戸名、大人幾口、小人幾口《経営甚業次》。

作他人田、幾家、各開戸名、係作某人家田、大人幾口、小人幾口《兼経営甚業次》。

とあるが、下戸の項の「作田」の家は自作農であって別に何らかの経営を持つ者（別経営甚業次）、「不作田」の家は農業外経営に従事する者（経営甚業次）で、いずれも主戸であろう。

なお、草野氏は「作他人田」の家は客戸であり、客戸は田産所有者ながら、一般に家計補充の為に他人の田を租借していたと述べているが（草野氏注（15）前掲論文）、その根拠は「作他人田」の家の項に「各開戸名」とあって戸名を持つという点にある。しかし、この状式は戸籍ではなく、またのちに本文で述べるように、戸名の有無で主戸か客戸か（あるいは佃戸

か）の区別はつけがたい。一方、丹氏は、「作他人田」の家は、中産の家に救済されなかった地客佃客としての客戸であり、彼等は戸名を持ち独立の戸として捉えられていたとして、草野氏の「佃戸は主戸下の戸」とする説を批判した（丹氏注（9）前掲論文）。確かに丹氏が言うように、地主の戸下に佃戸の姓名が記されるのは、この場合、地主の家に付籍されているからではなく「地主が出糶分を隠すのを防ぐため」であり、佃客地客が「一方では地主から米を借り他方では官の世話で糴米するのを防ぐため」であるが、それではなにゆえに中産の家の項には佃客地客の姓名とともに「所闕之数」が記されるのか。地主の隠漏を防ぐためであれば佃客地客の姓名だけでよいのであって、たとえば、富家の項には、

富家無余米可糶者、計幾家、而僅能自給、其地客佃客不闕、仍各開戸姓「名（原欠）」《并佃客地客姓名》。

とある。つまり、中産の家の項に闕食分を記すのは、中産の家の地客佃客の闕食分を中産の家の項で把握するためである。もしも、中産の家の地客佃客と「作他人田」が同一であったとすれば、この佃戸は官によって二度糴米を与えられることになろう。したがって、中産の家に救済されなかった地客佃客と「作他人田」の家は同一ではない。しかも「作他人田」の家は「兼経営甚業次」とあるように何らかの副業を持っており、戸籍上は主戸であった可能性が強く、とすれば、この下戸はすべて主戸となる。

（28）草野氏注（14）前掲論文、参照。氏によれば、家業銭評価法とは民戸の資産を銭数に換算評価することを言い、これによって不動産だけでなく動産も課税対象に組み込まれていったようである。さらに、氏は営運銭物評価法の郷村への適用状況についても述べている。また、曾我部静雄「南宋の和買絹および折帛銭の研究」の六「課税準則」（注（14）前掲著書、所収）には、南宋の資産評価法が七点にわたって詳細に述べられている。

（29）柳田節子「宋代郷村の下等戸について」（一九五七年原載、同氏注（2）前掲著書、所収）、参照。

（30）税産とは単なる資産ではなく、また動産・不動産を問わず、課税対象となる資産という意味である。このような規定を行うのは、以上に見たような田産を所有しない郷村の主戸や、坊郭の主戸と客戸の区分を念頭に置いてのことである。ただし、郷村における課税対象が主として田産であったことは確かである（草野氏注（14）前掲論文の注（8）、参照）。

（31）保伍法の性格については、周藤吉之「南宋の保伍法」（同氏注（23）前掲著書、所収）、同氏注（17）前掲論文、参照。

（32）同じく保伍籍とは言っても、『州県提綱』巻二「戸口保伍」に見える保伍籍の記載形式は、次のようである。
某家、老丁幾人・名某・年若干、成丁幾人・名某・年若干、幼丁幾人・名某・年若干。凡一郷為一籍、其人数、則総於籍尾。

（33）詭名挟佃については、周藤吉之「宋代の詭名寄産と元代漢人の投献―佃戸制とも関連させて―」（一九五五年原載、同氏注（23）前掲著書、所収）に豊富な事例が見える。

（34）丹氏は、この史料を引用して「戸には田を持たないものがあることがわかる」と述べているが（丹氏注（9）前掲論文）、これは明らかに誤解である。

（35）四部叢刊集部所収の『止斎先生文集』（明・弘治乙丑刊本）、永嘉叢書所収の『止斎生文集』（清・光緒五年刊本）ともに一字の脱落があるが、後者には「元缺一字、陳本作第幾、按当作第五」と注記がある。文淵閣四庫全書本は「幾」に作る。脱落が一字であり、五等簿上の等第は五等までであるから「五」とするのが適当であろう。

（36）魚鱗簿が保甲簿を指称することは、周藤氏注（31）前掲論文、参照。

（37）この点についてさらに付言すると、『清明集』巻八、戸婚門、戸絶「夫亡而有養子、不得謂之戸絶」に、阿甘と朱先の財産争いを記すが、朱先は、阿甘の亡夫丁昌が生前抱養した侯四を除附しなかったから丁昌の家は戸絶であると訴えたのに対し、除附とは、
此謂、人家養同宗子、両戸各有人戸、甲戸無子、養乙戸之子以為子、則除乙戸子名籍、而附之於甲戸、所謂之除附。
と述べ、さらに、
彼侯四貧民、未必有戸、兼収養異姓三歳以下、法明許之。
とあり、侯四は貧民で戸が無いと述べており、同書巻四、戸婚門、争業上「阿李蔡安仁互訴売田」には、
蔡安政生子三人、長男新、次男先、幼男安仁、〔安仁〕単身、将所受分田、遜与二兄、藉以供養、其意甚佳。今安仁雖無戸、

而元来分関、聲載分明。

とあり、相続田産を二人の兄に遜与した安仁には戸が無いと述べている。これらの例からも、五等簿上の戸と税産が対応することが知られる。

(38)『文献通考』巻一二、職役考一、歴代郷党版籍職役、乾興元年（一〇二二）一二月条。

(39)『宋会要』兵二─一一、郷兵、熙寧九年（一〇七六）五月一五日条。

(40)『宋会要』食貨六三─九七、営田雑録、紹興五年（一一三五）八月二四日条。

(41)『宋史』食貨上二、賦税、大中祥符の条。

(42)『宋会要』職官五七─三三、俸禄雑録上、天聖四年（一〇二六）六月条。

ところで、「分煙析生」とは、『建炎以来繫年要録』巻一一八、紹興八年（一一三八）三月甲辰条の徽猷閣待制両路都転運使向子諲の上言に、

今天下急務、在考兵籍、……凡詭名挾戸・典売推招・進丁退老・分烟析生・田畝升降・値殖盈虚、必以時覆実、所以革欺弊也。

とあり、『長編』巻二三七、熙寧五年（一〇七二）八月甲辰条に、

詔司農寺、以方田均税条約并式、頒天下方田之法、……有方帳、有荘帳、有甲帖、有戸帖。其分煙析生、典売割移、官給契、県置簿、皆以今所方之田為正令。

とあるように併記される項目が戸籍に関するものだけである点から推して、所謂分析＝分財別居と同義であろう。ただし、「分煙析生客戸、虚作主戸」とある場合に、必ずしもこの客戸と主家が経営的にも同一であったと考える必要はないのではなかろうか。むしろ、単なる戸籍の分割と考えてよいように思われる（注（46）をも参照）。

(43)　周藤吉之「南宋郷都の税制と土地所有─特に経界法との関連に於いて─」（一九五五年原載、同氏『宋代経済史研究』東京大学出版会、一九六二年、所収）。

（44）唐代の奴婢・部曲が主家の戸籍に付籍された点については、注（14）前掲の仁井田陞『唐宋法律文書の研究』第二篇第一五章四節「部曲および奴婢の戸籍」、参照。

（45）周知のように、随田佃客について学界に様々な意見があるが、私の考えは『宋-清身分法の研究』（北海道大学図書刊行会、二〇〇一年）の第二章「宋元代の佃客身分」（一九七八年原載）に述べておいた。

（46）主戸（＝地主）の戸名下に付籍された客戸の中には、前掲『五峯集』巻二、書「与劉信叔書五首」に見えるような、相対的ではあろうが経営的に地主から自立した層から、所謂「奴僕」と称される層まで、幅の広い階層が含まれると考えられるが、佐竹氏が問題を要約的に提起したように（「宋代の地主・佃戸・佃僕の研究について」『岡山史学』二五、一九七二年）、「奴僕」の小経営が存在したか、存在したとすればその実体はどうであったか、という点については、すべて今後の検討に俟たねばならない。

（47）荒田請佃の客戸を分析対象として、その免税期間中の者を柳田氏は「有田無税」の客戸と捉え（柳田氏注（5）前掲論文）、中村氏は「有田無税」の主戸と捉えている（中村氏注（6）前掲論文）。ただし、柳田氏の掲げられた史料は島居氏が批判されたように（島居氏注（3）前掲論文）、いずれも両税徴収されるべき主戸であって、現実に「有田無税」の戸が存在したことと、それを国家が戸籍法上に客戸として捉えたかという点とは、区別して考えねばならない。一方、中村氏は、『宋史』食貨上一、農田、熙寧元年（一〇六八）条に（筆者の句点による）、
　欲乞、置墾田務、差官専領籍、四県荒田、召人請射、更不以其人隷属諸県版籍、須五年、乃撥附、則五年内、自無差料。

とあることから、墾田務に籍を置かせる以上荒田請佃戸は客戸籍ではなく主戸籍に付されたと論理展開されるが、私には納得できない。

（48）課子については、山内正博「南宋の課子」（『重松先生古稀記念九州大学東洋史論叢』九州大学文学部東洋史研究室、一九五七年、所収）、参照。

（49）『宋会要』食貨六三―一七一、農田雑録、天聖元年（一〇二三）六月条に、

江西勧農使朱正辞上言、昨知饒州、抛鄱陽県佃戸呉智等、経県請射崇徳郷逃戸田産。今主人有状経県、不許請射逃田。遂送法司、大中祥符六年勅、江南逃田、如有人請射、先勘会本家旧業、不得過三分之一。其呉智等、無田抵当、更不給付。

とあって、無産佃戸の呉智等が逃田を請佃しようとしたが、主家の地主が県に訴えて阻止したことを伝える。分烟析生せる客戸とは、呉智等のような地主の戸下の客戸で、分析して荒田を請佃するに到った（＝剏居）者であろう。その場合、彼等は先に見た官田の田籍下に付籍されたと考えられる。また、同書食貨六三－一七九、農田雑録、慶暦四年（一〇四四）正月二八日の詔には、州県官の考課に関して、

一、増戸口、部内有逃戸、却能招誘復業、或有天荒田、能招人開種、創立戸貫、皆為労績。

とあり、復業や開墾によって戸貫を創立した（＝主戸化）場合は、州県官の労績となす規定が見えるが、荒田請佃戸や復業戸が主戸となった場合には、官田の田籍から民田の五等簿へ撥付されたであろう。

（50）『宋会要』食貨六一－一八二、農田雑録、熙寧元年（一〇六八）六月一五日条に、

京西提刑徐億言、知唐州光禄卿高賦、招両河流民及本州客戸、開墾荒田、招到外州軍及本州人戸、請過逃田。

とあり、流民や客戸を招到して荒田を開墾し、また逃田を請佃させている。新収の浮居客戸とは、こうした招到戸であって、創居戸と同じく官田の田籍下に付籍されていたであろう。なお、本文前掲の『浪語集』巻二三、書「与張左司書」、参照。

《付記》

校正の途中で、丹喬二「宋代の主戸客戸制と客戸の税負担」（『青山博士古稀記念宋代史論叢』省心書房、一九七四年、所収）を拝見したが、納得しかねる点があるので二、三付言しておきたい。

丹氏はまず、主客戸の区分基準を土地を所有するか否かに求め、客戸は純粋な（という表現には、佃戸＝無産とする周藤氏以来の基本認識が前提とされているように思われる）佃戸・雇傭人・商工業者であると述べているが、坊郭戸の多くは商工業者であり、且つ坊郭においては営運銭物評価法に基づく戸等の升降＝資産評価が行われていたのであって、この点を考

慮に入れた上で坊郭・郷村を含めた主客戸の区分基準を設定するとすれば、単に土地を所有するか否かだけでは不十分であると思われる。坊郭戸には土地を所有しない主戸――たとえば営利的屋舎を所有する者――も存在したのではなかろうか（日野開三郎「唐代両税法下における対象資産と賦税の系列」一九五九年原載、同氏『日野開三郎東洋史学論集』第四巻、三一書房、一九八二年、参照）。

また、氏は両税は土地だけでなく人丁にも賦課され、したがって客戸も両税を負担していたと主張している。この点については、氏の史料解釈も含めて疑問があるが、今一々について述べる余裕がない。ただし、（1）身丁銭米等の丁対象税が正税化する可能性は認めるにせよ、正税化＝両税化と等置しうるかどうか。身丁銭米等が両税とともに夏秋二期徴収され、それが『慶元条法事類』巻四八に見える正税の項目に組み込まれているのではなかろうか。（2）また、客戸も両税を負担したとすれば、宋朝権力が主戸と客戸を区別する必要は、税法からは説明しえないことになる（氏はまさにこの点から説明するのだが）。（3）さらに、本章で述べたように、税役賦課の基本原簿とされた五等簿に、客戸を戸として登載しないのはなぜか、という疑問も生ずる。

さらに丹氏は、両税・主客戸制の問題を租庸調制から一条鞭法・地丁銀に至る総過程の中で、税法を中心に把握すべきだという展望を示しているが、私は、主客戸制の問題について言えば、単に主戸と客戸の区別（郷村においてこの区別は基本的に両税負担の有無に直接するであろうが）に止まらず、戸等制プラス客戸という形に農民層を階層序列化する国家支配の在り方に重要な意味があると考える。その場合、主客戸制を通じた国家の農民（そしてまた坊郭戸）支配の在り方は、土地所有の多寡に基づく両税徴収よりは、戸等制を媒介とした職役・和買・和雇等の賦課に重点があり、したがって、主客戸制の消滅は戸等制支配の消滅と、実質的には一致するであろうと考えている。

《補記》

本章の基となった旧稿発表後、主客戸制に関わる主な研究として、柳田節子『宋元郷村制の研究』（創文社、一九八六年）、草野靖「両税法以降の主客戸制度（上）（下）」（『文学部論叢（熊本大学文学会）』三三、一九九〇年、三七、一九九一年）、島居一康『宋代税政史研究』（汲古書院、一九九三年）、王曾瑜『宋朝階級結構』（河北教育出版社、一九九六年）が公表されている。このうち草野氏の論考は自説をさらに詳しく論じたものであるが、他の三氏の論考は細部に異同はあるものの、本章の理解とほぼ一致している。

第二章　宋代官田の所謂佃権について——その実体と歴史的位置——

はじめに

永小作権ないし田面権(1)の成立は、直接生産者農民の社会的経済的地位の向上を顕著に示す指標として夙に研究者の注目を集めてきた問題であり、その成立期を確定する作業は、中国史における地主佃戸関係の発展段階にひとつの画期を与えるのみならず、当該社会の歴史的理解にも大きく寄与するものとなるであろう。(2)

ところで一般的に、永小作権ないし田面権のいずれもが地主佃戸関係の内部より形成されるものであることからすれば、(3)それは、地主佃戸関係の発生を見たとされる唐中期以降の、とりわけ当該関係のより一層の発展を見たとされる宋代社会の中にまず形成され、あるいは形成への動きが現れるとの見通しが得られるはずである。事実、この問題に関する宋代史の側からの実証的研究として、われわれはすでに周藤吉之氏、草野靖氏の以下に紹介する論考を持っており、そこでは、永小作権ないし田面権の成立に肯定的評価が与えられているのである。

(1)　研究史の概括的紹介

周藤吉之氏は、一九五三年「宋代官田の佃権売買－資陪又は酬価交佃について－」(『東方学』七)の中で、宋代官田の一部に見られる立価交佃・酬価交佃あるいは資陪と呼ばれる現象に着目し、それらは佃戸の佃権＝永小作権が確立して佃権の売買が行われていたことを意味すると言い、「これが元代の官田にも引継がれ、やがて明清になって二重所有権乃至永佃権が確立されてくることとも深い関聯をもっている」と指摘した。ついで、一九五五年「宋代佃戸の剗佃制－官田を中心として－」(『野村博士還暦記念論集・封建制と資本制』所収)では、佃戸の地位向上を示す佃権とその隷属的地位を表す剗佃という対極的構図の下に、両者の関連如何が検討される。その結果、官田においては、北宋から南宋へと時代が下るにつれ、漸次佃戸の佃権が確立して違法な剗佃は行われなくなるが、民田では佃権が未確立であるゆえに、定額租か分益租かを問わず、また佃戸が欠租せずとも剗佃が行われた、と述べる。(4)

一方、周藤氏の見解を批判的に継承した草野靖氏は、一九六九年「宋代官田の租種管業」(『東洋史研究』二八－一、以下「A論文」と呼ぶ)の中で、周藤氏の所謂佃権――草野氏は「租種管業」と呼ぶ――の法的諸規定とその物質的基盤について詳論し、大要次のごとく述べている。「租種管業」の取扱いを受ける官田は一般の税田と同じく五等丁産簿・夏秋税租簿上に登記され、佃作者は佃田に対する租課のほかに差役・科配の賦課を受けていた。また「租種管業田」は子々孫々に接続承佃させ、あるいは別人に交佃するを許されていたが、立価交佃の対象価銭は、佃作者が佃田に投下した資本・労働を銭額に評価したもの＝佃戸工本銭であった、と。ついで、周藤氏によって相対立するものと捉えられた佃権と剗佃については、一九七〇年「宋代の剗佃」(『史艸』一一、以下「B論文」と呼ぶ)において再検討が行われた。そこでは、「佃権の存在が地主(官司)の行為を制約したとしても、それは工本銭にかかわる範囲内に限定されていた」として佃権の限界が定立され、それゆえに、佃権と剗佃は同一の田に併存するのであり、「剗佃の普及は、これまで租佃関係の中に潜んでいた佃戸工本の存在を顕在化させて、工本銭資陪の慣行（立佃交佃）を発生させ、田面権の発生を促すことになった」との注目すべき見解が示されている。

ところで、草野氏のA論文では「この管業権が田主（請佃主）と佃戸の両者に分立すると所謂一田両主制の成立となる」との見通しが述べられていたが、租種管業権から田面権成立への過程は、一九七〇年「宋元時代の水利田開発と一田両主慣行の萌芽（上）（下）」（『東洋学報』五三―一、二、以下「C論文」と呼ぶ）によって史料的根拠が与えられることになる。そこでは、大規模な工本投下の見られる宋元時代の水利田開発における出資労働関係が分析の対象とされ、その租佃関係や工本銭に対する権限の帰属関係等の検討を経て、南宋後半期に一田両主制の萌芽が認められるとの結論が示されている。

(2) 問題の所在

以上のごとき概括的紹介によっても知られるように、周藤・草野両氏の間には、佃権の実体把握や剗佃との関連について見解の相違が見られるものの――この相違は重要な論点ではあるが――、宋代官田の一部に佃権の確立を認める点において、またこの佃権が明清時代の一田両主制の歴史的前提ないし萌芽として位置づけられる点において、共通の認識が示されているのである。(5)

しかしながら、両氏の共通認識が首肯されるべきものとしても、そこにはなお次のような疑問を禁じえない。果して官田において、すなわち国家によって公認される佃権は、どのようにして明清の一田両主制へ連続しうるか、明清の一田両主制は民間の私的慣行として成立したものであり、国家権力によって禁止・整理の対象とすらなっていたのではなかったか、(6)という疑問である。この素朴な疑問から出発して両氏の研究を再検討する時、われわれはそこに分析方法上の重大な欠陥を見出すことになる。すなわち、佃権・剗佃はいずれも佃戸制の一側面を表現するものであり、そのかぎりにおいて官田・民田を問わず問題となりうるのではあるが、両氏の研究は、官田における佃戸制すなわち国家―承佃者の関係と民田の地主―佃戸との関係が、「佃戸制」という抽象化された枠組の中で同一平面上に比較され、あるいは無媒介に結合される結果に陥っているように思われる。たとえば、周藤氏は官田における佃権の確立→剗佃の後退、民田における佃権の未確立→剗佃という比較を何らの限定もなく行っているし、草野氏はB論文の論証過程で、官田・民田にかかわらず関連史料を配列され、またC論文では「私の意図したところは、宋元時代の水利田開発の労働出資関係を出来るだけ詳しく追求し、かねてより注目されていた南村輟耕録の農夫司大の説話を介して、宋代の租種管業と崇明県志に見える一田両主慣行とを結ぶ径路を明らかにすることであった」と氏自ら述べているごとくである。引用した草野氏の意図は、具体的には工本銭に対する権利の帰属関係の考察によって果されるのであるが、そこではなお官田と民田という佃権ないし田面権成立の場の相違が、工本銭に対する権利という一事で解消される傾向を持っているのである(7)。

あらためて言うまでもなく、官田の佃戸制とは国家と承佃者の関係であり、民田の佃戸制とは地主と佃戸の関係である。それゆえに、同じく「佃戸制」に関わるとはいえ、国家―承佃者の関係における佃権・剗佃を、直ちに地主―佃戸間のそれと同質・同レベルのものと捉えることはできないであろう。それは、公権力たる国家と私人たる地主とを同列視するものであり、官田の佃戸＝承佃者と民田の佃戸とを同一性格のものとみなすことになるからである。草野氏がC論文において、宋代官田の「租種管業」を崇明県志に見える一田両主制へ結びつけざるをえなかったこと、換言すれば、宋代官田の佃戸がいかに工本を投下しようとも彼等が田面権を保持するに至らなかったことは、決して故のないことではない。それは、官田と民田における佃戸制の質的相違を反映しているのである。しかも、官田の

「佃戸」は必ずしも直接耕作者とは限らず、南宋以降撲佃・包佃といった承佃形式——請佃主の下に租戸・種戸等と呼ばれる直接耕作者が隷属する重層的関係——が普及してくる。それゆえ、直接耕作者の下における佃権・田面権あるいは剗佃の問題は、官田の撲佃戸—租戸と民田の地主—佃戸間においてこそ正しく比較されるべき性質のものである(8)。以上が、両氏の分析方法に関わる第一の問題点である。

第二の問題点は、立価交佃の実体把握に関わる。周藤氏の所謂佃権、草野氏の所謂租種管業は、いずれも直接的には宋代官田の一部に見られる「立価交佃」・「酬価交佃」あるいは「資陪」と呼ばれる慣行に着目して提唱されたものであった。これらの慣行は、たとえば酬価交佃の語義より明らかなように、官田承佃者の交替＝「交佃」の際に新承佃者より旧承佃者へ価銭の交授＝「酬価」が行われていたことを意味するが、この点を周藤氏はいわば先験的に佃権の売買とし、草野氏は佃戸工本銭の交授と捉えたのであった。しかし、周藤氏のごとく立価交佃を単に佃権売買と捉えることは不十分な規定であると考えられ、草野氏のごとく立価交佃の対象価銭を佃戸工本銭とする理解には、史料解釈上の疑問が存する。

以上の二点にわたる問題把握に基づき、本章では、当面分析の対象を宋代官田に限定し、従来の所謂佃権の実体は何か、それは歴史的にいかに位置づけられるべきかを考察しようと思う。

一　立価交佃の対象価銭

まず、所謂佃権の実体把握のための基礎作業として、ここでは周藤・草野両氏が佃権成立と捉えるに到る直接的論拠、すなわち立価交佃の対象価銭について検討する。

草野氏はA論文の中で、工本銭償還請求の認められる官田と立佃交佃の認められる官田のいずれもが、元請佃の時点で荒廃した状態にあったという類似点に基づき、立佃交佃の対象価銭は工本銭であると主張した。この所謂佃権の基盤に工本銭を認める草野氏の認識はB論文における一田両主制萌芽論、C論文における剗佃論を貫く基本的前提となっており、十分注目すべきものである。一方、周藤氏は、いわば先験的に立佃交佃を佃権の売買と捉えたのではあるが、後掲の『象山先生全集』巻八、書「与蘇宰（書）」を解説して、「資陪とは民がその屯田に注いだ所謂工本の資を陪償するという意味であろう」と言い[9]、さらに、没官田・戸絶田の出売に際して、見佃戸が出売価より二分ないし三分の工本相当額を減じて承買していることをもって、「没官・戸絶田でも見佃人の佃権は多少認められていたようである」と述べていること[10]からして、氏もまた所謂佃権の基盤に佃戸工本が存在するとの認識を持っていたように推察される。

果して、立佃交佃とは佃権の売買であり、あるいは工本銭の交授に基づく交佃であろうか。官田における立佃交佃を示す代表例、馬端臨『文献通考』巻七、田賦七、官田、政和元年（一一一一）条には次のように見える。

知吉州徐常奏、諸路惟江西乃有屯田、非辺地。其所立租、則比税苗特重、所以祖宗時、許民間用為永業、如有移変、雖名立佃交佃、其実便如典売己物。……又其交佃歳久、甲乙相伝、皆随価得佃。今若令見業者買之、則是一業而両輸直、亦為不可。

この上奏は、政和元年の財政欠乏を理由とする官田出売策[11]に反対する立場よりなされたものであるが、知吉州徐常はまず江西路屯田の現状に触れ、屯田の移変は立佃交佃とは言うものの、実質的に己が物を典売するのと同じであると指摘する。ついで、甲から乙へと長年交佃が繰り返され、皆価銭を支払って佃種するを得たものであるから、もし見業者に承買せしむれば、一業に対して価銭を二度支払わせることになると述べている。「両輸直」とは、言うまでもなく立価交佃の価と承買価である。以上の徐常の報告に従えば、立価交佃は実質的には、田価に基づいて行われていたと考えてよいであろう。

ところで、草野氏のA論文によれば、宋代官田の工本は大率田価の二分から三分（二〇%〜三〇%）に見積られていたとされる。とすれば、草野氏のごとく立価交佃の対象価銭を工本銭と見た場合、この徐常の報告ははなはだ誇張されたものとみなさざるをえないのであるが、その当否はもうひとつの代表的史料、陸九淵『象山先生全集』巻八、書「与蘇宰（書）」(12)によって明らかになるであろう。そこには、江西路撫州金谿県の係省官田である大嶺荘・精歩荘について、

歳月寖久、民又相与貿易、謂之資陪、厥価与税田相若。著令亦許其承佃、明有資陪之文、使之立契字輸牙税。蓋無異於税田。其名数之著於州県簿籍者、目曰省荘。計其租入、則上而計省、下而郡県、皆総之曰苗屯米若干。……一旦官復責括而売之、則有是田者、往往僅能自給、豈復能辦銭以買此田哉。縦或能買、是無故而使之再出買田之価、豈不困哉。

とあり、屯田の貿易を資陪と謂い、資陪の価は税田と相等しいと明言されている。ここに陸九淵が「蓋無異於税田」と指摘するのは、「資陪之文」に則り、交佃の際に契字を立て牙税を輸納するという点だけでなく、屯田資陪の価が税田と同じく田価であるとする点をも承けていると解すべきであろう。そして、資陪の価が田価であるがゆえに、「一旦官復責括而売之、則有是田者、……縦或能買、是無故而使之再出買田之価」という屯田出売策批判が成立する。

かくして、立価交佃・資陪の価が田価そのものであったことが確認された以上、先の徐常の上奏を出売反対のためにする誇張とみなすべき根拠は失われるのであり、同様に立価交佃の対象価銭を工本銭に求める草野氏の所説も成立しないことになる。なお、韓維『南陽集』巻二九、碑誌「程伯純墓志銘」に、

朝廷遣官括牧地、民田当没者千頃、往往持累世券契自明、皆弗用。詔改税作租、許売易如私田、民乃服。

とあり、牧地の括地の際に没官された民田千頃には、詔して「売易は私田の如くするを許す」と措置されている。すなわち特例として立価交佃を認めたと解されるが、この措置もまた、立価交佃が私田の売易と同じく田価に基づいて行われるものであったことを裏づけるであろう。以上述べたように、宋代官田における立価交佃を記録する数少ない史料は、立価交佃が田士を対象としその田価に基づく交易であったことを示している。

つぎに、草野氏のA論文には、「資陪の対象が工本銭であったことを確認する根拠」として、ふたつの史料が挙示されているが、いずれの史料も氏の誤解に基づくものであることを以下に付記しておく。氏の第一の根拠は、『宋会要』食貨六三―二一五、農田雑録、乾道五年（一一六九）九月一四日条に、

戸部侍郎楊倓言、江南東路州県、有常平転運司圩田。見今人戸、出納租税佃種、遇有退佃、往往私倣民田、擅立価例、用銭交兌。……乞下江南東路提挙常平司、選官躬詣地頭、照隣比田則估価、召人実封投状、増銭承買、限満拆封、以最高銭数問見佃人、与減二分価承買。（傍点、草野氏）

とあるもので、氏はこの記事から、「用銭交兌」すなわち資陪の価銭が工本銭の評価額であり、田価の二分に見られていると言う。確かに圩田の出売に際し、見佃人が承買する場合に減じられる二分の価は、他の例から推して工本銭償還を意味するであろう。[13] しかし、そもそも、この記事の「乞下江南東路提挙常平司、……」以下は、戸部侍郎楊倓の出売方法の提案であり、それより以前の部分は彼の現状報告であって、前後を短絡させて「用銭交兌」の価が出売の際に減じられる二分の価と同一であるとするのは、明らかに誤りである。この記事の「遇有退佃、……用銭交兌」の部分は、圩田の佃戸が退佃する時に、新旧の佃戸が私かに民田の売買に倣って田価を取り決め、価銭の交授を行っている、と解すべきであろう。なお、この圩田には立価交佃が法規上認められていなかったこと、それにもかかわら

ず、官田における私的慣行として立佃交佃が普及しつつあったことにも併せて注目しておきたい。

草野氏の第二の根拠は、『元典章』[14]新集、戸部、課程、契本「買売契券、赴本管務司投税」に、

至治元年二月□□日、江浙行省准中書省咨、該、来咨、両浙転運司申、蘆瀝場竈戸張浩告、用工本銭二千三百七十余定、兌佃到崇徳州濮八提領等元佃係官圍田二千三百余畝、令男張一、将私物約、於新城務投税、納訖税銭七十九定。有淘荘務官阿里与黄千八、以不税田約為由、越経廉訪司陳告、委嘉興路徐総管追問、本路不即行移約問、輒拿監禁等事。

とあるもので、氏は「工本銭を以って係官囲田を兌佃（交佃）している事実」があると言う。氏の解釈は、この記事に関するかぎり誤りとは言えまいが、問題はここに言う「工本銭」の実体である。この記事によれば、張浩は竈戸すなわち製塩に従事する者であり、問題の場所は江浙行省である。『元豊九域志』巻五、両浙路、秀州、海塩県の条に、

一、塩監、海塩・沙要・蘆瀝三塩場。

とあり、張浩の所属する蘆瀝場はすでに北宋の記録にも見えるが[15]、『元史』巻九四、食貨二、塩法、両浙之塩に、

延祐六年罷四検校所。立嘉興・紹興等処塩倉官三十四場、各場監運官一員、歳辦五十万引、……其工本鈔、浙西一十一場、正塩毎引逓増至二十両。

とあるように、嘉興路（宋代の秀州）[16]の塩場は元代にも引き継がれている。ここに「工本鈔」なる語が見えるが、『元典章』巻二二、戸部八、課程、塩課「立都提挙司、辦塩課」に記す至元二九年（一二九二）の「辦課聖旨条画」の一項に、

竈戸煎到塩数、在先当該官吏、多取余塩、尅減工本、或以他物准折、致使生受。今後従実給散。

とあり、同上、塩課「添支煎曬塩本」に、

至元二十九年正月、江西行省准中書省咨、該、至元二十八年十月十四日奏准事内一件、煎塩的竈戸、哏生受有、在先一引塩、売三十両時分、一引塩五両工本鈔与来。

とあるように、「工本」・「工本鈔」とは、竈戸の納入する塩課に対して支払われる生産資金ないし生活資金を意味する。したがって、前掲の『元典章』新集、戸部、契本に見える「工本銭」は、草野氏が言うような、佃戸が佃田に投下した「佃戸工本」とは全くその性格を異にするものである。

以上、草野氏の挙示したふたつの史料は、立価交佃の対象価銭が工本銭であるとする氏の見解を支持するものではないことを述べた。思うに、周藤・草野両氏は、立価交佃の行われる田が、国家に所有権が帰属するところの官田であるという点に重大な疑問を抱いたようである。たとえば、草野氏はA論文の中で、「この資陪酬価の対象は何であったろうか。これが田価でなかったことは、この田が官田であり、また田の「移変」が正しくは交佃承佃と呼称されていたことからも明らかである。田価以外に資陪を請求出来るような何物かが佃田に発生していたと見なければならぬ」として、前述のごとくそれを佃戸工本銭に求めたのであった。周藤氏が、いわば先験的に立価交佃を佃権の売買と把握したのも、それが官田であるという点に大きな理由が存していたものと推測される。

しかしながら、以上において検討を加えたように、官田の「移変」・「交易」は「立価交佃」・「資陪」等と呼称されてはいたものの、その実体は田士を対象とし田価に基づく交易にほかならなかった。同時代の宋人によっても、立価交佃・資陪は「其実如典売己物」とか「厥価与税田相若、……蓋無異於税田」と指摘されているのである。それでは官田における立価交佃の成立とは、一体何を意味するのであろうか。これが次節の課題となる。

二　所謂佃権の実体

宋代官田の一部に見られる立価交佃とは、田土を対象とし田価に基づく承佃者間の交易を意味するものであった。それゆえ、立価交佃の存在を直ちに佃戸の佃権成立と等置し、これを佃権の売買と捉えることはもはやできず、また、これを佃戸工本銭の償還と見ることも妥当性を欠くと言わなければならない。そこで、立価交佃を直接的論拠として提唱された所謂佃権の実体を規定するために、ここでは、第一に官田承佃者が佃田に対して有する諸権利を確定し、第二に所謂佃権をとり巻く法的諸規定について考察したい。

さて、立価交佃の認められる官田に対して承佃者の有する権利として、第一に挙げるべきものはその絶売権である。それは、立価交佃が官田の田価に基づいて行われたことから直ちに帰納しうるであろう。承佃者の有する権利は絶売権だけではない。絶売権を持つことは、当然ながらその典当権、使用収益権をも有することになる。范応鈴の判に係る『清明集』巻四、戸婚門、争業上「胡楠周春互争黄義方起立周通直田産」[17]には、

今有周春執出契要後、有丁盈七十四号・丁盈七十五号・丁盈七十八号・丁盈七十九号・丁盈八十五号、作黄仁元贖回黄義方資陪与阿廖、屯田号数雖同、似可影占。

とあり、黄義方が資陪して阿廖に与えた屯田が黄仁元によって贖回されたとする契約書が見える。もっとも花応鈴はこの周春の契約書を偽りであると断じて四点にわたる理由を挙げているが、そのいずれの理由も、屯田を典当しかつ贖回しえたことを否定するものではなく、むしろ屯田の典当と贖回とが合法的行為であったことを前提とした判決である（後掲参照）。そしてまた、この書判に言う資陪とは、絶売ではなく典当であるという点にも注目すべきであろう。

したがって、立価交佃・資陪の認められる官田に対して、承佃者はその典当権をも有していた。これが第二の権利である。そして第三に、承佃という行為そのものに内包される使用収益権を挙げねばならない。この承佃が撲佃・包佃といった形態をとる場合、第一次承佃者たる撲佃戸は、その佃田の出租権をも有することになる。

以上のごとく、立価交佃が認められる官田に対して、その承佃者は絶売権・典当権といった処分権を有するとともに、使用収益権・賃貸権をも有していた。こうした承佃者の佃田に対する諸権利は、当該時代の私的土地所有者の所有地に対する諸権利[18]とほぼ合致するのであり、したがって、ここに承佃者の佃田に対する事実上の所有権が成立していたと見てよいと思われる。もとより、国家の側では、たとえば『宋史』巻一七四、食貨上二、賦税に、

宋制歳賦、其類有五、曰公田之賦、凡田之在官、賦民耕而収其租者、是也。曰民田之賦、百姓各得専之者、是也。

とあるように、公田＝官田を「田之在官」として、すなわち所有権の国家帰属という点に基づいて民田＝「百姓各得専之者」と区別していた。さらに、立価交佃が認められる官田もまた、一般の官田と同じく出売の対象とされていたのではあるが、この種の官田が出売の対象となり、現実に出売されたとしても、それは国家権力の財政的危機による強権の発動として、たとえば南宋末期の大規模な民田の買上げ＝事実上の没収による公田の設置[19]と同様に考えうるのであって、官田とは呼ばれながらもそれはすでに帳簿上の名目であり、事実上の所有権が承佃者に属するとする見方に変更を強いるものではない。たとえば『文献通考』巻七、田賦七、官田、熙寧二年（一〇六九）条に、

三司言、天下屯田・省荘、皆子孫相承、租佃歳久、乞不許売。其余没官納荘、願売者聴。従之。

とあり、熙寧二年に屯田・省荘は子孫が相承けて租佃すること歳久しいという理由で出売禁止の措置がとられており、同書、官田、紹興二九年（一一五九）条にも、

両浙転運司言、申括到平江府省田一十六万六千七百二十八畝、毎畝納上供省苗三斗三升六合、計米三万九千四十

七石、係民戸世業。今若出売、便為私田、上輸二税、暗失上供歳額苗米。乃止。

とあり、平江府の省田は民戸の世業に係ると言われ、出売によって両税を徴収することにすれば上供の歳額を失うという理由で出売が中止されている。したがって、立価交佃の公認される官田は、同じく「田之在官」ものと観念されつつも、国家の土地政策上において他の官田とは区別され、「皆子孫相承、租佃歳久」とか「係民戸世業」という点に一定の配慮が払われていたのであった。

しかるに、前掲の二史料を比較すると、出売禁止ないし中止の理由に著しい変化が現れる。すなわち財政的理由の重視という傾向が、紹興二九年条には濃厚である。すでに、知吉州徐常が江西路屯田出売反対論を提出する契機となった政和元年の官田出売策は、「時朝廷以用度艱窘、命官鬻売官田」[20]という財政危機に基づくものであったし、徐常の反対論に対する中央政府の対応もまた「如屯田紐利、多於二税、即住売之。為税田而税多租少、即鬻之。他路倣此。詔可」[21]とあるごとく、専ら財政収入の多寡にのみ関心が移行していたことを物語っている。それゆえ、北宋熙寧二年の屯田・省荘の出売禁止措置にもかかわらず、南宋中期以降漸次この種の官田が出売される背景として[22]、宋金・宋元抗争による軍事支出の増加とそれによる財政的危機を予想することはきわめて自然であろう。これが、立価交佃の認められる官田の出売が、時の国家権力の財政的危機による強権の発動と考えるべき所以である。このように立価交佃の認められる官田は、「田之在官」ものと観念されていたにもかかわらず、そしてその観念が財政的危機による出売という措置にまで現実化されることがあったにせよ、その官田に対する承佃者の諸権利からしてすでに承佃者の事実上の所有権が成立していたと考えられる。

加えて、承佃者の有する諸権利からして、立価交佃の認められる官田に承佃者の事実上の所有権が成立しており、「百姓各得専之者」という意味で実質的に民田であるとする認識は、同時代の宋人の認識でもあった。前掲の『文献通考』巻七、および『象山先生全集』巻八における徐常・陸九淵の屯田出売反対論は、江西路屯田が実質的に「己物」・「税田」であるとする点を重要な論拠としていたのであり、浙西平江府の省田も「係民戸世業」と言われていた。また、李心伝『建炎以来朝野雑記』甲集巻一六、財賦三「省荘田」に、

省荘田者、今蜀中有之、号官田、自二税外、仍科租。……然其実皆民間世業、毎貿易、官仍収其算銭。但世相沿襲、謂之官田、不知所始也。

とあり、四川の省荘田は実質的に民間の世業であって、貿易＝立価交佃の際に官司は算銭＝牙税を徴収し、「但《ただ》に世々相い沿襲し、これを官田と謂うのみ」と指摘されている。

したがって、以上の検討によって、従来の所謂佃権とは官田における承佃者の事実上の所有権の成立を示すものにほかならず、その意味において、この種の官田は実質的に民田と異ならないことが明らかになったと思われる。

ところで、注目すべきことは、この事実上の所有権が、単に民間における既成事実として成立していたのではなく、国家の法的保護・規制下に置かれることによって公的保証を獲得していた点である。それがこの事実上の所有権の成立——それを顕著に示す立価交佃の公認——を他の私的慣行としての立価交佃から区別し、特徴づけるのである。『文献通考』巻七、田賦七、官田、政和元年条に見える江西路屯田は、「祖宗時、許民間用為永業」という措置が与えられており、同じく江西路撫州金谿県の係省屯田には、『象山先生全集』巻八、書「与蘇宰（書）」によれば、「使為永業」と措置されていた。さらに浙西平江府の省田が「係民戸世業」ものであり、四川の省荘田が「民間世業」と言われている点も、すでに見たとおりであるが、これらの屯田・省荘は、前述のごとく熙寧二年には国家の土地政策上に他の官田とは区別された取扱いを受けていた。その点は、『宋史』巻三五三「蒲卣伝」に、

宛・穣地広沃、国初募民墾田、得為世業、令人毋輒訴、蓋百年矣。好訟者、稍以易佃法揺之、卣一切禁止。

とあるのによっても裏づけられる。すなわち、墾田によって世業とされた田は、「易佃」＝剗佃の対象となっており、おそらく官田として登記されていたものであろう。この田には「為世業」という措置とともに「令人毋輒訴」と指示されており、世業とされた田が国家の土地政策ないしは何らかの法規上において特別の保護を受けていたことが明らかである。また「為永業」・「為世業」という表現は、宋代の史料では多く官田の民田化を意味するが、[23] これらの田はいずれも官田として登記されていることからすれば、直接的には子々孫々にわたる使用収益権を認めたものであろう。そのことを福州官荘との対比で具体的に見てみよう。『宋会要』食貨六三―一七五、農田雑録、天聖四年（一〇二六）六月条に、福州官荘は「福州屯田、耕田歳久、雖有屯田之名、父子相承、以為己業」という状態にあったことが報告されているが、『淳熙三山志』巻一一、版籍類二「官荘田」に、

　太平興国五年、雖詔与私産均作中下定税、是時尚給戸帖、未許為永業。

とあり、福州官荘では両税が徴収され戸帖が発給されてはいたが、いまだ永業という措置は受けていなかった。『宋会要』食貨六三―一七五、農田雑録、天聖三年（一〇二五）一一月条には、

　淮南制置発運使方仲荀言、福州官荘、与人戸私産田、一例止納二税。……若只依例、別定租課、増起升斗、経久輸納不易、兼従初給帖明言、官中却要、不得占吝。臣欲乞、以本処最下田価、売与見佃戸。

とある。すなわち、太平興国五年に与えられた戸帖には「官中却《ま》た要むれば、占吝するを得ず」と記され、この官荘の佃戸はその承佃する田の随時の拘没を予定されていたことが知られ、方仲荀はこの戸帖の文言をひとつの根拠として福州官荘の出売を提案しているのである。この戸帖の文言と「未許為永業」という措置、および方仲荀の出売論との一連の関係と、立価交佃の認められる官田が「為永業」・「為世業」という措置を受けていた点とを比較すれば、「為永業」・「為世業」という措置が、一方では第三者の剗佃等より承佃者の使用収益権・接続承佃権を保護し、一方

では、熙寧二年の屯田・省荘の出売禁止措置に見られるように、官司の恣意的行為――拘没・出売等をも牽制したものと考えてよいであろう。

一方、この種の官田の交易に関しては、南宋の淳熙一〇年（一一八三）頃に係る羅願『鄂州小集』巻五、箚子「鄂州到任五事箚子」の第四事に、包占による不耕田の開墾促進策を述べて、

又在法有酬価交佃之文。其或因事到官者、有司覚所占猥多、斟量価数、減与来者。

とあり、前掲の『象山先生全集』巻八「与蘇宰（書）」に、

歳月寖久、民又相与貿易、謂之資陪、厥価与税田相若、著令亦許其承佃、明有資陪之文、使之立契字輸牙税、蓋無異於税田。

とあるように、「酬価交佃之文」・「資陪之文」と呼ばれる法令が存在し、交佃の際には税田と同じく契字を立て牙税を輸納すべく定められていた。こうした立契登録等の手続きを経て、新承佃者は佃田に対する権益を保証されるともに、官租負担の義務を負うことになる。一部前引の『清明集』巻四、戸婚門、争業上「胡楠周春互争黄義方起立周通直田産」に、

今有周春執出契要後、有丁盈七十四号・……丁盈八十五号、作黄仁元贖回黄義方資陪与阿廖、屯田号数難同、似可影占。而其偽有四、周春契内五号、係是屯田、黄義方嘉定五年已売与丁乙秀、次年投印分明、無縁其後再将此田売与阿廖、此其一也。今人置田、或納屯職、或納苗税、交易之始、便立戸名。阿廖所置黄義方田、既無入納、又不頓戸、不審黄仁憑何収贖、此其二也。黄義方既立周通直戸、周通直税苗、即合黄義方送納、黄義方田産、即是周通直物業。今砧基簿内、尚有晩田五号、未曾交易、豈応他人冒占、此其三也。胡楠嘉定十四年七月、追逮到官、監納苗税、而周春印契、乃在其年十二月、事発之後、旋行計議、難以憑使、此其四也。

とあり、立契→投印→砧基簿への立戸名、すなわち公課負担者の過割、という手続きが必要とされ、承佃者の権益がこの手続きを経て保証されるとともに、公課負担の義務を生じること、一旦何らかのもめごとが生じた場合、官司の帳簿——ここでは砧基簿と契約書とを対照することによって事が処理されること等、立価交佃・資陪に伴う法的規制＝手続きは、民田の交易と全く変わるところがなかったと考えられる。(24)

以上、本節における検討の結果を要約すれば、従来の所謂佃権の実体は、承佃者の佃田に対する事実上の所有権の成立と捉えるべきものであり、その事実上の所有権とそれに伴う立価交佃等の処分権の行使に関しては、「為永業」・「為世業」という措置および「酬価交佃之文」・「資陪之文」と呼ばれる法令によって保護・規制が加えられていた。こうした事実上の所有権の成立とそれに対する法的保護・規制の存在からすれば、これらの田は官田とは言いながら、それは単なる帳簿上の、ないし国家の土地支配上の観念的名目であり、実質的に民田と異なるところはなかったと考えられる。

つぎに、官田の戸籍法・税役法上の取扱いについて、若干の考察を行いたい。なお、本章では、さし当り官田・民田を問わず公課徴収に関わる法規を税役法と言い、そのための台帳に関わる法規を戸籍法と呼ぶことを、あらかじめお断りしておく。

三　官田の帳籍と公課負担

立価交佃の認められる官田の戸籍法・税役法上の措置について詳細な分析を加えた草野靖氏によれば、この種の官田——氏の言う「租種管業田」は、一般の民田と同じく五等丁産簿・夏秋税租簿上に承佃者の戸名を立てて登記され、同時に差役・科配の賦課を受けていたとされる。そして、氏が所謂佃権の「より包括的概念」として「租種管業」なる呼称を用いるのは、まさしくこの種の官田が、官租負担は別として、戸籍・税役法上に一般民田と同等の取扱いを受けるという点に基づいているのである。私は先に、五等丁産簿・夏秋税租簿は民田を対象とするものであり、税産所有者たる主戸のみが戸名を有すると述べたことがある[25]が、氏の所説に従えば、「租種管業田」のみを耕作する者も五等丁産簿・夏秋税租簿上に戸名を有したことになり、私の説と抵触する。そこで、以下に草野氏の所説を再検討しつつ、官田の戸籍・税役法上の取扱いについて考察したい。

「租種管業田」が戸籍法・税役法上に一般民田と同等の取扱いを受けるという草野説の論拠の第一は、A論文の中で「等第簿或は夏秋税租簿に登記された民の資産には戸帖[26]が発給され、また逆に戸帖を与えられた資産は総べて産業簿夏秋税租簿に戸名を立てて登記され、この手続きによって民の所有権が保証され同時に税役の負担が生じていたのであるが、管業田がこれと同様の措置を受けていたことはほぼ推測できる」と述べているように、「租種管業田」に戸帖が発給されるという点にある。その際、氏が提示した史料は、『宋会要』食貨六三―一九五、農田雑録、宣和元年（一一一九）八月二四日条に、

農田所奏、応浙西州県、因今来積水減退露出田土、乞毎県選委水利司暗暁農田文武官、同与知佐、分詣郷村、検視標記、除出人戸已業外、其余遠年逃田・天荒田・草葑茭蕩及湖濼退灘沙塗等地、並打量歩畝、立四至・坐落・著望・郷村、毎囲以千字文為号、置簿拘籍、以田隣見納租課比撲、量減分数、出榜限一百日、召人実封投状、添租請佃、限満拆封、給租多之人、毎戸給戸帖一紙、開具所佃色・歩畝・四至・著望・応納租課、如将来典売、聴依係籍田法、請買印契、書填交易。従之。

とあるものである。氏が言うように、「係籍田が五等版籍に係属される田即ち税田・已業を指す呼称であることは明

らか」ではあるが、ここに見える遠年の逃田・天荒田等々は、「毎囲以千字文為号、置簿拘籍」と措置されており、この「簿籍」が五等丁産簿とすれば、すでに係籍田となっている田の典売についてわざわざ係籍田の法に依り云々と指示するというのは全く奇妙な話ではなかろうか。同書、食貨六一—三六、官田雑録、淳熙一〇年（一一八三）一〇月一七日条には、

浙西提挙王尚之言、近根括到平江府五県、自淳熙三年以前、出売不尽官田及以後新収田畝、創置簿籍、抄上歩畝・佃戸・租課数目、若私家之砧基簿者、庶幾有以稽考。……本司自行差官交納、別置租課簿、発下諸県、委自令佐、拘催銷落、庶使常平官租歳有所収。……詔、其田籍、令尚書省、用印給付浙西提挙司、行下所部州軍、遵依施行。

とあり、宣和元年より下ること六〇数年後の同じ浙西平江府の官田には「簿籍」・「租課簿」が置かれている。この「簿籍」＝「田籍」は詔によって浙西全域に施行されるが、そこに含まれる官田の地目は、出売で残った田および淳熙三年以後の新収の田畝である。新収の田畝には当然のことに、草野氏が「租種管業田」とされる逃田・天荒田、新田たる湖田・囲田等が含まれるであろう。[27] したがって、宣和元年に浙西州県に置かれた「簿籍」は、五等丁産簿ではないと判断される。

それはともかく、戸帖の発給が必ずしも五等丁産簿・夏秋税租簿への係属を意味しない例として、われわれは福州官荘を挙げることができる。草野氏は福州官荘も「租種管業」の取扱いを受けていたと推測しているが、すでに前節で述べたように、ここには太平興国五年に私産と等しく中下に分けて両税が均定されるとともに戸帖が発給されていた。『淳熙三山志』巻一一、版籍類二「官荘田」、天禧五年（一〇二一）条に、

前福建提刑王文震奏、福州佃官田戸、雖係屯田名目、只依二税催科産銭、不計多少、免例門役差遣。臣管見、屯田戸、既特免租課、又不追田価、即与平産人戸田業無殊。欲乞削去屯田名目、割帰税簿催科、止当門役。

とあり、福州の官荘――屯田と呼ばれる――では、屯田の名目を削去し、「税簿」＝夏秋税租簿へ割帰して催科するよう提案されていることが示すように、両税が徴収されているにもかかわらず夏秋税租簿への係属はなされておらず、また「例免門役差遣」とあるように差役も免除されていたのである。さらに、『宋会要』食貨六三－一七五、農田雑録によれば、政府は天聖三年（一〇二五）一一月に福州官荘の出売を企図し、屯田員外郎辛惟慶を福州に派遣するが、同書食貨六三－一七五、農田雑録、天聖四年六月条の辛惟慶の報告の一節には、

臣尚慮、狡猾之輩、別啓情倖、於名下田園、揀選肥濃税軽者請買、却退瘠地、別到虧官、已牒福州、並須全業収買、依勅限三年納銭、不収牙税、如佃戸不買、却告示隣人、隣人不買、即召諸色人、仍令令佐、将帳簿根究数目、如日前曾将肥土軽税田与豪富人、今止瘠地、即指揮見佃戸、全業収買、割過戸籍、若佃戸不買、即将元卸肥田一処出売、又按佃戸名、亦有僧戸、元条僧人不得買田、已牒州、出榜告示、許主収買、或僧人元有官田、已卸別戸承佃者、敢争執妄生詞説、即厳加勘断。

とあり、出売に当って令佐が各佃戸の承佃する官田の数目を根究する「帳簿」が福州官荘の田籍ないし税籍であり、見佃戸が収買ののちに「割過」すなわち移籍される「戸籍」が五等丁産簿であること、明白である。なお、ここに、狡猾の輩が名下の田園より肥濃税軽の田を選んで請買しようとすると指摘されているように、福州官荘の「帳簿」には佃戸の戸名が立てられていたこと、および「如日前曾将肥土軽税田与豪富人」とか「或僧人元有官田、已卸別戸承佃者」といった表現が見え、立佃交佃が行われていた形跡があることに注目しておきたい。この辛惟慶の報告を受けて三司は「候納銭足、給戸帖与買田人、執為永業、応副差徭」（同上、天聖四年六月条）と指示しているが、福州官荘の佃戸は収買が完了した時点で新たな戸帖の発給を受け、五等丁産簿・夏秋税租簿への登記と差役の賦課を受けることになるのである。

かくして、戸帖の発給をもって五等丁産簿・夏秋税租簿への係属と等置する草野氏の説は、民田には一般的に妥当すると考えられるものの、官田にまでは一般化しえず、福州官荘の場合は、屯田の名目の削去＝民田化や出売による民田化によって初めて五等丁産簿・夏秋税租簿への移籍・係属が行われるものであったことが明らかとなった。そして、五等丁産簿・夏秋税租簿へ係属されない田、すなわち官田には差役・科配の賦課が免除されていたことは、福州官荘においても同様であり、その民田化によって初めて差役の賦課を受けるものであったことも併せて確認しておきたい。

ところで、宋代の官田には、地域、時代、官田の地目等の相違に応じて様々の帳籍が置かれていた。私は本書第一章において、南宋平江府の官田に租課簿が置かれ、同じく南宋の職田に田籍が置かれていたことを指摘したが(28)、ほかに例を挙げると、『宋会要』食貨六九―三九、逃移、天聖七年（一〇二九）一一月二三日条に、

詔、前令、逃田経十年已上、許本主帰業、及諸色人諸《ママ》請佃、米(并)得立定税額。……請射逃田者、並具拆戸下有無田土・税数、于請射簿内名下注鑿。

とあり、草野氏が「租種管業」の取扱いを受けていたとされる逃田に、「請射簿」が置かれ、諸佃者の戸名下に所有田土の有無・税数が注記されていた。もっとも、草野氏は棄耕荒閑田が「租種管業」の取扱いを受けるのは南宋になってからであると述べているから、この史料は直接草野氏の説を否定するものではないが、同書、食貨六九―一七、版籍、天聖三年（一〇二五）七月条の京西路勧農使の上言に、夏秋税租簿の作成手続について、

今乞、候毎年写造夏秋税簿之時、……将版簿及帰逃簿・典売折居割移税簿、逐一勘同。

とあり、『慶元条法事類』巻四七、賦役門一、閣免税租の戸令に、

諸税租戸逃亡、州県各置籍、開具郷村坊郭戸名・事因・年月・田産頃畝・応輸官物数、候帰請日銷注。

とあるように、逃田は北宋から南宋までを通じて何らかの帳簿に別に係属されており、民田の五等丁産簿には係属されていなかったと考えられる。また、『宋会要』食貨六三―六五、屯田雑録、嘉定一七年（一二二四）正月二六日条には、

都省言、両淮州軍、雖各有見管営屯田頃畝数目、……仍毎歳拘権州軍所収稲麦、従実椿管、具入月帳、毋令侵移失陥。

とあり、南宋末の両淮の州軍の営田・屯田には「月帳」が置かれて稲麦の徴収が行われており、同書、食貨六三―一五六、営田雑録、嘉定七年（一二一四）四月二四日条には、

随州言、……後拠申、親詣地所、丈量到官兵見種田土計百二十四頃三十二畝一分、比屯田帳内所申数目、計根括丈量出田二頃九十二畝一分、即無隠漏。

とあり、京西南路随州の屯田（軍屯）には「屯田帳」が見える。

このように、宋代の官田に各種の帳籍が置かれていたことが確認されるならば、立価交佃の認められる官田を「租種管業田」とする草野氏の第二の論拠、すなわち、この種の田が州県司係属であり、資陪によって「入戸」の措置がとられるという点も首肯しがたいものとなる。既述のごとく、福州官荘の「帳簿」や逃田の「請射簿」、あるいは前節で述べた砧基簿等はいずれも州県司係属であり、そこには承佃者の戸名が立てられていた。それゆえ、立価交佃に伴う、あるいはより一般的に官田・民田を問わず売買・逃亡・請佃等の田士の移変に伴う「入戸」の措置は広く認められるはずであり、したがって、「入戸」の措置を五等丁産簿・夏秋税租簿に固有のものとすべき理由はないのである。そしてまた、州県司係属を「租種管業田」の要件ないし特色とする草野氏の説についてさらに付言するならば、氏が「租種管業田」とする囲田・湖田等は、『文献通考』巻七、田賦七、官田に、

寧宗開禧三年（一二〇七）冬、……明年改元嘉定、始用廷臣言、置安辺所、命戸部侍郎沈詵等、条画来上、凡侂冑与其他権倖没入之田及囲田湖田之在官者、皆隷焉。

とあり、嘉定元年（一二〇八）に安辺所に係属されている。私は立価交佃の認められる官田の特色は、州県司係属だけではなく、その租課が戸部の会計に計上される点にあると考えるが、この点の検討は煩を避けるため後節に譲ることとしたい。草野氏の第三の論拠は、「為永業」・「為業」・「管業」等の用例の分析に基づいて、「為永業・為業・管業・著業何れも、当該佃田を本戸の業（物力・被課税資産）として登記することを指す」と言われる点と、立価交佃の認められる官田が「為永業」と措置される点との類比によって導き出されたものである。しかし、氏自身が述べているように、「業」とは私有財産・非私有財産を問わず用いられるものであり、「為永業」・「為業」等がいずれも当該佃田を本戸の「業」として登記するものではあれ、それがどのような戸籍・帳簿に係属されるかによって物力・被課税資産となるか否かは異なるであろう。むしろ「為永業」・「為業」といった用例は、当該佃田に対する公課（税・租・役等）負担者を把握するための帳簿上の操作を指すと考えるべきものであって、それが直ちに五等丁産簿・夏秋税租簿への登記を意味しないことは、「入戸」の場合と同様であろう。

一方、草野氏の、「租種管業田」は差役・科配の賦課対象となっていたとする説は、この種の田が五等丁産簿・夏秋税租簿上に係属されるという点から導き出されたものであり、すでにその前提が認められない以上、氏の所説は成立しない。しかも、氏が例証として挙示した史料は、いずれも差役・科配を免除するというものか、あるいは違法に賦課されたことを示すものばかりであって、氏の説を支持するものではない。

以上を要するに、立価交佃の認められる官田が五等丁産簿・夏秋税租簿上に承佃者の戸名を立てて登記され、差役・科配の賦課を受けていたとする草野氏の所説は承認し難く、したがってまた「租種管業」なる概念も成立せず、この種の官田は、民田とは区別された何らかの帳籍上に係属され、民田に対する賦課たる差役・科配を受けることはなかったと考えられる。明末清初の人、顧炎武の『日知録』巻一〇「蘇松二府田賦之重」に、

官田、官之田也、国家之所有、而耕者猶人家之佃戸也。民田、民自有之田也。名為一冊而徴之、猶夫宋史所謂一曰官田之賦、二曰民田之賦、金史所謂官田曰租、私田曰税者、而未嘗併也。

とあり、また明代の官田について、

至於今日、佃非昔日之佃、而主亦非昔日之主、則夫官田者、亦将与冊籍而倶銷、共車牛而皆尽矣。猶執官租之説、以求之、固已不可行。

とあるが、顧炎武によれば、宋代・金代の官田と民田とは「各為一冊而徴之」ものであり、「未嘗併也」と言われるように、各々帳簿を別にして登録されていた。元代の官田が戸籍上にどのような措置を受けていたかは不明であるが、顧炎武によれば、「亦将与冊籍而倶銷」とあるように、官田が帳籍上独自の地位を失うのは明代に入ってからであり、従来の研究によれば、官田・民田が帳籍上に一体化するのは、洪武一四年（一三八一）の賦役黄冊の作成に始まるものと考えられる。(29) したがって、宋代の官田は立価交佃が認められるか否かにかかわらず、戸籍・帳籍上に民田とは区別されていたと考えて大過ないであろう。(30)

ところで、前節において私は、立価交佃の認められる官田には承佃者の事実上の所有権が成立しており、この種の官田は実質的に民田であると述べたが、しかし、この規定はあくまで承佃者の佃田に対する諸権利とそれに対する法的諸規定より帰納されたものであって、本節の検討によれば、それはなお官田として戸籍法上に民田と区別され、税役法上にも両税・差役・科配に対する租課の徴収という差異が認められる。ただし、税役法上における官田と民田との差異が本質的なものであるか否かについては、なお検討の余地があろうと思われる。もとより、両税・差役等と租

課とを無限定に比較することは全く無意味であり、一般的に官田の租課は両税のごとく租税ではなく国家への地代と考えるべきものである。しかし、草野氏が言うように立佃交佃の認められた官田は、土地以外の一切の生産手段を承佃者が自備する所謂租佃制をとっており[31]、その官田にはすでに承佃者の事実上の所有権の確立とそれに対する国家の法的保護・規制が加えられていた。とするならば、第一に、この種の官田における国家と承佃者の間には生産関係が稀薄である、あるいは存在しなかったと言えるのであり、したがって、その租課も国家へ納入する小作料＝地代と言うよりは租税と考えるべき性格のものとなるであろう。しかも張方平『楽全集』巻二六、論事「論率銭募役事」に、

本朝経国之制、県郷版籍、分戸五等、以両税輸穀帛、以丁口供力役。此所謂取於田者也。

とあるものが端的に示すように、両税・差役ともに田土を基準とする賦課であり[32]、科配もまた資産の多寡を基準とする賦課であった[33]。したがって第二に、ともに田土を基準とする賦課たる点において、両税・差役・（科配）とこの種の田の租課とは性格を一にしており、官田に対する差役・科配の免除という点も、両税に比して過重な租課を賦課される承佃者の実質的負担能力からしていわば当然の措置であったと思われるのである[34]。以上の二点からすれば、立佃交佃の認められる官田と民田との税役法上の差異は名目的差異であり、本質的には同一の性格を持つものと考えられるのであって、この点からしても、この種の田は実質的に民田と同一の性格を持つものであったと思われる。

それはともかく、戸籍法上における官田・民田の区別は、宋代ではなお帳籍自体の区別として現象するのであるが、遅くとも明代の洪武一四年には特殊な官田を除いて官田・民田は賦役黄冊上に一体化する。勿論、賦役黄冊上における官田・民田の呼称上の区別は存続するけれども。同時に、巨視的に見るならば、宋代より時代を下るにつれ官田・民田各々の管理機構や税役負担の面においても、両者の差異は解消の方向へ向ってゆくように思われる。この点は、宋代官田に認められる立佃交佃慣行を歴史的に位置づける場合に注目されることであって、以下に立佃交佃の認めら

れる官田の地目を確定したのち、あらためて述べることにしたい。

四　立佃交佃の認められる地目

続いて、立佃交佃はいかなる官田の地目に公認されていたか、換言すれば、承佃者の事実上の所有権はいかなる官田の地目に成立していたか[35]を確定しておきたい。すでに周藤・草野両氏の研究によって明らかなように、官田における立佃交佃は合法・非合法を問わず時代を下るにつれて各種の地目で普及していく傾向を示しているが、ここでは、あくまでも立佃交佃が公認された地目とは何かを問題したい。それは、立佃交佃慣行を歴史的に位置づける上でひとつの視点を提供するであろうからである。

さて、立佃交佃の認められる官田の地目は、すでに周藤・草野両氏によって、所謂佃権の認められる田としていくつかが挙げられている。まず周藤氏は、江西・四川・浙西等の唐末五代以来の営田・屯田・省荘、浙東の湖田、湖北・淮東西の荒地を挙げており、草野氏は、華北および江南各地の五代以来の営田・屯田、華北諸州の廃監牧地、江淮・両浙・福建地方の囲田・圩田・湖田・塗田等の新開水利田、逃戸の棄耕荒閑田を挙げている。両氏の挙示された地目の中で、江西・四川・浙西等の営田・屯田・省荘には立佃交佃が公認されていたと考えられるが、その他の地目については再検討すべ余地があると思われる。

まず、草野氏の挙げた華北の営田であるが、『五代会要』巻一五、戸部、後周の広順二年[36]（九五二）正月条に、

勅、応諸処戸部営田人戸租税課利、除京兆府荘宅務・贍軍国権監人戸・両京行従荘外、其余並割属州県、所徴租税課利、官中祇管戸部営田旧徴課額、其戸部営田職員、一切停廃、一応有客戸、元佃係省荘田・桑土・舎宇、便

令充為永業、自立戸名、仍具元佃桑土・舍宇・牛具・動用実数、経県陳状、県司給与憑由、仍放戸下三年差遣、若不願立戸名、許召主卸佃、不得有失元額租課。其車牛・動用・屋舎・樹木、亦各宣賜、官中更不管係。

とある。草野氏はこの戸部営田が州県司に係属され「為永業」と措置されていることを根拠として、華北の戸部営田が「租種管業」の取扱いを受けていたとしたのであるが、これは、元額の租課額を両税額として実徴する条件の下に、戸部営田を民田化したことを示すものであろう。それは、客戸が「充為永業」という措置によって州県の戸籍に戸名を立て、そのことによって四年目から差役に充当されるという点より明らかである。『資治通鑑』巻二九一、後周広順三年（九五三）正月乙丑条には、この間の経緯について、

是歳、戸部増三万余戸、民既得為永業、……或言、営田有肥饒者、不若鬻之、可得銭数十万緡以資国。帝曰、利在於民、猶在国也。朕用此銭何為。

とあり、この年戸部が三万余戸を増したということは、戸部営田の客戸が「充為永業」という措置によって両税負担者＝主戸となったこと、換言すれば、戸部営田が民田となったことを示すものにほかならない。或る者が「不若鬻之」と提言していることもまた、「便令充為永業」という措置が売出と同様の結果をもたらす措置であったことを物語るであろう。

つぎに、浙東の湖田についてであるが、『宋史』巻一七三、食貨上一、農田、隆興二年（一一六四）九月条の刑部侍郎呉芾の上言に、

昨守紹興、嘗請開鑑湖、廢田二百七十頃、復湖之旧、水無泛溢、民田九千余頃、悉獲倍収。今尚有低田二万余畝、本亦湖也。百姓交佃、畝直纔両三緡。欲官給其半、尽廢其田、去其租。

とあり、湖田の交佃が畝値二～三緡で行われていたことが知られるが、この立価交佃が公認されたものであるか否か

は不明である。低田二万余畝を廃するに当って官が交佃価の半分を支給しようと提案されていることからは、あるいはここに立価交佃が公認されていたことを裏づけるかのごとくではある。しかし、『宋会要』方域一八―二七、諸寨、沐川寨、嘉定四年（一二一一）一一月二八日条に、成都府路提刑李𡌴が上奏して、

犍為平戎荘官田、除見管人丁百二十名上寨防拓外、其余頃畝、多為豪民富戸侵占、歳月已深、視為己物。……又念、前来民訟、所訴侵占之家、因循歳久、間有使銭承兌、視同己業者、一旦悉行拘没、委是失業可憐。尋措置緡銭、支還逐戸、総計二万四千二百余引、別作帳冊、随状繳申尚書省、……従之。

とあり、豪民富戸に侵占せられた犍為県平戒荘の官田を回復するに当って、「使銭承兌、視為己業」という事態を考慮し緡銭が支給されている例すらあるのであって、浙西の湖田を廃するに当って官が緡銭を支給せんとすることは、必ずしも立価交佃公認の絶対的裏づけとはなしがたいのである。それゆえ、以下に他の水利田に立価交佃が公認されていたか否かを見ることによって、浙西の湖田の場合をも判断することにしよう。囲田・湖田・圩田等の新開水利田に立価交佃が認められていたと主張したのは草野氏であるが、その際、氏は『宋会要』食貨六三―一九五、農田雑録、宣和元年（一一一九）八月二四月条に、浙西州県の遠年の逃田・天荒田・草葑茭蕩および湖濼退灘沙塗等の地が「実封投状」によって「租多之人」に給され、

毎戸給戸帖一紙、開具所佃色・歩畝・四至・著望・応納租課、如将来典売、聴依係籍田法、請買印契、書填交易。従之。

と措置されたことを第一の論拠とし、ついで、工本の投下された新開水利田には工本銭償還請求権が認められ、立価交佃とは工本銭の交授による交佃を意味するとされる点を第二の論拠としている。しかし、既述のごとく立価交佃は工本銭ではなく田価に基づいて行われたのであるから、草野氏の第二の論拠たる工本銭償還請求権が認められるとい

うことと立価交佃が認められるということは全く別の事柄である。したがって、残る問題は浙西州県の遠年逃田・天荒田等が「如将来典売、聴依係籍田法、……」とあるように典売を許された点をどう見るかに絞られよう。草野氏はこの措置が全国に適用されたであろうと一般化しているが、一般化のために用いられた論理構成、すなわち氏の第二の論拠が認められない以上、この措置が浙西州県のみを対象とするものであることは明らかである。この史料で注目されるのは、典売を認められるのが請佃の時点にではなく、「如将来典売」とあるように一定の期間ののちに行われるという点である。『宋会要』食貨六三－八九、営田雑録、紹興三年（一一三三）二月七日条に、左司員外郎張綱等の上言の一項として、

一、陳規措置、人戸指射官田、荒田耕種満二年、不拖欠租税、並充己業、聴行典売、経官印契割移。昨紹興二年七月九日、已得旨、展作三年。今看詳、欲下諸路安撫使鎮撫使、遵依已得聖旨指揮、多出文榜、勧誘人戸施行、……従之。

とあり、浙西州県に対する措置と酷似した施策が見える。すなわち、請佃より一定期間ののちに己業化＝民田化が為され、それによって典売が認められるという方法であるが、こうした施策は「請佃法」として北宋以来の基本的な土地政策であった。同書、食貨六三－一九一、農田雑録、政和元年（一一一一）五月二七日条に、

臣僚言、天下係官田産、在常平司有出売法、如折納抵当戸絶之類、是也。在転運司有請佃法、天荒逃田省荘之類、是也。自余閑田、名類非一。……其請佃人戸、又以経係官田、不加墾開、遂使民無永業、官失主戸。

とあるごとく、「請佃法」とは客戸の主戸化政策、すなわち官田の民田化を企図する政策である。「請佃法」の適用を受ける田土の地目としてここに天荒田・逃田等が挙げられており、先の浙西州県の地目にも天荒田・逃田等が含まれていたが、浙西州県の係官田土が一定期間ののちに典売を許されるものであったことからすれば、これが「請佃法」

に則った措置であったことは最早明白であろう。[37] 以上のように、新開水利田および浙西州県の天荒田・逃田・草葑茭蕩および湖濼退灘沙塗等の地に立価交佃が認められたとする草野氏の所説は首肯しがたいのである。一方、湖北の荒地については、羅願『鄂州小集』巻五、箚子「鄂州到任五事劄子」の第四事に、

臣窃以、重湖之外、旧多曠土、非謂来者不願開耕、只縁旧請佃人包占過多、既不能偏耕、遇有剗請、輒称已耕熟田、不容請佃、検視定奪、紛然不已、……臣欲、令民間因事之隙、各於自己田土標立界至、歳晩遣官検踪、連歳不耕、即許剗請。又所納官物、皆仰於鈔書上、明声説係納所佃某処税物、以相幾検、又在法有酬価交佃之文、其或因事到官者、有司覚所占猥多、斟量価数、減与来者、磨以歳月、不擾而定、庶使斯民共尽地利。

とある。周藤氏は傍点部分を「官は請佃戸の占むるところが猥りに多いことを知れば、その価数を斟量してこれに酬いて佃を交させて、新しく来た者にその価を減じて与えることにしようとした」と解し、「政府が「酬価交佃」の法によって、これらの荒地の佃権を買い上げて新来者に与えた」と言い、[38] 草野氏はB論文で「包占があれば価数（工本銭）に見合う田の交佃のみを許し、予剰の田は新来の戸に請佃させる」と解釈している。酬佃交佃が佃権の売買でも工本銭の交授による交佃でもないことは既述の通りであるが、問題はこの史料が「曠土」に酬価交佃が公認されていたことを示すに足るか否かである。南宋の荒田は、多くの場合一定の年限を定めて熟田化したものは税田化する方策（＝「請佃法」）がとられており、[39] この史料で、剗佃希望者が現れると旧請佃人が「已耕熟田」と称していることからは、あるいはこの荒田はすでに民田化がなされていた可能性もある。あるいはいまだ官田として登記されていたとしても――その可能性も大いにあるが――、「酬価交佃」と「斟量価数、減与来者」とは対応するのであるから、官司が田価を斟量し、その価を減じて新来の戸に与え、以て旧請佃人と酬価交佃せしめようということは、いわば官司による不耕包占田の強制的買上げを意味する。すでに本節において、官司が承佃者に価銭を支払って官田を拘没するふ

たつの例を挙げておいたが、ここでも同様に不耕包占田の解消のために「酬価交佃之文」を援用してその田土を買上げようというものであって、そのことと本来的に荒田に酬価交佃が公認されていたこととは全く別の事柄に属するであろう。それは周藤氏が引く『宋会要』食貨六三―一六〇、営田雑録、嘉定一七年（一二二四）正月二六日条でも同様である。そこには、

詔、淮東西・湖北転運、専一提督措置営屯田事繫銜、遵照節次已行下事理、厳督所部州軍、多方措置召募、耕墾見管営屯、并将無力耕種之田、一面兌支有管官銭、照価収買、務要田土浸闢、不致抛荒。

とあるが、「無力耕種之田」に官が田価を支払って拘没することは、何ら所謂佃権の買上げや酬価交佃の公認を意味しないであろう。しかも、この「無力耕種之田」が官田であったとすべき積極的理由はなく、むしろ民田であった可能性が高いと思われる。(40)

つぎに、草野氏の挙げる華北諸州の廃監牧地であるが、第一節で掲げた『南陽集』巻二九、碑誌「程伯純墓志銘」によれば、「改税作租、許売易如私田」という措置を受けたのは牧地の括出の際に没官された民田千頃に対してであり、すべての牧地に対して立価交佃が許されたわけではない。(41)氏の引く『宋会要』兵二一―三一、牧地、政和四年（一一一四）一〇月二三日条に、

刑部奏、拠秦鳳等路提点刑獄司状、今擬、牧地人戸、久来租佃、若已典当与人、只以見今租佃人為業、即元典当人、以元銭収贖者聴、仍依法養馬。若業不離戸、却係元業戸租佃者、令業戸与佃戸共養。従之。

とあるものも、牧地の租佃戸が佃田を典当することを許されていたものか、あるいは現実に典当が行われていた事実を承けて、それに対する方策を提案・裁可したものか確認できない。また、福州官荘についても、『宋会要』食貨六三、農田雑録、天聖四年（一〇二六）条に「耕田歳久、雖有屯田之名、父子相承、以為己業」という状態であったこ

とが見え、前節で述べたように立佃交佃が行われていた形跡はあるものの、「為永業」という措置は受けておらず、太平興国五年に発給された戸帖の文言が示すごとく随時の没官が予定されたものであって、おそらく立佃交佃は公認されていなかったのではないかと推測される。

以上を要するに、宋代官田の地目の中で、明確に立佃交佃が認められていたと考えられるのは、江西・四川・浙西等の唐末五代以来の屯田・省荘・営田であったが、それでは、これらの官田に立佃交佃が公認されたのは、いかなる背景の下でであろうか。またそれは歴史的にどう位置づけられるべきであろうか。節をあらためて検討することにしたい。

五　立佃交佃の歴史的位置

前章で検討を加えたように、立佃交佃の公認される官田には江西・四川・浙西等の屯田・省荘・営田があったが、「田之在官」なるものとして民田とは明確に区別されていた官田に、民田と同等の処分権＝立佃交佃の権利を付与したのはいかなる事情に基づくのであろうか。草野氏はB論文において、租佃制下の農民の自立性の高さとそれによる剗佃の普及が立佃交佃を発生させたと述べているが、『宋史』巻三五三「蒲卣伝」に、「世業」とされた官田には「令人毋輒訴」として剗佃が禁止されていたことや、『象山先生全集』巻八、書「与蘇宰（書）」に、

蓋没官絶戸田者、或是吏胥一時紐立租課、或是農民遞立増租剗佃、故有租重之患、因而抵負不納、……若係省額屯田者、則与前項事体逈然不同、其租課、比之税田、雖為加重、然佃之者、皆是良農、……其間所収、往往多於税田、故輸官之余、可以自給、人人自愛、其争先輸公、不肯逋負、亦優於有税田者。

とあり、増租剗佃が行われる没官田・戸絶田に対して係省屯田は「与前項事体逈然不同」と指摘されているように、立価交佃の認められ官田は増租剗佃から自由であったと思われる[42]。したがって、剗佃の普及は立価交佃の発生・公認とは関係しないであろう。

立価交佃がいかなる背景の下に公認されたかを直接裏づける史料は見当らないが、それが公認される官田に共通する特徴からその背景を推測することはある程度可能である。すなわち、江西・四川・浙西等の屯田・省荘・営田は、いずれも係省の官田であり同時に「為永業」、「為世業」という措置を受けたものであった。係省の官田とは、その田土を専管する独立の機関が設置されず、一般の民田と同じく戸部―路―州―県の下に係属され、その租課もまた同じルートで戸部の会計に計上される官田である。『象山先生全集』巻八、書「与蘇宰（書）」に、江西路の「係省額屯田」は「以補大農（＝戸部）」ものであり、「其名数之著於州県簿籍者、目曰省荘」と指摘されていることが、上記の点を端的に示している。また浙西の「省田」は、『文献通考』巻七、田賦七、官田、紹興二九年（一一五九）条に、その租課が「上供省苗」・「上供歳額苗米」と呼称されており、四川の「省荘田」とともに、いずれも戸部へ計上されるものであったことが知られる。そして、浙西の「省田」の租課が「省苗」・「苗米」と呼称され、江西の「係省額屯田」では「苗屯米」と言われていたように、両税の中の秋苗に比定されている点も注意を引く。つまり、一般の民田と同じく戸部―路―州―県の系列に係属され、その租課が秋苗に比定されているということは、これらの官田が民田と同様の取扱いを受けるものであったことを推測させるものである。

さらに、これらの官田の立価交佃に伴う法的手続きは民田の交易とほぼ同様であったが、こうした民田と同様の措置は、おそらく「為永業」・「為世業」という措置を受けることによってもたらされたものであろう。既述のごとく、一般に「為永業」という措置は多く官田の民田化を意味し、民田化された田土には勿論典・売等の処分が許される。

これに対して、これらの田土が依然として官田であったことからすれば、「為永業」・「為世業」という措置は、直接的には子々孫々にわたる使用収益権を認めたものと解すべきであろう。しかしながら、『文献通考』巻七で知吉州徐常が「其交佃歳久、甲乙相伝、皆随価得佃」と言い、『象山先生全集』巻八で陸九淵が「歳月寖久、民又相与貿易」と述べている点を、官田の民田化を意味する「為永業」との対比で考えれば、これらの官田に対する「為永業」という措置は、当初よりすでに立価交佃の公認を含むか、あるいはその可能性を内包していたものではあるまいか。あるいはまた、官田における立価交佃が私的慣行として拡がりつつあったことは周藤・草野両氏の研究によってほぼ確認されるところであるが、すでに「為永業」という措置によって子々孫々の接続承佃が公認せられ、加えてこれらの田土を専管する機関が置かれなかったことからすれば、接続承佃を繰り返す過程で「己業」意識が承佃者に生まれ、それをもとに私的慣行として行われていた立価交佃を、国家が既成事実として追認・法制化したとも考えられる。そして、その場合にとられたのが立契登録による官租負担者の把握という方法であろう。

いずれにせよ、戸部―路―州―県の系列下に一般民田と同じく係属され、「為永業」・「為世業」という措置を受けたことが、立価交佃の公認をもたらした背景であったと見て大過ないであろう。もとより、立価交佃公認の背景とその発生の背景とは、自ずから別である。私は立価交佃発生の背景・条件についていまだ定見を持ちえていないが、この問題は、貨幣経済・商品経済の発展、したがって交換経済の発展と、地主的土地所有の進展が端的に示すところの公権に対する私権の伸長を背景にして考えるべきであろうと思う[43]。私権の伸長は、官田における「以為己業」[44]「視為己業」[45]という承佃者の意識ないし行為が象徴的に物語るところである。

さて、立価交佃は宋代官田の一部に公認せられ、また非合法とされる立価交佃も時代を下るにつれ普及してゆく傾向を見せるが、それは宋代に限らず、元代・明代にも引き続いて行われていた。『元典章』巻一九、戸部五、田宅、

官田「転佃官田」に、

大徳五年七月、江西行省准中書省咨、御史台呈備山南廉訪司申、体知得、一等農民将見種官地、私下受銭、書立私約、吐退転佃、佃地之家又不赴官告拠改立戸名、……都省議得、……拠佃種官田人戸、欲転行兌佃与人、須要其兌佃情由、赴本処官司陳告、勘当別無違礙、開写是何名色官田・頃畝・合納官租、明白附簿、許立私約兌佃、随即過割、承佃人依数納租、違者断罪、咨請依上施行。

とあり、元代にも官田の転佃＝立価交佃が行われていたことが知られる。この都省の議定で注目すべきことは、第一に、「一等農民」すなわちおしなべて官田の佃戸が「私下受銭、書立私約、吐退転佃」していた事実を追認している点であり、第二に、転佃の際に「何名色官田」かを書き記すことが義務づけられていることが示すように、特に官田の地目が限定されていない点である。すなわち、宋代以来の立価交佃慣行を元朝権力が公認せざるをえない状況がそこに現出していたこと、それと同時に立価交佃の認められる官田の地目の拡大が計られていることをこの史料は示している。この都省の議定は、直接には江西行省に対して発令されたものであるが、その他の地域にも適用されたであろう。そのことは、明代の状況から遡及的に考えれば自ずから明らかになるはずである。

明代に入ると、『アジア歴史事典』（一九六二年、平凡社）の「明」の項目に、藤井宏氏が、

明代の田土は、官田（国有地）と民田（私有地）とに二大別される。明代の官田は、はなはだ種類が多く、一般官田としては、宋元以来の古額官田のほかに還官田（荘田が返還されたもの）、没官田（犯罪者の私有地を官に没収したもの）、断入官田（所有者がなくなるかあるいは不明になった私有地を国有に編入したもの）などがあり、特殊な官田としては、学田、皇荘、荘田、牧馬草場（官馬の放牧地）、各種の屯田などがある。……江南地方の一般官田は、すでに明初から所有権は国家に帰属しつつも、実質的には民田と同様な取扱いをうけ、入質売買など事実上自由に

行なわれた。

と説明しているごとくである。『欽定続文献通考』巻六、田賦考六、官田にも、

其言没官田・断入官田者、蓋多指蘇松嘉湖言之、名為官田、実民田耳。東南財賦重地、沃壊厚歛、皆出於此、未可与皇荘・牧地諸在官之田竝論也。

とあり、蘇州・松江・嘉興・湖州等の江南の各府の官田は実質的民田であつて、「在官之田」たる皇荘・牧地と竝論しえないと指摘されており、万暦『上元県志』巻二、田賦に、

官産者、逃絶入戸暨抄没等項、入籍於官者也。初半租多寡不一、嘉靖中、均為一斗五升、而雑徭不与焉。其更佃実同鬻田、第契券則書承佃而已。……隆慶中、中丞海公巡撫、計以官田承佃於民者日久、各自認為己業、実与民田無異、而糧則多寡懸殊、差則有無互異。

とあり、官田の「更佃」は「鬻田」と同じで、ただ契券に承佃と書くだけであると言われ、また税糧の多寡・差役の有無を除いて民田と異ならないとも言われている。このように、宋から元・明と時代を下るにつれ典・売の認められる官田の地目は拡大し、官田は実質的に民田と同様の取扱いを受けるに至り、顧炎武をして『日知録』巻一〇「蘇松二府田賦之重」で、

今存者、惟衛所屯田・学田・勲戚欽賜荘田、三者猶是官田、南京各衙門所管草場田地、佃戸亦転相典売、不異民田。

と言わしむるまでに到るのである(46)。

ところで、森正夫氏によれば(47)、明代江南の官田は、州県とは独立の機関が置かれず里甲によって民田と同様に管理され、里甲を通じて戸部―布政司―府―州県の系列下に置かれたと言われており、この点は宋代に立価交佃の認めら

れる官田が戸部―路―州―県の系列下に民田とともに置かれた点と符合する。森氏はさらに、「全種官田人戸」すなわち官田のみを佃種する戸も、民田所有者と同じく里甲正役に充当せられ、一応免除ないし軽減されている雑役についても、官田承佃者に対する割当ての権利そのものを否定したものではなかったと指摘しているが、とすれば、洪武一四年に始まる賦役黄冊の作成による官田・民田の帳籍上の一体化は、税役法上における官田・民田の差異を、明朝権力が名目上は存続させつつも実質的には同一のものとみなしていたことを示唆するであろう。[48]なぜなら、宋代に立価交佃の認められる官田のみを佃種する戸は、その租課が本質的に両税・差役と同一の性格を持ったとはいえ、差役賦課の原簿たる五等丁産簿に係属されなかったことが示すように客戸として差役賦課の対象外の地位に置かれていたのであるが、明代の「全種官田人戸」が里甲正役に充てられるということは、彼等が国家から民田所有者と同等の地位を占める者として把握されていたことを意味するからである。[49]しかし、明朝権力がその税役法体系下に民田と同じく官田をも組み入れたということは、宋代の税役法上の官田・民田の取扱いからすれば明らかに両者の差異の解消への方向性を示すものではあるが、一方において、税・役両面にわたって官田・民田の差異が存続したこともまた事実であって、[50]宋代官田の一部に成立した承佃者の事実上の所有権が、税役法・戸籍法上に全く民田と同等の取扱いを受けるためには、明末清初の一条鞭法・地丁銀制の成立を俟たねばならなかったのである。[51]

以上累説したところよりすでに明らかなように、宋代の江西・四川・浙西等の官田の一部に公認された立価交佃は、戸部―路―州―県の系列下に置かれ、「為永業」・「為世業」という規定を背景として成立したものであり、元代から明代の官田制度へと連なる歴史的前提として位置づけられるべきものである。そして、宋代においてはなお帳籍自体の区別、したがってまた税役負担の区別として現象する官田・民田の差異は、元代は不明ではあるものの、明代洪武一四年の賦役黄冊の作成によって、まず帳籍の一体化が見られ、と同時に税役賦課の面でも両者の差異解消の方向性が生まれ、やがて明末清初の一条鞭法・地丁銀制の成立によって、この種の官田は全くの単なる「官田」という名目にすぎないものとなるのである。

おわりに

本章は、従来、宋代の官田の一部に成立し、明清時代の一田両主制の歴史的前提ないし萌芽として位置づけられてきた所謂佃権について、その実体を再検討し、その作業を通じて歴史的に位置づけ直すことを目的としたものであるが、それを要約すると以下のごとくになる。

一、宋代官田における立価交佃・酬価交佃あるいは資陪とは、周藤氏の所謂佃権の売買でもなければ、草野氏の所謂佃戸工本銭の交授による交佃でもなく、官田を対象としその田価に基づく承佃者相互の交易を意味するものであった。

二、立価交佃が官田の田価に基づいて行われたということは、官田承佃者がその絶売権を有していたことを意味し、さらに官田承佃者が官田の典当権・使用収益権・出租権等、民田所有者がその所有地に対すると同等の権利を有していたことも確認され、したがって、立価交佃の公認される官田の承佃者は、事実上の所有権を当該佃田に対して有していたと考えられる。しかも、この種の官田は、国家の土地政策上において他の官田とは異なる優遇措置——熙寧二年（一〇六九）の官による出売禁止の措置、「永業」・「世業」の認定による子々孫々にわたる使用収益権の保証等——を受け、さらに、国家は「酬価交佃之文」・「資陪之文」と呼ばれる法令によって承佃者の処分権の行使を公認しており、それに伴う立契登録・牙税の徴収等の手続きも、民田の交易と同様の法的規制下において為されていた。したがって、従来の所謂佃権の実体は、承佃者の当該佃田に対する事実上の所有権成立と見るべきであり、その意味において、立価交佃の認められる官田は実質的に民田であった。

三、とは言え、この種の官田も含めて官田と民田とは、宋代においてはなお戸籍法上に帳籍自体の区別をもって取扱われており、それゆえ、民田に対する両税・差役・科配の賦課に対して、この種の田では租課の徴収が行われ、差役・科配の賦課は受けなかったものと考えられる。ただし、立価交佃の認められる官田において、国家と承佃者との間に生産関係を認めることは困難であり、その「租課」は地代と言うよりは両税と同じく租税と考えるべきであって、ともに田土を基準とする両税・差役とこの「租課」とは、本質的に同一性格を持つものと考えられる。

四、立価交佃が明確に公認される官田の地目としては、江西の屯田、四川の省荘田、浙西の省田・営田を挙げうるが、これらの官田は戸部―路―州―県の系列下に一般の民田と同じく係属され、いずれも「為永業」・「為世業」という措置を受けるという点で、共通の特徴を持っていた。これらの二点にわたる共通の特徴は、立価交佃公認の背景となったものと考えられる。

五、立価交佃の公認が端的に示すところの官田における承佃者の事実上の所有権成立は、元代・明代の官田においてもその地目の拡大とともに確認される現象である。元代はなお不明な点が多いが、まず戸籍法上における官田・民田の帳籍自体の一体化は、洪武一四年（一三八一）の賦役黄冊の作成をもって始まると思われる。と同時に、皇荘・衛所屯田・学田等の特殊な官田を除いて、一般の官田は戸部―布政司―府―州県の系列下に置かれ、税役法上においても里甲正役の賦課等、民田との差異の解消の方向性が生じてくるのであり、その方向性は、明末清初の一条鞭法・地丁銀制の成立によって官田・民田の税役法上の差異解消として帰結する。したがって、立価交佃の公認される宋代官田は、一条鞭法・地丁銀制の成立によって、「官田」とは全くの単なる名目ないし呼称にすぎないものとなるに到る歴史的前提として位置づけられるべきであろう。

なお、従来の所謂佃権成立という論点が、本章で再検討したごとく、官田承佃者の当該佃田に対する事実上の所有権成立と考えるべきものであるとすれば、官田承佃者の佃権との関連で中心的に進められてきた剗佃研究は、再検討される必要があろうと思われる。

（1）永小作権が債権であるのに対し、田面権は独立の物権としての性格を持ち、同時に収租権を具有する場合がある。本章では以上の規定に従い、永小作権＝佃権と等置する。

（2）周知のごとく、仁井田陞氏は『中国法制史研究―奴隷農奴法・家族村落法―』（東京大学出版会、一九六二年）の「奴隷農奴法」第四章「中国社会の「封建」とフューダリズム」において、一田両主制の成立をひとつの論拠として明末清初期第一次農奴解放説を提出しており、小山正明氏は「アジアの封建制―中国封建制の問題―」（歴史学研究会編『現代歴史学の成果と課題』青木書店、一九七四年、所収）において、「永小作権獲得が農民闘争の目標となり、田面権が抗租闘争の強力な武器としてあらわれ、地主・国家権力がそれを明確に自覚してくるのは明末清初以降であって、この点は、地主の土地所有に対抗する勤労的土地所有＝保有権の形成されるのがこの時期にあることを示唆している」と述べ、氏の明末清初期農奴制成立説を裏づけている。

（3）一般的に、と言うのは、田面権が必ずしも地主佃戸関係の内部より形成されるとは限らない点を考慮してのことである。たとえば、土地所有者が寄詭・投献の際に田面権を自己のもとに保留する場合、また田底権を売却し田面権を保留する場合、家産分割の際に田底・田面を分割相続する場合等にも田面権は成立する。この点については、天野元之助『支那農業経済論・（上）』（改造社、一九四〇年）第三章第九節「永佃制」、および『アジア歴史辞典』（平凡社、一九五九年）田中正俊氏執筆の「一田両主制」の項目、参照。なお最近の成果として、寺田浩明「田面田底慣行の法的性格―概念的な分析を中心として―」

（『東洋文化研究所紀要』九三、一九八三年）、草野靖『中国近世の寄生地主制—田面慣行』（汲古書院、一九八九年）がある。

（4）以上の周藤氏の論文は、前者が『中国土地制度史研究』（東京大学出版会、一九五四年）に、後者が『唐宋社会経済史研究』（同前、一九六五年）に収録されている。

（5）以上の周藤・草野両氏の研究のほかに、宋代の官田における所謂佃権に言及したものとして、小笠原正治「宋代の官田における永佃について」（『山崎先生退官記念東洋史学論集』（大安、一九六七年、所収）、草野靖「大土地所有と佃戸制の展開」（『岩波講座世界歴史』九、岩波書店、一九七〇年、所収）、渡辺紘良氏執筆の『史学雑誌』八〇—五「回顧と展望—五代・宋・元」（一九七一年）、藤井宏『中国に於ける「耕作権の確立」期をめぐる諸問題—凶暴な学問弾圧に対する不屈の抗争記録—』（著者油印、一九七二年、）、丹喬二「宋代の佃戸制をめぐる諸問題—草野説の検討を中心に—」（『日大文理学部学叢』一二、一九七二年）、内川久平「宋初福州官荘に関する一考察—佃戸と国家権力との関係をめぐって—」（『駿台史学』三四、一九七四年）がある。

なお、南宋の史料に見える田骨・田祖等の呼称に関しては、周藤吉之「南宋の田骨・屋骨・園骨—特に改典就売との関係について—」（一九六一年原載、注（4）前掲『唐宋社会経済史研究』所収）、草野靖「南宋文献に見える田骨・田根・田租・田底」（熊本大学『法文論叢』二八、一九七一年）、注（3）前掲寺田論文および草野著書がある。

（6）この点については、仁井田陞「明清時代の一田両主慣習とその成立」（『中国法制史研究—土地法・取引法—』（東京大学出版会、一九六〇年、所収）を参照されたい。なお、この論文は「支那近世の一田両主慣習と其の成立」（『法学協会雑誌』六四—三、四）と題して一九四六年に執筆したものを改題・補筆したものである。

（7）具体的に言うと、草野氏はC論文において、水利田開発に当り請佃主と「佃戸とが工本を分担した事実が認められ、またその分担関係が社会一般の慣行として普及していた事実が認められ、更にまた工本の出資に拠って佃戸が資陪請求の権利を保持していたことが認められれば、われわれはこれを一田両主慣行生成の徴候とみなすことができるだろう」（C（上）の五一頁）と言うが、官田において佃戸が田面権の萌芽としての工本銭に対する権利を有していたとすれば、田底権に相当する権利は国家が持つのであろうか、請佃主であろうか。氏のこの発言に対応する史料として挙示されているのは『江蘇金石志』巻二二「府学附地経界碑」である。この史料は、李提控なる者が大徳四年（一三〇〇）正月に蘇州府学の地段一三畝四分七絲を四・五畝と詐って「軽租撲佃」し、これを居民一〇余家に賃貸・転租して「開荒銭」一三九定一五両を取るとともに、その地段に起蓋せる転租者の房屋等より毎間三斗の地米を徴収していたのに対し、至順元年（一三三〇）に至って厳応新・金道玉・僧悦予三名が府学に増租剗佃を申請したことに端を発する事件を記すが、その一節に、

　大徳四年正月、是浙西豊稔之時、閶門外附郭去処、焉有荒間地土。況元有壹拾余畝、止作肆伍余畝、朦朧包佃。豈有中統鈔一貫之上、租地一畝之理。明是通同職吏、売作荒閑、減額包佃。如種田則有開□（荒）、□（如）屋基何用開荒。況已於呂吉等戸要訖開荒等銭壹伯参拾余定、又有租米・賃銭。若果開□（荒）、□（則）行取訖開荒銭鈔了当。明是設為巧計、以租佃為名、兌売学産。（括弧内は欠字を意をもって補填したもの）

とある。氏はこの記事を引いて、「本来開荒とは無縁の附郭の地基に就いて、しかも違例の転租の時に、法規に認められない、従って法の保護を受けることもない開荒銭（交佃銭）が交授され、それによって府学―李提控（撲佃戸）―租戸（開荒銭保持者）という貢租関係が成立していたことは、租佃田に於ける酬価交佃の普及を暗示するものであろう」と言い、学田の碑記に囲裏工本の出資者が刻記される点とこの記事を併せて、「明らかに田面権成立の動きを観取することができる」と言う（傍点草野氏）。しかし、第一に、開荒銭の交授によって府学―李提控―租戸の貢租関係が成立したものでないことは明らかであろう。この貢租関係は李提控が違例の転租を行い「軽租撲佃」したことに基づくのであり、「若し果して開荒なれば、則ち開荒銭鈔を行取し訖らば了当す」と言われているように、開荒銭の徴収によって李提控の承佃の権利は消失すべきものとされている。そして、李提控が開荒銭を徴収して後なお「軽租撲佃」して租米・賃銭を徴収している点を「以租佃為名、兌売学産」と表現しているのである。氏自身のA論文における立価交佃＝工本銭償還という理解からしても、李提控が交佃の後なお収租権を持つという点とは、論理的に矛盾するのではなかろうか。この論理矛盾は「租佃田における酬価交佃の普及を暗示する」と言うに至って一層鮮明である。なぜなら租佃田における酬価交佃は、決してこのような収租関係を将来しな

いからである。そして第二に、開荒銭とは工本銭を指すものであろうが、酬価交佃が工本銭の交授でない点はのちに本文で述べるとして、酬価交佃によって上記の貢租関係が生じ、それが「明らかに田面権成立の動き」を示すとすれば、この場合、田面権保持者は開荒銭に対する権利を持つ租戸であろう。では田底権は誰が持つのであろうか。明清の民田における一田両主制の場合、典型例としての収租徴税関係は、国家－地主（田底）－佃戸（田面）であるが、これに比定すれば田底権保持者は李提控となろう。しかし、李提控はすでに開荒銭に対する権利を失っており、この地段は府学のもの＝官田であるから、なにゆえに李提控が田底権を持ちうるかは一向に不明である。これは学田＝官田であり、その所有権は本来的に府学ないし国家に帰属するものである点に留意すべきであろう。以上の検討によって宋元時代の官田において開荒銭＝工本銭に対する権利を保持することが、田面権成立の萌芽を示すものでないことはすでに明らかであろう。

なお、草野氏はB論文・C論文においてもこの史料を引き、厳応新等を「転租者」と言っているが、

至順二年六月、拠厳応新・金道玉・僧悦予告、置到張僧録等房屋、在下基地元契、係路学地段、……有人戸壹拾余家、在上毎屋、壹年納米三斗、軽租重賃、応新等情願毎丈増納鈔弐両、庶有益学校。

とあるごとく、厳応新等は転租者の房屋を買置した者であり、その際李提控の「軽租重賃」を知って増租劃田を申し出たのである。ついでに付記すれば、氏は「転租者に房屋・碓房・行舗を起蓋させて」と解釈しているが当該部分は、

今諸人起蓋房屋・堆房、開張行舗。

とあるごとく、房屋等は転租者自らが造ったものである。氏は「今」と「令」を見誤ったのであろう。

（8）すでに柳田節子氏は「宋代地主制と公権力」（一九七五年原載、同氏『宋元社会経済史研究』創文社、一九九五年、所収）の中で、「これまで、剗佃は耕作者佃戸の佃権の問題として取り上げられてきた。しかし、これまで検証されてきた剗佃とは、官田における豪民層に対する剗佃事例が多く、直接生産者たる佃戸の佃権の解明に直接結びつけて考えることはできない場合が少なくないので、剗佃論は再検討が必要である」と指摘している。

（9）周藤吉之「宋代官田の佃権売買－資陪又は酬価交佃について－」（一九五三年原載、注（4）前掲『中国土地制度史研究』、

所収)。

(10) 同氏「宋代佃戸の剗佃制－官田を中心として－」(一九五五年原載、注(4)前掲『唐宋社会経済史研究』所収)。

(11) 『文献通考』巻七、田賦七、官田、政和元年(一一一一)条に、次のようにある。時朝廷以用度艱窘、命官鬻売官田。江西路一歳失折上供、無慮二十余万斛。運副張根建言、田既不存、当減上供。朝廷深察所以然、遂止不売。

(12) この書簡は、南宋淳熙一六年(一一八九)頃に書かれたものである。「与蘇宰(書)」の中に「新天子即位、執事者過聴、又復畀之荊門」とあり、『象山先生全集』巻三六、年譜、淳熙一六年条に「壽皇内禅、光宗皇帝即位、詔先生知荊門」とあるのがそれを示す。

(13) 周藤氏注(10)前掲論文、および草野氏A論文、参照。

(14) 以下本章に引用する『元典章』の条文は、「凡例」に記したように元刻本に拠っている。周藤氏注(10)前掲論文、草野氏A論文所引の条文は、沈刻本にのみ依拠したもので、陳垣『沈刻元典章校補』(ないし元刻本『元典章』)によって校訂していないために不用意な誤りが見られる。

(15) 『宋史』巻八八、地理四、両浙路嘉興府海塩県の条にも「蘆瀝場」が見える。

(16) 注(15)の条、および『輿地紀勝』巻三、両浙路嘉興府、府沿革、『至元嘉禾志』巻一、沿革によれば、秀州は政和七年(一一一七)嘉禾郡、慶元元年(一一九五)嘉興府、嘉定元年(一二〇八)嘉興軍、至元一三年(一二七六)嘉興府、同一四年に嘉興路となっている。

(17) この書判は、嘉定一四年(一二二一)を下ることそう遠くない時期に書かれたものであることがその判語より知られる。また、この書判が県レベルのものであることから、『宋史』巻一六九「范応鈴伝」と対照すると、彼が江西の撫州崇仁県の知県であった時のものと思われる。

(18) もとより、宋代の私的土地所有権は、先買権、限田法、戸絶法等の法的慣習的規制下に置かれており、排他独占的な全面的支配権とされる近代的土地所有権と同列に論じえないこと、言うまでもない。
(19) 公田法については、周藤吉之「南宋末の公田法」(一九五二・五三年原載、同氏注(4)前掲『中国土地制度史研究』所収)、参照。
(20) 注(11)前掲史料、参照。
(21) 『文献通考』巻七、田賦七、官田、政和元年(一一一一)条。
(22) 周藤氏注(9)前掲論文、参照。
(23) たとえば、『宋会要』食貨六一—八六、墾田雑録、乾道七年(一一七一)八月二八日条に、
知泰州李東言、泰州田計二万余頃、今欲、置買牛具、椿辦種糧、人戸請佃一頃、与借給耕牛一頭及農具種粮、随田多寡仮貸、計元価、均以五年還官、更不収息、……三年之内、不逋官課、印給為永業、改輸正税。従之。

とあるもの、および本章第三節所引の同書、食貨六三—一七五、農田雑録、天聖四年(一〇二六)六月条等を参照。
(24) 民田の交易上の法的手続きについては、仁井田陞『中国法制史研究—土地法・取引法—』(東京大学出版会、一九六〇年)第一章第二節「不動産の売買」、および注(5)前掲草野靖「南宋文献に見える田骨・田根・田租・田底」、参照。
(25) 本書第一章、参照。
(26) 戸帖については、曾我部静雄「戸帖考」(『東洋史研究』一〇—三、一九四八年)、参照。
(27) 湖田等の水利田が新田と呼ばれていたことは、草野氏のA論文の注(10)によって明らかであるが、同時に氏がこの新田は「額外の田産として取扱わるべきものであった」として、『宋会要』食貨七〇—一二六、経界雑録、紹興一五年(一一四五)二月一〇日条の、戸部侍郎王鉄の経界措置の一項に、
人戸将天荒産段并淹灤之類、修治埂道、囲裹成田、自係額外産土、欲令逐州知通令作一項、保明供申朝廷、量行起税。

とある例を引かれるのは納得がゆかない。これは、新収の水利田は「自ずから額外の産土に係る」ものであるから、新たに起税すべしというものであって、現実に「額外産土」になっていることと、「額外産土」として取扱われるべきこととは全く

別である。

(28) 本書第一章、参照。

(29) 山根幸夫『明代徭役制度の展開』（東京女子大学学会、一九六六年）第一章第二節「四、賦役黄冊の編造」、参照。

(30) ただし、南宋期の経界法施行によって、官田・民田が砧基簿上に一体化していた地域も見られる。本章第二節所引の『清明集』争業類「胡楠周春互争黄義方起立周通直田産」によってそのことが確認されるが、しかし、経界法は時期・地域によって施行方法が異なり、経界法によって官田がどのように取扱われたか、その税役法上の措置はどうであったか等についてはなお検討課題として残されている。したがって、ここでは、官田・民田が経界法によって帳簿上に一体化する端緒が開かれたこと、朱熹の経界法では官田・民田の区別なく一律に課税する案が提出されていることに注目しておくに止める。以上の諸点については、曾我部静雄「南宋の土地経界法」（一九三八年原載、同氏『宋代政経史の研究』吉川弘文館、一九七四年、所収）、および周藤吉之「南宋郷都の税制と土地所有－特に経界法との関聯に於いて－」（一九五五年原載、同氏『宋代経済史研究』東京大学出版会、一九六二年、所収）、参照。

(31) 草野氏A論文、および同氏「宋代官田の経営類型」（『日本女子大学紀要・文学部』一八、一九六八年）、参照。

(32) 小山正明氏は、宋代の両税・差役＝職役がともに戸等を媒介・基準として賦課されたと言うが（「宋代以後の国家の農民支配」一九七五年度歴史学研究会大会報告『歴史における民族の形成』青木書店、所収）、両税・職役ともに基本的に田土を基準とする賦課にほかならないと思われる。たとえば、小山氏は両税の支移・折変が戸等に応じて割り当てられたことから「同質同面積の田土でも、それがどの戸等の戸によって所有されるかにより、その田土の実質的な両税負担には差異があり、両税は田土そのもののみを基準にして課されたのではなく、あくまで戸等を媒介として賦課されたものと考えられる」と言うが、この論理は、第一に、あくまで異なる戸等の戸を比較した場合にのみ妥当するにすぎず、同一戸等内の戸を比較すれば——同一戸等内の各戸は決して「同質同面積の田土」を所有するわけではない——それぞれの戸の実質的両税負担は、全く各戸の土地所有額に応じて変動する。第二に、支移とは徭役と見るべきものであり、それが銭納＝脚銭負担となる場合には、戸等によらず毎石若干・毎畝若干・毎貫若干という形で賦課され（周藤吉之「南唐・北宋の沿徴」、一九六〇年原載、同氏『宋代経済史研究』東京大学出版会、一九六二年、所収）、加耗の徴収も戸等を媒介としない点は同様である（周藤氏前掲論文および曾我部静雄『宋代財政史』生活社、一九四一年、再版、大安、一九六六年）。第三に、折変については、たとえば包拯『包孝粛公奏議』巻七、寛卹「請免江淮両浙折変」の第一章に、

当年夏税、見銭一例科折、内第一等、折納小綾、……其第二等已下至客戸、並折納小麦、毎斗三十四文省。

とあるように、各戸等毎にそれぞれ折色物・折変率が異なるのではなく、この例のごとく二～三段階に分ける方法が多かったと思われる。この例の場合、小山氏の論理は一等戸と二等戸以下の戸を比較した場合にのみ有効であるが、同一戸等内の各戸、および二等戸以下の異なる戸等の戸を比較した場合には全く当てはまらない結果を示す。一方、職役についても、両税賦課の所で述べた第一点は、そのまま小山氏の論理的欠陥として妥当するのであり、職役賦課の単位となる戸の戸等が、田土を主要な構成要素とする物力の多寡に基づいて決定されていたことからして、職役もまた基本的に田士を基準とする賦課であったと考えてよいと思われる。

（33）　草野氏A論文一二頁所引の『長編』巻一〇六、天聖六年（一〇二八）三月癸未条、および梅原郁「宋代の戸等制をめぐって」（『東方学報（京都）』四一、一九七〇年）、参照。

（34）　両税と租課の負担額を比較すると、たとえば、周藤吉之「宋代の両税負担―特に毎畝の両税額について―」（一九五三年原載、同氏注（4）前掲『中国土地制度史研究』所収）によれば、南宋浙西平江府で夏税毎畝数文、秋苗毎畝八・九升ほどであったが、本章第二節所引の『文献通考』巻七、田賦七、官田、紹興二九年（一一五九）条によれば、平江府の省田の租課は、毎畝三斗三升六合と言われ、ほぼ秋苗の四倍に相当する。

（35）　誤解を避けるために付言すると、本章のごとく「事実上の」という限定を加えれば、合法・非合法を問わず典・売の行われる官田に、承佃者の「事実上の所有権」が成立していたと見ることは可能であり、その点を否定するものではない。ただ、本章では、国家の土地政策の面から問題を取扱っているために、立価交佃の公認・非公認が重要な意味を持ち、それゆえに、

立佃交佃の公認＝「事実上の所有権の成立」として叙述するのである。

(36) これは広順三年の誤りであろう。本文のすぐ後に掲げる『資治通鑑』は広順三年同月条に繋ける。

(37) 逃田が宋代を通じていかなる土地政策下に置かれたかについては、島居一康「宋代における逃棄田対策の変遷過程」（一九七四年原載、同氏『宋代税政史研究』汲古書院、一九九三年、に「宋代の逃棄田対策」と改題・補訂して所収）があるが、島居氏は上述の浙西州県の田土が租佃田化されたまま典売を認められたものとする。この点は私と見解が異なる。

(38) 周藤氏注（9）前掲論文。

(39) 周藤氏注（10）前掲論文に豊富な事例が見える。なお、本書第一章にも二、三の例を示してある。

(40) これは『宋会要』食貨六三―六五、屯田雑録、同年月日条にも見え、そこでは、

都省言、両淮州軍、雖各有見管営屯田頃畝数目、其間尚有荒閑・逃絶及無力耕墾田土、……節次劄下州軍、多方措置、内無力耕種之家、官司用銭収買、召募耕種。

とあり、同三月二八日条には、

都省言、節次已降指揮、令両淮京襄、根括逃絶・荒閑田土、充営屯田、内有田業無力耕種之家、官司給銭収買。

と表現されている。すなわち、「無力耕墾田土」は逃田・戸絶田・荒閑田等の官田とは区別され、「有田業無力耕種」とも言われており、包占田のすでに請佃戸の所有地として登録されたものか、労働力の不足によって荒閑田となっている民田を指すものであろう。

(41) この記事には続いて、

詔改税作租、許売易如私田、民乃服、先生猶不可。括地官至、謂先生曰、民願服而君不許、何也。先生曰、民徒知今日不加賦、而不知後日増租奪田、則失業死矣。因為言、仕者当以仁厚為心、不可便己害人。官感動謝曰、寧受責不敢違公命。遂去之他邑。

とあり、この地＝開封府扶構県では結局民田の没官が行われたかどうかも確定的ではない。

（42）真徳秀『西山先生真文忠公文集』巻八、対越甲藁、奏申「申戸部定断池州人戸争沙田事状」に、
国家立租課之法、明言、三料有欠、然後許人剗佃。至紹興勅、又復展一季之限。
とあるごとく、欠課剗佃の規定が見えるが、立価交佃の認められる官田にも欠課剗佃は適用されたと思われる。上引の「与蘇宰（書）」に、「其争先輸公、不肯逋負」とあるのは、単に没官・戸絶田との対比における表現に止まらず、欠課剗佃に対する佃戸の対応を示すものではなかろうか。

なお、草野氏はB論文において、この欠課剗佃の法が民田＝私田の佃戸の欠租にも適用されたと推測しているが、これは「国家立租課之法」とあるように官田に対する規定であって、そのまま民田の欠租に適用されたとは考えられない。ここにも、草野氏の官田・民田各々の佃戸制を同一レベルで論じる傾向が窺われるであろう。仮りにこの法規が民田の欠租にも適用されたとすれば、頑佃抗租に対する法的威嚇というよりは、逆に彼等の抗租の法的武器および地主による剗佃に対抗する法的根拠――すなわち二～三料の欠租によっては剗佃されないという根拠――ともなりえたはずである。

（43）斯波義信氏による草野氏A論文の批評（『法制史研究』二一、一九七一年）、参照。

（44）本章第二節所引の『宋会要』食貨六三－一七五、農田雑録、天聖四年（一〇二六）六月条、参照。

（45）本章第四節所引の『宋会要』方域一八－二七、沐川寨、嘉定四年（一二一一）一一月二八日条、参照。

（46）以上の明代に係る史料の存在は、森正夫氏注（47）後掲論文、および濱島敦俊氏の御教示によって知った。記して感謝したい。

（47）森正夫「明初江南の官田について－蘇州・松江二府におけるその具体像－（上）（下）」（『東洋史研究』一九－三、四、一九六〇年、六一年）の（下）注（24）、および同氏『明代江南土地制度の研究』（同朋舎、一九八八年）第二章、参照。

（48）明代史研究者は、宋代の「税・役」に相当する用語として多く「賦・役」を用いるが、行論の都合上明代に関わる部分にもしばらく「税・役」と言う。

（49）「全種官田人戸」が里甲に編入されたことは、注（29）前掲の山根幸夫『明代徭役制度の展開』三四～三五頁にも指摘され

ており、同書第一章の注（48）に、「「官田を全種する戸」とは、いわば国家の佃戸に該当するわけであるが、これを里甲内に編入したということは、かれらを自作農に準ずるものとして扱ったからであろう」と言われている。

（50）　森正夫「十六世紀太湖周辺地帯における官田制度の改革（上）（下）」（『東洋史研究』二一―四、二二―一、一九六三年）、および同氏注（47）前掲著書第四章第三節、また第五章、参照。

（51）　この間の経緯については、森氏注（50）前掲論文・前掲著書、および小山正明「賦・役制度の変革」（一九七一年原載、同氏『明清社会経済史研究』東京大学出版会、一九九二年、所収）、参照。

第三章　宋代官田の「立佃交佃」と「一田両主制」

はじめに

私は前章において、宋代の官田の一部に、民田の出典や売買と同様の取引行為（「資陪」や「立佃交佃」と言われる）を認められたものが出現したこと、それはそうした取引行為を認められた官田承佃者のもとに事実上の所有権が成立したことを意味するものであること、やがて元・明と時代が下るにつれてそうした官田が拡大してゆくこと、などを論じた(1)。

こうした私の認識は、「資陪」や「立佃交佃」を、官田における佃権売買とする周藤吉之氏の説(2)、工本銭の授受とする草野靖氏の説(3)を批判的に検討した結果得られたものであったが、その後草野靖『中国近世の寄生地主制―田面慣行』（汲古書院、一九八九年、以下「草野新著」と呼ぶ）の第二部第一章「宋代における田面慣行の萌芽」では、私の所論に対して激しい反批判と論難とが加えられ、「資陪」や「立佃交佃」とは佃戸が租田に投下した労働や資本つまり佃戸工本を標的とした取引であって、これは田面慣行の萌芽であったとの主張が重ねてなされている。

私と草野氏との対立点は、他の一般の学説的対立と同じく、史料の解釈をめぐる実証面と各自の史料解釈に基づく

「事実」認識をどのように論理構成するかという論理面とにまたがっているが、この内、実証面については読者が関連史料を虚心に読めばいずれが正しいか容易に判断しうることであり、私としても前説を繰り返すしかないことなので、ここでは中心となる史料につき簡単に触れるに止めることにする。一方、草野氏の論理構成についてははなはだ納得がゆかない点があるので、あらためて私見を述べてみることにしたい。また、「資陪」や「立価交佃」をめぐる研究が佃権や所謂一田両主制との関わりで論じられてきたことをふまえて、私自身かつては気づかなかった側面から宋代の土地取引と地権の分化、さらにはそれらが持つ所謂一田両主制との関わりについてもいささか考えてみることにしたい。

一　立価交佃と資陪

「立価交佃」・「資陪」と呼ばれる官田の取引行為を伝える基本史料には、次のように記されている。

祖宗時許民間用為永業、如有移変、雖名立価交佃、其実便如典売己物。……又其交佃歳久、甲乙相伝、皆随価得佃。今若令見業者買之、則是一業而両輸直、亦為不可。（『文献通考』巻七、田賦考七、官田、政和元年条）。

（北宋の初めに官田の承佃者に彼等の財産とすることを認め、土地の（承佃者の）移動があった場合、その取引は〝立価交佃〟と名づけられてはいるが、実際は自分の土地を典売するのと同じようなものである。……またこうした承佃者の交替の歴史は長く、甲から乙へと次々に伝えられ、皆価格を支払って承佃する権利を得たものである。それゆえ今になって現在この田業を得ている者に買わせるとすれば、それはひとつの田業に対して二度対価を支払わせるものであって、これもまた行うべきことではない。）

あるいは、

民又相与貿易、謂之資陪、厥価与税田相若。著令亦許其承佃、明有資陪之文、使之立契字輸牙税。蓋無異於税田。

（陸九淵『象山先生全集』巻八、書「与蘇宰（書）」）。

（承佃者もまたこの官田を取引し、それを〝資陪〟と言うが、その価格は民田の取引額と同じである。法令でもまたこうした承佃のやり方を許しており、明確に〝資陪〟に関する法文があって、承佃者に契約書を立て牙税を納めさせることになっている。民田と異なるところはないからである。）

問題の核心となるこれらの史料の語るところからすれば、「立価交佃」や「資陪」と呼ばれる官田の取引行為は民田と同様に田土の価格に基づいて行われていたと考えるほかないと私には思われるのであるが、草野氏がこれは「比喩的な表現」（草野新著一四四頁注（7）、二五一頁八行目）であるとしてそうした解釈を採らないのは、当時官田の典売は禁止されており、禁止されていることが公然と行われるはずはない、公然と行われている以上これは田土価格に基づく典売とは異なる新たな取引行為であったに相違ない、と氏が論理を構成するからである。そして、この論理構成こそが新著において草野氏が提出した新たな論点であり、私の所論に対する論理面での反批判の武器である。

資陪は承佃の酬価であって、租田の典売の価格ではない。官田を典売するのは官田盗貿易の罪を犯すことであった。それでは資陪（金銭を出して償いをする）の対象は何であったか。……（それは佃戸工本であった―高橋注）（草野新著一二九頁）。

藤井氏がここに言われるが如くであれば（高橋の言う通りであれば―高橋注）、宋朝は官田盗売の禁を施く一方で、立価交佃・酬価交佃・資陪承佃の法を以て官田の売買を公認し保護を加えていたことになる。法令に用いられる言葉の意味は、名例律・名例勅・名例申明によって明確に限定されていて勝手な意味付けは許されないものである。その法令に特に交佃・承佃と記し酬価・資陪と記される行為が、どうして買売行為を意味することになるのであろうか。（草野新著二五五〜二五六頁、傍点草野氏）。

草野氏のこうした口吻からは、「一般に禁止されていることが公然と行われていれば、それは別種の行為と判断すべきだ」、「名称が異なれば内実も異なるはずだ」という氏の思考方法、論理構成の仕方が容易に見て取れるであろう。この世の中に、あるいは歴史上に、行為自体は同一であっても名称を異にする場合のあること、一般に非合法とされている行為が一定の条件の下では例外として合法となる場合があることなど、ここでは全く考慮されていない。そもそも宋朝は官田の売買——売買という言葉に問題があるというのであれば承佃者相互の土地価格に基づく取引と言ってもよいが——を一概に禁止していたのか、官田の売買が例外として認められることはなかったか、といった配慮も全く見られない。因に、われわれは他人の命を絶つ行為を非合法なものとしては「殺人」と言うが、国家権力による合法的なものは「死刑」と言うではないか。あるいは、唐代均田制下での永業田・口分田の売買は一般に禁止されていたが、不能葬や狭郷から寛郷への徙郷の際などの場合にはその売買が例外的に許されていた[4]。われわれは均田制下で一般に口分田・永業田の売買が禁止されていたからといって、不能葬や徙郷の際の土地取引は売買とは異なる法律行為だと言えるであろうか。例外の存在を考慮しない単純な原則の適用は、論理構成の硬直化であり一面化である。

しかも、草野氏が繰り返し述べる官田売買の禁止とは、たとえば『宋刑統』巻一三、戸婚律「占盜侵奪公私田」に、

諸妄認公私田若盜貿売者、一畝以下笞五十、五畝加一等、……。

とあるものであって、「妄認とは、或る目的物が自己のものではないと知りながらそれを指して自己のものだと主張し、領得すること」、「盗貿売とは盗貿易と盗売の連称。盗貿易とは、自己所有の或る財物とすり替えて、他人所有の——品質の優れた——同種の財物を領得する行為。盗の字を頭置せず単に貿易の二字だけでも意味は同じ。盗売とは

他人の土地を自己の土地であるかのように仮装して第三者に売り与えることを言う」（『訳註日本律令六　唐律疏議訳註篇二』、二四七頁）[5]。これらはいずれも他人の権原を侵奪する行為を禁止したものであり、官田の場合は、官田を妄認し、許可なく勝手に貿易し典売することを禁じたものとなる。だがしかし、盗貿売が禁止されていたということは、必ずしもすべての官田の典売が一律に禁止されていたということと同じではない。宋朝によって貿易や典売が許可された官田が設定されたとすれば、それは当然この種の禁令から除外される。それが先の史料の示すところの「立価交佃」・「資陪」が許された官田なのである。そしてまた、貿易や典売が許された官田が出現したとしても、それは一般に官田の盗貿売が禁止されていたということと矛盾しないし、すべての官田が盗貿売から除外されたというわけでもない。そうした官田の取引行為を「典売」と言わずに「資陪」などと称するのは、この種の田は依然官田として扱われていたこと、すなわち名目的な所有権が依然として国家に所属すると宋朝が見なしていたからにほかならない。ここで厳密な法令用語の使用を要求する草野氏に敬意を表して言えば、「典売」とは不動産や動産などの財物あるいは人身などについて所有権を有する者が行う行為である。実質的に承佃者に典売が認められていたとしても、この種の土地はあくまで官田として登録されていたのであるから、すなわち名目的な所有権は国家に所属していたのであるから、「典売」の語は法令上用いられうべくもない。これは見やすい道理ではなかろうか。

前章で私は官田承佃者に事実上の所有権があったと述べたが、それは実質的に典売が認められた官田にあっても、その土地に対する名目的な所有権が国家に所属していたからにほかならない。草野氏は「事実上の所有権とは果して如何なるものか。真の所有権と何処が異なるのか。何故に真の所有権の他に事実上の所有権なるものが制度として存在するのか。事実上の所有権は、法的に如何に性格付けられているのか」（草野新著二五四頁、傍点は草野氏）と疑問を呈しているが、「事実上の所有権」と対立するのは「真の所有権」ではなく「名目的な所有権」である。「事実上の所有権」と「名目的な所有権」とが一体化してはじめて「全面的な所有権」・「真の所有権」が成立する。草野氏は私の所論を「国語解釈」と非難するが（草野新著二五三頁）、これがわれわれが研究を行う場合の常識的な用語法であり「国語解釈」ではなかろうか。この事実上の所有権は、法的には「立佃交佃」・「資陪」の公認として、すなわち宋朝による承佃者のその土地に対する処分権の付与をもって成立していた。これが事実上の所有権の法的性格である。

私への反論として、新著において草野氏が論証すべきであった中心的な論点は、「立佃交佃」や「資陪」が田価ではなく佃戸工本銭を対象とする取引である、ということだったはずである。ところが草野氏が行ったのは、第一に史料に言う「貿易」とか「典売」という言葉は「民間の俗称に倣ったもので、法的には正しくない」（草野新著一一〇頁）ということとの強調であり、第二に宋代の官田に工本銭を償還した事例があるという指摘である。そしてこの二点を、言葉が違えば内実も異なるはずだ、官田の典売は禁止されていた、という一面的な論理を中継ぎとして結び付け、上掲の二史料に言う「立佃交佃」・「資陪」は佃戸工本の授受であるという論断を行ったにすぎない。先に一部引用したが、草野新著一二九頁では、「管業の租田を交易する際には、資陪の価が交付されていた。資陪の価は田価ではない。……資陪は承佃の酬価であって、租佃の典売の価格ではない。官田を典売するのは官田盗貿売の罪を犯すことであった。それでは資陪（金銭を出して償いをする）の対象は何であったか。そこで注意すべきことは、当時、官田の取扱いに就いて屢々功直、功価、佃人功力、功力銭、功力之費、工本銭、開耕本銭、興修工本の費の補償が問題となっていた事実である。以下にその例を挙げよう」と述べ、工本が償還された多くの例を列挙したのちに、一三九頁では、「このように考察を進めてくると、資陪の対象が佃戸工本銭であったことは明白であろう」との認識が示される。甲の問題を解決するために甲に関わる史料に依らず、乙に関わる史料を列挙して甲は乙であるという論断を行う草野氏一流の論証方法が如実に示されている部分である。(6)こうした反批判は到底受け入れられないし、私の前章での所論はなお有効であると言わざるをえない(7)。

かくして、宋代官田において公認された「立佃交佃」・「資陪」とは田土を対象とし田価に基づく取引行為に与えられた名称であった。これは民田における典売と手続上も実質上も同一であり、名目的な所有権が国家に所属していたことからそうした名称を与えられていたにすぎなかったのである(8)。したがって、こうした官田の承佃者はその田土に対して事実上のあるいは実質的な所有権を持っていたと考えられ、その歴史上の位置は官民田の一元化への序章とすべきであって、佃権の成立とか一田両主制の萌芽という流れの中で理解されるべきものではないのである。

宋代における官田の家業化、財産化は、子孫への接続承佃と別人への売買譲渡という形で進行した。それはそうした行為が公認された場合はもちろん、禁じられている場合でも生じていた。その背景には、宋代における土地の商品化と、商品化の前提としての私権の伸長とがあったであろう。

二　已典就売と地権の分化

さて、私はかつてある週刊雑誌の辞書項目として「一田両主制」を担当し、そこに次のように記した。

ひとつの土地にふたつの地権が併存している状態にある土地所有慣行。普通はひとつの土地に田面権（田面、田皮などと言う）と田底権（田底、田骨などと言う）とが設定され、それぞれが別個に所有されるとともに互いに独立して売買・質入・譲渡される。田底所有者は政府にたいして税を支払う義務を負うが、同時に田面所有者である佃戸（小作人）から租＝小作料を徴収する権利を持つ。こうした慣行は遅くとも一六世紀初頭には成立しており、時期的にはさらに遡ることが可能であろう。なお田面権の設定には、荒地に耕作者が資金と労力を投下して熟田化した場合などいくつかのケースがある。本来一田一主であった土地が両主となるについては、南宋以降土地をいったん質入したのちに売却することが慣行化し、その中からひとつの土地にふたつの地権が併存しうるという考え方が生まれてゆき——つまりそこでは、ひとつの土地に質入される部分と質入人の側に保留されのちに売却される部分とのふたつが想定されている——、それが田面と田底の併存を支える観念的基礎となったであろうことにも注意すべきである。(9)

この辞書項目としてはいささか奇妙な叙述となった末尾の一句で私が述べようとしたことは、一田両主制が何を物質的基盤として成立するかという発生論を考えることと同時に、ひとつの土地にふたつのあるいは複数の地権が何故に存在しうると当時の中国人が考えたかという一田両主制を支えた観念的基礎もまた解明される必要があるということであった。人間は新しい事物に新たな観念＝呼称を与えるとともに、既成の観念を利用し基礎として新しい事物を創造してゆくものである。一田両主制にもその成立を支える観念的基礎があったのではないかと考えた先に、宋代に盛行した先典後売・已典就売・改典就売（質入れしたのちに売却する行為）と呼ばれる取引慣行(10)に思い至ったので、そのことを示唆しておいたのである。以下、その点をいささか敷衍することにしよう。

宋代の土地（に限らず不動産や人身）の典は、占有質（対象物を承典人に引き渡す質）であり、典限（請け出し禁止期間）の間は承典人（銭主・典主と言う）は自由にその土地を使用収益しえたのであった。典限を過ぎて初めて出典人（業主と言う）に回贖（質物の請け出し）の権利が発生する。しかし、典限を過ぎても出典人に回贖すべき義務はなく、承典人に回贖を要求する権利もなかった。出典人が望まなければ出典の状態は継続され、回贖の権利も永遠に出典人の側に留保される。回贖が行われれば出典の際の原価によってなされるのが原則である。承典人に回贖を請求する権利はなかったが、彼には承典した土地を第三者に転典（又質）して原価（この場合必ずしも原価とは限らず市場価格による場合もあった)[11]を回収する途が残されていた。しかし、この場合にあっても元出典者すなわち業主はその第三者に対して原価で回贖を要求する権利を有していた。業主が回贖を放棄し回贖権を銭主に売り渡すことがすなわち一般に絶売と言われる行為である（典を経ずに最初から売却することも絶売と呼ばれることがある）。この典の後の絶売は、南宋の史料では「断骨」、「売田骨」、「断根売与」、「倒祖」などと表現されている。この場合、承典人から出典人に対してあらためて典価と売価の差額に相当する対価が支払われる。また、出典の後、幾度か足し前を要求し、最後に絶売に至る例も後代には普通に見られる。これを找貼・找価と言う。[12] 找貼は宋代にも見られた。『宋会要』食貨六一―五九、民産雑録、天聖六年（一〇二八）八月条に、

詔、応典田土、税印契後、若於元契上更添典銭数、或已典就買者、依京商税院例、只拠添典及貼買銭収税、粘元契在貼典就買契前批印。

とあるのは、添典＝找貼と已典就売の際の収税方法について定めたもので、添典の際にも新たな契約が立てられるべきものであったことが知られる。また『夷堅志』乙志巻五「張九罔人田」に、

広都人張九、典同姓人田宅。未幾、其人欲加質、嘱官儈作断骨契、以罔之。明年又来就売、乃出先契示之。

とあり、出典人が加質しようとしたが、断骨契を偽造されたことによって果さなかった旨記されている。添典・加質すなわち找貼は、したがって宋代にも普通に見られたと思われる。なお因に、宋代の政府側の立場で書かれた史料には――法律においても――「典売」と熟して用いられるのが常である。これは「典あるいは売」という意味であるが、典と売には、以上に述べたように取引の当事者にとっては大きな権益上の相違があったにもかかわらず、政府にとっては税役徴収という観点からして両者に何の相違もなかったからである。すなわち、典も売も、契約を立てて官に届け出、牙税を納め、新たな土地の使用収益者ないし取得者の財産として税籍に書き込む操作は同一であったからであ

る。しかし、民間の当事者にとってはそうではなかった。典か売かは明確に区別され書き記されていた。契約書の改竄などによって典か売かを争う訴訟が少なからず存在すること、また契約書の記載などから、そのことはきわめて明白である。

ところで、この已典就売という行為を、われわれは今日的な概念を用いてさしあたりは次のように言うことができるであろう。出典人は土地の所有権を有し、承典人はその使用収益権を持つ。すなわち、使用収益権の期限付きの譲渡が「典」であり、所有権の売却が「売」（已典であれば「断骨」）である。典の状態にある時、出典人の所有権は回贖権として存在する。したがって、「断骨」とは回贖権の売却である、と。[13]

しかし、ここで注意すべきことは、使用収益権、回贖権いずれもが物権として意識されていたということである。今日の物権に相当する言葉として当時の人々は「業」という言葉を用いていた。

不動産ないしは恒久的収益性において不動産に準ずるような無体的権益であって、一個の財産として値づもりし換金することのできるものを称して「業」といい、それを「管業」するという。換金に際して副次的に何らかの制約があるかも知れない。売買と直言することを憚って別の表現を用いる必要があるかも知れない。しかし基本的・実質的に換金可能なもの、平たく言えば売買され得るもの、したがって、……その正当性を、前主から正当に引き継いだという来歴によって弁証されるものという性質は、「業」「管業」という言葉にとって殆んど概念自体のうちに内在する必要的要素であると言ってよい。[14]

確かに、「田骨」などを業と呼ぶ例は宋代にはまだ見出せないけれども、それは業に代る名称――たとえば「田骨」という名称――をすでに与えられていたからなのであって、「一個の財産として値づもりし換金することのできるもの」であったことは明白である。であれば、われわれは、出典された状態にある土地について、出典人に絶業＝「田骨」、承典人に典業がそれぞれ分管されていることをもって、ひとつの土地にふたつの物権＝地権が併存しているとみなすことができるのではあるまいか。以下、この点についてやや立ち入って考察してみよう。

ある長期的な収益源が業と呼ばれ物権として成立するためには、第三者に対しても権原の存在を主張できるものでなければならない。出典人が承典人に対してのみ回贖を請求できるものであることはあらためて言うまでもないが、絶売もまた承典人に対してのみ行いうるのであれば、そこでの行為は債権（回贖権）の放棄に伴う対価の給付に止まるのであって、「田骨」あるいは「田骨」の売与が物権的性格を持つとは言いがたい。それゆえ、「田骨」が物権的性格を持つことを立証するためには、承典人以外の第三者に「田骨」が売却されえたことが示されねばならない。そうした事例は存在するであろうか。

『宋会要』食貨六一―五六、民産雑録の雍熙四年（九八七）二月条には、すでに出典した土地を絶売する際には、房親・四隣の先買権を否定して現承典人を第一先買者とすること、承典人が収買を望まなければ承典人に退贖させる旨定められている。(15) これは政府の土地把握を容易にすること、典業と絶業が別個に取引されることによって生じる紛糾を回避しようとするものであったと考えられる。おそらく当時の民衆にとっても、典業と絶業とはいつかは同一人に帰併するよう期待されていたであろう。回贖権の永久的効力は慣習法であっただけにその期待の存在を示唆する。ただこの場合にあっても、承典人が収買を望まなければ絶業が第三者に売却される可能性は残されていたように思われる。その場合、業主は典業と絶業とを各々独立して別の人間に売却することになる。そして、已典就売が盛んに行われた南宋になると次のような事例が現れる。『清明集』巻四、戸婚門、争業上「漕司送許徳裕等争田事」に、

但許奉元来入戸赤契、却係許国収掌、至嘉定六年、嘗典与張志通・楊之才、七年後、売与朱昌。朱昌得業、係在張志通・楊之才名下贖回、皆有連押可證。

（許奉が元もと田産を入手した時の官印のある契約書は、許国が持っていたが、許国はこの田産を嘉定六年に張志通と楊之才に質入し、七年後に田骨を朱昌に売与した。朱昌がこの田産を自分の業としたのは、張志通と楊之才のところから典業を請け出したからであって、すべてこの取引には証拠となる押字がある書付がある。）

とあるのは、承典人とは別の第三者（ここでは朱昌）に「田骨」のみが売却されたことを示す明証である。この判決の語り口からは、そうしたことが何か異常なことであったとは全く感じられないことからすれば、こうした取引はほかにも存在したであろう。つぎに、同書、巻九、戸婚門、取贖「典主如不願断骨、合還業主収贖」は、范侁（范庚）が丁逸に出典した小郭坂の土地の回贖をめぐる争いであり、二〇年後、范侁の子范鄺が断骨しようとし、また回贖しようとし、さらに別人に断骨しようとするも、現典主の丁伯威が応ぜず、その業を奪おうとしたという案件である。判決の末尾には、

如丁元珍願与断骨、合仰依時価。如丁元珍不与断骨、即合聴范鄺備元典銭、就丁伯威取贖。如范鄺無銭可贖、仰従条別召人交易。丁伯威如敢仍前障固到官、定従条施行。干照各給還。

（もし丁元珍が断骨を願うのであれば、まさに時価で行うべきである。もし丁元珍が断骨をしないのであれば、范鄺がもとの典した際の金銭を取りそろえて、丁伯威の所から回贖するのに従うべきである。もし范鄺に回贖すべき金銭がないのであれば、命じて法律に従って第三者を呼んで取引（＝断骨）させる。丁伯威がもしこれまでのように邪魔だてして官に到る（＝訴訟を起こす）ことがあれば、必ず法に従って処分する。証拠文書は各々返してやる。）

とあり、范鄺は父の典業に関して、現典主から回贖してもよく、あるいは丁元珍（丁氏の族人）に断骨してもよく、あるいは法に従って第三者に断骨してもよいとされている。この「条」とは、いつ制定され、どのような内容を持っていたかを直接示すことはできないが、絶業の第三者への売却に関わるものであったはずである。このように典業と

絶業が独立して売買されることは、当然のこと、ありふれたこととして意識されていたと考えられる。[16]

また、南宋末には次のような興味深い史料が残されている。黄震『黄氏日抄』巻七〇、申明一、開慶元年（一二五九）の「申県、乞放寄収人状」（場所は蘇州呉県）に、

遂即喚上厳七七、取問因依、拠称、住居九都、有田七畝、尽典在李奉使辺。已拠李奉使辺称、欠租、将上項典業作売契折還。

（そこで直ちに厳七七を役所に呼出して事情を問いただしたところ、九都に居住しており、田七畝を持っていたが、今は全部李奉使の下へ質入しております、と供述した。李奉使の側では、欠租があったので、その典業は売契にあらためて欠租分に引き当てた、と述べている。）

と見え、李宅に田七畝を質入した厳七七はそのまま李宅の佃戸となり、欠租を理由に典契を売契に改められている。これは宋代に違法とされながらも少なからず見られた典佃すなわち質地小作を示す例であるが、[17]欠租額に相当するものとして絶業＝「田骨」が承典人たる地主に没収されている事態は、後代に欠租額が田面価に達した段階で田底所有者＝地主によって田面が没収されることと頗る類似した現象である。[18]厳七七が「田骨」を第三者に売却し、それによって欠租を清算することが可能であったか否かは不明であるが、この事例もまた、「田骨」が業＝物権として意識されていたことを示唆するものと言えよう。

ついで元朝に至ると、田宅を典売する時には已典就売の場合も含めて、有服房親→隣人→見典主という先買権が定められるに至る。[19]こうした先買権の設定は、典業と絶業とのそれぞれ独立した取引を認めたもの、あるいはそれを助長するものであったと評価されよう。

かくして、われわれは不十分ながらも南宋から元朝にかけて、典業と絶業とが物権として別個に取引されていたこ

とを確認した。それは土地に視点を置いて見ればひとつの土地にふたつの地権が併存している状態である。一田両主制をさしあたり「ひとつの土地にふたつの地権が併存している状態にある土地所有慣行」と定義すれば、已典就売という行為の中に見られる以上のような状態は、一田両主制と呼んで差し支えないものとなろう。

従来われわれは一田両主制とは地主佃戸関係の下で成立する概念と信じてきた。私も例外ではない。しかし、視点を変えて見れば、租佃関係が物権的に編成された状態、ないしは地権の分化したところに租佃関係が加わった状態、あるいは地権の分化と租佃関係とが合体した状態が、従来われわれが一田両主制と呼んできたものなのだという理解が成立するのではあるまいか[20]。なお、私はここで一田両主制の概念の変更を要求しようとしているのではない。一田両主制を成り立たせているところの田面と田底なる地権の分化と併存、そうした地権の分化と併存とを容認する中国人の観念は、さしあたって南宋代の土地取引慣行の中に認められることを指摘したいのである。また、絶業を「田骨」や「田根」と呼ぶことは、従来から指摘されてきたように南宋代に出現することである。この絶業が物権として取引され、ひとつの土地の分割された地権の一方を指し示す言葉であったことからすれば、そして地権の分化・併存と租佃関係とが合体したものが一田両主制であると考えられることからすれば、「田骨」や「田根」という言葉が一田両主制下において分割された地権の一方を表す言葉に転用されることに何の不思議もないであろう。明清代には周知のように、「田面」、「田根」、「田底」といった言葉が地域によって、田面にも田底にも用いられて一定しない[21]のであるが、それはこうした事情――すなわち民衆が已典就売慣行の中から生まれたところの分割された地権の一方を「田骨」などと呼ぶこと――に由来するものであろう[22]。

おわりに

最後に、以上のような検討の結果が研究史上どのような位置を占めるかにつき一言して本章を終えることにしたい。

宋代の一田両主制、地権の分化、広く言って土地所有権法の研究に先鞭をつけたのは、言うまでもなく仁井田陞氏である。仁井田氏は宋代史料に「田骨を売る」という記事があることから、「一田両主慣習の起源は元代からさらにさかのぼるようである。南宋（十三世紀）の人、劉後村の文集に、江西（潯陽）地方で田骨を売買した記事がでている。これを後世のような田皮田骨の二重所有の田骨と見得るならば、当時すでに底地にあたる田骨が田皮と分離して処分することが可能であったことを示すものであろう」と述べ、宋代に一田両主制が存在した可能性を示唆したのであった[23]。しかし、この可能性は周藤吉之氏によって否定される。すなわち、周藤氏は「これらの骨や根という語は明代の田骨・田根の起原をなすものであろうと思われる」としながらも、田骨や屋骨・園骨などの例をも示しながら、これらは改典就売を表す際に用いられた言葉で、絶売の際に「田骨を売る」といった表現が用いられたとしたのであった[24]。

ついで、草野靖氏はこの骨、根、底、租（祖）とは何を指称するかと問い、これらは「当該田産の所有権の所在を証明する最も根元的な文書を指す」とし、「不動産の典・売交易の普及交錯によって、不動産に対する権限を典・絶両業に分けて考える習慣が広まり、それが一田両主慣行の成立普及を容易にしたことも充分考えられる」、あるいは「既に一田両主慣行が成立しており、そこで用いられる呼称が右の文書操作を表現する言葉に利用されるにいたったのであるという推測が成り立つ可能性も残されている」（傍点草野氏）との見通しを示した[25]。また前掲の新著では、「絶売の標的物を示す呼称として、屋骨・園骨・田骨・田根・田底・田祖などの呼称が用いられていたことは、明らかに地権が典・絶両業に分けて考えられていたことを示すものである。底・面、骨・皮の概念は、工本の負担関係とは別個に、田産の典・売交易の関係を通じて次第に形成され、底・面分立の素地が作られたといってよいであろう」（草野新著三二〇頁）との評価が加えられている。

新著における草野氏の認識は、本章での私の認識とほぼ一致している。ただ宋代にはいまだ面・皮という用語＝概念は成立しておらず、また草野氏の論述からは絶業が物権的性格を持つことも十分に立証されてはいない。さらに、田面慣行の形成史という氏のテーマからして最も重視されるべきこの地権の分立と田面慣行との連関、あるいは工本の負担関係と典・絶の地権の分立との関係も「別個に」進んだものとして捉えられるに止まっている。確かに南宋代の史料によるかぎり、地権の分立と租佃関係とが一体化した所謂一田両主制は見出せない。しかし、後世にはそうした関係が一田両主制の一形成因として認められるに至る。明代から民国初年までを対象に一田両主制の法的性格を概念的に論じた寺田浩明氏によれば、「田主が佃戸耕作、或いは対田主負担付土地経営の正当性を付与する形は、一方では、召承佃関係に物権的構成が付加された状態と重なり、また他方では、土地典売に負担関係が付加された状態と重なる部分を持っていた」ことが論じられている[26]。

この寺田氏の論考は、「田面田底慣行、或いは広く佃戸耕作が物権的正当性を持つ事態」が、「田主が物権的正当性を付与する形」と「佃戸が承佃後、基本的には田主奪佃時に、独自の事由により自らの佃戸耕作を基礎づける形」とにあるとして、それを各々の場合に分けて類型的に捉えたもので、頗る啓発的な内容を持っている。寺田氏はまた草野氏の田面論をおそらく意識しつつ、田面田底の「根源的な形成原因を問うことには、論理的な意味は殆んどない。……田面田底慣行の歴史的形成に対する一般的な対応物を求めるとしたら、それは個々の形成原因、形成方法の中にではなく、佃戸耕作の自立経営化或いは価値化という事態の中に求める方が生産的であろう。そうした事態に対する主佃双方の様々な対応の中で、或いは租佃関係設定解消をめぐる物権的な手法が開発され、或いは佃戸独自の正当性主張がなされ、その一極として田面田底の関係が出現する」[27]（傍点寺田氏）とも述べている。

しかし、「何らか特定の恒久的収益を一個の無体的財産権として構成すること」[28]が中国人の特性であったとしても、ひとつの土地に田面・田底のふたつの地権が併存し、租佃関係が物権的に編成されているという状態は、出現の当初はなお馴染みのない事だったに相違ない。とはいえ、一方において、ひとつの土地における地権の分立と併存という事柄自体は、すなわち典業と絶業との分立と併存という事柄自体は、南宋代以降の人々にとってはきわめて自然なことと受け取られていたであろう。ひとつの土地に二人の人間の業が分立・併存しうるということが広く自然なこととして受容されていれば、租佃関係が物権的に編成されるということにも、人々は容易に馴染んで行くであろう。そうした意味において、南宋代の已典就売慣行に見られる地権の分立・併存は、一田両主制を準備しその成立を支えた観念的基礎であったと同時に、一田両主制の一形成因だったと位置づけられるべきものではあるまいか。

（1）本書第二章所収の旧稿は、一九七六年に発表したものである。
（2）周藤吉之「宋代官田の佃権売買―資陪又は酬価交佃について―」（一九五三年原載、同氏『中国土地制度史研究』東京大学出版会、一九五四年、所収）。
（3）草野靖「宋代官田の租種管業」（『東洋史研究』二八―一、一九六九年）。
（4）『訳註日本律令六　唐律疏議訳註篇二』（東京堂出版、一九八四年）二三六〜二四二頁（滋賀秀三氏担当部分）、参照。
（5）これは滋賀秀三氏の担当部分である。
（6）草野新著における史料解釈についても多くの疑問を感じるが、それらは本章の「はじめに」で述べたように読者の判断に委ねることとし、ここでは一史料について疑問を呈しておきたい。草野新著二三五頁以下の「後世への継承」と題する節に

引く『元典章』新集、戸部、契本「買売契券、赴本管務司投税」に、

至治元年（一三二一）二月□日、江浙行省准中書省咨、該、来咨、両浙運司申、蘆瀝場竈戸張浩告、用工本銭二千三百七十余定、兌佃到崇徳州濮八提領等元佃係官囲田二千三百余畝、令男張一、将私物約、於新城務投税納訖税銭七十九定。

とあるが、草野氏はこれを、「兌佃の際には、工本銭が酬与されていた」、「係官の囲田が工本銭を対価として兌佃されていたことが明白であろう」と解釈・説明している。前章で私はこれは佃戸工本ではなく、竈戸の塩場における工本銭であろうと述べたが、これは草野氏によれば「詐欺的な論法」（草野新著二四八頁注（50））であり、私が論証すべきことは「張浩が工本銭を用いて兌佃をしたという此の一句が「塩本を用いて兌佃をした」という意味を持つということのはずである」と言う。ならば問うが、草野氏はこの「工本銭」が佃戸工本であるということを論証したか。単に草野氏がそう信じこんで断言しているにすぎない。私はこの史料の張浩なる者が竈戸すなわち製塩業者であることから、つまりは史料に即してこの「工本銭」は塩本であろうと推論したのであるが、草野氏は「佃田の交佃の際に工本銭鈔が酬与されていた事実」（同前）が他にあるということから、つまりはこの史料を離れて他の事実から佃戸工本であると主張しているにすぎない。また草野氏は「一体、係官の囲田を兌佃した事実を官府に訴えるのに、兌佃の酬価に就いて、その酬価の性格、従ってこの兌佃によって取得した権限の如何を言わずに、この酬価に用いた金を何処から得たかということを言うだろうか」（同前、傍点草野氏）とも言うが、張浩の訴えの冒頭にある「用工本銭」の部分は「金を何処から得たか」を直接述べたのではなく、単に「間違いなく金を支払って正当に取得した」ことを強調し印象づけるためにこう表現しているにすぎない。しかも「用」の字はここでは「以」と同じく「手段」を意味しており、それゆえ草野氏が言うごとく「工本銭を対価として」、つまり「相手に（取得の権利がある）工本銭を支払って」ではなく「自分が持っていた工本銭を支払って」という意味に解釈されねばならない。

また、草野氏がこの節に続いて引用する宋代から民国期にわたる諸史料は、私にはすべて名称は「頂」・「更佃」・「立佃交佃」・「過」・「断卸」・「実典」などと呼ばれるが、実際は民田の「典」と同じ行為であるという意味に解釈されるが、草野氏によれば、「私田における典売と法的に同等の効果を持つ」（草野新著二三九頁）ことを表現したものであるとのことであ

る。名称が異なれば内実も異なるという草野氏一流の論法であり、これまた佃戸工本の授受だというわけであるが、これほどの強弁については、読者とりわけ明清史家の判断に委ねるほかない。因に森正夫『明代江南土地制度の研究』（同朋舎、一九八八年）によれば、明代江南デルタの「官田は個別家族の私的に所有する土地としての側面を、また官田承佃者は私的な土地所有者としての側面をそれぞれはっきりともっている」（一七六頁）と指摘されている。

（7）一九八〇年代に入って、中国の研究者も官田における「立価交佃」・「資陪」といった現象に着目した研究を発表し始めている。蔣兆成「宋代官田的演変」（『杭州大学学報―哲学社会科学版―』一一―三、一九八一年）は、これが土地売買であることを認めながらも、佃権、占有権の転譲であってこれらの官田が国有制から私有制へと転化する過程にあるものとする。梁太済「両宋的土地売買」（『宋史研究論文集』上海古籍出版社、一九八二年、所収）は、この種の官田に対する佃戸の土地所有権の成立とし、官田の民田化であると論ずる。朱瑞熙『宋代社会研究』（中州書画社、一九八三年）第四章㈣「剗佃与永佃権」では永佃権の売買とするが、その対価は草野氏と同じく佃戸工本であったと見ている。漆侠『宋代経済史』上冊（上海人民出版社、一九八七年）第五章六「両浙等路封建租佃制関係的高度発展」では、土地売買を通じて占佃権が転移したものとする。

（8）前章に引用しなかった事例をひとつだけ示せば、陳淳『北渓大全集』巻四六、箚「上傅寺丞論学糧」の「学田有偸売者」と題する一項には、

村民有世佃学田。上世祖父立鬮書遺後人、載所佃学田、与諸子分佃。至再易世後、又再至分佃鬮書、而不聲説是学田。又易数世後、子孫不復知其由、以為祖父産業、遂立赤契、与人戸交関、而無可奈何矣。若明皇荘田是也。

とある。草野氏によれば、これまた氏の所謂資陪承佃の交易だというわけであるが（草野新書二二九頁）、すでに学田を己業と見なしている佃戸が、田価の二〜三割と言われる工本銭でもって取引していたとは常識的に考えがたいだけでなく、陳淳の述べるところも草野説を支持しない。もっともこの史料が自説に不利と気づいている草野氏は、「これは恐らく陳淳の誤解であろう」（仝前）と言ってはいるが。

（9）週刊朝日百科『世界の歴史』一〇-四七（朝日新聞社、一九八九年）。なお、引用の原文は、編集上の都合と連絡の手違いから、活字になったものとは若干の字句と文章の変更がある。

（10）已典就売また後述の田骨などの呼称については、周藤吉之「南宋の田骨・屋骨・園骨-特に改典就売との関係について-」（一九六一年原載、同氏『唐宋社会経済史研究』東京大学出版会、一九六五年、所収）。草野靖「南宋文献に見える田骨・田根・田祖・田底」（熊本大学『法文論叢』二八、一九七一年）および草野新著第二部第一章五節「農田典売の普及交錯と地権概念の分化」、参照。

（11）たとえば、『清明集』巻四、戸婚門、争業上「曾沂訴陳増取典田未尽価銭」に、
曾沂元典胡元珪田、年限已満、遂将転典与陳増。既典之後、胡元珪却就陳増名下倒祖、曾沂難以収贖。雖是比元銭差減、然郷原体例、各有時価、前後不同。曾沂父存日典田、与今価往往相遠。況曾沂元立契、自是情願、難於反悔。

（12）找貼、找価については、仁井田陞『中国法制史研究-土地法・取引法-』（東京大学出版会、一九六〇年）の取引法第一部第一章第七節「永代売買と買戻」、楊国禎『明清土地契約文書研究』（人民出版社、一九八八年）の第五章「江浙土地契約関係初探」、岸本美緒「明清時代における「找価回贖」問題」（『中国-社会と文化』一二、一九九七年）、参照。

（13）注（10）前掲の周藤論文では（著書二二四～二二五頁）、「南宋では典は地上で収得される生産物だけを売ったものであって、それらの生産物を生み出す根本である土地そのものを売ったものではないと考えられていたようである」、「南宋では典は租を断売するもの即ち土地の生み出すものだけを売ったものであり、典を改めて売に就いた断骨ないし倒祖は、これらを生み出す根本である土地を売ったものであった」との指摘があるが、これは史料解釈の誤りによる誤解である。周藤氏が拠った黄榦『勉斎集』巻三三、判語「陳会卿訴郭六朝散贖田」に、「将田租出売」・「売租」などとある「租」は、「生産物」・「土地の生み出すもの」ではなく絶業（およびそれを根拠づける文書）を意味しているからである。この「租」は「倒祖」の「祖」に通じる。

（14）滋賀秀三「崇明島の承価と過投-寺田浩明氏論考の驥尾に附して-」（『千葉大学法学論集』一-一、一九八六年）一八頁。

（15）　権判大理寺殿中侍御史李範言、……望今後応有已経正典物業、其業主欲売者、先須問見典之人承当、即拠余上所値銭数、別写絶産売断文契一道、連粘元典并業主分文契、批印収税、付見典人、充為永業、更不須問親隣。如見典人不要、或雖欲収買、着価未至者、即須画時批退。……従之。

（16）　考えてみれば、これはさほど不可思議なことではない。たとえば、一〇〇貫に値する土地を五〇貫で典した場合、業主はさらに五〇貫を受け取って典主に断骨することができる。すなわち業主の回贖権（＝絶業）は五〇貫に相当する価値を内包しているのである。業主が断骨によって五〇貫を得たいと思い、しかし典主が断骨に同意しなければ、業主は第三者に断骨するよりほかないであろう。これはきわめて自然な成り行きである。

（17）　典佃すなわち質地小作については、周藤吉之「宋代の典佃制」（一九五七年原載、注（10）前掲『唐宋社会経済史研究』所収）、参照。

（18）　すでに田骨が物権的性格を持っていた当時において、この史料に見られるように、田骨所有者＝佃戸、典業所有者＝地主という租佃関係は興味ある事柄である。というのは分立・併存する地権の一方を佃戸が所有し、他方が地主によって所有されるという事態は、後世の一田両主制に構造面で類似しているからである。しかしこれは擬似的な一田両主制と呼ばれるべきものである。まず、後世の一田両主制では、田底所有者が収租権者であり、田面所有者が経営使用権者・納租者であって、ここでの構成とは全く逆であることがまず注意されねばならない。またここでは、田骨所有が土地の耕作権と結びついたものではなく、たまたま承典者が土地の耕作を出典者に委ねた結果、見られるような租佃関係を生じたものである。すなわち、ひとつの土地に分立・併存する地権の一方を所有することが必ずその土地の経営耕作権と分かち難く結びついており、さらにそこに必然的に収租関係が随伴していなければ、われわれはこれを一田両主制と呼ぶことができないのである。

（19）　注（12）前掲仁井田陞『中国法制史研究―土地法・取引法―』取引法第七章「元明時代の質制度」、陳高華「元代土地典売的過程和文契」（『中国史研究』一九八八年―四）、参照。なお、陳氏が「凡已典土地擬出売時須問典主」（三七頁一三〜一四行）と推測しているのは、史料的根拠がない。

(20)　こうした理解はすでに寺田浩明「田面田底慣行の法的性格―概念的な分析を中心として―」(『東洋文化研究所紀要』九三、一九八三年)によって指摘されたことである。
(21)　楊氏注(12)前掲著書一二八頁、参照。
(22)　田面・田皮といった言葉は、南宋以来の田底・田骨といった言葉に対応するものとして後世の一田両主制の下で発明されたものであろう。
(23)　仁井田陞「明清時代の一田両主慣行とその成立」(同氏注(12)前掲著書第一部第四章)。
(24)　周藤氏注(10)前掲「南宋の田骨・屋骨・園骨―特に改典就売との関係について―」。
(25)　草野氏注(10)前掲「南宋文献に見える田骨・田根・田祖・田底」。なお、本論文では田骨などの呼称は根元的文書・地券を指すとの考えが示され、そうした認識は草野新著にも踏襲されているが、これらの言葉は絶業そのものを指すと考えて問題ないと私には思われる。業の移動と文書の移動とは一体化した行為だからである。
(26)　寺田氏注(20)前掲論文。
(27)　寺田氏注(20)前掲論文一三一頁。
(28)　滋賀氏注(14)前掲論文四七頁。

第四章　宋代浙西デルタ地帯における水利慣行

はじめに

南宋代に、「蘇湖熟すれば天下足る」[1]という俚諺を生み出す基盤となった揚子江下流デルタ地帯の水利田、すなわち圩田・囲田・湖田等と呼ばれたそれは、その立地条件と構造からして、不断に塘浦＝クリークを浚治し圩岸を修築する必要に迫られていた[2]。本章は「水利慣行」と題しながらも、専らこの塘浦・圩岸の濬築がいかなる方式に基づいて行われていたという問題を考察したものであり、通常、「水利」という術語から予想される灌漑と排水をめぐる諸関係＝慣行については、これを一切捨象している。したがって、本章に言う「水利」とは普請を指すものであることを予めお断りしておきたい。

ところで、宋代の当該地域における水利田開発の状況や[3]、陂塘・堰渠等に依存する地域の水利慣行[4]については、従来少なからぬ研究が蓄積されてきたのであるが、塘浦・圩岸の濬築に関わる水利慣行の研究は、史料的制約も与ってか決して多いとは言い難く、いまだ共通の認識を見るにも至っていないというのが現状である。

そこで、具体的考察に入る前に、本章の主題に関わる研究史を簡単に整理・紹介しておこう。まず、周藤吉之氏は、

一九六五年「宋代浙西地方の囲田の発展—土地所有制との関係—」[5]において、

南宋から元に至り、囲岸の修理には、慣習として地主が銭米を出し、佃戸は力を出すことになっていた。ただしこのように佃戸が力を出すことは、租契には記載されていなかったようである。これは慣習上佃戸は拒むことは許されないから、一種の強制になっていたのではないかと思われる。

とこの問題に言及され、囲岸修築をめぐる所謂〝業食佃力〟慣行の存在を指摘し、併せて佃戸の労力提供を〝慣習に基づく強制〟とする見解を示したのであった。これに対して、草野靖氏は『史学雑誌』誌上の論文批評[6]の中で、

地主が銭米を提供している事実の中に彼等の「譲歩」を見るのではなしに、佃戸の労力提供の中に「強制」を認める理由——選択判断の基準が明示される必要がある。

と批判したが、周藤氏はこれに反論して、

地主が佃戸に銭米を支給する場合には、通常の庸賃ではなくて、ただ佃戸の食糧（食費）だけを支給する場合があり、そうではないにしても低賃金であった。……従ってこれは「郷原体例」ということにして、佃戸に対する強制力をもたせることになったものである。

と自説を再説している[7]。

続いて、柳田節子氏は、一九七〇年「郷村制の展開[8]」の中で、周藤・草野両氏の間で問題となった佃戸の労力提供の意味について、

単に、地主の佃戸に対する一方的な強制労働としてだけでなく、佃戸自身の小作地の生産の維持・経営として前向きにとらえるべきであろう。

と述べ、さらに、

> 圩田・囲田・陂塘・堰埭等の堤防修築や、また灌漑・排水等が、圩長等を中心とする自治的管理の下に、共同作業として進められ、その作業を通して、地主層を中軸として、上戸・中戸・佃戸をかかえこんだ地縁的関係が形成された。

と指摘して、水利をめぐる自治的管理、共同作業を通じた地縁的結合関係の存在を主張したのであった。ついで、池濃勝利氏は、一九七七年、当該地域の水利慣行に関する専論「宋代の蘇州水利田地域に於ける水利労役に就いて－佃戸の労役負担の解明に向けて－」[9]を発表し、公権力の水利政策に分析を加えて、それを「圩内に耕作地を持つ各圩田所有者の共同作業としての自発的起工に委ねる、と云った消極的不干渉主義」と規定し、かかる政策を導く「決定的な要因」として、「当水利田地域の唯一無二とも思われる社会的慣行として、所謂「照田出資」方式なる水利労役形式が広く定着していた」という点を強調したのである。氏は以上の論点をふまえて、佃戸の労力提供のありようを、

（1）中小の圩田所有者（圩内地主）で構成される一圩複数地主型、もしくは一圩一田主型の圩田では、〝照田出資〟方式を実施しえず、佃戸は再生産のため自発的に労役奉仕を行う。

（2）〝照田出資〟慣行の行われる圩田では、佃戸は、圩田所有者の家族労働力や圩外の水利労働者と同一条件で雇傭される。

と分類し、先に紹介した周藤氏の所謂〝慣習に基づく強制〟という論点を否定したのである。以上の研究史からすれば、〝業食佃力〟方式を「慣習」と見る周藤氏や、水利をめぐる自治的管理・地縁的結合関係を指摘する柳田氏、また〝照田出資〟方式の定着・普及を強調する池濃氏と、論者によってその内実は異なるものの、各氏ともに在地における何らかの〝自律的慣行〟の存在を見い出していると言ってよいであろう。本章では以下に、その〝自律的慣行〟の内実を、公権力の水利濬築に対する干与との関連で批判的に検討し、併せて〝業食佃力〟方式の持つ社会的意義を

探ることにしたい。

一　水利濬築と〝郷原体例〟

（1）

『宋会要』食貨八―一三、水利下、乾道六年（一一七〇）一二月一四日条に、

監行在都進奏院李結言、蘇湖常秀、所産為両浙之最。自紹興十三年以来、屢被水害、議者皆帰積水不決之故、以為積水既去、低田自熟。第以工役浩繁、事皆中輟。（a）臣有管見治田利便三議、一曰敦本、二日協力、三日因時。……乞詔監司守令、相視蘇湖常秀諸州水田塘浦緊切去処、発常平義倉銭米、随地多寡、量行借貸、与田主之家、令就此農隙、作堰車水、開浚塘浦、取土修築両辺田岸、立定丈尺、衆戸相与併力、官司督以必成。且民間築岸、所患無土。今既開浚塘浦、積土自多、而又塘闊水深、易以流泄。田岸既成、水害自去。此臣所謂敦本之義也。非結又以為、百姓非不知築堤固田之利。然而不能者、或因貧富同段、而出力不斉、或因公私相吝、而因循不治。非協力不可。百姓所鳩工力有限、必頼官中補助。官非因饑歉、難以募民興役。非因時不可。（b）詔、李結所陳、縁所費浩大、令胡堅常相度措置。胡堅常看詳、李結所議、誠為允当。今相度、欲鏤板暁示、民間有田之家、各自依郷原体例、出備銭米、与租佃之人、更相勧諭監督、修築田岸、庶官無所損、民不告労。詔、従之。

とあり、（b）の部分を、『宋史』巻一七三、食貨上一、農田、同年月条には、

（c）詔、令胡堅常相度以聞。其後戸部以、三議切当、但工力浩瀚。欲暁有田之家、各依郷原、畝歩出銭米、与租佃之人、更相修築、庶官無所費、民不告労。従之。

と記す。李結の提議に依り、胡堅常・戸部の審議を経て制定せられた蘇・湖・常・秀各州の水利濬築方式は、「有田之家」が銭米を出備し「租佃之人」が労働力を提供する〝業食佃力〟方式であり、銭米の徴収は、『宋史』に「畝歩出銭米」とあるように〝照田出資〟方式に基づいて行われる。そして注目すべきことは、かかる方式が「郷原の体例」に依ると明言されている点である。(10)

ところで、この「郷原の体例」なる語句は、従来ほぼ例外なく「慣習」ないし「郷村の慣習」・「民間の慣行」と解釈されてきたのであり、(11)この解釈に基づいて、たとえば周藤氏は〝業食佃力〟方式を「慣習」と捉え、この方式の下での佃戸の労働を「慣習に基づく強制」とみなしたのであった。柳田氏が水利をめぐる在地社会の自治的管理・地縁的結合関係を指摘し、池濃氏が〝照田出資〟方式を「唯一無二とも思われる社会的慣行」と強調したのも、「郷原の体例」＝「郷村の慣習」という解釈に負うところが大きいのである。

いまここで、「郷原の体例」に関する従来の通説的解釈にしたがって（b）・（c）の部分を見るならば、当時の浙西地方では、〝照田出資〟に基づく銭米の出備と〝業食佃力〟による労働力編成とが、水利濬築をめぐる自律的な「郷村の慣習」として定着・普及しており、それゆえ公権力の側では特別の施策を用いることなく、既存の「郷村の慣習」に依拠して水利濬築を行うべく強制・勧諭した、という理解が成立するはずである。事実、従来の（b）・（c）の部分に対する各氏の解釈は、おおむね右のごとき理解を共有するものであったと言ってよいのである。

しかしながら、李結の提議に記された当時の具体的状況をふまえ、あくまで先の史料の全体の文脈に即して（b）・（c）の部分を解釈しようとするならば、右に見た通説的理解ははなはだ不可解であり、矛盾を含むものとならざるをえないように思われる。（a）の「三議」の内、「協力」に関わる箇所に李結は言う。

百姓は堤防を築き田を固《まも》る利益を十分に承知しております。しかしそれができないのは、同一圩内に貧しい者と富める者とが居て、労力負担が不均等となるからであり、あるいは官司も田主も互いに出費を吝み、因循して修治しないからであります。「協力」ということがなければうまくゆきません。

ここには、水利濬築のための銭米の出備と労働力編成とが、在地において自律的に遂行されていなかったこと、換言すれば、従来指摘されてきた〝照田出資〟や〝業食佃力〟方式がいまだ「慣習」化しておらず、在地の共同体的関係もまた欠如していたことが語られているのである。とするならば、「協力」に基づく水利濬築方式[12]がいまだいかなる形においても「郷村の慣習」として定着・普及しておらず、その結果として水利荒廃という事態が現出していたにもかかわらず、かかる事態を解決すべく提起されたかの〝照田出資〟と〝業食佃力〟方式が、「郷村の慣習」に依拠するものであったと理解することは、論理矛盾以外の何者でもないであろう。ここに至って、われわれは、「郷原の体例」を「郷村の慣習」と解釈することの当否を疑わざるをえないことになる。

(2)

「郷原」ないし「郷原体例」なる語句は、宋代史料に頻出し、唐代や元代の史料にも散見される。[13]「体例」については、これを「方式」・「方法」・「細則」・「規定」・「慣例」といった意味に解して大過ないと考えられるのであるが、「郷原」とは果して「郷村」・「民間」の謂であろうか。

『慶元条法事類』巻四七、賦役門一、閣免税租の戸令に、

諸税租戸逃亡、州県各置籍、開具郷村・坊郭・事因・年月・田産頃畝・応輸官物数、候帰請日銷注（注略）。其田宅、標立四至、林木什物、亦各註注籍、勒厢耆隣人守管。応収地利、以時拘納《須顧人収治者、以所収物、依郷原例、准価充直》。限満不帰、合宅什物、估売入官。

と見えるが、注意すべきは、「郷村」・「坊郭」という語句とは別に「依郷原例」とある点である。この「郷原」が、前出の「郷村」との重複を避けるための単なる修辞とみなしうるのであれば問題はないのであるが、しかしこの戸令は郷村のみならず坊郭をも対象とするものであり、しかも何らの文飾をも必要としないであろう割注に、「郷村」と同義の語として「郷原」なる語句が用いられるべき必然性は存しないと見るべきであろう。同一文中に「郷村」と「郷原」とが併出する例は、ほかにもいくつか検索することができる。たとえば、『宋会要』食貨六九―一二、宋量、紹興三二年（一一六二）九月二八日条には、紹興二九年一一月二四日に頒行された官製百合の斗器による収租の指示を撤廃する旨を記して、

戸部言、臣僚箚子、契勘民間田租、各有郷原等則不同。有以八十合九十合為斗者、有以百五十合至百九十合為斗者。……本部欲、依今来所乞、各随郷原元立文約租数及久来郷原所用斗器数目交量、更不増減。……仍於郷村暁諭。詔従之。

とあり、「民間」・「郷村」とは別に「郷原」なる語句が用いられており、さらに本節の冒頭に引いた史料の（b）の部分にも、「欲鏤板暁諭、民間有田之家、各自依郷原体例、云々」と見えていた[14]。以上の数例から見ても、「郷原」なる語句を、坊郭とは区別さるべき「郷村」の、あるいは官司とは異なる「民間」の、単なる修辞上の書き換えとみなすことはできず、「郷原」にはそれ独自の意味を与えねばならないと思われる。

それでは、「郷原」の独自の意味とは何か。結論から言えば、「郷原」とは、「当地」「現地」という意味であろう。つまり、「郷原体例」は「当地の方式」ないし「現地の慣例」といった意味に解すべき語句と考えられるのである[15]。「郷原体例」が右のように解釈されるとして、つぎに問題となるのは「郷原体例」を担う主体は誰か、という問題である。「当地の方式」を創出しそれを担う主体としては、さし当って官と民間との二者を措定できよう。この点を

各種の事例に徴してみると、たとえば、『清明集』巻四、戸婚門、争業上「曾沂訴陳増取典田、未尽価銭」に、

曾沂元典胡元珪田、年限已満、遂将転典与陳増。既典之後、胡元珪却就陳増名下倒祖、曾沂難以収贖。雖是比元銭差減、然郷原体例、各有時価、前後不同。

とある例は、「当地の慣例」あるいは単に「慣習」と解し、また郷村に関わる事例であることから「郷村の慣習」と解しても差し支えあるまい。そしてこの「当地の慣例」としての土地価格を創出しそれを担うのは民間の人戸である。

つぎに、『宋会要』食貨七―二五、水利上、熙寧五年（一〇七二）一二月二日条には、

又詔、応有開墾廃田、興修水利、建立隄防、修貼圩埠之類、工役浩大、力所不能給者、許受利人戸、於常平倉係官銭斛内、連状借貸支用。仍依青苗銭例、作両限或三限送納、只令出息二分。如是係官銭斛支借不足、亦許州県勧誘物力人、出銭借貸、依郷原例出息、官為置簿、及時催理。

とあり、官の銭斛が不足する場合は、州県が物力人に勧諭して貸し出しを行わせ、「郷原の例」によって利息を取らせるとあるが、ここでの「郷原の例」とは「当地の例」という意味であり、かつそれを担うのはここでも民間の人戸であると考えられる。

一方、『清明集』巻四、戸婚門、争業上「高七一状訴陳慶占田」には、

掇郷司供首、陳文昌起立高七一詭名。尋出引告示帰併、已係陳文昌承認、入本戸訖。今高七一輒来陳状謂、自己所置田産、不応帰併陳文昌戸。及索干照呈験、税銭一百二十有令、契立価銭五十貫、已是不登。又於内即無号数畝歩、別具単帳於前、且無縫印。郷原体例、凡立契交易、必書号数畝歩於契内、以憑投印。今只作空頭契書、却以白紙、写単帳於前。非惟税苗出入、可以隠寄産業、多寡皆可更易。

とあるが、田産の交易の際に号数・畝歩を契書に記入し投印するという手続きは、「当地の慣習」として自生的に成

立したものではなく、公権力の側における立契登録手続きとして規定され、整備・継承されたものであって、そのことはあらためて論証するまでもなく周知の事実である[16]。したがってここでの「郷原体例」は官によって創出され、官と人戸双方によって担われていた方式と解される。さらに、『宋会要』食貨六三―一二三、農田雑録、乾道元年（一一六五）九月二〇日条には、次のようにある。

措置浙西江東准東路官田所条具、諸州県沙田蘆場、有見行法、起理税租。止縁官戸侵耕冒佃、見占頃畝、致失常賦、及租佃人戸、計嘱州県、従軽立租。昨雖紹興二十八年委官措置、縁督令厳速、開具不実、所立租数、不照郷原体例、一等施行、詞訟不已、致有衝改。今来除已立式行下州県、開具四至、取赤契砧基照験、如已経経界、立定二税、即依旧拘催。内沙田若囲埕成田、已経成熟、即依平田立税。

官田所は沙田蘆場に対する両税賦課と租額の立定とが、「郷原の体例」に照さず一律に施行されたことによって生じた弊害を除くべく対策を示しているのであるが、その対策は「郷村の慣習」に従えというものではなく、いずれも公権力の側における規定・指示に則って行えというものである[17]。したがって、ここでも「郷原の体例」は「当地における官の指示」と解するよりほかないのである。また、「郷例」とは「郷原体例」の省略形と思われるが、『慶元条法事類』巻四九、農桑門、勧農桑の賦役令に、

諸人戸開耕﨟地、種成苗稼者、令佐親詣験実、標立頃畝四至、取郷例、立定税租、以伍分為額、仍免肆料催科。

とあり、同書、同門、農田水利の田令に、

諸陸田興修為水田者、税依旧額輸納、即経伍料、提点刑獄司報転運司、依郷例、増立水田税額。

と見える。ここでも「郷例」は「現地の例」という意味に違いないが、問題が税租の賦課・徴収であることから知られるように、それは郷村・民間の例ではなく、当地で官が採用している規定という意味である。ここでは、「郷例」

を創出し、それを担う者は官司であるほかないであろう。

以上検討したように、「郷原体例」なる語句は、「郷村の慣習」ではなく「当地の方式」と解すべきものである。ただ「郷原」と「郷村」の語句上の類似によってではなく、この語句が郷村に関わる史料に頻出するという理由によって、さらには「当地の方式」であるがゆえに慣習とみなしうるという理由によって、「郷原体例」を「慣習」ないし「郷村の慣習」と解して大過ない事例も先に見たように間々見受けられる。しかし、「当地の方式」と「慣習」との間にある微妙な意味上の差異を見落とすことはできない。とりわけ、「郷原体例」がどのような状況の下で誰によって語られているか、「郷原体例」を創出し担うべき主体は何かによって、両者の差異は、時には決定的とも言える意味上の相違をもたらすであろう。われわれはそうした事例を、本節冒頭に引用した史料に即してのちに見るはずである。

なお、因に、宋代の史料には、「郷原体例」とは別に「郷俗体例」[18]・「民間自来体例」[19]といった語句が見えている。「郷村の慣習」・「民間の慣行」という訳語であれば、これらの語句こそがそれに相応しいと言うべきであろう。

(3)

さて、「郷原体例」が「当地の方式」と解釈すべき語句であるとすれば、本章冒頭に引用した史料の（b）の部分に見える胡堅常の提議は、「民間の田を有する家をして、各おの自から当地の方式に依って銭米を出備し、租佃の人に与えて、更《こも》ごも相い勧諭監督し、圩岸を修築せしめよう」という意味になる。しかし、ここで注意しておきたいのは、既述のように、この時点における浙西地方には、在地における自律的慣行として〝照田出資〟も〝業食佃力〟も成立してはいなかったという点であり、さらに、こうした現実をふまえて、右の水利濬築方式がほかならぬ公権力によって提起されているという点である。この二点からすれば、胡堅常の云う「当地の方式」とは、在地（蘇・湖・常・

秀の各州府）において自律的に採用されていた方式ではなく、公権力の側における水利政策として、長期にわたって積み重ねられてきた方式を意味すると解するよりほかないであろう。ただし、公権力の水利政策を通観して見ると、〝照田出資〟の事例は多く検索しうるものの、[20]水利濬築に伴う労働力としては、圩田所有者の家族労働力や水利労働者の雇傭形態が予定されているのみであって、積極的に佃戸の労働力に言及した事例は、右の胡堅常の提議以前には見当らないのである。[21]したがって、胡堅常の云う「各自依郷原体例」の部分は「出備銭米」のみにかかり、具体的には〝照田出資〟方式を意味すると考えるべきであろう。すなわち、〝業食佃力〟方式をも「郷原体例」と見ることはできないのである。

以上から、『宋会要』食貨八－一三、水利下、乾道六年一二月一四日条の分析によって得られた論点は、

（1）この時点における浙西地方の水利濬築は、公権力の強制・勧諭を媒介として、公権力の側における「当地の方式」たる〝照田出資〟方式に基づく銭米の出備と、地主佃戸関係に依拠する〝業食佃力〟方式の新たな採用によって行われる。

（2）公権力によるかかる方式の採用は、共同体的関係に基づく自律的な水利濬築方式が、いまだ在地に定着・普及しておらず、公権力の干与なしに水利濬築が効果的に遂行されえないという状況を背景とする。

とまとめることができよう。そして、ここで得られた論点、とりわけ（2）の在地における共同体的関係に基づく自律的慣行の欠如と、それを背景とする公権力の介入・干与という構図は、宋代を通じて一般化しうるように思われる。たとえば、周藤氏は〝業食佃力〟方式を「慣習」とする見解を示したのであったが、その論拠とされた（b）の胡堅常の言う「郷原体例」が、公権力の側における水利政策としての「当地の方式」であり、しかも、この「郷原体例」が〝業食佃力〟ではなく〝照田出資〟のみを指示するものであった以上、氏の見解は成立しないであろう。一方、池

濃氏は、〝照田出資〟方式を「唯一無二とも思われる社会的慣行」と評価したのであるが、氏の挙示した史料はいずれも公権力の水利政策ないし〝当為〟としての提議にほかならず、在地において自律的に採用されていた事例を見出すことはできないのである[22]。

さらに、柳田氏は、水利をめぐる自治的管理・地縁的結合関係を提唱されているが、以下に氏の引いた史料の内、浙西地方に関わる事例を検討しておこう。まず蘇州に関わる事例として、范成大『呉郡志』巻一九、水利上の郟亶の水利論[23]に「論後世廃低田高田之法」と題して、

古人治田、高下既皆有法。方是時也、田各成圩、圩必有長。毎一年或二年、率逐圩之人、修築隄防、浚治浦港。故低田之隄防常固、旱田之浦港常通也（注略）。至銭氏有国、而尚有撩清指揮之名者、此其遺法也。洎乎年祀綿遠、古法隳壊。

とある。氏は傍点部分のみを引用しているのであるが、一見して明らかなごとく、これは郟亶の云う「古人治田」の有様であり、宋代の状況を述べたものではない[24]。郟亶は「古法隳壊」した当時――熙寧三～五年（一〇七一～三[25]）の状況につき、右に続けて、

其水田之隄防、或因田戸行舟及安舟之便、而破其圩（注略）、……或因田主只収租課、而不修隄岸、或因租戸利於易田、而故要撿没（注略）、……或因辺圩之人、不肯出田与衆做岸、或因一圩雖完、傍圩無力、而連延隳壊、或因貧富同圩、而出力不斉、或因公私相吝、而因循不治。故隄防尽壊、而低田漫然、復在江水之下也。

と述べているが、この記事から在地の共同作業に基づく地縁的結合関係を読みとることは全く不可能である。しかも、右の傍点を付した箇所が、先に見た乾道六年の李結の提議に転引されていた[26]ことからして、北宋より南宋に至るまで、在地の共同体的関係は一貫して欠如していたことが知られるのである。さらに、氏の引く『元史』巻六五、河渠志二、

呉松江に、

至治三年、江浙行省臣、方以為言、……乞依年例、勧率附河有田用水之家、自備口糧、佃戸傭力開濬。

とあるが、この〝業食佃力〟方式も、地主佃戸関係の内部から自生的に成立したものではなく、公権力の水利政策＝「年例」として施行されたものにほかならない。なお〝業食佃力〟方式が在地の自律的慣行でなかったことは、第三節の論述によって一層明確になるはずである。

以上、本節の検討によって、宋代の浙西デルタ地帯においては、水利濬築をめぐる在地の共同体的関係に基づく自律的慣行が欠如しており[27]、従来指摘されてきた〝照田出資〟・〝業食佃力〟といった方式は、在地の共同体的関係の欠如を背景として、公権力によって強制・勧諭されたものであったと言いうるであろう。

二　在地における水利慣行

前節に見たように、〝照田出資〟や〝業食佃力〟方式は、自律的慣行として在地社会に定着・普及していたものではなく、いずれも公権力の強制・勧諭を媒介として施行された水利濬築方式であった。しかも、かかる方式が公権力によって再三提議・施行されたということ自体が、必ずしも在地の利害に合致した〝歓迎すべき方式〟と受けとめられず、実効もまた伴わなかったであろうことを示唆するのである[28]。しかしながら、一方において圩内の各土地所有者層や佃戸にとって、水利濬築は自らの生産と経営を維持する上で必須の条件となっていたはずである。〝照田出資〟や〝業食佃力〟方式が、彼等圩内の各階層にとって必ずしも〝歓迎すべき方式〟ではなかったと推定されるのであれば、在地においてはそれに代るいかなる方式が採用されていたのであろうか。

在地における自律的慣行の存在を窺わせる史料は、しかしながらきわめて少なく、その具体像を宋一代を通じて時系的に提示することははなはだ困難である。それは、水利濬築――特に小規模な塘浦の濬治と圩岸の修築――に対する公権力の対応が、基本的に圩内の土地所有者自身の責任に委ねるという点に置かれていたからにほかならない(29)。たとえば、『宋会要』食貨六一―一二〇、水利雑録、乾道六年（一一七〇）九月二八日条には、江南東路太平州の例ではあるが、

新知泉州周操言、太平州所管圩田、毎遇水災決壊。除大圩官為興修外、其他圩、並係食利之戸、保借官米、自行修治。

とあり、大圩は官が修築するが、その他の圩（小圩であろう）は「食利の戸」が自ら修治すべきものとされている。また、南宋末の人、黄震『黄氏日抄』巻七〇、申明二「権華亭県申嘉興府、辞修田塍状」は、中央政府の「差官監修田塍」という指示に反論し、それを行うべからざるものとして嘉興府に上申した奏状であるが、そこには、

窃見、本県管下囲田、尽在西郷。見今茫茫、尚成巨浸、未可施工。向後水退、各有田主、自係己事。何待官司監督。

とあり、さらに、

況田岸之事小、水利之事大。田岸之事在民。在民者、在官不必慮。水利之事在官。在官者、在民不得為。必欲利民、使之蒙福、則莫若講求水利之大者。

とある。黄震が言う「水利」とは幹河・幹川の開濬を意味するが、彼は「水利」こそは官司が行うべきものと主張しつつも、田岸の修築は「各おの田主有りて、自ずから己が事に係る」ものであり、官司が干与すべきではないと断言しているのである。さらに明・姚文灝『浙西水利書』巻中、元書所収、大徳二年（一二九八）の「復立都水庸田司」には、

浙西官田数多、倶係貧難下戸種納。春首闕食、無田主借貸、囲岸缺壊、又自行修理。官司不為存恤、以致逃竄、荒廃官田。

とあり、浙西の官田の「貧難下戸」＝佃戸は、官田であるがゆえに端境期に田主から糧食の貸与を受けることができず、囲岸の修理も自ら行っていると記されているが、この報告の背後には、囲岸の修築を行うべき主体は、民田では田主、官田では官司であるべきだとする認識が存するであろう。しかもここには、佃戸の再生産を維持する上で、端境期の糧食の貸与や囲岸修築に対する官司の物質的干与が不可欠であることが語られているのであり(30)、したがって、一般に当時の浙西地方においては、個別の佃戸ないしは佃戸相互の結合のみによっては水利濬築といった共同体的用益を維持しえず、その用益を保全すべき主体は、官田では官司、民田では田主と呼ばれる土地所有者層であったと認めてよいであろう。それでは、圩内の土地所有者層は、いかなる形で圩岸の修築を行っていたのであろうか。

同じく『浙西水利書』巻上、宋書所収、南宋初・中期の人、范成大「范文穆公水利図序」には、蘇州崑山県の水利対策として「作隄」・「疏水」と「種茭」の三事が記されているが、そのうち「作隄」には次のように見えている。

築隄、当以辺湖瀼処為急。至於夫力、則同頃共利者不殊。如一頃之田、南高而北下、水必先自北入。其中央与三面之田、雖有異岸、僅如門戸、不能禦浪、漸次呑蝕、一二日間、全頃皆沈。今当先築北隄、北辺有田之人、固当悉力、三辺衆戸、亦合併工同作。其辺岸或稍高、及不瀕大水、則量因旧増崇、令与北辺略相当。

范成大の対策の要旨は、「頃を同じくし利を共にする者」は労働力を均しく提供する。もし一頃の圩田で南が高く北が低ければ、水は必ず先に北より流入するから、まず北隄を築かねばならない。その場合、圩心に田を有する者も他の三方の圩岸に接する田を有する者も、「亦た合さに工を併わせ同に作るべし」とするものである。かかる対策の背後にあった現実の圩岸修築方式は、同一圩内の土地所有者各戸の共同作業として圩岸修築がなされていなかったことはもとより、圩岸に接した田土の所有者が、自ら個別に労働力を出し、自己の田土に接した圩岸のみを修築するという方式にほかならない。そのことは共同作業として北隄を築く場合に、「北辺に田を有する人は、固より当に力を尽すべし」と語られていることによっても明らかである[31]。右の記事の前半部にはまた、

今之塍岸、率去水二三尺、人単行猶側足。其上既卑且狭、又坎坷断裂、纍纍如蹲羊伏兔。佃戸貧下、至東作時、質挙以備糧種、其勢無余力以及畚臿之工、婦子持木杴、探汚泥、補綴缺空、累塊亭亭、一蹴便隕。謂之作岸、実可憐笑。

とあり、佃戸の婦子が臨時の細々とした圩岸修補を行っている様が記されている。これが地主の強制によるものか、あるいは自発的な労働であったかはしばらく措くとして、注目すべきことは、この佃戸による圩岸修築は、ほぼ確実に在地の共同作業として行われていたものではないという点であり、佃戸は個別に自己の耕作地に沿った圩岸のみを修補していたという点である。したがって、ここに描かれた佃戸の塍岸修補の姿は、圩岸修築が在地の共同作業としてではなく、圩岸に接した土地所有者の個別の責任において遂行されていたという先の事態と表裏をなすものである。

また、『歴代名臣奏議』巻二五三、水利（同じく『呉郡志』巻一九、水利下）に、趙霖が平江府の圩田について論じた「築圩篇」（政和六年（一一一六）四月上奏）を収録しているが、そこには、

昨聞、熙寧四年大水、衆田皆没、独長洲尤甚。崑山陳・新・顧・桑・陶・湛数家之圩高大、了無水患、稲麦両熟。此亦築岸之験。目今積水之中、有力人戸、間能作小塍岸、囲裏己田、禾稼無虞。蓋積水本不深、而圩岸皆可築。

とあり、熙寧四年（一〇七一）の大水の際にも、崑山県の陳・新等数家の圩田では圩岸が高大であったため水患を免れ、またこの年政和六年の水害に際しても、有力人戸は小塍岸を築いて自己の田土を囲裏しているので禾稼は害が及ばないと言われている。熙寧四年段階の陳・新等の圩田は、あるいは一圩一田主型であったかもしれないが、政和六

年の段階では、右に続けて、

但民頻年重困、無力為之。必官司借貸銭穀、集植利之衆、併工戮力、督以必成。或十畝或二十畝地之中、棄一畝取土為岸、所取之田、衆戸均価償之。

とあることからして、明らかに一圩複数田主型となっている。したがって、北宋末の平江府の圩田においても、有力人戸は自己の田土に沿った圩岸――外隄のみならず圩内の水路に沿った圩岸をも含めて――個別に修築していたことが確認されるのである。

ところで、浙西水利田地帯において官戸・形勢戸の土地集積が進行していたことは、すでに周藤吉之氏によって明らかにされているが[32]、そうした状況を示す史料のひとつが、南宋中期の人、衞涇『後楽集』巻一三、奏議「論囲田劄子」である。その第二劄子に付された貼黄の第一には、

臣照対、自紹興間行界限之後、至今五六十年。生歯日繁、豈復有可耕之田、荒而不治。其目今所存、江湖陂沢、実皆衆共水利、必不可以為田者。如蒙睿断施行、仍乞下本路監司約束、応今歳被水囲田、向去只許拠昨来標記四至、埤補塍岸、不得因而浸占比近水地。其有自昨来標記之後、続行囲裹、妨害衆共水利去処、既因水渰没、更不得再行修築、如違、許被害民戸越訴。

とあり、第二の貼黄には、

臣又照得、所在囲田、雖在形勢之家包占、然田間利害、形勢之家、本無従得知。多是郷村豪強富室、意在仮託声焔、侵擾良民、或略用工本、広行侵占、因以為己利、操執書契、請嘱献納、此尤不可不治。

とある。すなわち、浙西地方の囲田では、名義上は形勢戸に献納しつつも、現実には「郷村の豪強・富室」と呼ばれる在地地主層が実質的土地所有者であり、彼らは工本を用いて「江湖・陂沢」といった「衆の水利を共にする去処」

を侵占していたのであった。かかる事態に対しては、第一の貼黄に、昨来——淳熙一一年（一一八七）[33]——の標記・四至に従って塍岸を修築せしむるに止め、淳熙一一年以降に侵占して囲田とした箇所は、水没したままにして囲岸の再修築を許さない、という対策が示されている。このように、「郷村の豪強・富室」と呼ばれる在地地主層が、「民戸」・「良民」と言われる中小土地所有者層との対立を孕みながらも、水没後の囲岸修築に乗じて侵占を行うという事態は[34]、囲岸修築がかかる在地地主層や中小土地所有者、さらには佃戸をも含めた地縁的結合・共同作業を基礎とし基盤として遂行されておらず、囲岸に沿った土地所有者——ここでは明らかに在地地主層——によって個別に修築を行うという条件の下ではじめて可能な行為であったろうと考えられるのである。それゆえ衢涇の「今歳被水囲田、向去只許拠昨来標記四至、埤補塍岸」という対策は、囲岸に沿った土地所有者が、従来より自己の田土に隣接する囲岸を個別に修築してきたという現実をふまえて提案されたものと推定されるのである。なお付言すれば、先に見たように、黄震は塍岸修築について、「向後水退、各有田主、自係己事」と述べていたが、『黄氏日抄』巻八四、書「代平江府、回裕斎馬相公催泄水書」においても、

為今救急省事之策、惟有告諭田主、多発夫工、就塍岸漸露処、次第修築、各於水中、自為隄障、即車水出隄障之外、而耕種之。

と論じており、これらの発言もまた、その背後に右に検討した現実の圩岸修築方式の存在を示唆しているように思われる[35]。

以上によって、宋代の浙西地方における圩岸修築方式は、圩岸に隣接する土地所有者が、自らの責任において個別に修築を行うというものであり、この方式こそが、唯一在地社会で採用せられた自律的な水利慣行であったと結論しうるであろう。

ところで、すでに、濱島敦俊氏は、明代前半期の浙西デルタ地帯における水利（＝普請）慣行を〝田頭制〟という術語で表現している[36]。〝田頭制〟とは、圩内の土地所有面積に応じて水利労役・工本を負担するのではなく、圩岸に沿った土地所有者が、その圩岸と塘浦の闊狭に応じて個別に濬築を行うという慣行である。この明代前半期に見られた在地の水利慣行＝〝田頭制〟は、以上によって、宋代においても確認されるものとなったのである。しかし、宋代における〝田頭制〟は、なお圩岸修築に関わる側面において確認されたのみであり、塘浦の濬治については、史料の欠如によって全く言及することができない[37]。また、こうした〝田頭制〟下における労働力編成についても依然として不明である。後者の問題については、圩岸修築が黄震の云うごとく「各おの田主有りて、自ずから己が事に係る」ものであった以上、圩岸に隣接する土地所有者は自己の家族労働力を用い、また奴僕や佃戸をも参加せしむる形で事に当っていたであろうと推測され、池濃氏の引く南宋末の人、毛珝『吾竹小藁』「呉門田家十詠」の一篇に、

主家文牓又围田、田甲科丁各備船、下得椿深笆土穏、更遷垂柳護围辺。

とあり、先掲の黄震の「代平江府、回裕斎馬相公催泄水書」に「惟有告諭田主、多発夫工、云々」とあるのが、わずかにその間の事情を窺わせるが、ここではこれ以上の論及を行うことができない。

三　〝業食佃力〟の社会的意義

宋代、特に南宋代から元代にかけて、在地における〝田頭制〟に代る水利濬築方式として、〝照田出資〟と〝業食佃力〟方式が公権力によって提議され実施されてくる[38]。〝照田出資〟とは、言うまでもなく圩内の土地所有面積に応じた工本銭米の徴収を意味するが、〝業食佃力〟は地主佃戸関係に依拠し佃戸の労働力を用いる方式であって、そこ

には当該期における地主佃戸関係の性格の一端が示されているはずである。したがって、ここではこの〝業食佃力〟方式がどのような社会的背景と意義を持つものであったかを検討し、それによって、従来問題とされてきた水利濬築をめぐる佃戸の労力提供の意味を探ることにしたい。

本章の「はじめに」で紹介したように、周藤吉之氏は〝業食佃力〟下における佃戸の労働を「慣習に基づく強制」と捉えたのであったが、この方式がいまだ慣習化しておらず、公権力によって提議・施行されたものであった以上、ここでは佃戸の労働を〝公権力による強制〟とみなしうるか、と問題を置き換えて考えねばならない。一方、池濃勝利氏は、佃戸の労働のあり様を、(1)〝照田出資〟を行いえない中小土地所有者の圩田では、佃戸は自発的に労役奉仕を行う、(2)〝照田出資〟が可能な圩田では、佃戸は他の水利労働者と同等の条件で雇傭される、と分類したのであったが、しかしこうした分類は、在地における〝照田出資〟の定着・普及を前提とする推論にすぎず、本章の以上の検討からすればほとんど意味を持たないであろう。なぜなら、繰り返し指摘してきたように、〝照田出資〟方式は公権力の水利政策として提議・施行されたものであり、その際公権力の側では、圩内の土地所有者が〝照田出資〟を行いうるか否かについて、(1)・(2)のごとき圩ごとの階層に応じた配慮を加えていた形跡が全く認められないからである。[39]また(2)の雇傭形態は、多く公権力の直接の指導・監督下で実施される官圩や幹河・幹川の濬築、民圩であっても大規模な水利工事における労働力編成を示すもの[40]であって、その場合の工本調達が必ずしも〝照田出資〟によるとは言えず、さらに〝照田出資〟の下で佃戸が雇傭されたことを直接示す事例も氏の論考には見出せないのである。氏はまた、『呉郡志』巻一九、水利上に見える郟亶の「論後世廢低田高田之法」に、

或因租戸利於易田、而故要渰没。

とあり、その注に、

呉人以一易再易之田、謂之白塗田。所収倍於常稔之田、而所納租米、亦依旧数。故租戸楽於間年淤没也。

とあるのに基づいて、「恰も治水事業を通して、自己の農業再生産活動を、自らの利害損得を相謀って、意のままにコントロールしているがごとき、闊達たる佃戸の姿」を認めているが、蘇州の圩田がすべて易田・再易田でなかったことはすでに周藤氏が明らかにされており、[41] しかも右の記事はかなり大規模な圩岸の決壊に関わるものであって佃戸の労働力のみをもってしては到底修復しえない規模の水利工事なのである。[42] したがって、この記事をもって水利濬築をめぐる地主佃戸間の身分的隷属性一般を否定し去ることは不可能であろうと思われる。

ところで、水利濬築をめぐる佃戸労働の性格を考える場合、まずいかなる社会的背景の下で、公権力による〝照田出資〟・〝業食佃力〟といった方式が採用されたのかを把握しておく必要があろう。この点については、第一に、すでに述べたところから明らかなように、在地における共同体的関係の欠如が指摘されねばならない。第二に指摘さるべきは、佃戸の主体的力量の低さであろう。すなわち、当時の佃戸が自らの耕作地に耕作権を確立し、地主の物質的干与をまたずに自立した再生産を行いうる存在であったとすれば、彼らは自己の再生産を安定して維持する上で、水利濬築に関する一定の方式を地主や圩内の各土地所有者との間に、あるいは佃戸相互間において確立してゆかねばならなかったはずである。しかしながら、既述のように、水利濬築をめぐる在地の共同体的関係・地縁的結合関係は見出せず、〝照田出資〟や〝業食佃力〟方式も、在地社会ないし地主佃戸関係の内部から自生的に成立した方式ではなかったのである。さらに、個別の佃戸や佃戸相互間の結合関係のみによって水利濬築を遂行しえなかったことも、前節で指摘したとおりである。[43] 加えて、『浙西水利書』巻上、宋書所収の「范文穆公水利図序」に、

佃戸貧下、至東作時、質挙以備糧種。……雖殫力耕耘、終歳勤勤、而不念四維之不足恃、秋水時至、相以飄風、莫之障防、与江湖同波、農人転徙而他。明年復能帰業、或召新租、事力愈薄、鹵莽増甚。

とあり、毛珝『吾竹小藁』「呉門田家十詠」に、

去年一澇失冬収、逋債於今尚未酬、偶為灼亀逢吉兆、再供租約賃耕牛。

今年田事謝蒼蒼、儘有瓶罍卒歳蔵、只恐主家増斛面、雙鶏先把献監荘。

と詠ぜられているように、耕作地に対する耕作権はいまだ確立しておらず、佃戸の再生産も豊歳にかろうじて完結するのみで、ほぼ恒常的に地主の物質的干与を必要としていたのである。

右に述べたような、在地における共同体的関係の欠如と佃戸の主体的力量の低さの二点こそは、公権力による〝照田出資〟と〝業食佃力〟方式採用の社会的背景をなすものであったと思われる。すなわち、在地における共同体的関係の欠如、とりわけ『歴代名臣奏議』巻二五〇、水利の郟亶の「論後世廃低田高田之法」に、

或因辺圩之人、不肯出田与衆做岸。一圩之内、既是衆人之田。辺圩之人、往往侵削辺圩之田、以為己田。及其圩岸既壊、辺圩之人、豈肯更出己田、与衆人做岸。所以無由完復旧堤矣。……或因貧富同圩、而出力不齊。

とあるような、土地所有者内部の対立を調整すべく提案されたのが〝照田出資〟方式であろう。それでは〝業食佃力〟方式と佃戸の主体的力量の低さとはどう関わるのであろうか。

第一節の冒頭に引用した『宋会要』食貨八―一三、水利下、乾道六年一二月一四日条は、すでに指摘したように、浙西地方の水利濬築をめぐって地主佃戸関係に言及した初出の史料であるが、そこでの李結の提議は、官有銭斛の貸出し、官司による労働力の調達と工事の監督・指導を骨子とするものであった。李結の提議は、胡堅常・戸部の審議を経て、「所費浩大」・「工力浩瀚」なるがゆえに最終的に〝照田出資〟と〝業食佃力〟方式へと改変されたのであったが、この改変の意図は、単に公権力の財政支出を省き直接的干与を回避しようとするに止まらず、労働力の確保・調達をも在地に委ねようとするものであり、その労働力とは他ならぬ佃戸が予定されていたのである。この労働力の

確保・調達をめぐる公権力の政策改変が、在地の地主佃戸間における身分的隷属性の存在を前提とするものであったと推定することは十分に可能である。なぜなら、李結がその提議の中で、

百姓所鳩工力有限、必頼官中補助。官非因饑歉、難以募民興役。非因時不可。

と述べているように、公権力の強力をもってしても饑歉の年でなければ労働力の確保・調達が困難であったという情況[44]にもかかわらず、それが地主佃戸関係に依拠する〝業食佃力〟方式に置換されることによって「民不告労」という状況が現出・期待されるのであれば、そこに地主佃戸間における身分的隷属性を認めないわけにはゆかないからである。[45]したがって、先に指摘した〝佃戸の主体的力量の低さ〟の中には、地主佃戸間の身分的隷属性という要素をも加えておかねばならない。

ところで、右の地主佃戸間における身分的隷属性という点は、なお李結の提議と胡堅常・戸部の施策に示されたひとつの側面にすぎない。すでに見たように、李結は「官非因饑歉、難以募民興役」と述べていたが、『宋会要』食貨六一—一〇九、水利雑録、紹興六年（一一三六）九月二三日条には、

温州進士張頠言、今歳旱凶、逮此窮冬、民食已難。惟水利一事、可行於此時。今已孟春農隙、乗民乏食、仍興是役、用以振之、一挙而両得。本州委瑞安県主簿同張頠、前去集善郷陶山河、勧率豪戸、情願出備穀米、給散貧乏之人、同共修築陂塘、蓄水灌漑、因便賑済小民千余家、各免飢乏、功効尤著。

とあり、浙東の事例ではあるが、賑飢を兼ねて、豪戸をして銭米を出備せしめ、「貧乏之人」——確実に佃戸を含むであろう——の労働力を用いて陂塘を修築したと言われており、同書食貨六一—一四五、水利雑録、嘉定二年（一二〇九）一一月四日条にも、浙西地方のこととして、

臣僚言、……欲亟委監司、下之郡県、相視水勢之高下、推尋陂塘之堙塞、……然後於合用賑糶銭米之内、分委才

敏清強之官、責以開浚疏導之事、募民之無食者、役而食之。分団申結、如庸雇夫役体例、日役若干、用銭米若干、皆可稽考。民既執役、朝夕待哺、雖欲不与、不可得也。……従之。

と見えて、賑済を兼ねた水利濬築が提議・裁可されている。こうした水利工事によって飢民を救済しようとする施策は、北宋中期の范仲淹以来しばしば提議され実施を見た方策であって[46]、李結の提議もまた飢民救済を企図したものであったことは、『浙西水利書』巻上、宋書所収「文穆崑山県新開塘浦記」に、隆興二年（一一六四）李結が知崑山県の時のこととして、

今歳久弗浚、塗泥満溝。夫地愈益下、而脈絡壅底、則沈澮独甚於他邑。固宜明年春、民大饑且疫、皆仰哺於官。河陽李結次山、適為其邑長、私念水利未修、則水害無終窮也。按農田令甲、荒歳得殺工直以募役。乃飾供上之羨、若勧分所得、為之糗糧、扉履畚臿、号召前仰哺者、一昔麕至。

とあり、同書同巻、宋書所収、「囲田利害」にも、

（乾道）六年十二月、監進奏院李結、献治田三議、……大略謂、……方此饑饉、俾食其力、因其所利而利之。

とあることによって明らかであろう。すなわち、李結の提議と胡堅常・戸部の施策すなわち〝業食佃力〟方式に示されたもうひとつの側面とは、まさにこの飢民、その大部分を占める佃戸の救済という点であろうと推定されるのである。次掲の『浙西水利書』巻中、元書「至大初督治田囲[47]」は、右の点を明確に示すであろう。

行省以、去歳災傷、田禾不収、物価湧貴、百姓艱食。雖曰天災流行、亦因人力不至。即今春首、農作将興、各処田囲、合修陂塘岸塍溝渠、暁諭農家、依法修置、遇旱車水澆灌、遇澇洩水通流。会集行都水監、李都水講求得、修浚之際、田主出米、佃戸出力。係官囲田、若無総佃、貧窮不能修浚者、量其所須、官為借貸、収成日、抵数還官。

すなわち、行都水監某は、前年の災傷によって「物価湧貴、百姓艱食」という状態に陥ったことを前提に、この年、民圩は〝業食佃力〟方式を、官圩で「総佃」[48]から借貸を受けられない佃戸に対しては、官司の借貸によって濬築を行うべく提案している。ここで、官圩の佃戸が官司の借貸によって飢餓状態を脱し、水利濬築もまた可能となるのと同一の効果が、民圩における〝業食佃力〟方式に期待されていることは明白であって、公権力の提案する〝業食佃力〟方式は、佃戸を救済しその再生産を維持せんとする意図を色濃く帯びていたのである。

ところで、周藤氏の研究によれば、〝業食佃力〟下における佃戸の労働に対しては、食糧（食費）が支給されるだけか、あるいは庸賃が支給されてもきわめて低廉であったと言われている。[49]しかし、一般に農業生産物の自己保留分のみによっては再生産を維持しえなかった当時の佃戸にとって、しかも佃戸の小経営の内に、明代中期以降顕著となるところの家内手工業に基づく単純商品生産[50]がいまだ認められない段階においては、水利濬築に伴う食糧――たとえ食糧のみであったにせよ――の獲得は重要な意味を持っていたであろう。したがって、佃戸の労働に対する反対給付の低さをもって、〝業食佃力〟方式下の佃戸労働を〝公権力による強制〟と見ることはできず、佃戸の救済・賑恤という意味をこそ認めるべきであろうと考えられるのである。

以上において、公権力によって提議・施行された〝業食佃力〟方式は、一面において地主佃戸間の身分的隷属性の存在に依拠して労働力を確保・調達しようとしたものであり、他面、端境期にほぼ恒常的に地主による糧食の貸与を必要とし、災害の年には飢餓状態を一層加重される佃戸を救済せんとする意図を持つものであったことを推定した。因に、宋代の勧農文等には、地主佃戸関係を〝相資相養〟の関係と説く事例が多く見られる[51]のであるが、この〝業食佃力〟方式の強制・勧諭もまた〝相資相養〟と同根のイデオロギーに基づくもののように思われる。すなわち、〝相資相養〟とは、たとえば、朱熹『晦庵先生朱文公文集』巻一〇〇、公移、紹熙三年（一一九二）二月の「勧農文」

に、

佃戸既頼田主給佃生借、以養活家口、田主亦藉佃客耕田納租、以供贍家計。二者相須、方能存立。今仰人戸遞相告戒、佃戸不可侵犯田主、田主不可撓虐佃戸。

とあるように、一方において佃戸の地主に対する反抗を抑止し、他方において地主の佃戸保護を義務づけることによって、地主佃戸関係の安定を図り、ひいては公権力の収奪基盤を確保せんとするイデオロギーと考えられるが、〝業食佃力〟方式もまた、水利濬築を通じて生産の物的基盤——すなわち公権力の収奪基盤——を整備し、佃戸救済を地主に行わしめることによって地主佃戸関係の安定した維持を企図するものであったと考えられるからである。

おわりに

本章では、「郷原体例」の語句解釈を手がかりとして、浙西デルタ地帯の水利慣行に関する従来の諸説を批判的に検討してきた。その結果得られた論点は、およそ次の三点にまとめられよう。

一、「郷原体例」なる語句は、「当地の方式」ないし「現地の規定」と解すべきものであり、これを「郷村・民間の慣習」と解釈することによって、従来在地社会の自律的慣行と考えられてきた〝照田出資〟・〝業食佃力〟といった水利濬築方式は、実は在地の自律的慣行ではなく、地縁的結合に基づく共同体的関係が在地社会に欠如していたことを背景として、いずれも公権力によって提議・施行されたものであった。

二、唯一在地の自律的慣行として認めうるのは、かつて濱島敦俊氏が明代前半期の水利慣行として提唱した〝田頭制〟に酷似した方式、すなわち、圩岸に沿って土地を所有する者が、自己の土地に隣接する圩岸を個別に修築するという方式である。

三、南宋代より元代にかけて、公権力によって提議・施行された〝業食佃力〟方式は、一面において、地主佃戸間の身分的隷属性の存在に依拠して水利労働力を確保・調達しようとするものであり、他面、端境期にほぼ恒常的に地主による糧食の貸与を必要とし、災害の年には飢餓状態を一層加重される佃戸を救済せんとする意図をも帯びていた。これは、水利濬築を通じて生産の物的基盤――すなわち公権力の収奪基盤――を整備するとともに、佃戸の再生産を保障し、地主佃戸関係の安定的維持をも企図したものと推察される。

残された課題は多いが、中でも宋代の〝田頭制〟を生み出す社会的背景と、それを支えた在地の規制力がいかなるものであったかは最も重要な問題である。濱島氏によれば、明代前半期の〝田頭制〟は、郷居手作地主層の共同体的用益の掌握――圩岸に沿った土地や塘浦の所有・占有――を前提とし、彼等の村落支配を基盤とする里甲制の徭役と共通の基盤を持つものとして成立したと言われている。[52] 確かに、宋代においても、圩岸・塘浦に沿った土地を所有することは、在地の土地所有者層にとって自らの土地所有を実現する重要な契機であったと思われる。宋代の圩田は、明清代のそれと比べてかなり広大であり、その内部にも周囲にもなお開発すべき余地が存在していた。[53] したがって、ひとつの圩が広大であればあるだけ、しかも水利田開発によって従来の水利体系が破壊されるという条件の下では、[54] 灌漑や排水の便宜はもとより、施肥や収獲物の運搬のためにも、圩岸に沿った土地を所有することは有利であったはずである。[55] 第二節に引いた、衞涇『後楽集』巻一三、奏議「論囲田劄子」の第二劄子に付された貼黄に、「郷村の豪強・富室」と呼ばれる在地地主層が、囲岸に沿った土地を所有していたことが示されていたが、これは右の推定を支持するもののように思われる。[56] また第三節において、〝照田出資〟方式採用の社会的背景として土地所有者層内部の対立という点を指摘したが、これも在地の用益の掌握者と非掌握者という対立を主要な内実としていたのではないかと推測されるのである。一方、〝田頭制〟を支えた在地の規制力については、右に述べた共同体的用益との関連も含めて本章では全く言及することができなかった[57]。ただ、宋代の〝田頭制〟に基づく水利労役を、明代のごとく国家の徭役体系と共通の基盤を持つと見ることはできないであろうことは付記しておきたい。ここには宋と明との相違がある。

以上、本章は、宋代浙西地方の水利慣行について、二・三の事実認識を提示したにすぎない。当該地域の水利慣行については、具体的な土地所有構造と村落規制の側面において、またそれらと公権力との関連において、さらに検討が続けられなければならない。

（1）范成大『呉郡志』巻五〇、雑志、明・姚文灝『浙西水利書』元書「任都水水利議答」、および陸游『渭南文集』巻二〇、記「常州奔牛閘記」、参照

（2）周知のように、当水利田は湖沼・河川や低湿地を堤防で囲繞することによって造成されたものであり、その内部と周囲を、泥沙を多量に含む流速の緩慢なクリークが流下している。したがって、流水の侵蝕や頻発する水害によって決壊した圩岸の修築と、クリークに堆積する泥沙の濬渫は、水利田保全のための必須の条件となっていた。この水利濬築がどの程度の頻度で行われたかについて、一例を示せば、范成大『呉郡志』巻一九、水利上の郟亶の上奏に、「論後世廃低田高田之法」と題して、五代以前のこととしてではあるが、

田各成圩、圩必有長。毎一年或二年、率逐圩之人、修築隄防、浚治浦港。

とあり、宋代には、「論自来議者、只知決水、不知治田」と題して、

蘇州水田与華亭不同。華亭之田、地連堽阜、無暴怒之流、浚河不過一二尺、修岸不過三五尺、而田已大稔矣。然不踰三五年間、尚又堙塞。今蘇州遠接江湖、水常暴怒、故崑山・常熟・呉江三県、堤岸高者七八尺、低者不下五六尺。或用石甃或用椿篠、或二年一治、或年年修葺。

と見えている。

（3）池田静夫『支那水利地理史研究』（生活社、一九四〇年）、岡崎文夫・池田静夫『江南文化開発史』（弘文堂、一九四〇年）、玉井是博「宋代水利田の一特異相」（一九三八年原載、同氏『支那社会経済史研究』岩波書店、一九四二年、所収）、周藤吉之「宋代浙西地方の囲田の発展—土地所有制との関係—」（一九六五年原載、同氏『宋代史研究』東洋文庫、一九六九年、所収）、草野靖「宋元時代の水利田開発と一田両主制の萌芽（上）（下）」（『東洋学報』五三—一、二、一九七〇年）等、参照。

（4）周藤吉之「宋代の陂塘の管理機構と水利規約—郷村制との関連において—」（一九六四年原載、『唐宋社会経済史研究』東京大学出版会、一九六五年、所収）、柳田節子「郷村制の展開」（一九七〇年原載、『宋元郷村制の研究』創文社、一九八六年、所収）、ほかに『中国水利史研究』四（一九七〇年）所載の「中国水利史文献目録稿」所掲の論文、参照。

（5）周藤氏注（3）前掲論文。以下の引用は、『宋代史研究』四〇五～六頁。

（6）『史学雑誌』七六—五、一九六七年。

（7）周藤吉之「宋代浙西地方の囲田の発展補論」（一九六八年原載、同氏注（3）前掲『宋代史研究』所収）。以上の引用は『宋代史研究』四二六頁。

（8）柳田氏注（4）前掲論文。以下の引用は三三四～五頁。

（9）池濃勝利「宋代の蘇州水利田地域に於ける水利労役に就いて—佃戸の労役負担の解明に向けて—」（『社会経済史学』四三—四、一九七七年）。

（10）洪武『蘇州府志』巻三、水利、および正徳『姑蘇志』巻一二、水利下では、「各自依郷原体例」を「各依郷例」と記す。

（11）玉井是博「支那西陲出土の契」（一九三六年原載、注（3）前掲『支那社会経済史研究』所収）では「郷原・郷元は郷里の意」と解し、仁井田陞『唐宋法律文書の研究』（東方文化学院東京研究所、一九三七年）第四章第三節注（63）・（64）では前記玉井氏の説を留保しつつも、『中国法制史研究—法と慣習・法と道徳—』（東京大学出版会、一九六四年）第四部第一一章では明末清初期のこととして「慣習を当時、郷例とか例とか旧例とかいっていた」と解し、その注（6）で「それは敦煌文書でもめずらしくない」と述べ、周藤氏注（3）前掲論文および「宋代佃戸の労役」（前掲『宋代史研究』所収）では「慣習」・「地方の慣習」と解し、同氏「南宋に於ける屯田・官田官荘の経営―官田の荘園制発展として―」（『中国土地制度史研究』東京大学出版会、一九五四年、所収）および「北宋末・南宋初期の私債および私租の減免政策―宋代佃戸制再論―」（『東洋大学大学院紀要』九、一九七二年）では「郷原」を「郷村」と解し、唐長孺「関于武則天統治末年的浮逃戸」（『歴史研究』一九六一―六）では「本地大例」と解し、草野靖「宋代官田の経営類型」（『日本女子大学紀要・文学部』一八、一九六九年）および「宋代民田の佃作型態」（『史艸』一〇、一九六九年）では「農村の慣行」・「郷村民間の慣行」と解し、柳田氏注（4）前掲論文では「村の慣習」と解し、川勝守「明末清初、揚子江デルタ地帯における水利慣行の変質」（一九七四年原載、同氏『中国封建国家の支配構造』、東京大学出版会、一九八〇年所収）では「慣行」と解し、森正夫「日本の明清時代史研究における郷紳論について（三）」（『歴史評論』三二四、一九七六年）では「在地の共同体的慣行」と解し、池濃氏注（9）前掲論文では「郷村の社会的慣例」と解している。管見のかぎり、唯一の例外は、那波利貞「燉煌発見文書に拠る中晩唐時代の仏教寺院の金穀布帛類貸附営利事業運営の実況」（『支那学』一〇―三、一九四一年）であり、「郷元生利は、元に嚮いて利を生ずにして元に利子を附する意」と言う。

（12）李結の云う「協力」とは、「公・私」のみならず「貪・富」の協力をも意味する。

（13）唐・元代の事例については、注（11）前掲の仁井田陞『唐宋法律文書の研究』第四章第三節注（63）・（64）、また『元典章』巻一九、戸部五、田宅「荒田開荒限満納米」、参照。

（14）朱熹『晦庵先生朱文公文集』別集巻九、公移「取会管下都分富家及闕食之家」にも、「郷例」と「郷村」とが併出している。

（15）本章の基となった旧稿で、私は「郷原体例」とは、「従来の方式」という意味を持つと述べたが、これに対し、柳田節子氏より詳細なご批判をいただいた（同氏「宋代郷原体例考」『宋代の規範と習俗』汲古書院、一九九五年）。柳田氏は多くの用例を引きつつ「郷原には、郷村、郷土の意があった」（九五頁）と指摘している。柳田氏の論考に接して、とりわけ氏が提示した『宋刑統』巻二七、雑律「失火」の事例に接して、私は先の解釈を撤回すべきであると考えるに到った。すなわち郷原とは「郷土」、「当地」、「現地」の意味であると考えるに到ったのである。ただし原義として郷原は一定の地理的空間を指す語であり、時に郷村部を指すことはあっても、語義として郷村を意味するのではない。それは本章で述べたように「郷村」「民間」という語句と同時に「郷原」の語が使用され、あるいは坊郭をも含めて郷原の語句が使用されていることからも証されよう。なお柳田氏が引く『長編』巻四八八、紹聖四年五月辛未条の「郷原」は、『論語』陽貨篇に「郷原、徳之賊」等と言う場合の「郷原」であろう。

(16)　この点については、草野靖「南宋文献に見える田骨・田根・田租・田底」（熊本大学『法文論叢』二八、一九七一年）、および同氏『中国近世の寄生地主制―田面慣行』（汲古書院、一九八九年）第二部第五節「農田典売の普及交錯と地権概念の分化」が詳しい。

(17)　旧稿ではこの史料を「両税賦課」に関するものとのみ述べたが、熟田化する以前は租課が徴収されているので本文のように訂正する。

(18)　朱熹『晦庵先生朱文公文集』巻二一、申請「乞給借稲種状」、参照。

(19)　『宋会要』食貨六三―一〇〇、営田雑録、紹興六年（一一三六）正月二八日条参照。なお同書食貨六三―一〇六、営田雑録、同年一〇月一〇日条には、「民間体例」なる語句が見えている。

(20)　池濃氏注（9）前掲論文、参照。ただし、氏の挙示された事例は、後述するようにすべて公権力の提議・施策であって、在地の自律的慣行を示すものではない。なお柳田氏注（15）前掲論文では、私の旧稿を批判して、公権力が地主から銭米を徴収すると私が解釈しているように述べるが、これは全くの誤解である。私は公権力が〝照田出資〟を提唱・勧諭していることは繰り返し述べたが、官司が銭米を徴収するとはどこにも言ってはいない。地主が土地所有面積に応じて銭米を出備し、それを水利労働者に支払うのが〝照田出資〟方式である。また私が「各自依郷原体例」は「出備銭米」のみにかかり、「与租佃之人」にはかからないと述べたのは、これが公権力の施策だからではなく、これ以前に公権力の施策にも民間の慣行としても〝業食佃力〟方式が見あたらないからである。

（21）『宋史』巻一七三、食貨上一、農田、乾道二年（一一六六）六月条に、

知秀州孫大雅代還言、……欲率大姓出銭、下戸出力、於農隙修治之。

とある。周藤氏は、この下戸の中には佃戸を含むであろうと述べており（周藤氏注（3）前掲論文）、その可能性は否定できないが、直接佃戸の労働力に言及した事例ではない。

（22）この点については、すでに、濱島敦俊「業食佃力考」（『東洋史研究』三九－一、一九八〇年）、および同氏『明代江南農村社会の研究』（東京大学出版会、一九八二年）第一部第一章「明代前半の水利慣行」に的確な批判・指摘がなされている。

（23）郟亶の水利論は、『歴代名臣奏議』巻二五〇、水利にも見え、『呉郡志』より詳細な記述のある箇所もある。

（24）川勝守「明末清初、江南の圩長について－蘇州府における水利関係を中心にして－」（『東洋学報』五五－四、一九七三年）も、張国維『呉中水利全書』巻一三、奏状「郟亶上水利害」に見える先の傍点部分を引いて、これを宋代の蘇州の事例として扱っている。

（25）郟亶の水利論は、照寧三年に第一回目の上奏がなされ、第二回目の上奏はそれ以降、照寧五年九月以前と思われる（注（3）前掲、岡崎文夫・池田静夫『江南文化開発史』二三一～二頁）。

（26）「貧富同圩」の箇所が李結の提議では「貧富同段」とあるが、『呉郡志』巻一九、水利の郟亶「論後世廃低田高田之法」の注には、

古之田、雖各成圩、然所名不同。或謂之段、或謂之囲。

とあり、「圩」・「段」・「囲」は通義に用いられていたようである。

（27）注（3）所掲論文によって宋代の水利田開発の状況が知られるが、宋代がなお開発途上の段階にあったという事情が、在地の共同体的関係の形成と定着を阻害した主要な要因のひとつではなかったろうか。なぜなら、在地の共同体的関係は、当時の生産力と技術水準からして開発が一定の限界に達し、在地社会の階層構成が一定の固定性を持つに至った段階で形成されると推定されるからである。この点について、斯波義信「唐宋時代における水利と地域組織」（『星博士退官記念中国史論

集』星斌夫先生退官記念事業会、一九七八年、所収）が、唐宋代の現浙江省地域を旧開地と新開地の二タイプに分類し、「新開地では、水利をめぐる人の組織性は扇状地（＝旧開地、引用者注）に比べて散漫」であると指摘しているのは示唆に富む。

（28）〝照田出資〟が実行困難であったことは、池濃氏注（9）前掲論文所引の『長編』巻二六七、熙寧八年八月戊午条の呂恵卿の上言、および岳珂『愧郯録』巻一五「祖宗朝田米直」、参照。〝業食佃力〟については、浙東の事例ではあるが、袁采『袁氏世範』巻三、治家「修治陂塘、其利博」に、

池塘陂湖河埭、有衆享其漑田之利者、田多之家、当相与率倡、令田主出食、佃人出力、遇冬時修築、令多蓄水。……今人当修築之際、靳出食力、及用水之際、奮臂交争、有以耡耰相殴至死者。縦不死、亦至坐獄被刑。豈不可傷。然至此者、皆田主慳吝之罪也。

とあり、〝業食佃力〟方式が提唱されてはいるが、しかし現実には、「靳出食力」・「田主慳吝」という原因で、それが効果的に遂行されてはいなかったことが知られる。

（29）池濃氏注（9）前掲論文では、公権力の水利政策を「消極的不干渉主義」と規定するが、それは小規模な濬治・修築に関して妥当するにすぎず、大規模な水利濬築については、積極的な直接干与の事例が少なからず見受けられる。

（30）この点についてはさらに、森正夫「元代浙西地方の官田の貧難佃戸に関する一検討」（一九七二年原載、同氏『明代江南土地制度の研究』同朋舍、一九八八年、附篇一）、参照。

（31）この記事は、すでに濱島氏注（22）前掲論文において、「田頭制的状況の存在を示唆する」事例として引用されている。

（32）周藤氏注（3）前掲論文。

（33）衛涇『後楽集』巻一三、奏議「論围田劄子」の第二劄子、および『宋会要』食貨六一―一二八、水利雑録、淳熙一一年八月五日条、参照。

（34）かかる事態については、周藤氏注（3）前掲論文に豊富な事例が提示されている。

（35）『宋会要』食貨六―三一、墾田雑録、嘉定二年（一二〇九）正月一五日条に、

尚書礼部侍郎兼侍講許奕等言、殺訂到知湖州王炎奏、本州境内、修築堤岸、変草蕩為新田者、凡十万畝。畝収三石、則一歳増米三十万碩。前日朝旨、決其堤岸而毀之、則一歳損米三十万石。………又況草蕩不同、有在官之棄地、有人戸之已業。囲官蕩以為田、責其納米、彼固無詞。若係己業、修築成田、前日壊之、今日葺之、倍有労費、亦先納米、而後給拠、則取之無名。

とあり、この記事も圩岸修築が土地所有者の個別の責任で行われるものであったことを示唆するであろう。

（36）濱島敦俊「明代江南の水利の一考察」（『東洋文化研究所紀要』四七、一九六九年）、「明代前半の江南デルタの水利慣行―「田頭制」再考―」（『史潮』新三、一九七八年）、および同氏注（22）前掲論文および著書第一部、参照。

（37）『宋会要』食貨六一―一二四、水利雑録、紹興二八年（一一五八）一一月九日条に、

監察御史任古言、……又奏、崑山県耆宿言、所開浦四処、縁今歳積雨、東北風湖并太湖及山水相会、有渰没民田、兼郭沢塘一浦横過。即非泄水去処、春間人戸囲田、自当開撩。……欲候江水減落、岸塍出露、人戸自行開掘、亦不願支破銭米。若内有貧乏無力之人、乞量借常平官糧、寛立年限、分料送納、乞従民便。……並従之。

とあり、囲田の人戸が自ら塘浦の開掘を行うべきこととする一方、「貧乏無力之人」には官司が糧食を貸与すべく提案されていることからすれば、これは共同作業としてではなく、塘浦に沿った土地所有者が個別に濬治を行うという現実をふまえた発言ではないかと推測されるが、なお確定的な事例ではない。

（38）このほかに、戸等を按じた〝照田派役〟的方式も提議・施行されてくる。一例を挙げれば、『宋会要』食貨六一―一二二、水利雑録、乾道九年（一一七三）一一月二五日条に、次のように見える。

詔、令諸路州県、将所隷公私陂塘・川沢之数、開具申本路常平司籍定、専一督責県丞、以有田民戸等第高下、分布工力、結甲置籍、於農隙日、浚治疏導、務要広行潴蓄水利、可以公共灌漑田畝。

（39）もっとも、『宋会要』食貨六一―一〇八、水利雑録、紹興四年（一一三四）二月八日条に、

両浙西路宣諭胡蒙言、乞行下両浙諸州軍府、委官相度管下県分郷村、勧誘有田産上中戸、量出功料、相度利害、預行補治

隄防圩岸等、以備水患、庶免将来有害民田。詔劄与本路転運司、相度施行。

とあるように、上中戸から功料を調達しようという提議はあるが、圩毎の土地所有者が〝照田出資〟を行いうるか否かに対する配慮ではない。

(40) こうした事例は、『宋会要』食貨八、水利、同書、食貨六一、水利雑録、『浙西水利書』巻上、宋書等に多く検索しうるのであり、例証を挙げるまでもない。

(41) 周藤氏注（7）前掲論文、参照。

(42) たとえば、『呉郡志』巻一九、水利上の郟亶の「論今来以治田為先、決水為後」に、次のように見える。

今且以二千万夫開河四千里而言之、分為五年、毎年用夫四百万、開河八百里。

(43) 小島晋治「太平天国革命」（『岩波講座世界歴史』二一、岩波書店、一九七一年、所収）、同氏『太平天国革命の歴史と思想』（研文出版、一九七八年）第二部第一章「十九世紀中葉における農民闘争と太平天国」、および小島淑男「抗租闘争―江南デルタ地帯を中心にして―」（『講座中国近現代史』二、東京大学出版会、一九七八年、所収）によれば、佃戸層による水利をめぐる共同労働と自治的管理の出現は、清末の段階まで俟たねばならなかったのである。

(44) 『宋会要』食貨六一―一〇〇、水利雑録、熙寧六年（一〇七三）五月二三日条に、

朝廷始得（郟）亶書、以為可行。遂除司農寺丞、令提挙興修。工役既興、而民以為擾。会呂会（恵）卿被召言、其措置乖方、又違先降朝旨。

とあり、同書食貨六一―一〇九、水利雑録・紹興八年（一一三八）一一月二日条に、

侍御史蕭振言、乞詔親民之官、各詢境内之地、某郷某里、凡係陂塘堰埭、民田共取水利去処、咸籍而記之。若従官中追集修治、則慮致掻擾。不若随其土著、分委土豪、使均敷民田近水之家、出財穀工料、於農隙之際修焉。

とあり、『浙西水利書』巻中、元書「任都水水利議答」に、

今朝廷廃而不治者、蓋募夫供役、取辦於富戸、部夫督役、責成於有司。二者皆非其所楽。……（蘇）東披亦云、官吏憚其

経営、百姓畏其出力。所以累行而終輟、不能成久遠利也。

とあるように、公権力の差夫ないし募夫は困難であり、多くは実効も見なかったのである。

(45) この身分的隷属性は、前章所引の毛珝『吾竹小藁』「呉門田家十詠」の一篇に、「主家文牓又囲田、云々」とあるのによっても窺えよう。そして、この地主に対する佃戸の身分的隷属牲の基礎には、佃戸の再生産過程における地主の物質的干与が存したであろう。その点は、断片的にではあるが本章で指摘したところであり、また元代についても、森正夫「明清時代の土地制度」(『岩波講座世界歴史』一二、岩波書店、一九七一年、所収)が指摘している。

(46) 范仲淹の施策については、范成大『范文正公集』巻九、書「上呂相公并呈中丞諮目」、および『浙西水利書』巻上、宋書「范文正公上呂相并呈中丞諮目」、参照。また、賑済を兼ねた水利工事の事例は、『宋会要』食貨六一、水利雑録および『浙西水利書』等に頻出するが、ここでは煩を避けるため一々例示はしない。

(47) 周藤氏は、この記事を至治二年(一三二二)に繋年されている〔同氏注(3)・(7)前掲論文〕が、その根拠は明らかではない。氏は、『呉中水利全書』巻一五、公移「江浙行省督治田園」を引用して論述しているが、そこには年代の記載がない。ただ、この直前の「馬栄祖修築錬湖呈」には「至治二年」と付記されているので、氏はこれと同年のものとみなしたのであろう。しかし、『呉中水利全書』では「江浙行省督治田囲」以下の公移にも年代の記載はなく、先の記事を至治二年と断定することはできない。顧清等・正徳『松江府志』巻三、水下、治蹟は、『浙西水利書』と同じく「至大初江浙行省督治田囲」と題しており、やはり至大初(至大は一三〇八～一一年)に繋年すべきではなかろうか。

(48) 「総佃」と呼ばれる官田の第一次承佃者が、貧難佃戸の再生産の維持機能を担っていたことは、森氏注(30)前掲論文に指摘されている。

(49) 周藤氏注(3)・(7)前掲論文、参照。

(50) 田中正俊『中国近代経済史研究序説』(東京大学出版会、一九七三年)第二篇第一章、濱島氏注(22)前掲論文および著書、参照。特に濱島氏は、明末以降の〝業食佃力〟方式は、佃戸の単純商品生産に基づく貨幣獲得の機会(労働時間)を補填する側面と、水利濬築以外により有利な選択肢を持つ佃戸の労働を確保するための公権力の強制という側面を持つと指摘している。

(51) 周藤吉之「宋代の佃戸・佃僕・傭人制－特に「宋代の佃戸制」の補正を中心として－」(一九五二年原載、同氏『中国土地制度史研究』東京大学出版会、一九五四年、所収)、参照。

(52) 濱島氏注(36)前掲論文および著書、参照。

(53) 宋代の圩田の規模・形状については、注(3)前掲論文、参照。なお、宋元代に造成された圩田は、灌排水や施肥・運搬の便宜からであろう、明代以降分割(＝分圩)されてくる(濱島敦俊「江南の圩に関する若干の考察」『中国聚落史の研究－周辺諸地域との比較を含めて－』唐代史研究会研究報告第三集、刀水書房、一九八〇年、所収、および注(22)前掲著書第二章第三節、参照)。宋代の分圩については、『宋会要』食貨六一－一三六、水利雑録、紹熙四年(一一九三)八月一二日条、参照。

(54) 圩田開発によって従来の水利体系が破壊された点については、周藤氏注(3)前掲論文、参照。

(55) 『呉郡志』巻一九、水利上の郟亶の「後世廃低田高田之法」に、

或因田戸行舟及安舟之便、而破其圩。

とあり、その注に、

古者、人戸各有田舎在田圩之中、浸以為家。欲其行舟之便、乃鑿其圩岸、以為小涇小浜。即臣昨来所陳某家涇某家浜之類是也。

と見え、涇・浜に沿った田は「行舟・安舟」＝運搬・交通に有利であったことが知られよう。また周知のように、塘浦の泥土は肥料として利用された。毛珝『吾竹小藁』「呉門田家十詠」の一篇に、

竹罾両両夾河泥、近郭清渠此最肥、載得満船帰插種、勝如賈販嶺南帰。

とあるのがその一例であり、前引の郟亶の「論後世廃低田高田之法」に、

呉人以一易再易之田、謂之白塗田。所収倍於常稔之田。

とあるのも、河泥の肥料としての効果に基づくものである。

(56) 北宋末から南宋初期の人、劉一止『苕渓集』巻四九、墓銘「丁居中墓誌銘」に、南宋初期の人、丁安議が海塩県丞の時のこととして、

此邑有陶涇、漑田数百頃、歳久湮塞。旁大姓、以陰陽家不利己、則沮止不克濬治。逮君涖事、莫敢有辞、濬之如其旧。

とあり、明・帰有光『三呉水利録』巻三所収の元の「周文英書」に、

又有塩鉄塘一帯、南北相貫、跨渉崑山嘉定常熟三州、……多有権豪僧寺田荘、強覇富戸、将自己田圩、得便河港、填塞鄣遏通流水路、及呉松江通横塘諸処涇港、浅淤盤折。

とあるのも、幹河ではあるが、塘浦に沿った土地が有力者層の所有に係るものであったことを示すであろう。

(57) 注(44)前掲に引用した『宋会要』食貨六一－一〇九、水利雑録、紹興八年一一月二日条より窺われる在地の「土豪」の持つ規制力を、浙西地方において具体化し一般化しうるか否かが問題となろう。

《付記》

本章執筆に際し、濱島敦俊氏より貴重な御教示を与えられた。末尾ながら記して感謝したい。

《補記》

旧稿で試みた「郷原」の解釈は、本章の注(15)に記したように本章では大きく変更した。にもかかわらず、本章における宋代の水利慣行に関する基本的な考え方に変更はない。旧稿に対し批判の労をとられた柳田節子氏に感謝したい。

第五章　宋代の抗租と公権力

はじめに

　宋代史における抗租研究は、年来の地主佃戸関係の性格論争に規定され、それに従属しつつ、主に佃戸の法身分や社会的経済的地位との関連で進められてきた。こうした比較的限定された分析視角の採用は、近年、日中両国の明清代の抗租研究が、多様な側面から抗租自体を主題に据えて活発に行われつつあるのを見る時、なお一面的かつ不十分なものと認めざるをえないのではあるが、しかし抗租史料の孤立性とその地域的分散という制約からすれば、それもまたやむをえないとしなければならないであろう。

　本章もまた右の制約から免れうべくもなく、抗租史料の分析によって得られた二、三の事象を手がかりに、わずかに宋代の地主佃戸関係と公権力＝専制国家の性格の一端を垣間見ようと試みたにすぎない。

一　抗租の形態分類

中国史上において、明確に抗租と認めうる現象を記録した最初の史料は、段成式『酉陽雑俎』前集巻一三「尸穸」（また『太平広記』巻三九〇、塚墓二「李邈」）であろう。劉晏は七一六年に生まれ、七八〇年に死んでいるから、八世紀半ば過ぎの話である。

劉晏判官李邈、荘在高陵。荘客懸欠租課、積五六年。邈因官罷帰荘、方欲勘責、見倉庫盈羨、輸尚未畢。邈怪問、悉曰、某作端公荘客二三年矣。久為盗、近開一古冢、……。

つぎに、宋代の抗租史料は、周藤吉之(1)、柳田節子(2)、草野靖(3)三氏の先行論文の中でほぼ紹介され尽しているので、ここでは、それらに若干の私見を加えつつ抗租をふたつの形態に分類しておきたい。宋代に到って初出の史料は、晁補之『鶏肋集』巻六五、墓誌銘「奉議郎高君墓誌銘」である。

徙嘉興丞。……先是、佃戸靳輸主租、訟由此多。君掲而書之曰、田人田、嗇其入、杖且奪田。民競往償、訟於是衰。

この記事は、従来周藤、柳田、草野氏等によって、北宋の神宗朝、あるいはより具体的に神宗朝の元豊年間（一〇七八～一〇八五）に繫年されてきた。奉議郎高君すなわち高元常が嘉興県丞であった時期を、宋代史料によって確定することは困難であるが、下って明代の地方志、たとえば崇禎『嘉興県志』巻一、官師志、職官表によれば、高元常は哲宗朝の元祐年間（一〇八六～一〇九三）に繫年されており、これに従えば右の記事は従来の推定より幾分時代が下ることになる。(4)

同じく浙西地方の湖州では、右に後れることおよそ八〇年、乾道八年（一一七二）頃に、われわれにとって有名周知の抗租が闘われていた。呂祖謙『東萊集』巻一〇、墓誌銘「薛常州墓誌銘」に、

土俗、小民悍強、甚者数十人為朋、私為約、無得輸主戸租。前為政者、或縦臾之。公歎曰、郡国幸無事、而鼠輩頡頏已爾。緩急之際、将何若。取其首悪、黥竄遠方、民始知有奴主之分。

とあるのがそれである。経済的先進地＝浙西囲田地帯なるがゆえに、地主に対する佃戸の身分的隷属性は弛緩しており、佃戸の諸闘争も先進的性格を帯びていたであろうという一面的で安易な予測を前提とし、「小民」の示す「為朋、私為約」という組織的行動の存在を史料的根拠として、従来私も通説のごとくに、この「小民」は最も尖鋭に当該期の階級闘争＝抗租を担っていた部分であろうと考えてきた。勿論、この抗租が尖鋭な階級闘争であったという点については誰しも異論はないであろう。しかし、この闘争のよって立つ基盤が、湖州＝浙西囲田地帯＝経済的先進地なるがゆえの佃戸の自立性の高さや、あるいは彼等の地縁的結合にあったと考えられてきたことに、果してどれほどの積極的論拠があるであろうか。

もとより、右の史料の孤立性、すなわち史料中の「主戸」は一人か複数かといった問題をはじめとして、右の抗租を取り巻く諸条件・諸事情を明らかにすべき直接的手がかりが全く残されていない以上、当時の一般的状況や地域性からの類推解釈は一定やむをえないことであり、一般的に言えば、そうした手法は時には必要ですらある。ただここでの湖州の地域性という点に即して言えば、呂祖謙の語る湖州は囲田地帯ではなく苕渓上流の山間部ではないかという指摘が濱島敦俊氏によってなされており(5)、一方私自身は、宋代の浙西囲田地帯においては、在地社会の構成員による地縁的結合も佃戸を主体とするそれもともに認めがたいとする見解を提出しておいた(6)。したがって、湖州という地域性に依拠して「小民」の闘争――とりわけ組織的行動を説明するためには、なお多くの論証を必要とするように思

われるのである。

ところで私は、「小民」の組織的行動を解く鍵は、右の史料中に匿されているのではないかと考える。「民始知有奴主之分」という一句がそれである。私は先に、宋代の佃戸には法律上「佃客」と表現される者と「傭賃」「人力」等と表現される者（＝佃僕・地客）とがおり、両者は地主に対する身分規制の面ではそれぞれ「主佃の分」と「主僕の分」に対応すると述べたことがあるが[7]、呂祖謙によって「小民」と「主戸」との間に「奴主の分」（＝「主僕の分」）が措定されていることからすれば、この「小民」が佃僕・地客と通称される存在であった可能性は決して小さくないはずである。そうとすれば、「小民」の組織的行動は、他の佃僕・地客の多くがそうであったように、主家の近辺に集住環居するという彼等の存在形態を基礎として容易に形成されえたと推測することも可能となるであろう。右の史料には、佃僕・地客の身分的隷属性とそれを表す彼等の存在形態とが、かえって抗租のための闘争組織形成の基盤となりえたという逆説的現象が示されているように思えてならない[8]。

右の推測の当否はともかく、先掲の二史料からは、佃戸による抗租＝佃租不払いとそれに直面した地主の訴訟行為、および公権力（地方官）による佃戸弾圧という共通のパターンを抽出することができよう。袁燮『絜斎集』巻一〇、記「紹興報恩光孝四荘記」に、紹熙年間（一一九〇〜一一九四）の紹興府山陰県のこととして、

田本山陰膏腴、禅衲雲委、仰給無乏。而自図籍漫漶、農習為欺、雖豊富、租不実輸。況凶年乎。官督所負、責之必償、其囂自若。以故歳大減。……紹熙中、長老恵公、住持此山。……属耕者与約、中分田租、吾与汝均、汝不吾欺、吾不汝訟、歓如一家、茲為無窮之利。衆曰、唯唯誠如師言。

とあり、黄仲元『莆陽黄仲元四如先生文藁』巻四「寿蔵自誌」、および同書巻全「有宋莆陽黄四如先生世次見三脩黄氏族譜」に（引用は後者）、徳祐元年（一二七五）黄仲元が監瑞安府比較務として赴いた時のこととして、

徳祐改元、先生始之官。守相陳山泉、屈致幕下。有強民挟貴不礼税官者、又有頑佃二十年不帰田主之租者、又有妄首富家造麴者。先生一見悉為剖決。

とあるのも、先述のパターンと共通の性格を示すものである。

以上の事例に認められる佃戸の佃租不払いの闘争を、便宜的に抗租の第一形態と呼ぶとすれば、第二の形態は、災傷に基づく、時には災傷を口実とする佃戸の公権力への減租要求である。光緒『石門県志』巻一一、雑類志「風俗」所引の淳祐『語渓志』（一二五一年刊）に、

崇徳農畝、多非己産。天時旱潦、必訴有司、求蠲租。方稲禾在田、損数多少、県漫不加省、農亦未敢投牒。至八月、尽方群訴於県、県申之郡、遣官按視、動一両月、刈穫已竟、不可復考。蠲減稍不満其意、呼侶号籲、輻湊公門。上之人、勉従所欲、又為加多焉。是啓之囂訟也。

とあり、南宋末の嘉興府崇徳県では地主佃戸関係の広汎な展開が指摘されているとともに、佃戸は災傷の歳には集団で県に対する減租要求を起し、県もその集団的示威の前に要求に応ぜざるをえなかった様が報告されている。魯応竜『閑窓括異志』に収録されている次の説話も、官府に対する災傷減租の訴えとそれに基づく公権力の私租減免の指示とが、南宋代に相互に関連して反復実施されていたという事実を前提に成立していると思われる。

嘉興府徳化郷第一都鈕七者、農田為業。常恃頑抵頼主家租米。嘉泰辛酉歳、種早禾八十畝。悉以成、就収割、囤穀於柴積之側、遮隠無蹤、依然入官訴傷、而柴与穀、半夜一火焚尽。壬戌歳秋、其弟鈕十二、亦種早稲八十畝、蔵穀於家、又且怨天尤地。忽日午間、天宇昏暗、大風捲地、其家一火、灰燼無余。嗚呼、鈕七鈕十二、欺官瞞人、天網恢恢、疎而不漏、亦可畏也。

第二形態の抗租では、見られるように、佃戸の反収奪の行動が地主にではなく公権力（官府）に対して向けられてい

るのであるが、この点が第二形態の抗租の特徴をなすとともに、この形態を第一形態と区別すべき理由ともなっているのである。この形態の抗租＝公権力への減租要求は、自然的地理的条件に対する当該期の農業技術水準と固有の社会的諸関係とに規定されつつ、災傷が頻発するという事態を背景に広汎に見られたであろう。たとえば、『宋会要』瑞異二―二九、旱、嘉定八年（一二一五）七月二日条の臣僚の上奏に、

江浙号為沢国、田悉腴潤、遠非瘠地之比。然旱乾為害、視他処特甚。毎以惰農苟安為備、不素固応爾耳。蓋耕田之民、田非己有、方春播種、満意秋成、猝罹旱嘆、已觖始望。餞号相逼、自救不瞻、皇恤苗稿、不過倚鋤仰天歎息而已。否則秧稿群趨、鬧訴于官府之庭而已。貧民困矣、為富民之有田者、独不能出力貸資以為農民救旱之助乎。旱禾瘁矣、独不当亟為瀦水導泉之計以為晩禾之備乎。任此責者、独非字民之官乎。

とあり、紹熙元年（一一九〇）に書かれた衛涇『後楽集』巻一〇、奏議、輪対箚子「論歉歳伏熟及旧逋」に、

故歳、田疇損於水旱、不為不広。民之流移餓莩、亦不為不重。然其間固有豊熟去処。州県例以災傷為之減其田租、而一時寛恤之令、且使主家軽其租入、田賦減矣、租入軽矣。……迺若今歳、雖号豊稔、方秋西成、多稼雲布、田夫野老、喜見顔色、逮至登場、所収反薄、相顧觖望。欲赴愬於州県、則田畝既無遺穂以自表、欲乞憐於主家、則主家以無官放而不従。

とあるのは、そうした事情の一端を物語るものである。

あるいはしかし、こうした佃戸の公権力への災傷減租の要求を一律に〝抗租〟と認定することには異論があるかもしれない。淳祐『語渓志』や『閑窓括異志』の例はともかくも、『宋会要』や『後楽集』に見られる佃戸の減租の訴えには、飢餓状況を目前にした必死の〝懇請〟という性格が濃厚であり、佃租＝地代関係の否定や反地主的性格を認めることが困難だからである。しかし、抗租とは畢竟するに、本来それ自体佃戸の労働の成果であるところの佃租の

収奪に抵抗し反対する闘争である。そこでは、佃租額をめぐる量的側面での闘争から佃租収奪自体を否定する反地代の闘争、さらには反地主制の闘争に至るまで、歴史的条件に応じた様々な段階が見られたはずであり、闘争手段や形態についても、合法と非合法とを問わず多様性が認められるはずである。しかも、災傷による減収に加えて、佃租収奪が強行されることによって佃戸の小経営が破壊され、逃亡か流移のほかに選択すべき途がないという段階[9]に比べて、この第二形態の中には、〝群訴〟であれ〝赴愬〟であれ、地主の収奪から自己の小経営を守るための方途を佃戸自らが自覚的に見出しえているという点において、明らかな歴史的前進を見ることができるのである。したがって、佃戸の公権力に対する減租の指示獲得運動の中に、反地主反地代的性格の一片だに具有していない場合があるにしても、そこに反収奪という性格を認めうる点において、本章ではこれを〝抗租〟と認定し叙述するのである。そして、おそらく、かかる闘争形態をも抗租の一段階として設定することは、中国史における抗租と抗租に表現される地主佃戸関係の歴史的性格を解明する上で一定の積極性を有することになるであろう。

なお、以上の挙例のほかにも、従来の諸研究において抗租を示すとされてきた史料が存するが、その中には抗租とは認めがたい事例も含まれている[10]。その一々について詳しい史料批判を行うには紙幅の制約が大きすぎるが、有名な南宋末の平江府呉県の〝事件〟については後節で検討を加えることにしたい。

二　抗租に対する公権力の対応

前節では佃戸の行動様式を基軸に抗租をふたつの形態に分類したが、ここでは抗租に対する公権力の対応を見ることにしたい。

葉適『水心先生別集』巻一六、後総「官吏諸軍請求」に、嘉定九年（一二一六）頃、葉適が温州にて瞻軍買田の法を実施せんとして立案した運営規定の一節に、

或有抵頑佃戸、欠穀数多、或日脚全未納、到冬至後、委是難催之人、方許甲頭具名申上、亦止合依田主論佃客欠租穀体例、備牒本県追理。

と見え、景定三年（一二六二）に書かれた黄震『黄氏日抄』巻七〇、申明一「再申提刑司、乞将理索帰本県状」に、

在法、十月初一日已後正月三十日已前、皆知県受理田主詞訴、取索佃戸欠租之日。近年県道、並不曾喚上両詞対定監還。……華亭・長洲等県、則自任理索、一一喚上人戸、如期監還。

とあるように、遅くとも南宋中期頃までには、地主による佃戸の欠租追徴の訴訟受理に関する法令が制定されており、訴状を受理する期間は十月一日より翌年正月三十日までの四ケ月間とされていた。ただしこの規定は、本書の第七章で述べる予定の「務限の法」をふまえたもので、欠租追徴のための特別の立法ではないことに注意が必要である。つまり、県で審理が行われる農民に関わる他の民事的案件の一部として欠租追徴が扱われていたのであった。

また、審理は地主（側）と佃戸とを県衙に呼び出し、知県は両者の申し分を聞いた上で欠租徴収の期日を定めるという形で行われ、かつ欠租徴収の強制措置は知県の下で行われるべきこととされていた。ただ、同前書同巻「申県、乞放寄収人状」において、黄震が、県尉司管下の弓手が監租（佃租の強制徴収）の名の下に佃戸を監留し、また凍・餓死せしめているのを非難しつつ、「蓋若監租、合帰本保」と述べていることからすれば、監租が本来身柄の拘束を伴うものでなかったことは知られるものの、具体的な監租の手続きの中にどのような権力的強制があったのかはなお不明である。

さて、以上のように、地主による欠租追徴の訴えは、公権力をして南宋代に欠租追徴の審理に関する態勢を整備せ

しむるまでに一般化しており、公権力（地方官）もまた積極的に佃戸の欠租追徴に干与していた。勿論、公権力に依存することなく地主自ら欠租の取立てに当る事例がないわけではなく、[11]またそうした事例は史料として残存しがたいことも容易に推測されることではあるが、それにしても右のごとき史料の存在は、地主による欠租追徴が、多くの場合訴訟を通じて公権力に依存しつつ行われたという事実の直接的反映と考えるべきものであろう。

ただし、この〝欠租〟を直ちに抗租と等置することは多分に短絡した思考であって、われわれは〝欠租〟といういわば状態ないし結果が、佃戸の納租拒否によってだけでなく不作等による納租不能によっても生じうることに十分留意しなければならない。宋代史料に〝欠租〟を示す事例は少なくないが、あらためて言うまでもなく、状態（結果）は必ずしも常にその理由（原因）まで明示するとは限らないのである。因に、草野氏によって抗租を示すとされた『長編』巻二六七、熙寧八年（一〇七五）八月戊午条の呂恵卿の上言には、

蘇州、臣等皆有田在彼。……一畝歳収米四五六斗。然常有拖欠、如両歳一収。

とあるが、この〝拖欠〟を抗租と論断すべき根拠をこの史料中に見出すことは不可能であり、仮に抗租でありえたにしても、その蓋然性はきわめて低いと言わねばならない。[12]なお、以上のごとき法令制定を含む公権力の対応は、抗租をも原因のひとつとする欠租追徴の訴えを基盤とするものであったことからして、先述の第一形態および第二形態――その減租要求が公権力に承認されなかった場合等――いずれの抗租についても関連して見られたであろう。

つぎに、第二形態の抗租に関連して指摘されるべきことは、公権力による災傷の認定とそれに基づく私租減免法の存在である。すでに指摘されているように、災傷の訴えは、夏田（冬季作物）は四月末、秋田（夏季作物）は七月末、水田（水稲）は八月末までと期限が定められており、県は州へ上申し、州は官吏を派遣して県官とともに実地検分することになっていた。[13]ただ、宋代に私租減免が単独で行われた例はほとんどなく、『宋会要』食貨六三―一一、蠲放、

隆興元年（一一六三）九月二五日条に、

詔、災傷之田、既放苗税、所有私租、亦合依例放免。若田主依前催理、許租戸越訴。

とあり、前節所引の『後楽集』の記事中に、

故歳、……州県例以災傷為之減其田租、而一時寛恤之令、且使主家軽其租入、田賦減矣、租入軽矣。

とあったように、私租減免は両税（や公私の債負）の減免と抱き合わせで行われるのが通例で、両税の減免はあっても私租減免の指示は出されないという場合もあった[14]。

このように、第二形態の抗租＝災傷減租の要求が、あくまで公権力による災傷の認定という一事を不可欠の経過点として闘われるものである以上、佃戸の要求は、他の中小土地所有者やひいては地主層とも一面共通の利害を持ちうることになろう。加えて、先掲『後楽集』の後半部に、

欲赴愬於州県、則田畝既無遺穂以自表、欲乞憐於主家、則主家以無官放而不従。

とあることの裏面として容易に想像されるように、仮に私租減免の指示が得られずとも、両税の減免が実施されていさえすれば主佃間における減租協議の可能性が開かれるというのであれば、佃戸の要求利害は地主や中小土地所有者層と一致しこそすれ決して矛盾しないはずである。前節所引の淳祐『語渓志』は第二形態の抗租の典型と考えてよい事例であるが、公権力に対する佃戸の激烈な集団的示威が見られるにもかかわらず、そこに反地主的性格を全く認めえないのは、おそらく右述の理由に基づくものと思われる。すなわち、第二形態の抗租は、本来地主の佃租収奪に抵抗し反対する闘争ではありながら、公権力による災傷認定→私租減免の指示という合法的手段を通じてその目的が達成されるものであったことから、直接に闘争が反地主的色彩を帯びることはほとんどなかったと考えられるのである。

ところで、公権力による私租減免をめぐっては、周知のように、これを抗租闘争に対する公権力の譲歩と見る草野

氏と、一般農民保護政策に付随して採られた佃戸保護策であるとする周藤氏との問に見解の対立が存する。草野氏は氏自身の要約に、

租佃制の下では、必然的に水旱災傷の歳における佃戸の佃租欠負や、佃租の減免要求がおこり、また地主が寄生化し、不在化していたところでは、佃戸は水旱災傷を口実に屢々集団で抗租を行ない、一方地主もまた県司に訴えて欠租を追求していた。

とあるように、本章のごとく抗租を形態分類することなく論述しているのであるが、本章に言う第一形態の抗租が「水旱災傷を口実に」していたか否かは史料上は確認しえず、[15]またこの形態の抗租は、公権力ではなく直接地主を相手に闘われていたのであった。したがって、公権力による私租減免は、本章に言う第二形態の抗租と関連づけて考えられるべきものであろう。とした場合、佃戸の災傷減租の要求は、既述のごとくほとんど反地主的性格を具有しておらず、さらに、あらためて言うまでもなく反国家権力的性格をも帯びてはいなかったのであるから、公権力による私租減免の措置を草野氏のごとく抗租に対する〝譲歩〟と見ることはできないであろう。

おそらく、公権力による私租減免措置の中に、周藤氏が言われるごとく佃戸保護策的性格を認めないわけにはゆかないと思われるが、しかし同時に、これが宋代を通じて佃戸の闘争とは無関係の一方的〝恩恵〟であったと見るのも妥当ではあるまい。前節に第二形態の抗租事例として掲げた史料は、南宋代中末期の主に浙西地方に関わるものであるが、遅くともこの頃の佃戸の減租要求と公権力の私租減免措置とは密接な関連を有していたであろう。淳祐『語渓志』には、一方を〝因〟とし一方を〝果〟とする両者の関連が如実に語られているからである。また、周藤氏の研究によれば公権力による私租減免措置は方臘の乱で被害を受けた両浙・江南東路に対する宣和三年（一一二一）のものを初見とし、災傷に基づく減免法の初出は先掲の隆興元年の詔であるが、一旦成立実行された私租減免措置とその経

験とが、以後の佃戸の災傷減租の闘争に前例ないし慣例としての根拠を与えたであろうことも想像に難くないところである。再び淳祐『語渓志』によれば、「天時旱潦、必訴有司、求蠲租」という記述は右の想像を十二分に支えるであろう。

さて、以上のように、地主による佃戸の欠租追徴の訴えは、遅くとも南宋中期頃までには、公権力をして欠租の審理に関する態勢を整備せしむるまでに一般化していた。かかる事態の背後には、第一・第二の両形態を通じた佃戸の抗租闘争が一定程度存在していたであろう。一方、公権力による私租減免措置は、本来佃戸保護策的性格を持つものではあったが、遅くとも南宋中末期までには浙西地方を中心として、第二形態の抗租をも現実的基盤とするものになっていた。

それでは、以上に検討した宋代の抗租闘争は、当時の社会秩序ないし社会的作用との関連で、どれほどの拡がりと比重とを占めていたのであろうか。節をあらためて考えてみよう。

三　抗租の社会的位置

宋代のほぼすべての抗租史料を発掘・紹介した周藤氏は、それらを検討したのちに、南宋末には佃戸が旧来の地主に対する従属関係を打破しようとする動きを示してきたものの、抗租自体はさほど重要視するに及ばないとの評価を下したのであった。

一方、研究史上宋代の抗租に最も早く言及した宮崎市定氏は、「小作争議」や「小作料低減」の運動に対する官憲の地主擁護・佃戸弾圧の結果、当初良民として対等であった地主と佃戸との法律上の地位に変化を来し、佃戸の刑法上の地位低下が生じたとの指摘を行っている。[16] この宮崎氏の論理を徹底詳論した草野氏は、抗租や抗租に関連した主佃間の傷害事件は「すでに北宋中期に可成り著しい政治社会上の問題となっていた」とし、その結果生じた政治社会上の変化として、（1）地主佃戸間の刑法犯罪に関する差別的規定——地主に軽く佃戸に重い刑量——の制定（北宋）と強化（南宋）、（2）租佃契約期間中の佃戸の移転禁止、（3）公権力による佃租額や収租用㪷器の制限、（4）隆興元年の私租減免法の制定、の四点を示したのであった。氏によれば、（1）と（2）とは抗租の動きを掣肘せんとする「封建的反動立法」であり、（3）と（4）とは抗租する佃戸に対する公権力の譲歩であると説明されている。

その後私は、草野氏の（1）の論点は、この法の展開過程に関する氏の一面的理解に基づくもので、抗租とこの法とは直接関連しないこと、（2）の論点は史料解釈の誤りであることを指摘したが、[17]（3）と（4）の論点については、周藤氏が、公権力の佃戸への譲歩ではなく佃戸保護策であるとの批判を提出している。この周藤氏の批判は、公権力の政策・意図という観点から見て基本的に承認されるべきものと思われるが、前節に見た南宋末の状況からやや遡及的に考えれば、（3）と（4）の論点の背後にも、第二形態の抗租に関連する動きが存在した可能性はなお残されていると言えよう。

さてこうして、宮崎説を継承しつつ草野氏が提示された四点の指標は、氏の論理構成からするかぎりすべて基本的に否定されており、したがって、宋代の抗租闘争を高く評価すべき論拠は、さしあたり研究史上は失われていると言ってよいのである。結論的に述べるとすれば、私もまた、宋代の抗租闘争とりわけ第一形態の抗租闘争は、地主制を幾分なりとも動揺せしめ、その結果公権力をして何らかの対策を取らしむるに至るほどの高まりを見せてはいなかったと推定する。もとより、この推定を直接裏づける史料が存するわけではなく、また現実の抗租は残存史料より多いと考えねばならないのではあるが、しかし現存しない史料の量を推測しつつ抗租の評価を争うわけにはゆかない以上、従来看過されてきたふたつの側面からの考察を以下に試みて、右の推定に幾分なりとも説得力を与えておきたいと思う。

(1)　税と租の関係認識から

かつて重田徳氏はその清代「郷紳支配」論を展開する中で、「「賦は租（地代）より出づ」という通念の成立」を指摘し、これは租税が「地代の一分肢たる性格を深め」たことの表現であると述べたことがある。[18] かかる通念の成立は、地主佃戸関係がウクラードとして絶対的に支配的地位を占めたことの表現であるに止まらず、重田氏は直接明言されてはいないものの、抗租による地主の佃租確保の困難性が国家の租税収入の悪化をもたらすという認識、すなわち抗租の風潮化と深刻さとを社会的背景にするものであろう。近年三木聰氏は、具体的史料に拠りつつ「「賦は租より出づ」とは、明末以降における抗租の展開、およびそれに伴う地主＝佃戸関係への国家権力の直接的介入という現実の事態の中から成立してきたもの」との見解を示した[19]が、氏の所説は事実をもって私の予測を裏づけるものである。

ところで、この「賦は租より出づ」という通念は、すでに南宋代に見られるとの指摘が森正夫氏によって提出されており、[20] 柳田氏にも、地主の納税と佃戸の納租とは一体視されていたとの指摘がある。問題は、宋代におけるそうした通念・認識が、果して清代と同様に地主佃戸関係の展開のみならず抗租の現実的圧力をも社会的背景に持つものであったかどうかにある。もしそうとすれば、私の抗租評価は大幅な修正を余儀なくされることになるであろう。そこで以下に、両氏の指摘を史料に即して検討することにしたい。

森氏の指摘は、次掲の二史料に基づくものであった。正徳『松江府志』巻六、田賦上所引の端平三年（一二三六）華亭県知県楊瑾の「経界始末序」に（森氏の引用は崇禎志）、

或曰、難逢者時、易弊者法。向也経界未修、賦猶有在民者。今乃尽輸於官矣。万有一、州県間復於額外求贏、則民力不堪、咎必帰子。瑾悚然曰、信如所慮。雖然、有田則有租、有租則有賦、此天下至公之法。不取於所有、而強其所無、此昔日法弊之由也。今幸版籍釐明、田賦就実、民且楽輸。

とあり、同書同巻所引の淳祐元年（一二四一）顕謨閣待制王遂の「修復経界本末記」に、

抑田必有租、租必有税、自昔皆莫不然。未有富家大室、広連阡陌、而勺合不以供官、貧民下戸、無甑石之入、而受倍輸之害者也。

とあるものである。森氏は傍点部分を引用されたのみであったが、右の二史料の全体的な文脈と論理構成とから、まず次の三点を確認しておきたい。第一に、経界法をめぐる記事であることからも容易に了解されるように、ここでは土地所有者のレベルにおいて土地所有と租税負担との不均衡が問題とされているのであって、「租」＝地代が問題となる必然性が認められないこと、第二に、いかに地主佃戸関係が広汎に展開していた地域とはいえ、「有田則有租」「抑田必有租」という表現は「租」を地代と考えるかぎりはなはだしい誇張と言わねばならず、同時に当時の士大夫官僚にとって地主佃戸関係（に基づく租→税の関係）が「此天下至公之法」とか「自昔皆莫不然」と評価・表現されるものであったかははなはだ疑問であること、第三に、ここでの田→租→賦（税）という論理展開、ないし「有租則有賦」「租必有税」という表現は、「租」を地代と見る時ははなはだ不自然かつ非現実的なものであること、この三点である。

以上の三点が承認されるとすれば、右史料中の「租」を、当時の一般的用法であるところの佃戸より地主に納められる佃租＝地代を意味する用例と見ることは最早不可能となるであろう。私は、右の「租」は所有権の所在を保証し明示する根元的文書——具体的には契約書、地籍、税籍等——を意味すると考える。「租」をこのように解釈することによってのみ、右の二史料の全体的な文脈と論理構成とは整合的に理解されるはずであり、たとえば楊瑾の発言中

の傍点部分（＝原則）と「今幸版籍麤明、田賦就実」という部分（＝現実）とが対応関係にあるということも容易に了解されるであろう。「租」（時には音通で「祖」）に右のごとき意味と用法があることについては、すでに草野氏の研究があるが、[21]一例として『宋会要』食貨六一―六三、民産雑録、宣和七年（一一二五）二月八日条を挙げておこう。

三省言、諸路州軍人戸、欲自今応典売田宅、並齎元租契赴官、随産割税、対立新契。其旧契、便行批鑿除豁、官為印押。本県戸口等第簿、亦仰随時銷注、以絶産去税存之弊。従之。

ここに言う「元租契」が元の租佃契ではなく上手契を指すこと、つまり「租」が佃租を意味しないことについては贅言を要しないであろう。[22]

つぎに、柳田氏の納税と納租の一体視という指摘は、次掲の黄震『黄氏日抄』巻七〇、申明一「申提刑司、乞免一路巡尉理索状」に基づくものである。

照対、本司職在巡警及催綱運、於人戸理索、法無相干。某自到官、承準諸司及州県送下人戸理索私租帖牒、日不下数四。一帖牒、動追数十家、甚至百五六十家。自二月入務、及今六七月間、理索帖牒、送下不已。某謂、平心而論、上戸既不可欠朝廷之官賦、小民亦豈可欠上戸之私租。頑頼成風、固官司所当与之追理。但理索自有司存。若改之以属尉司、則過矣。

傍点部分に見られるように、確かに上戸の官賦と小民の私租とは関係づけて認識されてはいるが、その関係づけの仕方は、清代の「賦は租より出づ」という関係認識とはかなりニュアンスを異にしているように思われる。すなわち、ここでの納税と納租とは、朝廷―上戸―小民の間の上下の秩序を構成する不可欠の要素と考えられていたに止まるのではなかろうか。あるいは、納税と納租という行為は、かかる秩序を維持する上での当為と考えられていたに止まると言ってもよいであろう。右の傍点部分から、官賦と私租とが有機的関連を有し、官賦は私租の一分肢であるといった認識の表明を読みとるのはきわめて困難と思われるのである。

ところで、右の史料は、黄震が開慶元年（一二五九）より景定三年（一二六二）までの間、平江府呉県の県尉の任にあった際に遭遇した〝事件〟に関する一連の記録の一部である。この〝事件〟とは、同書巻八四、書「通新憲翁丹山書」における黄震自身の要を得た概括によれば、次のようなものであった。

浙右沃壌、富貴人多置荘産。強幹例嘱巡尉司、以捕盗者捕租戸。既而又以監租為名、不取其余租、而陰謀囚死之、以立威郷落、歳不知幾人。為其骨肉者、亦習見之久、謂非殺死例、哭泣責状、焚其骸而去。故死者雖多、亦未嘗有訴于官。郷落因其然、懲見捕者之無生還也、或挙族連村、尽死以拒捕、往往至殺傷。

この呉県の状況は、周藤氏によってより詳細な事実の紹介と解説とがなされているが、[23] 氏がその末尾に唐突に――と私には感じられる――「この地方では地主幹人と佃戸とが私租の納入をめぐって激しい対立をなしていて、……地主は官の力を利用して漸く佃戸の抗租を防いでい」たとの評価を付されて以後、宋代の代表的な抗租闘争ないし抗租暴動を示す事例であるとの定評を得ているかに見受けられる。しかしながら――少なからぬ関連史料を引用する紙幅上の余裕がないので周藤氏の解説を参照して頂きたいが――、そこでの事態の緊迫感と凄絶さとを払いのけて冷静に原因を探ってみれば、そこには欠租の不法な理索という一事が見出されるにすぎず、しかもこの欠租が、佃戸の意図的な佃租不払い＝抗租によって生じたとする積極的な証言を黄震の記録中に見出すことはできないのである。[24] すでに右に引用した史料からも窺い知られるように、黄震の非難は、欠租の佃戸にではなく、すべて県尉司管下の弓手と地主・幹人側に向けられており、黄震は佃戸に対して同情的ですらある。それは単に欠租の理索が不法に行われていることにのみ由来するものではあるまい。先掲の史料には、一日ほぼ数百家にも上る私租の追徴要請が連日黄震の下に送下されてくるとあるが、そのすべてとは言わないまでも、その多くが抗租を主因とする欠租であったとすれば、黄震の一連の記録の中に佃戸に対する一片の非難すら見出せないということは不自然ですらあるであろう。もとより、呉県の状況の背後に佃戸の抗租が皆無であったと論断するつもりはないが、残された史料によるかぎり、これを抗租暴動と性格規定すべき積極的な根拠は見出しえないと言わねばならない。

以上から、柳田氏の依拠された史料は、史料の論理構造自体からも、その背後におそらく抗租闘争が存在しなかったという点からも、清代の「賦は租より出づ」という通念とは異質の認識を示すものであることが理解されえたと思われる。清代の公権力による佃租追徴が、右の通念に見られるごとく賦税の確保を主眼とするものであったとすれば、黄震の発言（先掲傍点部分）に見られるごとき認識を基礎とする宋代の佃租追徽は、朝廷−上戸（地主）−小民（佃戸）の間の秩序維持を第一義とするものであったと言いうるであろう。仮に、先の黄震の発言に文字通りの「賦は租より出づ」という認識が込められていたとしても、それは抗租を現実的基盤とするものでない以上、地主佃戸関係の存在自体に立脚するものであるほかなかったのである。因に、南宋末の王柏『魯斎王文憲公文集』巻七、書「賑済利害書」には、

夫田不井授、王政堙蕪、官不養民、而民養官矣。農夫資巨室之土、巨家資農夫之力。彼此自相資、有無自相恤、而官不与也。故曰、官不養民。農夫輸于巨室、巨室輸于州県、州県輸于朝廷、以之禄士、以之餉軍。経費万端、其如尽出於農也。故曰、民養官矣。

とあるが、これは文字通りの「賦は租より出づ」という通念が宋代にも存在したことの明証である。しかし、王柏の認識は清代のそれと異なって、抗租の現実的圧力によって新たな意味を付与された——すなわち公権力の佃租追徴の論理となった——ものではなく、ただに地主佃戸関係の広汎な展開自体を基礎に成立しているにすぎないのである。

こうして、清代のごとく抗租をも現実的基礎とする「賦は租より出づ」という通念の存在、あるいは単に租税が

「地代の一分肢たる性格」を持つに止まらず、抗租を媒介としてその性格を深めたという事実は、宋代にはいまだ見出しえず、わずかに地主佃戸関係の展開自体にのみ基づく朝廷—地主—佃戸の秩序関係、ないし税と租との有機的関連の認識が見られたにすぎなかったのである。このことは、宋代の抗租闘争が、発生件数においても社会に及ぼす影響の程度においても、なお低い段階にあったことを示唆するものであるように思われる。

(2)　抗租史料の性格から

ここでは、抗租を記録にとどめた宋代の士大夫官僚にとって、抗租がどのようなものとして認識されていたかを問題にしたい。そこには、当時の支配者層にとっての抗租評価が示されているかもしれないからである。

さて、右の問題を考える場合に注目されるのは、抗租を記録した史料の性格である。明清代の抗租の記録は、多く地方志の「風俗」の項や檔案類をはじめとして各種の史料にも及んでいるが、そのこと自体、抗租が地域的拡がりを持った社会的風潮であり、一定の政治的問題ともなっていたことを物語るものである。これに対して、直接地主を相手に意識的な佃租不払いを行うという点で明清代の多くの抗租闘争と共通する宋代の第一形態の抗租を記録するのは、墓誌銘、族譜(自誌)、寺荘記といった史料である。これらは本来、対象となる人物の治績や事績を顕彰する目的をもって書かれたものであり、事実、第一節所掲の諸史料における抗租弾圧の叙述には、地方官や寺院の住持の卓越した手腕や能力を示す出来事としての誇張と潤色とを認めることができる。しかも、それはあくまで彼等が偶々遭遇した〝一事件〟・〝一挿話〟として叙述されているにすぎず、それ以上の特別の意味が与えられている事例ははなはだ少ないのである。本章では一部分しか引用をしていないが、各史料の全体の記述中に占める抗租関係部分の占める比重が、ほかに比して特別大きいというわけでもない。このことは、宋代の第一形態の抗租が、当時の士大夫官僚にとって、社会的風潮や政治的課題として問題視されるほどの拡がりを持ってはいなかったことを示唆するものであろう。

　また、すでに周藤氏によって指摘されていることではあるが、薛季宣に師事した陳傅良が、薛の行状を詳細に記述していながら、かの湖州における薛の抗租弾圧に全く言及していないという事実[25]も、右の私の抗租評価を支持する材料となるであろう。仮に、抗租が頻発し社会問題化している中で薛季宣の抗租弾圧が奏功したというのであれば、それは呂祖謙（「薛常州墓誌銘」の作者）と陳傅良という記録者の主観（＝素材の選択評価）の如何を超えて、客観的に採録の意味を有する事柄だったはずだからである。さらに、叙述の誇張を割引いて考えたにしても、第一形態の抗租が、一片の榜示や地方官の対応如何によって容易に終息するものであった点にも注目しておきたいと思う。

　つぎに、第二形態の抗租を記録する史料は、上奏文や地方志、説話などである。これらの史料の性格からすれば、この形態の抗租は第一形態の抗租に比して社会的拡がりを持ち、また解決さるべき一定の政治的課題でもあったと考えることができる。ただし、既述のように、この第二形態の抗租は災傷という自然的条件に規定されるという点で多分に受動的な闘争であり、反地主反地代的性格もきわめて稀薄なものであった。しかしながら、先に、遅くとも南宋中末期の浙西地方を中心にして、公権力の私租減免措置はこの形態の抗租をも現実的基盤としていたと指摘しておいたように、第二形態の抗租は、宋代の佃戸の反収奪の闘争水準と力量とを一般的に表現するものであったと考えられ、したがって地主佃戸関係の性格を考える場合にも十分注目すべきものと思われるのである。なお、この点については次節でやや詳しく検討を加えたい。

　ところで、南宋中期の安慶府を対象とした黄榦『勉斎集』巻三四、雑著「禁約頑民誣頼榜文」には、

　　本府諸県公事、多有頑民自縊自刎、以誣頼人者。……至於佃戸地客、小欠租課、主家不可不需索、人家奴僕、或有小過、主家不可不懲戒、亦輒行誣頼。此風豈可長哉。

とあり、南宋末の宝祐元年（一二五三）に刊行された胡太初『昼簾緒論』の「勢利篇第一四」には、

今之従政者、類以抑強扶弱為能、……而不問其事之曲直非是。則此風既長、佃者得以抗主、強奴悍婢、得以慢其弱子寡妻、以至姦猾之徒、飾為藍縷、而市井小輩、凌辱衣冠。末流将奈何哉。……事若到官、所当照法剖決。……然使頑狡行窃、誣頼主家、租債不伏了還、界至輒行侵易、詎容不与之理直乎。

と見えて、社会的身分秩序の乱れの一環として佃戸の「誣頼」や「抗主」が語られ、それと関連して「小欠租課」「租債不伏了還」という抗租の存在を示唆する言辞も見受けられる。これによれば、南宋中末期には、社会秩序や身分序列全般の乱れと、その乱れを生起せしめた一要素としての抗租とが、当時の士大夫官僚に意識化＝非難されるに至っていたことが察知されるのである。とはいえ、ここでは第一に、かかる風潮がなお端緒的なものと認識されていること（「此風豈可長哉」、「則此風既長」―この「既」は論理的既定を示す）、第二に、明清代の抗租史料や森氏によって紹介された明末の社会秩序の変動を記録する諸史料から[26]、当時の士大夫官僚の危機感、不安、嘆声といったものが看取されるのに対して[27]、黄榦や胡太初の発言には、嘆きよりは憤り、危機感や不安よりは是正への意欲・自信といったものが込められている点に注目しておきたい。

なお、南宋末期の租佃契の形式を伝えると目されている『新編事文類要啓劄青銭』外集巻一一、公私必用「当何田地約式」には、

即不敢冒称水旱、以熟作荒、故行坐欠。如有此色、且保人自用知当、甘伏代還不詞。

という周知の一節が含まれている。右の文言は、災傷を口実とする抗租の盛行を反映していると一般に考えられているようであるが、かかる契約書一般の常として、予測される損害に関する責任と保証とを予め約定しておくということは、現代の売買や賃貸等に関する契約書の参照をまつまでもなく、当然の事柄であったと思われる。したがって、

右の文言が災傷を口実とする抗租の存在を反映していることは疑いないとしても、その量的側面までも物語ると考えるならば、それは性急な解釈との誹りを免れないであろう。

以上二項にわたって、宋代の抗租闘争の占める社会的位置について検討してみた。その結果として、次のような一般的結論を導き出すことができるように思われる。第一に、第一形態の抗租はなお散発的であり、第二形態の抗租も階級闘争としての質はなお低く、主佃関係を基軸とする宋代の社会秩序は安定した生命力を持っていたと考えられること、第二に、第一形態の抗租闘争は、いまだ宋代の地主佃戸関係のありようを象徴的に表現する積極的かつ規定的なメルクマールとしての意味を持つに至っていないこと、換言すれば、第一形態の抗租が地主佃戸関係の矛盾の主要な表現となるに至っていないということが、逆に当時の地主佃戸関係のありようを積極的かつ規定的に意味づけるであろうこと、第三に、第二形態の抗租は、当時の佃戸の闘争水準と力量とを示し、かつ地主佃戸関係の性格を考察する際の手がかりを与えるであろうと予測されること、以上である。

以上の三点にわたる一般的結論を前提に、次節では、宋代の地主佃戸関係と公権力の性格についていささか考えてみることにしたい。

四　抗租と公権力と地主制——結びにかえて

先に抗租を二形態に分頼しつつ、その各々に対する公権力の対応を検討したが、そこで得られた特徴的な現象は、第一形態の抗租における地主の公権力への依存性であり、第二形態における佃戸の公権力への減租要求であった。すなわち、それぞれの形態に応じて公権力の果す役割に相違はあったものの、地主と佃戸とはあたかも直接的対決を回避しつつ、公権力を通じてそれぞれの要求と利益とを貫徹しようとしていたかに見えるのである。

それでは、こうした政治的構図は一体いかなる社会的背景と意味を持っていたのであろうか。つまり、第一形態の抗租に直面した地主は、何故に自ら欠租追徴を行わず、あるいは行えずに公権力へ依存するのか、災傷の歳に、何故に佃戸は減租要求を直接地主に対して行わずに公権力へと向うのか、という問題である。本節では、右の問題に対する当面の見通しを述べて、本章の結びにかえておきたいと思う。

まず、第二形態の抗租に関する問題から検討しよう。既述のように、この形態の闘争は浙西地方に集中的に認められる現象であり、同時に佃戸の集団的行動も注目を惹く点となっている。かつて柳田氏は、浙西地方の抗租は、水利をめぐる共同労働を通じて形成された佃戸の横の連帯性・地縁的結合を基盤とすると指摘したことがある[28]が、この指摘は、この形態における佃戸の集団的行動を説明する上できわめて魅力的である。しかし、私自身の最近の検討によれば、水利をめぐる佃戸の共同労働や地縁的結合を宋代の浙西地方に見出すことは全く不可能だったのである。もし仮に、当時すでに佃戸相互の地縁的結合が成立していたとするならば、佃戸はそれを基盤として、必ずや直接地主を相手とする減租要求を、あるいは反地主反地代的抗租を闘っていたであろうし、そこには、清末に見られたような階級としての佃戸と階級としての地主の闘争という局面すら出現しえた[29]であろうが、しかし、そうした性格の抗租を宋代史料の中に見ることはできないのである。

そこで、翻って考えてみると、ここでの佃戸の目的はさし当り公権力をして災傷を認定させることにあったわけであるが、そのためには必然的に、災傷が一定の地域的拡がりをもって発生したことを示すための共同の訴えが必要となっていたはずである。さらに、すでに指摘されているように、災傷出訴の手続きが煩雑で多くの費用を要したことも、共同行動を必要とする客観的要因となっていたであろう。無論、淳祐『語渓志』に見られたごとく、集団的示威の効果も計算されていたであろう。したがって、災傷出訴の際の佃戸の集団的行動は、佃戸相互の階級的連帯や地縁的結合に基づくものではなく、災傷を公権力に認定させる上で客観的必然的に要請されたものと考えられるのである。

ところで、あらためて第一節所掲の第二形態の抗租に関わる諸史料を幾例か振り返ってみると、まず『宋会要』には、江浙地方に旱害が多いのは「惰農」＝佃戸が苟安《おざなり》にしか旱害への備えをしないからであるとの報告が見えている。[30]ただし、かかる状況を解決するために、地主――すでに生産過程から遊離していたかに記されている――の資助と公権力の水利対策の必要が強調されていることから窺い知られるように、佃戸は旱害対策を怠っていたのではなく、現実には苟安にしか行いえなかったのであった。すなわち、現実には地主ないし公権力の物質的干与なしに佃戸の再生産は維持されえず、おそらくこの地方では佃戸層を主要な構成員としたであろう在地社会の社会的諸関係も、佃戸の再生産に必要な条件を相互に補填し合う機能を果しえていなかったのである。[31]佃戸の公権力への減租要求は、かかる現実をひとつの社会的背景として闘われていたのであった。つぎに、衛涇『後楽集』には「欲乞憐於主家、則主家以無官放而不従」という一節が見えるが、ここには災傷の歳ですら個別の主佃問の協議では容易に減租が実現しなかったことが語られているのである。ここに見られる地主の佃戸に対する優位性と佃戸の地主に対する対抗力の低さ、これもまた佃戸をして公権力による私租減免指示の獲得へと向わせしめたひとつの社会的背景であったと思われるのである。

さらにまた、光緒『石門県志』巻一一、雑類志「風俗」には、本来先掲の淳祐『語渓志』を収載していたところの万暦『崇徳県志』（一六〇九年刊）の記事を転引しているが、そこには、

今則不然。俗云、水旱照四比還租。佃戸黠者、遇歉不必訴官求蠲、竟自蠲以累主者。

と記されている。淳祐志の記事は、公権力に対する自覚的な集団的示威と減租要求の激しさにおいて、先の『宋会要』

や『後楽集』に記された状況よりは数段前進した闘争の力量を示すものではあるが、しかし既述のように、そこに反地主反地代的性格を認めることはできないのであった。それに比べて、右の記事には地主に対する佃戸の著しい対抗力の増大と、水旱災傷の歳における佃戸の明確な反地主反地代的行動を認めることができるであろう。崇徳県という地域を同じくし災傷という条件を共にしながら、一三世紀中葉と一七世紀初頭との間には、佃戸の反収奪の闘争に右のごとき著しい相違＝発展が見られたわけである。逆の面から言えば、万暦志の記事は淳祐志に記された佃戸の闘争の歴史的性格を照射し定位する役割を果すであろう。

以上検討を加えたように、第一形態の抗租＝公権力への減租要求の背後には、佃戸の側に階級的連帯や地縁的結合がいまだ形成されておらず、個別の主佃間での減租交渉においても両者の力関係には大きな落差が存在するという状況が横たわっていた。あえて単純化して言うならば、佃戸は災傷の歳には、通常公権力を通じて減租の指示を得る以外に、地主の収奪から自己の小経営を守るべき手段を持ちえていなかったのである。(32) 勿論、既述のように、災傷減租の闘争自体にも発展は見られたのであり、私租減免法の存在とその経験とは、時代の経過とともに佃戸を励まし、以後の佃戸の闘争の中に生かされていったであろうけれども。

さて、つぎに第一形態の抗租に直面した地主が、あるいは単なる欠租の追徴に際してすらも、何故に公権力へ依存しその権力的強制を必要としたのかという問題に移ろう。この公権力への依存によって抗租・欠租に対処する地主と、第二形態の抗租において佃戸に対し絶対的優位を示していた地主とは、おそらく同一実体の表裏の姿態なのである。この相矛盾するがごとき地主の性格は、どう統一的に理解されるべきであろうか。

第一形態の抗租をめぐっては、しかしながら、地主佃戸関係の具体的なありよう――たとえば地主は城居か郷居か、手作地主か寄生地主かといった地主の存在形態、佃戸が抗租へ向う契機や条件等々――を、抗租史料に即してほとんど抽出しえないという困難がある。第一章所掲の『契斎集』には、わずかに「中分田租」の後抗租が終息した旨記されており、草野氏はこれを定額租から分益租へ転換したものと解し、抗租は定額租形態をとる「租佃制」に固有の現象とする氏の主張の裏づけとしているが、「中分田租」とは、従前の分配率を佃戸により有利な折半へ改めたことを意味するのかも知れず、また分益租形態での抗租を示す事例も残されていること(33)から、氏の所説はなお蓋然性に止まっているのである。

こうした史料的制約からする困難のみならず、公権力への依存性というここでの地主の性格を究明する作業は、実はかの中央集権的な宋朝の国家形態、専制的国家支配と密接に関連する問題ではないかという私自身の予測もまた、抗租という一事象のみをもってする性急な結論を躊躇させるのである。率直に言って、私は右の問題を本章において解明するだけの準備も思考も重ねてはおらず、本章が構成上独立の結論部分を持ちえなかったのも、課題が将来に持越されているからなのであるが、論旨の首尾を整えるために、以下に文字通りの当面の見通しを箇条書き的に述べて大方の指教を仰ぎたいと思う。

私の当面の見通しは、ひとつは地主制と在地社会との関係にかかわり、ひとつは地主制と専制国家との関係にかかわる(34)。周知のように、宋代の地主制は独自の経済外強制の体系＝個別的領域的権力を形成する方向へではなく、科挙制を主要な径路とする集権化へと進んでいったが、それはおそらく（1）地主と佃戸との対抗関係のあり方、（2）地主的土地所有と在地社会の「共同体」的諸関係のあり方、の二点に起因するであろう。（1）については、ここでは佃戸小経営の不安定性という点を指摘するに止め、主に（2）の点について述べよう。宋代の農村社会の基本的特色のひとつは、「共同体」的諸関係の薄弱ないし未成熟、したがってまた地縁的結合関係の弱さであろう。このことは、宋代の地主層が「共同体」的諸関係を媒介とする在地支配を貫徹しえなかったこと、換言すれば、彼等が生産と再生産を基軸とする在地の社会秩序の掌握者として在地社会の構成員に対する有効な規制力を発揮しえなかったことと表裏の関係をなすであろう。そしてまた、それゆえにこそ、公権力による「共同体」的諸関係の組織・編成と地主佃戸関係への直接的介入とは、在地社会の再生産と地主佃戸関係の安定的維持のために不断に必要とされていたのである。右の事情は、別の角度から見れば、「自作農」をも含む在地社会の構成員が地主制的秩序の下に整序されていないこと、したがってまた、在地社会の再生産は必ずしも地主制的秩序＝地主佃戸関係の拡大へ帰着しないことを意味するのであって、かの「自作農」の多量な存在とその不断の再出とは、ここにその主要な原因のひとつが求められるように思われるのである。さらに重要なことは、「共同体」的諸関係の薄弱ないし未成熟の結果として、地主と佃戸、地主と他の土地所有者層とは、相互に直接的な対抗関係の下に晒されることとなり、その結果、いわば「力の支配」によって土地所有（佃戸支配）を実現し在地支配を遂行しなければならなかった宋代の地主制は、恒常的な不安定性と本質的な脆弱性とを内包していたと考えられるのである。宋代の地主層が、一方で奴僕や無頼の蓄養、また私牢や獄具の設置等を通じた直接的暴力による佃戸支配・在地支配を行いつつ、一方で公権力への強い依存性を示すのは、右の「力の支配」の表裏両面からの表現であろう。

こうして、宋代の地主層の集権化への志向、あるいは本節における直接的課題たる地主の公権力への依存性は、彼等の佃戸支配と在地支配の不安定性・脆弱性に起因すると考えられ、科挙制を通じて専制国家＝公権力へと結集した地主層は、身分的特権を基礎に自己の土地所有の維持・拡大を計るとともに、自らが完結しえなかった佃戸支配と在地支配とを、公権力を通じて組織し完結しようとしたかに思われるのである。以上を総じて言えば、宋代の専制支配の経済的基礎は地主佃戸関係であり、社会的基礎は「共同体」的諸関係の薄弱ないし未成熟であったかに推測される。

なお、以上はきわめて抽象化されたレベルで問題を単純化して提出したものであり、地域や時期による偏差や変化、個別的に論旨と抵触する事例等は一切捨象してある。論旨の当否の検証と実証的裏づけとは今後の課題である。重ねて大方の指教をお願いしたい。

（1）「宋代の佃戸制—奴隷耕作との関聯に於いて—」（一九五〇年原載、同氏『中国土地制度史研究』東京大学出版会、一九五四年、所収）、「宋代荘園制の発達」（一九五三年原載、同前書、所収）、「宋代の佃戸・佃僕・傭人制—特に「宋代の佃戸制」の補正を中心として—」（一九五四年原載、同前書、所収）。

（2）「宋代土地所有制にみられる二つの型—先進と辺境—」（一九六三年原載、同氏『宋元社会経済史研究』創文社、一九九五年、所収）、「宋代地主制と公権力」（一九七五年原載、同前書、所収）。

（3）「宋代の頑佃抗租と佃戸の法身分」（『史学雑誌』七八—一一、一九六九年）。および同氏『中国の地主経済—分種制』（汲古書院、一九八五年）第七章第五節「宋代佃戸の法身分と前代の部曲制度」。

（4）ただし、万暦『嘉興府志』には高元常の事績を見出すことができない。崇禎『嘉興県志』の記載の根拠は不明である。

（5）『明代江南農村社会の研究』（東京大学出版会、一九八二年）第一〇章「明末清初江南の農民闘争」の注（9）。

（6）本書第四章「宋代浙西デルタ地帯における水利慣行」（一九八一年原載）。

（7）高橋芳郎『宋—清身分法の研究』（北海道大学図書刊行会、二〇〇一年）第一章「宋元代の奴婢・雇傭人・佃僕の身分」（一九七八年原載）。

（8）洪邁『容斎三筆』巻一六「多赦長悪」の「刻核」をもって起家した地主がその田僕父子によって臼の中で「擣砕」されたという逸話も、田僕＝佃僕の組織的行動ではないにせよ、苛酷な収奪と身分支配とが逆に過激な反抗を引き起すことのあったことを教えるであろう。

（9）たとえば『長編』巻四五一、元祐五年（一〇九〇）一一月条の蘇軾の上言に、次のようにある。

民庶之家、置荘田招佃客、本望租課、非行仁義。然猶至水旱之歳、必須放免欠負、借貸種糧者、其心誠恐客散而田荒、後日之失、必倍於今故也。

(10) 周藤氏の注（1）前掲の「宋代の佃戸制－奴隷耕作との関聯に於いて－」では、王柏『魯斎王文憲公文集』巻二〇、墓誌銘「宋故大府寺丞知建昌軍王公墓誌銘」に記された佃戸暴動を抗租暴動としているが、劉壎『水雲村稿』巻一三、雑著「汀寇鍾明亮事略」、および巻一四、公牘「代申省乞蠲租免糴状」によれば、これは搶米暴動であった。私はこのことを一九八〇年八月に指摘した（後の《付記》参照）が、温岺「南宋末年江西建昌的佃戸暴動」（『中国農民戦争史論叢』三、一九八一年、所収）も同様の指摘を行っている。

なお、草野氏の注（3）前掲論文の史料解釈に対しては、周藤吉之「北宋末・南宋初の私債および私租の減免政策－宋代佃戸制補論－」（『東洋大学大学院紀要』九、一九七二年）、柳田節子「宋代佃戸制の再検討－最近の草野靖氏の見解をめぐって－」（一九七三年原載、同氏注（2）前掲著書、所収）が批判を加えている。

(11) たとえば洪邁『夷堅志』補巻一六「鬼小娘」に、次のようにある。

明旦区理家事、而検校荘租簿書尤力、親党目為鬼小娘。其父蓋田僕也。嘗来視女、女不復待以父礼、呼罵之曰、汝去年負穀若干斛、何為不償。令他僕執而撻之。

(12) 呂恵卿が「如両歳一収」と述べるのは、水害ないし易田と密接な関連があったと思われる。周藤吉之「宋代浙西地方の囲田の発展－土地所有制との関係－」（一九六五年原載、同氏『宋代史研究』東洋文庫、一九六九年、所収）三二九～三三一頁、参照。

(13) 周藤氏注（10）前掲の後者の論文。

(14) ただし、地主による私的個別的な佃租減免はしばしば史料に見える。周藤氏注（10）前掲の後者の論文、参照。

(15) 草野氏は注（3）前掲論文において本章第一節所引の『契斎集』の記事を私租減免法や佃戸の災傷減租の要求と関連させて論述しているが、それは史料の記述からではなく氏の構想から導かれたものと思われる。

(16) 「読史劄記」（一九三六年原載、同氏『宮崎市定全集』第一七巻、岩波書店、一九九三年、所収）、『東洋的近世』（一九五〇

年原載、『アジア史論考』上、朝日新聞社、一九七六年、所収)。

(17) 高橋芳郎注(7)前掲著書第二章「宋元代の佃客身分」(一九七八年原載)。

(18) 「清朝農民支配の歴史的特質－地丁銀制の意味するもの－」(一九六七年原載、同氏『清代社会経済史研究』岩波書店、一九七五年、所収)、「郷紳支配の成立と構造」(一九七一年原載、同前書、所収)。ただし、氏の発言の直接の史料的根拠がどこにあるのか、私の調査の範囲では不明であった。どなたか御教示願えれば幸いである。

(19) 「清代前期福建の抗租と国家権力」(一九八二年原載、同氏『明清福建農村社会の研究』北海道大学図書刊行会、二〇〇二年、所収)。

(20) 「日本の明清時代史研究における郷紳論について(二)」(『歴史評論』三一二、一九七六年)。また、川勝守『中国封建国家の支配構造』(東京大学出版会、一九八〇年)の序章にも、宋代には「賦は租より出づ」の通念が成立していたとの指摘があるが、史料的根拠は示されてはいない。

(21) 「南宋文献に見える田骨・田根・田祖・田底」(熊本大学『法文論叢』二八、一九七一年)、および同氏『中国近世の寄生地主制－田面慣行』(汲古書院、一九八九年)第二部第一章第五節「農田典売の普及交錯と地権概念の分化」。

(22) なお、黄榦『勉齋集』巻三三、判語「聶士元論陳希点占学租」に、「然聶士元既有元祖上手干照、則(陳子国)雖有冒請公拠、亦何所施」と見え、ここでも「元祖」とは「根元的な」・「根本となる」という意味で用いられている。

(23) 周藤氏注(1)前掲の「宋代荘園制の発達」。

(24) 先掲の「申提刑司、乞免一路巡尉理索状」に「頑頼成風、固官司所当与之追理」とあるのは、現実の抗租をふまえた発言だという反論がありうるかもしれない。しかし、この部分は、「頑頼風を成すは」と既定に訓まれるべきでなく(あるいはそう訓むとすれば、それは論理的既定を示す訓読法となる)、「頑頼風を成さば」と仮定に訓まれるべきであろう。というのは、「某謂、……則過矣」の部分は、「平心而論」つまり「現実の情況を離れて原則的に論ずれば」という一句が置かれていることからも知られるように、黄震の原則的考えが述べられた箇所だからである。

(25)　陳傅良『止斎先生文集』巻五一、行状「右奉議郎新権発遣常州借紫薛公行状」、参照。
(26)　「明末の社会関係における秩序の変動について」(『名古屋大学文学部三十周年記念論集』、一九七九年)。
(27)　濱島敦俊「業食佃力考」(『東洋史研究』三九―一、一九八〇年)、および注(5)前掲著書第一〇章第二・三節にも、この点に関する指摘がある。
(28)　柳田氏注(2)前掲「宋代の土地所有制に見られる二つの型―先進と辺境―」、および同氏「郷村制の展開」(一九七〇年原載、同氏『宋元郷村制の研究』創文社、一九八六年、所収)。
(29)　清末におけるかかる性格の抗租闘争については、小島晋治「太平天国革命」(『岩波講座世界歴史』二一、岩波書店、一九七一年、所収)、同氏『太平天国革命の歴史と思想』(研文出版、一九七八年)第二部第一章「十九世紀中葉における農民闘争と太平天国」、および小島淑男「抗租闘争―江南デルタ地帯を中心にして―」(『講座中国近現代史』二、東京大学出版会、一九七八年、所収)、参照。
(30)　草野氏注(3)前掲論文では、この史料を、江浙地方に旱害が多いのは惰農の苟安に原因があるとする俗論を批判したものと解釈しているが、誤りであろう。
(31)　注(6)前掲拙論においても、この点に関して若干の指摘を試みている。
(32)　もっとも、粗放低位な農業技術水準とその結果としての低生産性とから、次のような抗租も出現していた。これは注(17)前掲拙論でいささか論及した地主浮客関係とでも呼ぶべきものと関連するであろう。紹興二二、三年(一一五二、五三)頃の王之道『相山集』巻二四、書「論増税利害、代許敦詩、上無為守趙若虚書」に、次のようにある。
今間曠連阡亘陌、斯民不復問其耕之鹵莽耕之滅裂、而其実有鹵莽滅裂之報。為佃客者又貪多、務得正使、所収不償所種。亦当取其十分之四、往往倒持太阿、以陵其主人、故主人常姑息而聴之。
(33)　たとえば注(32)前掲の『相山集』の記事、参照。また、草野氏は「租佃制」には地主の検視・検校が伴わないと指摘している(注(3)前掲論文、および「宋代民田の佃作形態」『史艸』一〇、一九六九年)けれども、明代に関わる史料ではあ

るが、乾隆『泉州府志』巻二〇、風俗所引の「温陵旧事」には、

毎春冬徵租、旧皆佃主親履田畝、以豊歉為完欠。

という一節がある。「豊・歉を以て完・欠を為す」とは、これが定額租であったことの表現であり、ここには明らかに地主の検視・検校が伴っているのである。

(34)　この点についての私の見通しは、柳田節子、重田徳、田中正俊、小山正明、島居一康、濱島敦俊、丹喬二、佐竹靖彦、森正夫等の人々の宋代以降の前近代中国社会の研究と深い関連を有しているが、将来研究史の総括を行いたいと考えているので、ここではその論旨および論文名は省略させて頂く。また、以下の行論の裏づけとすべき研究や史料についても一切省略する。

《付記》

本章は、一九八〇年八月二日・三日の両日札幌市において開催された北海道大学東洋史談話会主催の『抗租闘争の諸問題』と題するシムポジウムの場で同じ表題のもとに口頭発表した際の原稿に加筆と訂正を行ったものである。本シムポジウムの討論の際に貴重な指教と助言を与えられた参加者の方々に深くお礼を申し上げげたい。

第六章　中国史における窃盗罪の性格——宋代以降の身分制史研究の一素材——

は じ め に

身分が上下の関係にある者の間で犯罪が発生した場合、適用される刑罰は、加害者が身分的に上位の者であれば凡人間——すなわち身分的に対等者間——の犯罪に適用される刑罰よりも軽く、身分的に下位の者であれば凡人間の刑罰よりも重くなるということは、前近代のいくつかの民族の歴史の中に検証されうる事柄である。中国史にあっても、君主と臣下、官僚と庶民、良民と賤民、尊長と卑幼といった身分差がある場合、そこで発生した犯罪に対する刑罰の懸隔がはなはだ大きなものであったことは、ことさらに云々するまでもなく周知の事実であるし、逆にそうした刑罰の差ないし差の大きさから身分差や身分観を検出するということも、研究の初歩的手法としてわれわれの常用しているところである。

上述したような身分差の大小と刑罰の加減との比例的な対応関係は、しかし、あらゆる犯罪に普遍的に妥当する原則といったものではない。たとえば、中国の親族内における身分関係は、尊と卑（世代の上下）、長と幼（同一世代の年齢の上下）、すなわち尊長と卑幼の関係と、礼制上の五服と言われる服喪の関係をもとに律せられるのであるが、この親族内の身分差は傷害罪や姦淫罪などの場合にはほぼ比例的な刑罰の加減となって現れる——すなわち親族関係が近ければ近いほど刑罰の差は大きくなる——ものの、こと窃盗罪に関しては全く異なった様相を見せるのであって、たとえば『唐律疏議』巻二〇、賊盗「盗緦麻小功親財物」に、

諸盗緦麻・小功親財物者、減凡人一等、大功減二等、期親減三等。殺傷者、各依本殺傷論。

とあるように、親族関係が近ければ近いほど刑罰が減じられるという原則が認められるのである。この原則は宋初に制定された『宋刑統』でも同じであり[1]、元代にも同様の法令が認められる[2]。ついで明清律では軽減の程度と範囲とが拡大され、無服の親族も一等を減じ、緦麻二等、小功三等、大功四等、期親五等が減じられる定めであった[3]。

これらの規定は、唐律の場合、凡人間の窃盗罪が財物を得ない場合でも笞五十、一尺を得れば杖六十、五疋で徒一年などと規定されているのと比べれば[4]、刑罰の大きな軽減であると言わねばならない。

ところで、窃盗罪において刑罰の軽減が認められるのは親族だけではなかった。のちに史料を掲げて示すように、宋代以降の有期的な服役労働者——随身、女僕、傭賃、雇工人など——あるいは奴婢もそうした軽減の対象とされていたのであった。宋代以降の有期的服役労働者や奴婢が主人や主人の有服親との間で殺傷や姦淫などの犯罪が発生した場合、前者には数等重く後者には数等軽く罰するというのが刑法の一般的な原則であるが、こと窃盗罪に関するかぎりそうした原則はあてはまらず、かえって刑罰は凡人間の窃盗罪よりも軽くなるのである。それでは、親族関係が近ければ近いほど——すなわち親族内の身分差が大きければ大きいだけ——刑罰が軽減されるのはなぜであろうか。有期的な服役労働者や奴婢の主家の財物に対する窃盗罪が例外的に軽減されるのは果していかなる理由によるものなのであろうか。

こうした窃盗罪の特異な性格について、これまで研究者が注意を払ってこなかったわけではない。たとえば瞿同祖

氏は『中国法律与中国社会』の中で、親族内の窃盗罪が凡人間の窃盗罪よりも刑罰が軽減されることを指摘し、これは家族の和睦と親愛を目的としたもので、その他の犯罪にあって親族内の身分差と比例的に卑幼の罪が加重され尊長の罪が軽減されることと矛盾するものではないこと、経済的観点からすれば、同宗の親族は親疎遠近を問わず相互扶助の義務を道義上持つのであって、貧窮によって窃盗に及んだ者に寛恕を与えたものであると理由づけている。瞿氏は同時に、窃盗によって殺傷が生じた場合には、族内の和睦という窃盗罪の立法の趣旨に大いに違背することになり、その場合は服制に基づく刑罰が行われるのである（前掲『唐律疏議』、参照）とも述べている。(5)

こうした瞿氏の説明にはいくつかの疑問がある。第一に、親族内で発生する窃盗は必ずしも貧窮を原因とするとは限らないであろう。瞿氏は自説を根拠づけるために、飢寒に迫られて窃盗に及んだのでなければ刑罰は減免されなかったとして清代中期の一判例を掲げているが、この判例は立法の趣旨を皇帝の理解に沿って改変するという性格を持っており、また清代の一判例でもって唐宋以降の親族の窃盗罪の性格を説明づけることにも無理がある。(6) 唐代から清代の法律には〝貧窮による場合は〟減刑するといった条件は全く付されていないからである。第二に、瞿氏は族内の和睦と親愛とが立法の目的であると言うが、窃盗といえども他の犯罪と同様に族内の和睦を乱す行為であることを否定することはできないであろう。第三に、同宗の道義的義務としての相互扶助という論点について言えば、減刑の範囲は同宗のみならず外姻にも及んでおり、さらに上述のように有期的服役労働者や奴婢までも含んでいるのであって、族内の和睦や親愛を立法の目的と考えることはできないのである。したがって、瞿氏の所説は、ひとり窃盗罪のみが親族内身分秩序に反比例して刑罰の軽減が行われるという事実を説得的に説明しているとはみなしがたいのである。

それでは窃盗罪に特徴的なここでの問題はどのように理解すべきなのであろうか。問題を解く手がかりは、さしあたり二点与えられているように思われる。ひとつは、刑罰軽減の範囲が親族および準家族員として家族の成員に擬制化される有期的服役労働者や奴婢であったという点であり、ひとつは、窃盗罪が純粋に経済的な犯罪であるという点である。この二点からするならば、こうした窃盗罪の特異な性格は、中国人の家族・親族の経済的な態様と深く関わるであろうとの予測が得られるはずである。そして、この予測に立って顧みるとき、われわれは、中国の家族・親族に関するわが国の研究の中に、ここでの問題を解決する上での貴重かつ直接的な示唆が含まれていることに気づかされるのである。以下、そうした研究を紹介しつつ、窃盗罪の持つ特異な性格のよってきたる所以を探ってみることにしよう。

一　窃盗罪と親族

『唐律疏議』巻一二、戸婚「卑幼私輒用財」に、

諸同居卑幼、私輒用財者、十疋笞十、十疋加一等、罪止杖一百。

とあり、同書巻二〇、賊盗「卑幼将人盗己家財」に、

諸同居卑幼、将人盗己家財物者、以私輒用財物論、加二等、他人減常盗罪一等。若有殺傷者、各依本法。

とある。前者は同居の卑幼が尊長の承諾なく家財を費消した場合の規定であり、後者は同居の卑幼が他人を誘って自分の家の財物を窃盗せしめた場合の規定であるが、いずれの場合にも卑幼は窃盗罪ではなく「私に輒《みだり》に財物を用う」という罪名で罰せられるに止まっているのである。中田薫氏はかつて「唐宋時代の家族共産制」と題する論考の中で、これらの史料をも有力な証拠として用いながら、中国人の家族生活は同居共財か別居異財かのいずれかであり、「同居」ないし「同居共財」という言葉は家族共産制を表現したものであったこと、家族共産制であるがゆえに同居の親

族の間では上掲の史料に見られるように盗みの罪が成立しないことを疑いの余地なく論証したのであった[7]。中国人の家族のありようが同居共財であるという中田氏の論点は、のちに滋賀秀三氏によってさらに深められることになる。滋賀氏の『中国家族法の原理』によれば、同居共財とは、第一に「各人の勤労の所産をすべて全員のための単一共同の会計すなわち家計に入れるということ」であり、第二に「同居の各人の生活に必要な消費は全面的に共同の会計によって賄われる」こと、第三に「生産消費の全面にわたる共同の会計から生ずる余剰は、全員のための共同の資産、すなわち家産として蓄積せられる」ことであり、その意味するところはこの三点に尽きると言われている。滋賀氏はさらに中田氏の家族共産という用語と概念に批判を加え、同居共財とは家産についての経済的機能の側面を言い表したものであって法的帰属の問題ではないこと、すなわち「同居共財の成員がただちに家産の共同所有者であるのではない」点に注意を促すとともに、同居共財という中国人の家族生活のありようは「上は少なくも漢代から下はごく最近に到るまで時代を通じて存続した現象であり、中国家族制度の基本的な性格にかかわる問題であること」も指摘している[8]。

以上の研究によって、さしあたり同居の親族の間に窃盗罪が成立しない根拠は明確に了解されるに至った。それは親族の和睦といった道義的理由によるものでもなければ、家族秩序の維持といった政治的目的によるものでもなく、中国人の家族生活、とりわけその経済的機能として同居共財という形態を自然的にとっていたことに基づくものであったのである。このことは、別居異財の親族内の窃盗に対する刑罰の軽減を説明づける際にも有力な示唆を与えるであろう。

中国人の親族とは、男系血族とその妻を総称する「本宗」または「本族」と、女系血族および妻の実家や女《むすめ》の嫁ぎ先など本宗を除いた親戚関係にあるもの、つまり「外姻」とによって構成される。本宗と外姻とを併せて「親属」という言葉が用いられる。[9] 本章に言う「親族」とはこの「親属」と同義であり、「家族」とは同居共財を営む親族を指して用いることにする。そして注意しておくべきことは、滋賀氏が指摘しているように「中国において親族関係を規定する上に決定的な意義を有していたのは「宗」という概念」だった[10]ということであり、したがって、ここでの問題の核心も本宗の経済的態様に求められなければならないということである。

ところで、本宗とは経済的側面から見れば、何世代かを遡るある時点での同居共財の男系血族の共同祖先から、兄弟均分の原則によって家産分割を経つつ分かれた集団の総称にほかならない。すなわち、別居異財の本宗とは、時間的な遠近は別として、かつて同居共財を営んでいた男系血族とその男系子孫および妻たちなのである。したがって一般的に、本宗における親疎すなわち服制の序列は、男系血縁の濃淡に止まらず、同居共財関係の解消＝家産分割の行われた時点の遠近とも一致する。親族内の窃盗に対する刑罰が、親族関係が近ければ近いほど軽くなるということは、したがって、同居共財関係にあった時点が近ければ近いだけ軽くなるということを意味している。[11] とするならば、かつて自らが、あるいは自らの父祖が経済的な意味において共有していた財物を盗むという行為は、そうした関係を持たない他人の財物を盗むということと同じではないという観念が――直接の証拠はないけれども――中国人の脳裏を支配し、為政者に上記のような法律を制定せしめたに相違ないのである。そして、こうした立法の趣旨の根底には、あるいは同居共財関係にあった時点が近いほど窃盗の罪が軽くなるという法的な論理構成の中心には、同居共財の家族の成員には盗みの罪が成立しないという事実が存在する。もとより窃盗罪の軽減は外姻の有服親にも及んでいる。しかし、それは礼制上の服制を基準とする法文の構成からして避けがたい事柄であり、立法の本質的な趣旨とは区別して考えられるべきものであろう。同居共財によって営まれる中国人家族の経済的生活を基礎に定められた本宗の窃盗罪は、立法技術上服制によって段階づけられた結果として、外姻の一部にまで拡大適用されるに至ったと考えられるのである。因に、外姻の服は、緦麻と小功とに限られており、服制上の重点と範囲の広さは遠く本宗に及ばないことにも注意を向けておきたい(12)。

二　窃盗罪と擬制的家族員

中国人の家族生活の経済的態様が同居共財であったこと、同居共財の解消が兄弟均分を原則とする家産分割であり、あたかも細胞が分裂しつつ増殖してゆくように、各々の兄弟は家産分割の時点でか将来かは別として自らの家族を構成した時点から再び同居共財の家族生活を営むものであったことは、上述したように親族内の経済的犯罪であるところの窃盗罪に他の犯罪とは異なる特殊な性格を与えていた。

ところで、こうした同居共財という経済的生活を中核的基礎に定められた親族内の窃盗罪に対する法規定は、すでに述べたように、同居共財の経営体に包摂されて生活する親族以外の人々、すなわち擬制的家族員の窃盗罪にも拡大適用されることがあった。親族内の窃盗罪軽減の根拠が、以上に推定したように同居共財という中国人の家族生活の経済的態様に求められるとするならば、擬制的家族員の窃盗罪軽減の根拠もまたそこに求められなければならない。以下、この点の検討に移ろう。

『宋刑統』巻一九、賊盗律「強盗窃盗」に付された建隆三年（九六二）二月一一日勅の節文に、

起今後犯窃盗、贓満五貫文足陌、処死。不満五貫文、決脊杖二十、配役三年。不満三貫文、決脊杖二十、配役二年。不満二貫文、決脊杖十八、配役一年。一貫文以下、量罪科決。其随身并女僕偸盗本主財物、贓満十貫文足陌、処死。不満十貫文、決脊杖二十、配役三年。不満七貫文、決脊杖二十、配役二年。不満五貫文、決脊杖十八、配

役一年。不満三貫文、決臀杖二十。一貫文以下、量罪科決。如是伏事未満二周年偸盗者、一准凡人断遣。

とあり、随身・女僕と呼ばれる服役労働者の窃盗罪は、凡人と言われる一般の窃盗犯に比べて大幅な刑罰の軽減が認められている。もとよりそうした軽減措置は服役後二年を経てはじめて許されるのであり、それ以前は凡人と同等に扱われるのであるが、そのことは服役二年をもって刑罰の軽減を許すに足る準家族員としての資格——それはすなわち随身・女僕の主家に対する法的な従属的地位の確立にほかならない——を備えたと考えられていたことを示すものである。

ところで、草野靖氏はこの史料に基づいて、「従僕が主財を盗むのは他人の財物を盗むよりは犯罪性が薄いという社会通念を反映したものであろう」と述べ⒀、さらには、私がかつて窃盗罪を例証として宋元代の佃戸の身分的地位の変化を論じた⒁ことについて、

主佃相犯法における佃客の地位を論ずるのに窃盗罪を根拠にするのは問題を含む。主佃の間に厳しい窃盗罪が設けられれば紛争は絶えない。主家の財物を取扱う労働に従うべき地位にある人力・佃客（分種農）には、窃盗の罪でみだりに刑を受けることのないよう保護が加えられていたはずである。地主も同様であったろう。

との批判を加えている⒂。つまり草野氏によれば、従僕・佃客と主人・地主との間に窃盗が発生した場合、その犯罪性が薄いと考えられていた——換言すれば刑罰が軽減される——のは、両者が互いに互いの財物を取扱う関係にあるからだというわけである。しかし、第一に、そうした〝社会通念〟が当時存在していたということは何ら証明されておらず、草野氏の所説は単なる推測に止まっているにすぎない。第二に、上掲の史料について言えば、随身・女僕に対する刑罰の軽減が服役後二年を経て初めてなされるという点を、草野氏の論理で説明できるであろうか。答は否定的である。随身や女僕は服役後二年を経て初めて「主家の財物を取扱う労働に従う」のではなく、服役当初からそうし

た労働に従っていたはずだからである。因に、『文献通考』巻一一、戸口考二、奴婢、天禧三年（一〇一九）条には、

大理寺言、……自今人家傭賃、当明設要契、及五年、主因過殴決至死者、欲望加部曲一等。但不以愆犯而殺者、減常人一等。如過失殺者勿論。従之。

と見え、主人の傭賃殺害の罪に対して刑罰の軽減（過失殺は免刑）が認められるのは、契約を立ててより五年に及んで後とされている。こうした二年あるいは五年という年数になにがしかの客観的な基準があったわけではない。擬制的家族員は主人によって衣食住の給養を受けるのを一般とするが、これは同居の成員が家計を司る家長によって衣食住を満たされることと相似た関係である。この関係が二年ないし五年間継続されれば、恩義の蓄積によって主家と擬制的家族員との間には尊長と卑幼に準じた身分差（彼等の場合いわゆる「主僕の分」）が生じ[16]、それゆえ窃盗罪の場合には、同居の親族ではないものの、いわば準同居親として刑罰の軽減が図られ、殺人罪の場合には主人の刑罰減免が許されていると解すべきなのである。そのことを明示する事例を掲げておこう。『元典章』巻四九、刑部一一、諸盗一、免刺「受雇人盗主物、免刺」には、大徳六年（一三〇二）に呉旺なる者に雇われ服役していた陳寅子なる者が雇主呉旺の米穀を盗み売った事件について、

刑部議得、……却緣本賊与雇主宿食同居、擬合比依奴婢盗売本使財物、減等定論、不追倍贓、免刺、相応。都省准擬。

と記されている。すなわち、陳寅子は呉旺と「宿食同居」なるがゆえに、奴婢が主財を盗んだのに比依して――奴婢が主家の擬制的家族員であることはあらためて言うまでもない――刑罰が軽減され、倍贓と刺字が免じられたのであり、それ以外ではない。社会的経済的な面で擬制的家族員であることが、法律上も家族員に準じた扱いを受ける根拠となるものであったことが確認されるであろう。

この論理は佃客の財物を窃盗した地主に減刑が与えられたことを示す元代の一断例についても完全に妥当する。すなわち、『元典章』巻四九、刑部一一、諸盗一、免刺「主偸佃物、免刺」に、

延祐三年七月、袁州路奉江西行省劄符、近拠吉安路申、陳百六被盗事。問得、陳慶二状招、不合為首糾合高百一等六名、窃盗訖佃戸陳百六布物入己、併贓計至元鈔四十貫之上。比依旧例、将陳慶二、杖断九十七下、従賊高百一等、断八十七下。拠刺字倍贓一節、旧例、奴盗主財、親属相盗、免刺、止追正贓。本省議得、陳慶二既係事主陳百六田主、又将婢使嫁与為妻、即与偸盗他人財物不同。従賊高百一等六名内、陳十一又係首賊陳慶二房兄。雖係陳慶二糾合上盗、各有另分贓物入己、倶已断訖。若擬刺字追徴陪贓、誠恐差池。移准中書省咨、該、送刑部呈、議得、首賊陳慶二糾合高百一等六名、偸盗佃客陳百六衣物、罪已断訖、擬合免刺。其余従賊高百一等、合依凡盗定論。陪贓一節、既係革前、免徴相応。具呈照詳。都省准擬、咨請依上施行。

とある。被害者陳百六の地主であり窃盗犯の首謀者である陳慶二は、ここでは凡人間の窃盗罪に適用される刺字と倍贓とが免じられているのであるが、その理由は、吉安路の申文に「旧例では、奴僕が主人の財物を盗んだ場合、親属が互いに盗んだ場合は、刺字と倍贓とを免じるとある（がこの件はどう処理すべきか）」とあり、江西行省の議に「陳慶二は被害者陳百六の地主であり、また婢使を百六の妻として与えているのであるから、他人の財物を盗んだのと同じではない」とあることによって明白である。すなわち、地主と佃客との関係はここでは奴僕と主人あるいは親族相互の関係にアナロジーされて捉えられており、そうしたアナロジーに基づいて陳慶二の窃盗罪は軽減されているのである。したがって、こうした史料の語る論理に基づくことなく、単なる推測に立脚した草野氏の批判には承服できないと言わねばならない。

さて、続く明清律には、雇工人と呼ばれる有期的な服役労働者に関する諸規定が設けられているが、窃盗罪につい

ては、『大明律集解附例』巻一八、刑律、賊盗「親属相盗」に（清律も同じ）、

其同居奴婢雇工人盗家長財物、及自相盗者、減凡盗罪一等、免刺。

と見え、窃盗罪につき刑罰の軽減に与かるのは明確に「同居」の奴婢と雇工人であるとされている。[17] 逆に言えば、主人によって衣食住の給養を与えられない独立した経営を有する奴婢・雇工人は凡人と同列に置かれていたことが示唆されているであろう。

ところで、経君健氏は、明清代の雇工人の法律的地位を網羅的に論じた「明清両代〝雇工人〟的法律地位問題」（一九六一年）の中で、当時の雇工人が雇主の〝宗法家長制体系〟の下でほぼ子孫・卑幼の父祖・尊長に対するのと同等の地位――この身分差は大きな懸隔である――に置かれていたことを指摘しつつ、同時に右の規定が、子孫が期親の財物を窃盗した場合と比較して四等重く、無服の遠親の財物を族人が窃盗した場合に相当するものであることから、この例外的な規定は、雇主の財物が雇工人の手中に流入するのを厳しく防ぐためのものであるとしている。[18] しかし、この規定の趣旨がもし経氏の言うごときものであったとするならば、雇工人の窃盗罪は一般の刑罰よりも重く罰せられてこそしかるべきなのであるが、逆に、見られるように雇工人に対する刑罰は一般の窃盗罪よりも軽減されているのであって、経氏の所説もまた本章の論旨を否定するに足るものではないと言わねばならない。

以上、中国における親族および準家族員の窃盗罪の性格を見てきた。窃盗罪は経済的犯罪であるがゆえに、中国人の家族生活の経済的態様がその刑罰に反映していたのであった。親族の身分関係は先述したごとく尊長・卑幼の関係と服制とに基づいて律せられていたのであるが、この身分差と刑罰の加減との関係は、窃盗罪にあっては全く逆の方向性を見せていた。しかし、刑罰加減の方向性は逆比例的ではあっても、窃盗罪もまた親族の身分関係によって規制されていたという点では他の犯罪となんら異なるところがなかったのである。そして、こうした親族の身分関係に準

拠した窃盗罪の軽減という原則は、擬制的家族員たる奴婢や傭賃、雇工人にも拡大適用されていたのであった。

ところで、奴婢や傭賃また雇工人が擬制的家族員として、否、擬制的家族員であるがゆえに窃盗罪に対する刑罰の軽減を受けていたという本章の観点からすれば、その他の犯罪についても擬制的家族員に相応しい扱いが認められてしかるべきであろう。そしてまた、そうした事例も決して乏しいわけではないのである。従来の研究が明らかにしてきたように、宋代の人力・女使や明清代の雇工人が主家の家父長制的秩序の下に置かれていたこと、元代・明清代の奴婢・雇工人が主人の犯罪を告発することを制限されていたことなどは、彼等が擬制的家族員として主家の家族成員（子孫・卑幼）に準ずるものとして法的にとらえられていたことを示しているのである。[19]

おわりに

明清代の身分制史の分野で、とりわけ法律上の身分関係の面で、従来最も網羅的で信頼に足る研究を発表してきた経君健氏は、清代の身分制の特質の第一に、親族と雇工人・奴婢を主要な事例として示しつつ、宗族倫理と家父長制の貫徹という点を挙げている。経氏は同時に、君と臣、良と賤、官と民との間に最も大きな身分区分が存在したことも指摘しているが、[20]こうした制度上の枠組は、時代による若干の変化と重点の移動とを除けば秦漢以降清代に至るまでの帝制期中国に共通する不変性を持っていたと言ってよいであろう。しかし同時に指摘され強調されなければならないのは、制度上の枠組は不変でありながら、それぞれの身分が決して固定的なものではなかったという点である。君―臣、良―賤、官―民に区分された諸身分は多分に可逆的かつ流動的だったのであり――宋代以降この傾向は一層強まったように思われる――、それは「君」すなわち皇帝の身分すらも例外とするものではなかったのである。こうした制度の枠組の不変性と諸身分間の可逆性・流動性という中国身分制度がもつ特徴は、階級の政治的編成としての身分制度の展開を著しく困難ならしめたと思われる。中国史における階級関係は、国家的な階層秩序としての身分制度としてではなく、経君健氏が指摘するように宗族倫理および血縁原理に基づく家父長制の拡大適用・擬制化によって表現され、さらに個別的・具体的な人と人との関係において現れてこざるをえなかったのである。たとえば、宋代の人力・女使、明清代の雇工人の法身分は決して固定不変のものではなかった。それは彼等が階層として固定不変の法身分を持たなかったというだけでなく、主人および主人の有服親に対しても固定的な法身分を持つものではなかったという点に端的に示されている。社会的に存在する多種多様な有期的・無期的服役労働者のどの部分が法律上の人力・女使また雇工人に該当するのかは、個別的かつ具体的な彼等と主人との関係に基づいて処理されており、犯罪の種類や服役年限あるいは契約の有無など階級関係を構成する本質的要素以外の契機によって、彼等は時には法律上の差別を受け、時には凡人の法でもって扱われていたのであった[21]。

こうした階級関係と身分制度との関係、および階級関係を身分関係として把捉する際に宗族倫理・家父長制的秩序とのアナロジーが行われるという特徴は、地主と佃客の場合にもまま見られたことである。先に、地主が佃客の財物を窃盗した場合に、主人と奴僕あるいは親族相互の窃盗罪にアナロジーして刑罰の軽減がなされた元代の例を示しておいたが、元の盛如梓『庶斎老学叢談』巻下に、

里人周竹坡、守産間居、頗渉猟方冊。為佃客告其私酒。簽庁照条擬罪。公判云、私醞有禁、不沽売者、其罪軽。然告主之罪大。此風不可長。周某杖八十、贖銅。佃者杖一百。聞者快之。

とあり、『宋会要』食貨六六―二四、役法、紹熙元年（一一九〇）二月二九日条に、

景珪言、……詭名挟戸之家、除人力・佃客・幹当掠米人不許告首外、田隣并受寄人亦許令擿櫝首、……。従之。

とあるのも同様の文脈で理解すべきものと思われる。つまり、前者は地主の犯罪を告発した佃客を佃客にあるまじき行為として罰したことを記し、後者は詭名挟戸に限って人力や幹当掠米人とともに佃客の主罪告発を禁じたものであるが、一般に告発が禁止・制限されるのは、家族・親族内の犯罪に対する家族・親族のそれと、主人および主人の有服親の犯罪に対する奴婢・雇工人など擬制的家族員のそれに限られるというのが歴代の通制である。それが宋元代には上述のように佃客をもそうした擬制的家族員の延長線で捉えようとする傾向が認められるのである。それが宋代の佃客の地主に対する経済的依存性すなわち佃客の経済的非自立性を示すものなのか、あるいは単なる宗族倫理と家父長制的秩序の拡大適用にすぎないのかは、なお今後の検討を必要とする問題ではあるが、いずれにせよ地主＝佃客関係という階級関係が宗族倫理と血縁原理に基づく家父長制的秩序とのアナロジーによって身分的に把握されるものであったことは疑いないのである[22]。

なお最後に付言しておくべきことは、本章が検討課題とした家族・親族内の窃盗罪と擬制的家族員の主財に対する窃盗罪もまた、刑罰の加減という点ではその他の犯罪と異なった様相を示しているものの、中国身分制度の持つ宗族原理と家父長制原理という一特徴を裏づける事例となりうるものだという点である。すなわち、逆に言えば、一般の窃盗罪と比べて刑罰の減免が認められれば、被害者と犯人との間には家族・親族関係か家族成員に擬制化されうる身分差が存在するという点において、窃盗罪は他の犯罪と同様に少なくとも宋代以降の身分制史研究の有力な素材となしうるものなのである。

（1）『宋刑統』巻二〇、賊盗律「盗親属財物」。
（2）『元史』巻一〇四、刑法志三、盗賊に、諸親属相盗、謂本服緦麻以上親、及大功以上共為婚姻之家犯盗、止坐其罪、並不在刺字・倍贓・再犯之限。其別居尊長於卑幼家窃盗、若強盗、及卑幼於尊長家行窃盗者、緦麻小功減凡人一等、大功減二等、期親減三等、強盗者準凡盗論。殺傷者各依故殺傷法。

とある。「其別居…」以下の部分とそれ以前とは明らかに条文の内容が異なるから、これは二条として扱うべきであろう。これは『元史』刑法志に少なからず見られる単なる断例の要約という性格に起因するもので、この二条は時期的に異なる断例の要約とみなすべきものと考えられる。因に第一条に対応する断例は『元典章』巻四九、刑部一一、諸盗一、免刺「親属相盗免刺」に見える。

（3）『大明律集解附例』巻一八、刑律、賊盗「親属相盗」。

（4）『唐律疏議』巻一九、賊盗「窃盗」。

（5）瞿同祖『中国法律与中国社会』（上海商務印書館、一九四七年、再版、中華書局、一九八一年）第一章第三節の「窃盗罪」、参照。

（6）瞿氏の引く『刑案彙覧』は今参照することができないが、『刑案匯覧』巻一八、刑律、賊盗「無服卑幼経管財物、肆窃貽累」によってこの案件を見ることができる。陶宇春なる貢生が典舗を開き無服の族姪孫陶仁広なるものに看守せしめていたところ、仁広が窃盗に及んだというものである。仁広が律に従って一等を減じられなかった理由——すなわち、瞿氏の論拠——は、乾隆帝がこの案件に対する原擬（「無服之親減一等、擬流」）を批判した次のような上諭にある（この上諭は後掲の『光緒大清会典事例』にも見ることができる）。

夫律設大法、理順人情。親属相盗、較之尋常窃盗、得邀末減者、原因孝友睦姻任恤之道、本応賙急。如果嫡近卑幼貧乏不能自存、而尊長置之膜外、其卑幼因而窃取財物者、律以親属相盗免議之例、情属可原、自応末減其罪。今陶仁広係陶宇春無服族姪孫、支属甚遠。陶宇春令其在典管理首飾、並非素無照応者可比、乃陶仁広輒敢窃取金珠銀両、潜逃楚省、以致同典商夥周記爽及伊胞兄陶仁慶、均被厳刑。況村鎮典鋪、貲本不過千余金、而陶仁広所窃、估贓竟至三百余両、致累陶宇春照数賠補、又遭訟累、中人之産不因此而蕩尽耶。此而尚得照律減流、其何以懲窃盗、而安善良。嗣後、親属相盗五服以内者、応照律末減、其五服以外、而贓数逾貫者、仍応按律問擬絞候。但念其究属本支、秋審時入於免勾、情理実当。所有陶仁広一犯、即応照此辦理。……著刑部、将期功緦麻以及無服相盗之案、另行分別等差、並按照贓数、妥議具奏、不得仍照旧例概予減等免議。

これは皇帝とはいえ乾隆帝一個人の「親属相盗」律の理解であり、かつ乾隆帝の理解は貧窮な卑幼が窃盗に及んだ事例に偏している。律の減等は、本来尊長が卑幼の財物を窃盗した場合にも適用されるものだったからである。全体の文意は、宇春の過分の恩義にもかかわらずそれに背いて仁広が窃盗に及んだこと、それによって陶宇春等に甚大な被害を与えたことを非難したものであるが、この上諭によって、乾隆五八年（一七九三）には、次のような新たな条例が定められている。『光緒大清会典事例』巻七九四、刑部、刑律賊盗、親属相盗に、

各居親属相盗財物、除因尊長膜視卑幼、素無周恤、致被卑幼窃其財物者、仍各按服制、照旧律分別減等辦理外、若尊長素有周恤、或託管田産、経理財物、卑幼不安本分、肆窃肥己、貽累尊長受害者、係有服親属、各照減等本律、逓加一等治罪、係無服之親、即以凡人窃盗計贓科断、至満貫者、擬絞監候、秋審時入於緩決、俟緩決三次後、遇有恩旨、再行減発充軍。

とある。すなわち、乾隆帝の上諭とそれを承けた右の条例の制定に伴って、瞿氏の理解に沿うような事態が初めて出現したのである。

（7）中田薫「唐宋時代の家族共産制」（一九二六年原載、同氏『法制史論集』第三巻下、岩波書店、一九四三年、所収）。
（8）滋賀秀三『中国家族法の原理』（創文社、一九六七年）第一章第二節。ただし近年、山田勝芳「中国古代の「家」と均分相続」（『東北アジア研究』二、一九九八年）は、男子均分相続の観念は晋・南朝の貴族社会において一般化し、隋唐時代に確立したとの見解を示している。
（9）滋賀氏注（8）前掲著書。また滋賀秀三訳注『訳註日本律令五　唐律疏議訳註篇一』（東京堂出版、一九七九年）の「序録」、参照。

（10）滋賀氏注（8）前掲著書一九頁。

（11）もちろん累世同居の家族にあっては、同居共財関係解消の時間的遠近と服制（すなわち窃盗罪軽減の程度）とは直接の対応関係を失うが、そうした累世同居の例は稀であり、特に本章が直接の検討対象とする宋代以降は一層稀であると言ってよい。

（12）注（8）前掲滋賀著書四三頁注（22）には、「外姻は服が軽いということは、決して、日常生活において疎遠であったことを意味するものではない。……歴代の律が、外祖父母を、礼制上の服は小功でありながら、刑法上は殆んど常に期親尊属と同列に扱っていることも、その実生活における重要性を評価したものとして、注目に価する」との指摘があるが、窃盗罪の場合にそうした扱いが見られないのは、この親属相盗に関する法律が、同居共財という本宗にのみ関わる事柄を基盤としたものだからであろう。

（13）草野靖『中国の地主経済―分種制』（汲古書院、一九八五年）四四三頁。

（14）高橋芳郎『宋―清身分法の研究』（北海道大学図書刊行会、二〇〇一年）第二章「宋元代の佃客身分」（一九七八年原載）。

（15）草野氏注（13）前掲著書四九〇頁の注（9）。

（16）主僕の分が何によって生ずるかといえば、それは恩義によると言うほかない。傭賃や雇工人は主人によって衣食住の給養を受けるのを一般とするが、それが主人の側からの恩義である。主人によって婚配せしめられればそれも恩義となり、また主人によって彼等に与えられるものすべては恩義となる。しかし同時に、彼等の労働は決してこの恩義を消却するものとは考えられていなかった。恩義とはそもそも抽象的なものであり定量化することが困難なものである。それゆえ年限は恩義を定量化する上で最も便利な尺度となる。服役年限が長くなればなるだけ恩義は重くなり、彼等の地位は低下する。明清代の雇工人と奴僕との差異が、恩義の軽重、服役期間の長短にあるという律の注釈家の見解は（小山正明「明・清時代の雇工人律について」一九七八年原載、同氏『明清社会経済史研究』東京大学出版会、一九九二年、所収、参照）、恩義と身分とに関する時人のこうした観念を表明したものなのである。なお高橋芳郎注（14）前掲著書第三章「中国史における恩と身分」（一九九三年原載)、参照。

(17) この軽減措置は、雍正六年条例で「照窃盗律、計贓治罪」と改められ、以後軽減されなかった。呉壇『大清律例通考』巻二五、刑律、賊盗下「親属相盗」第二条例、参照。

(18) 経君健「明清両代〝雇工人〟的法律地位問題」(『新建設』一九六一年-四、のちに改訂して『明清時代的農業資本主義萌芽問題』中国社会科学出版社、一九八三年、所収)。

(19) 注(18)前掲経君健論文、参照。また明清代の雇工人が家父長制的秩序の下に置かれた存在であったことは小山氏注(16)前掲論文にも指摘がある。宋元代については、高橋芳郎注(14)前掲著書第一章「宋元代の奴婢・雇傭人・佃僕の身分」(一九七八年原載)、参照。拙論の中では、元代に傭工の主罪告発が制限されていた事例を示しておいた(二七～二八頁)。

(20) 経君健「論清代社会的等級結構」(『中国社会科学院経済研究所集刊』三、一九八一年)。

(21) 高橋芳郎注(14)前掲著書第八章「明末清初期、奴婢・雇工人身分の再編と特質」(一九八二年原載)、同「万暦一六年新題例の前提―資料紹介を中心に―」(『環太平洋圏における文化的・社会的構造に関する研究』名古屋大学環太平洋問題研究会、一九八七年、所収)、参照。

(22) 濱島敦俊「明清時代の地主佃戸関係と法制」(菊池英夫編『変革期アジアの法と経済』昭和五八―六〇年度科学研究費補助金研究成果報告書、一九八六年、所収)は、明清代の地方官レベルでの裁判の場で「主佃之分」という地主と佃戸の身分差が現実に機能していたことを確認するとともに、これは法・刑の場の論理であるよりは「礼」の領域に属すものと指摘している。また周知の明初の〝郷飲酒礼〟の規定についても「主佃の序列は長幼になぞらえられることになっていたが、これは主佃の関係を郷村の礼的秩序に包摂するものであった」(二四頁上段)とし、「階級対立がそのものとして表現されず、家族・宗教(宗族の誤?―高橋注)的擬制の中に包摂される……理念」(二六頁注(8))の存在に注目している。

第七章　務限の法と茶食人――宋代裁判制度の一側面――

はじめに

宋代から清代にいたる時期の裁判制度については、これまでにいくつかの優れた研究があり、裁判に関わる法制や機構はほぼ解明され、その実態についても判例の分析研究によって多くの側面が明らかになっている(1)。そこで明らかとなった最も重要な論点のひとつは、元代という異民族支配期の行政機構の変化や明代の里老人制という問題をはさみながらも、この時期の法制と裁判とは基本的に同質の構造と性格を持っていたということであろう。こうした研究状況を承けて、これから論じようとする事柄は、従来の知見を大きく変更するものでもなければ、新たな論点を提出しようとするものでもなく、従来の枠組みの中で、取り残された、あるいは論じ尽されなかった些細な問題を、幾分なりとも埋めてゆこうとするに止まっている。ここでは「務限の法」と「茶食人」について述べてみたい。

一　提訴期間と裁判期間

宋代の裁判は訴状が知県に受理されることによって開始される。訴状の受理、不受理の権限が知県にあったことは、「県司此断、悉由簿尉、非長官而受白状、非所司而取草款、倶為違法[2]」という表現に示されている。

訴状が受理されれば、裁判は原則として、必要に応じて随時行われる。ただある種の裁判案件は「務限の法」と呼ばれる法令によって提訴の制限を受けることがあった。務限の法とは、清代に「農忙停訟」と称されるところの農業繁忙期における訴訟の停止を定めた法である。これが対象とするのは、宋代に「婚田債負」、明清代に「戸婚田土の案」などと呼ばれるところの、婚姻、相続、土地、債務などをめぐる民事的案件が大部分を占めており、結果として与えられる刑罰は徒罪未満、すなわち宋代にあっては県において、明清代にあっては州県で判決を下せる軽微な——と当時の為政者が考えていた——事案であった[3]。

結果として与えられる刑罰が軽いということは、しかし、当事者あるいは官司にとって、問題の解決が容易であったということを意味しない。むしろ逆に『清明集』などの判例を見るかぎり、長期にわたる裁判はほとんどが婚田債負の案件である。紛争関係者や証人の召喚と留置、係争地・係争物の実地調査、証拠文書の検討、係争物件の差押えなどの、審理過程における必要な手続きが時間を要しただけでなく、この種の裁判の中で紛争の当事者は互いに譲らず、あらゆる手段を用いて自己の利益を追求し正当性の主張を貫き通そうとしていたかに見える。こうした長期にわたる裁判は農作業を阻滞する。それを未然に防ごうというのが「務限の法」の趣旨である。『宋会要』刑法三—四八、田訟に、

隆興元年四月二十四日、大理卿李洪言、務限之法、大要欲民不違農時、故凡入務而訴婚田之事者、州県勿得受理。然慮富彊之家、乗時恣横、豪奪貧弱、於是又為之制、使交相侵奪者受理、不拘務限。

とあるのが、そのことを端的に示している。務限の法の趣旨がそうであるならば、この法は農民に限定して適用されるべきものでなければならない。「諸般詞訟、但不干田農人戸者、所在官司随時受理断遣」（後掲『宋刑統』）とは、それを明示するものである。

さて、語義として務限とは農務の期間を意味する。入務とは農務に入ること、務開とは農務が終了することである。務限＝裁判事務期限という解釈は訂正されねばならない。[4] 次掲の『宋会要』刑法三―四六、田訟は、それを明確に示している。

紹興二年三月十七日、両浙転運司言、准紹興令、諸郷村以二月一日後為入務、応訴田宅婚姻負債者勿受理、十月一日後為務開。窃詳上条、入務不受理田宅等詞訴、為恐追人理対、妨廃農業。其人戸典過田産、限満備贖、官司自合受理交還。縁形勢豪右之家交易、故為拖延、至務限便引条法、又貪取一年租課、致細民受害。詔応人戸典過田産、如於入務限内、年限已満、備到元銭収贖、別無交互不明、並許収贖、如有詞訴、亦許官司受理、余依条施行。

これによれば、南宋の紹興令では、二月一日から九月三〇日までが務限とされていた。こうした農業繁忙期の訴訟を停止し、農業生産を滞りなく推進せしめようという法規定は、すでに唐代から認められる。仁井田陞『唐令拾遺』の雑令に、開元二五年令として次の一条が復原されている。

諸訴田宅婚姻債負、起十月一日、至三月三十日検校、以外不合。若先有文案、交相侵奪者、不在此例。

この令文は九六三年に成った『宋刑統』巻一三、戸婚律「婚田入務」にもそのまま継承されており――正確に言えば、のちに見るように仁井田氏は『宋刑統』によって唐令を復原したのであるが――、仁井田氏の唐令復原に誤り無ければ、これが唐代から北宋にかけての婚田債負に関する裁判期間の規定であったと言えよう。

ところで、先に見た紹興令と唐令・『宋刑統』とを比較すると、紹興令では二月一日から入務とあって、前代に比べて二ケ月間の裁判期間の短縮が行われたかに見える。しかし、ここで注意を払わねばならないことは、紹興令＝務限の法によって制限されるのは訴状の提出つまり提訴という行為であって、県衙における審理・裁判が停止されるわけではないということである。『宋刑統』巻一三、戸婚律「婚田入務」には、令文に続いて次のような起請が付されている。

准雑令、諸訴田宅婚姻債負、起十月一日、至三月三十日検校、以外不合。若先有文案、交相侵奪者、不在此例。臣等参詳、所有論競田宅婚姻債負之類《債負謂法許徴理者》、取十月一日以後、許官司受理、至正月三十日、住接詞状、三月三十日以前、断遣須畢。如未畢、具停滞刑獄事由聞奏。如是交相侵奪、及諸般詞訟、但不干田農人戸者、所在官司随時受理断遣、不拘上件月日之限。

すなわち、北宋代には一〇月一日から、一月三〇日までの四ケ月間に訴状を受理するが、裁判はその後二ケ月間、三月三〇日まで継続される。つまり、北宋代には提訴期間が四ケ月、裁判期間は六ケ月であった。こうした原則は南宋代にあっても同様であったと思われる。紹興令に見えるように、南宋代における務限は二月一日から九月三〇日まで、したがって提訴期間は一〇月一日から一月三〇日までであるが、裁判期間が三月三〇日までであったことは、朱熹『朱文公文集』巻一〇〇、公移「約束榜」に、「婚田之類」は二ケ月で結審すべきこととされていることによって裏づけられる。

応諸県有人戸已訴未獲、盗賊、限一月、闘殴折傷、連保辜通五十日、婚田之類、限両月、須管結絶。

つまり、入務直前の一月三〇日に提出された訴訟であっても三月三〇日には結審に至るわけである。したがって、紹興令は婚田債負に関する従来の裁判期間を変更したものではなく、『宋刑統』の起請に見える訴状受理期間を令文化したものであると考えられるべきであろう。紹興令によって南宋代に裁判期間が二ケ月短縮されたとする説があるが[5]、誤りであろう。

すでに見たように、唐令には「検校」すなわち裁判期間が定められていたにすぎなかったが、提訴期間と裁判期間との区別が明確になるのは、後周の顕徳四年（九五七）からである。『旧五代史』巻一一七、周書八、世宗本紀四、顕徳四年七月甲辰条に、

詔曰、準令、諸論田宅婚姻、起十一月一日、至三月三十日止者、州県争論、旧有釐革、毎至農月、貴塞訟端。近聞、官吏因循、由此成弊、凡有訴競、故作逗遛、至時而不与尽辞、入務而即便停罷、強猾者因茲得計、孤弱者無以自伸。起今後、応有人論訴陳辞状、至二月三十日権停。若是交相侵奪、情理妨害、不可停滞者、不拘此限。

とあり、『冊府元亀』巻六一、帝王部、立制度二、また同書巻六一三、刑法部、定律令第五の顕徳四年七月甲辰条に、

詔曰、准令、諸田宅婚姻、起十一月一日、至三月三十日、州県争論、旧有釐革、毎至農月、貴塞訟端。近聞、官吏因循、緜此成弊、凡有訴競、故作逗遛、至時而不与尽詞、入務而即便停罷、強猾者因此得志、孤弱者無以自伸。起今後応有人論訴物業婚姻、取十一月一日後、許陳詞状、至二月三十日権停、自三月三十日已前、如已有陳詞、至権停日、公事未了絶者、仰本処州県、亦与尽理勘逐、須見定奪了絶。其本処官吏、如敢違慢、並当重責、其三月一日後、至十月三十日前、如有婚田詞訟者、州県不得与理。若是交相侵奪、情理妨害、不可停滞者、不拘此限。

とある。ここでは、一一月一日から二月三〇日までが提訴期間、三月三〇日までが裁判期間と定められている。こうした提訴期間と裁判期間との区別は、官吏が熱心に審理を尽さず入務に至って直ちに裁判を停止し、「強猾なる者が

これによって志を得、孤弱なる者が以て自ら伸することが無い」からであると説明されている。これに先立つ唐代に提訴期間と裁判期間の区別が実際上は存在したか否か不明であるが——というのは、令文からはそのことが全く窺えないからなのであるが——、右の史料で「令」（おそらくは唐令）を引用しつつ両者の期間を区別すべく定められていることからすれば、唐代にはそうした区別は存在しなかったと推測される。

以上要するに、唐代以来入務とは裁判期間の終了であり、同時に提訴期間の終了でもあったのが、五代後周期に提訴期間と裁判期間とに区別が生じ、北宋を経て南宋に至ると、入務とはすなわち提訴期間の終了であるとの認識が固まってきたと考えられる。それに伴って務限の期間についても、裁判期間の終了から務開までであったものが、提訴期間の終了から務開までであるとの認識の変化が生じたのであろう。ただし、裁判の審理の終了期日については、既述のように唐代から南宋に至るまで一貫して三月三〇日であったと思われる。(6)

さて、先に掲げた唐令についてはなお検討を要するふたつの問題が残されているように思われる。

第一に、仁井田陞氏は先の雑令を復原するにあたって、上掲の『旧五代史』、『冊府元亀』と『宋刑統』とを参照しているのであるが、裁判の開始期日は『宋刑統』に依拠して「十月一日」としている。ここには、『宋刑統』所収の令文は開元二五年令だとの認識がある。ただし参照史料三例はいずれも月日にはそれぞれ整合性があり誤写の可能性はないと判断される。後周もまた唐の令式を襲用したと言われており、とすれば、顕徳四年の詔に言う「準令」とは、唐令を指すに違いない。(7)果して唐代の裁判開始時期は「十月一日」だったのであろうか、あるいは「十一月一日」だったのであろうか。

右の疑問は措くとして、後周の顕徳四年に裁判開始時期が一一月一日であったことはほぼ疑いがない。とすれば、宋代に至って裁判の開始時期が後周に比べて一ケ月繰り上げられたのはなぜかという問題はなお残る。後周は顕徳四年五月に法典の整理編集に着手し、翌五年七月に『周刑統』が成ったのであるが（『旧五代史』巻一四七）、この過程で顕徳四年七月の詔に言う裁判開始時期「十一月一日」が「十月一日」へと変更された可能性はある。いずれにせよ、宋初には、この裁判開始時期すなわち提訴開始時期の一ケ月の繰上げにともなって、提訴終了期限もまた「二月三十日」から「一月三十日」へと一ケ月繰り上げられたのであろう。(8)

第二に、奥村郁三氏は先の唐令について、特に「若先有文案、交相侵奪者、不在此例」とある部分について、次のような理解を示している。(9)

「四月から九月の間は田宅婚姻債負の訴えを受理してはならないが、既に文案が提出されている場合はこの期間でも裁判できるというのである。従って、田宅婚姻債負の訴の中でも雑令の右の規定の拘束を受けるものとそうでないものとがあるわけである。先に文案あれば受付けるのであるから、この規定の拘束を受けるのも受けないのも、この場合は裁判手続上の技術的な問題であるといえる。」

「侵奪の場合に雑令のこの規定の拘束を受けないとしたのは、ことがらの内容について述べているのではなく、事件の性質が人に危害を加える類であれ、財物や田土のことであれ、急を用するものとそうでないものとに関する規定であるということができよう。」

つまり、奥村氏によれば、これはふたつの異なる事態を想定したもので、戸婚田土の案は先に文案があれば雑令の拘束を受けず、侵奪に及ぶ案件は戸婚田土の案であれ刑事的事件であれ事が重情に及ぶ場合であって、これも雑令の拘束を受けないというわけである。しかし、この史料は全文が戸婚田土の案に関わるものであると理解されねばならない。それは「諸訴田宅婚姻債負」で始まるこの令文の構成からしてほとんど自明である。つぎに、この令文の問題の箇所は、確かに奥村氏が言うように「先有文案」と「交相侵奪」とのふたつのケースが想定されており、ひとつは、すでに戸婚田土に関わる訴状が提出されており、三月三〇日に至ってもなお結審しない場合であり、ひとつは、当事者が一旦問題を棚上げして務開まで待つことを肯ぜず、互いに係争物件をめぐって実力で争うような場合であって、それらの場合は務限の期間であっても審理を行え、という意味に解釈されるべきであろう。そのことは先掲の『宋刑統』に「如是交相侵奪、及諸般詞訟、但不干田農人戸者、所在官司随時受理断遣、不拘上件月日之限」とあり、『冊府元亀』が引く顕徳四年の詔に「自三月三十日已前、如已有陳詞、至権停日、公事未了絶者、仰本処州県、亦与尽理勘逐、須見定奪了絶」とあり、また「其三月一日後、至十月三十日前、如有婚田詞訟者、州県不得与理。若是交相侵奪、情理妨害、不可停滞者、不拘此限」とあることによって証される。唐令から紹興令までの関連史料はいかに農務を保障するかという観点から定められたもので――したがって既述のように、戸婚田土の案といえども農民でなければ期限の拘束を受けない[10]――、後周に始まる提訴期間と裁判期間の区別もまたそうした観点をより具体化したものなのである。

因に、清代の農忙停訟は四月一日から七月三〇日までであった[11]。明代にそうした規定が見あたらないのは、戸婚田土の案が里老人制の下で処理されるべきものとされており、官司の側から積極的に期日の限定を行う必要を認めなかったからであろう[12]。

二　茶食人と保識人

つぎに、茶食人の検討に移ろう。明版『清明集』には「茶食人」の語が散見する。

一、『清明集』巻一、官吏門、儆飭「郡僚挙措不当軽脱」に、劉陶与李允福有何干預、而乃為之解紛。若是士人、固不応冒然而前、自取羞辱、果是茶食人、又曾経断、則必是姦猾矣。追問。

二、同書巻一二、懲悪門、豪横「与貪令捃摭郷里、私事用配軍為爪牙、豊殖帰己」の「検法書擬」に、

李三六係茶食人、行賕公事、受銭五十貫、欲決脊杖十三、配三百里、并監贓所奪銭業、送案別呈。

三、同書、同巻、同門、把持「教唆与吏為市」に、

成百四、特閭巷小夫耳。始充茶食人、接受詞訟、乃敢兜攬教唆、出入官府、与吏為市、専一打話公事、過度贓賄。小民未有訟意、則誘之使訟、未知賕囑、則脅使行賕。置局招引、威成勢立、七邑之民、靡然趨之、以曲為直、以是為非、騙取財物、殆以万計。

茶食人なる語は他の史料には滅多に見当らないようである。陳智超氏は「茶食人は書舗と同一の類の人物である」としながらも、「茶食人について、私が現在掌握している材料は、より深くその状況を説明するにはまだ足りない」と注記している。[13] 確かに茶食人の用例は少ない。しかし、茶食人が裁判に深い関わりを持っていたことは前掲史料一～三から疑いがない。同時に、官司によって茶食人なるものに「充てられ」「詞訟を接受」した者であること、すなわち裁判手続きの中で必要とされる職能を持ったある種の役職が茶食人であったことを史料三は語っている。そして、次の朱熹『朱文公文集』巻一〇〇、公移「約束榜」中の一条は茶食人がいかなる職能を持っていたかを明らかにしてくれる。

人戸陳状、本州給印子、面付茶食人開雕、並経茶食人保識、方聴下状、以備追呼。若人戸理渉虚妄、其犯人并書鋪茶食人、一例科罪。

意味はこうであろう。

人戸の訴状については、本州が訴状に押す印章を茶食人に直に手渡して彫らせ、すべて訴状に茶食人の保証を得て、はじめて訴状の提出を許し、それによって呼び出しに備えさせる。もし人戸の訴えが虚妄であったならば、その提訴者と書鋪・茶食人とは、等なみに科罪する。

これによれば、茶食人の保証行為は「以って追呼に備う」る身元保証と、訴えが虚妄であった場合に書鋪と同時に茶食人も罰せられることが示すように、訴状の内容の真実性に関する保証とであった(14)。身元保証には詞首と出頭者が同一人物であることの保証のほか、保釈の際の身元引受も含まれよう。とするならば、茶食人とは、当時の訴訟関係史料に見られる「保識人」と同一であると認定されよう。黄震『黄氏日抄』巻七九、公移、江西提刑司「交割到任日鏤榜約束」は、人命案件に関する六事を戒めたものであるが、その一項に、

一、刑獄。獄司事、莫重於人命、一一自有明条。……及茶食引保人揹定保正、通同打話、将干繫人視貨軽重、為操縦出入。

とあり、「茶食引保人」が保正に圧力をかけて話を付け、事件関係者の賄賂の軽重によって官司への出頭を操作しているとの指摘が見える。この記事からも、茶食引保人は都市部に居住し、農村部に居住する者のために保証人となる者であることが推測されよう。

さらに、茶食人のこうした職能は『州県提綱』巻二「戒諭停保人」に、

郷人之訟、其権皆在聴信安停人、以為有理則争、以為無理則止。訟之初至、須取安停人委保。内有山谷愚民、頑不識法、自執偏見、不可告語者、要須追停保人戒諭、庶或息訟。

と見える「安停人」・「停保人」とも選ぶところがない。「郷人」は訴訟を起す際に停保人に保証人を依託し、また訴訟の内容についても相談していたのであった。また、『元典章』新集、戸部、賦役、差役「差役験鼠尾粮数、依次点

差」[15]に、江西廉訪司の吉贛分司の言として、差役の不公平を述べて、

延祐三年内、依奉憲司委、分巡吉贛南安三路、審理罪囚、所至人民執状満前、陳告差役不公。蓋因親民各州司県専以点差里正主首、視為奇貨、……往往信憑罷閑公吏・久占貼書、安停茶食之人結構豪覇、把持官府、通同作弊。

とあり、「安停茶食之人」が豪覇と結託して官府を把持することにその原因の一端があるとの指摘が見え、同書巻五七、刑部一九、諸禁、禁豪覇「豪覇紅粉壁迤北屯種」にも「茶食安停人」（『通制条格』巻二八「豪覇遷徙」では「茶食安保人」）という語句が見える。「安停茶食之人」という語句が、これで一個の実体を指すのか、あるいは安停人と茶食人なのか確定できないが、後者であったとしても、二者の併記は、二者が互いに近似した職能を持つ者であったことを示すであろう。

おそらく茶食人と停保人は同一の実体を指すものであろうと思われる。渡辺紘良氏は安停人は清代の歇家に相当する宿屋であろうとしているが[16]、首肯されるべきであろう。「安停」「停保」の語にはいかにも裁判の呼び出しがあるまで待機させ、身元保証をするというニュアンスがあり、「茶食」なる語にも宿屋にふさわしい意味が感じられる[17]。城市居住者ならともかくも、県城から遠くはなれた郷村居住者にとって、当時の裁判のあり方からして、わが国江戸時代の公事宿のような施設は不可欠であったろうし、官司にとっても宿屋の主人に訴えの内容を事前にチェックさせ、彼に身元保証を委ねることは便宜であったはずである。歇家が保証人を兼ねる例は清代にも見られたことである[18]。

さて、周知のように、裁判の当事者は訴えが受理された段階で、あるいは審理の過程で、獄に拘禁される者と、在宅足止めされる者——宋代史料に言う「着家知管」「責保知在」など。なお、在宅足止めとはいっても、必ずしも自宅とは限らないこと、茶食人や停保人の例から明らかであろう——とに分けられる。『作邑自箴』巻一「処事」に、

禁囚并知在門留人数、及未結絶事、逐案亦開項供析、已上并押録繫書。

とあり、同書巻三「処事」に、

凡告人罪犯、事状未明、各須収禁、雖得実情、亦且本家知在、候断訖、逐便。

とあり、『州県提綱』巻三「詳究初詞」に、

凡里正及巡尉解至犯人、多在外経停、唆教変乱情状、若県令不介意、而輒付之主吏、則受賕偏曲、一律供責、其後欲得真情難矣、……既得大情、軽者則監、重者則禁、然後始付主吏。

とあるのは、いずれも関係者が拘禁される者と在宅足止めされる者とに分別されたことを示している。(19)『州県提綱』に「軽者則監」とあるのは、監禁ではなくして、所在を確認して随時の呼び出しに備えうる状態に置くことであろう。多くの場合それは身元引受人つきの保釈であったはずであり、その身元引受を担うのが保識人である。『州県提綱』巻二「察監繋人」には「監」の措置に関連して、

二競干証倶至、即須剖決。干証未備、未免留人。承監人乞覓不如意、輒将対詞人鎖之空室、故為饑餓、不容人保。又或受競主之賕、以無保走竄妄申、官司不明、輒将其人寄獄者多矣。凡承監須令即召保、不測検察、如不容保、故為鎖繋、必懲治之、仍許親属無時陳告、或果貧而無保、須度事之軽重、或押下所属、追未至人。

とあり、同書巻二「柵不留人」には、

訟者始至塡委、慮其逸去、多先寘於柵。直柵者邀挟不如意、輒閉留終日、饑不得食、寒不得衣、遇盛暑、数尺之地、人気充牣、多至疾病。要須於始至時、即監召保、毋得入柵関留。

とあって、訴人や関係証人は「召保」すべく戒められている。また、『清明集』巻九、戸婚門、取贖「妄贖同姓亡殁田業」に、

前武岡軍黄主簿妻江氏、論江文輝等妄贖同姓亡殁江通宝典過田業事、準台判、……帖県追両名、索砧基簿及元典

契解来、詞人召保聴候。続建陽県解到江文輝劉大乙赴府、喚上詞人幹人陳告。

とあるのは、審理の過程で一時保釈され、のちにあらためて出頭を命じられた例である。このように一時保釈され在宅足止めとなることを召保というのは、保識人が身柄を引受け随時の呼び出しに責任を負うからである。『清明集』巻一四、懲悪門、姦悪「一状両名」には、

本是夏千一、先作夏時富名、今又作夏申名、可見姦猾、及至喚状、又逃避不出、就保識人名下、押上取問、仍傍示。応今後投状人、不許作両名、如作両名者、開拆司並不許収受。

とあり、出頭命令に応じない夏千一なる者は保識人を通じて連行し尋問すべく措置されている。

以上要するに、「保識人」とは保証人の一般名称であるが、その中で裁判の際に訴人や関係証人に宿泊を提供しつつ保識人の役割を担った者が「茶食人」や「停保人」の名で呼ばれていたと考えられるのである。

ところで、北宋代には保証人＝保識は必要とされていなかったようである。『作邑自箴』巻八「写状鈔書舗戸約束」に載せる有名な訴状式には保識は見えない。ただし、そこには「某郷某村耆長某人耆分第幾等人戸姓某」と耆長名を書き込むことになっており、さらに『作邑自箴』巻三「処事」には、次のような一節がある。

公事伺候、勾干照人、罪軽不当収禁者、不必責付鎮耆知在、但只出帖云、押去勾某人、限幾日、同出頭。

すなわち、「罪が軽く収禁しなくともよい者は、必ずしも鎮耆に身柄を預けて在宅足止めにする必要が無い」ということは、逆に、時には鎮耆が身元引受の任を担ったことを示唆するし、また見られるように彼らは関係証人の出頭についても責任を負っていたのである。したがって、北宋代には鎮耆が保識人の役割を担っていたと推測されるのである。ところが、南宋になると、先の朱熹の「約束傍」に、訴状には茶食人の保識を必要とするとあったように、また黄震『黄氏日抄』巻七八、公移一「詞訴約束」の「詞訴条画」に、

不経書舗不受、状無保識不受、状過二百字不受。

と見えるように、保識は不可欠の存在となる。この過程で、特に保識人の便宜を持たない者——おそらく多くは郷村居住者——のためにそれを引き受ける茶食人、停保人なるものが専業化していったものであろう。この過程は、書舗戸が裁判に際して不可欠な存在となってゆく過程と軌を一にしている。[21] 保識人の専業化は訴状作成手続きの、さらには裁判制度の整備ではあるが、その背景にはいわゆる健訟の風潮があったであろうし、より広くみれば北宋中期から南宋にかけて進行した職役の胥吏化、専業化[22]の一環であったと評価すべきであろう。茶食人や停保人は、訴状提出の際の身元保証や保釈という当時の裁判で不可欠な手続きを代行しつつ専業化し、専業化したが故に、前掲史料一〜三に見えるように彼らの私利追求の場を広げえたとも言えるであろう。

（1）　挙げるべき研究は多いけれども、さしあたり最も体系的かつ網羅的な研究は、宮崎市定「宋元時代の法制と裁判機構―元典章成立の時代的・社会的背景―」（一九五四年原載、同氏『宮崎市定全集』第一一巻、岩波書店、一九九二年、所収）、滋賀秀三『清代中国の法と裁判』（創文社、一九八四年）であり、宋代に関する成果としては、戴建国「宋代刑事審判制度研究」（『文史』三一、一九八八年）がある。

（2）　『清明集』巻一二、懲悪門、姦穢「因姦射射」。

（3）　滋賀氏注（1）前掲著書の二三頁、四〇頁注（53）、および同氏「刑罰の歴史―東洋―」（『刑罰の理論と現実』岩波書店、一九七二年、所収）によれば、清代には州県が判決し執行しうる刑罰は笞・杖・枷号までであるとの指摘がある。宋代には行政機構の違いから最末端の行政区画は県であり、県が判決執行しうる刑罰は杖罪以下であるが、ただし杖罪に付加される刑罰としての枷号（枷項）の例は宋代にもしばしば認められ、『清明集』には少なからぬ例証があることにも注意を向けておきたい。

（4）　仁井田陞『中国法制史研究－法と道徳・法と慣習－』（東京大学出版会、一九八〇年補訂版）三八二頁～三八三頁、また同氏『中国法制史－増補版』（岩波全書、一九六三年）一一一頁、楊廷福・銭元凱「宋朝民事訴訟制度述略」（『宋史論集』中州書画社、一九八三年、所収）など。

（5）　楊・銭氏注（4）前掲論文。

（6）　元代には、『元典章』巻五三、刑部一五、訴訟、停務「年例停務月日」に、

至元二十四年、尚書省咨、戸部呈、照得、先欽奉聖旨節文年例、除公私債負外、婚姻良賤家財田宅、三月初一日、住接詞状、十月初一日挙行。若有文案者、不須追求、及不関農田戸計、随即受理帰問、欽此。本部具呈、都省除外、移咨、欽依施行。

とあり、『通制条格』巻四、戸令にも同様の規定が見える。「三月初一日、住接詞状」とは三月一日まで詞状を受理するということではなく、この日からは詞状を受理しないという意味であろう。とすれば、元代の提訴期間は南宋に比べて一ケ月延長されたことになる。ただ、元代の裁判期間がいつまでであったか、今のところ不明であるが、ここに「若し文案ある者にして、追求を須《もち》いざるもの」は直ちに決着をつけるよう規定されているから、裁判期間が二月末でなかったことは確かである。

（7）　以上は、仁井田陞・牧野巽「故唐律疏議製作年代考」上、（『東方学報（東京）』一、一九三一年）、岡野誠「宋刑統」（滋賀秀三編『中国法制史－基本資料の研究－』東京大学出版会、一九九三年、所収）による。

（8）　仮にこの推定に誤り無いとしても、期間変更の背景となっていたはずの農業生産の変化については別途説明されなければならない問題である。しかし、いまその準備はない。後考に俟ちたい。

（9）　奥村郁三「戸婚田土の案」（『関西大学法学論集』一七－五、一九六八年）。

（10）　務限の法の適用除外としては、ほかに本文に引用した『宋会要』刑法三－四六に見える典出した田産の贖回に関するもの、同じく本文に一部引用した同書、刑法三－四八の後半部に「欲望、明飭州県、応婚田之訟、有下戸為豪彊侵奪者、不得以務

限為拘、如違許人戸越訴。従之」と見える例がある。
(11) 呉壇『大清律例通考』巻三〇、刑律、訴訟の康熙一九年（一六八〇）条例、参照。
(12) 里老人による裁判に関する研究は多いが、さしあたり小畑龍雄「明代郷村の教化と裁判－申明亭を中心として－」（『東洋史研究』一一－五、六、一九五二年）、参照。
(13) 陳智超「宋代的書舗与訟師」（『劉子健教授頌寿記念宋史研究論集』同朋舎、一九八九年、所収）。
(14) またついでながら、この史料は同時に、茶食人が後世のような不動文字を印刷した定型化した訴状用紙に署名押印し、書舗戸はそれに訴えの内容を書き記す役目を持っていたこと、そうした分業が当時すでに進行していたことも示唆している。清代の訴状の書式については、滋賀秀三「淡新檔案の初歩的知識－訴訟案件に現われる文書の類型－」（『東洋法史の探求－島田正郎博士頌寿記念論集－』汲古書院、一九八七年、所収）、参照。
(15) 本史料の存在は、熊本大学伊藤正彦氏のご教示による。また、周必大『文忠集』巻一九三、劄子五「又乞与王弱嶽祠劄子」に「且符帖付茶食人、可見不差公人下郷売状及鈔紙等、江西例皆如此」と見える。
(16) 渡辺紘良「宋代潭州湘潭県の黎氏をめぐって－外邑における新興階層の聴訟－」（『東洋学報』六五－一・二、一九八四年）。
(17) 「茶食人」とは、本来「茶食」を提供する食堂ないし簡易旅館の主というほどの意味であろう。旅館を「飯店」・「酒家」などと称するのと相似た語感がある。その中のある者がやがて官司の指定を受け保識人の役割をも担うようになったのであろう。停保人と茶食人にあえて相違を求めるとすれば、前者は官によって指定された正規の保証行為を行う者で、後者は臨時的便宜的な存在であったのかも知れない。
(18) 滋賀氏注（14）前掲論文、参照。
(19) さらに『文献通考』巻一六六、刑考五、刑制、大中祥符二年条に付す権判刑部慎従吉の上言に「州司司理院倚郭県、全無禁囚及責保寄店之類、方為獄空」と見える。また本文引用史料に「凡里正及巡尉解至犯人、多在外経停、唆教変乱情状」とあるところの「経停」とは、「停保人のところで」という意味であろう。これによっても、「犯人」すなわち容疑者はまず停保人の所で訴状草案を作成したことが知られる。

（20）　鎮耆について、佐竹靖彦「作邑自箴訳注稿（その三）」（『岡山大学法文学部学術紀要・史学篇』三七、一九七七年）の五一頁に「わかりにくい表現であるが、耆の責任者耆長と鎮の責任者（或は鎮将）という意味であろう」と説明がある。また、鎮耆と裁判との関わりについては、同氏「宋代郷村制度之形成過程」（一九六六年原載、『唐宋変革の地域的研究』、同朋舎、一九九〇年、所収）、参照。

（21）　書舗戸については、赤城隆治「南宋期の訴訟について－健訟と地方官－」（『史潮』一六、一九八五年）に付された草野靖氏のコメント「健訟と書舗戸－赤城報告に寄せて－」、戴建国「宋代的公証機構－書舗」（『中国史研究』一九八八年－四）および陳氏注（13）前掲論文、参照。

（22）　この点については、周藤吉之「宋代州県の職役と胥吏の発展」（『宋代経済史研究』東京大学出版会、一九六二年、所収）、参照。

《補記》

本章は一九九〇年八月二五～二七日に箱根で開かれた宋代史研究会での報告を基にしている。当日参会者の方々から貴重なご教示を得た。記して感謝の意を表したい。また本章の第一節は、川村康氏の批判（『法制史研究』四二、一九九二年）および岡野誠氏の私信による指教を承けて旧稿を書き改めた。川村氏と岡野氏に感謝する。

付論　植松　正著「務限の法と務停の法」（『香川大学教育学部研究報告』第一部第八六号）

明確に知ることができるのは唐代以降ではあるが、中国では農業生産を妨げないためという理由で、農繁期には原則として民事的な裁判を停止するという制度が設けられていた。その背景には婚姻や財産、土地や債務をめぐる争いがしばしば長期にわたり、農繁期にまでもつれこむことが少なくなかったという事情があったものであろう。宋代にはそうした民事的な争いは一〇月一日から一月三〇日までが訴状の受理期間と定められ、一〇月一日以降を「務開」、二月一日以降を「入務」、入務から務開までの期間を「務限」と呼んでいた。続く元代にも訴状の受理開始は一〇月一日で「務開」と言ったが、訴状の受理期間は一月延長されて二月三〇日までとなり、三月一日以降訴状の受理を停止することを「停務」ないし「務停」と称していた。植松氏の論考は、こうした裁判制度の枠組みを踏まえたうえで、務限や務停といった語句がどのような意味を含んでいるかという問題を追及したものである。植松氏にそうした研究への動機を与えたのは、氏自身明言されているように、私の次のような主張であった。

> 語義として務限とは農務の期間を意味する。入務とは農務に入ること、務開とは農務が終了することである。務限＝裁判事務期限という解釈は訂正されねばならない。（「務限の法と茶食人—宋代裁判制度研究（一）—」『史朋』二四号、一九九一年）

私としては務限といった語句が宋代に用いられる文脈からしてそうした意味になると述べたつもりであったが、「語義として」と断わったうえで、たとえば「務開とは農務が終了すること」と書いた以上、植松氏が「務」一字に農務という意味があるのか、「開」に終了という意味があるのかと疑問を呈されたのは無理からぬことと思う。また務停という語句が用いられる元代史の側からすれば、農務が始まるときに務停とはおかしいという疑問が出てくるのも当然であろう。こうした強い疑問に基づいて宋元代はもとより広く関連語句の用例と用法を集め、それらを綿密子細に再検討した結果植松氏が得られた結論は次のようなものである。

「務限」と「務停」は同義と言えないにしても、宋代における「務限」とは訴訟事務の取り扱い制限、またその期間を意味し、元代には事務の停止をあらわす「務停」（停務ともいう）の語に取って代わられたのである。そして、「入務」とは宋代の「入務限」あるいは元代の「入務停」を約めた語であって、訴訟事務取り扱い制限期間にはいることである。「務開」は仁井田氏の言われた方向で、訴訟事務が開始になることである。

見られるように、植松氏と私の見解の相違はひとえに「務」字を裁判事務と見るか農務と取るかにかかっている。ただし、務限を農務の期間と取るにせよ裁判事務の制限期間と見るにせよ、農務の期間に裁判事務は制限されるのであるから、私と植松氏とが見つめている実態は同じだというのも事実である。私がかつて務限を「（原則として）民事的訴えを受け付けない期間」と述べ、今回「農務の期間」と言ったのは、植松氏が指摘するように私が解釈を変えたのではなく、語句の指しめす実態を優先させたか語義を優先させて説明したかの相違にすぎない。そして実のところは、裁判の期間は農務のサイクルを基に作られたため、本来農務に関する言葉であったものが裁判に関する言葉として用いられた、というのが私の考えである。

私は植松氏のように語義や字義を徹底的に追及する方法が時に必要かつ重要であることは十分承知しているが、同時にそうした方法は「木を見て森を見ない」危険もはらんでいると思う。ここでの問題の場合、「森」とは務限・務停の法が定められたのはなぜかということである。それは言うまでもなく農務の遂行を保障するためであり、その背景には儒家の農本主義があったであろう。しかし植松氏から見れば、私は問題の語句の解釈を「農務に関連させるとともに誤った」（七三頁）ということになるのである。氏はまた『元典章』新集、刑部、訴訟、停務「告争婚姻」条を引いて、「この一段からは、務停や務開の「務」に関して農務に連なるニュアンスは全く読み取れない」（六九頁）とも言われている。確かに務停や務開の文字面だけを見ていればそうした印象もありうるであろうけれども、この条では他ならぬ農務の期間に婚姻・田宅・良賤・債負などの案件をどう扱うかが問題とされているのであって、文中には「正是農忙時分」、「実為妨奪農務」、「如不妨農、随時帰結」といった表現が出てくるのである。「務」の字義はしばらく問わないとしても、務停や務開の語が農務と深く結びついて用いられていることは否定できない事実なのである。

しかしこうした説明は植松氏にとってなんらの説得力を持たないであろう。問題は「務」字の解釈如何にかかっているからである。問題はまさにそうであるにせよ、言葉は生きて用いられ、また時代とともに変化するものである。ある社会における人々の共通の了解が言葉の意味を決定する。「官戸」という語が唐と宋で大きく意味を変えたことはあまりに有名である。言葉はまた省略され変形されて用いられることもあるし、俗語や口語は漢字の字義どおりの意味を持つとは限らない。たとえばかつてわが国には「国鉄」という言葉があり、昨今は「外為法」という言い方があるけれども、後世の人々が国鉄という言葉の意味を知ろうとして「国」と「鉄」の字義をいくら調べても、国には国有という意味はなく鉄には鉄道という意味はないから、これが「日本国有鉄道」の略称だとはなかなか思い至らないであろう。外為法とて同じである。漢語ではそうした省略がしばしば起る。「格物致知」が「格致」となり、「彩色電視機」が「彩電」になるように。務限や務停についても同様であろう。当時の人々はそこでの「務」が事務であるか農務であるか心得ていたであろうし、そのことを特に意識もしていなかったであろう。後世のわれわれにとってそれが本来どのような言葉であったかをしかと知ることは難しいが、しかしこれらの語句が使われる文脈から推測することは可能である。その文脈とは先に述べた「森」のことであり、農業生産の妨げとなるような裁判は一時停止しようという考えである。この文脈を離れて字義の穿鑿に没頭すれば、先の「国鉄」の場合と同じことになりはしないかと私は疑うのである。

しかしこうした説明も植松氏を納得させることはないであろう。私に求められているのは「務」字が農務であることを立証することだからである。そこで私も字義穿鑿に移ろうと思う。『州県提綱』巻二「禁告訐擾農」の一節に、

在法、諸氓困之訟自二月以後為入務。今県家多畏誣告者之健訟、兼或撰造経郡若監司脱判送下、往往未必入務、故不務之人得以乗其農急而規財、使務農者不得安業。要当候務開日追究、或係郡若監司送下、亦宜具此利害以聞。

とある。ここでの「不務之人」とは「務農者」と対称されているから「農に務めない人」の意味である。入務・務開の務も本来「農」の字を前後いずれかに有していたと私は推測する。また『宋会要』刑法三—四三、田訟、大中祥符九年九月一六日条に、

詔、昨縁蝗旱、今始得雨。諸処務開公事比常年更延一月、八年以前婚田等事未得受理、俟豊稔如旧。

とあり、『長編』巻八八、同年月日条では、

詔、諸州蝗旱、今始得雨、方在勧稼、所宜省事。常制務仮、其更延一月。八年以前婚田未得受理、俟豊稔如故。

と記している。見られるように、「務開」は「務仮」と同義であり、本来一〇月から始まるべき「務仮」すなわち「務の休み」を一月先送りにするというのであるから、この「務」字は農務であるほかない。すなわち農務が終了し農閑期に入ることを宋代には務開・務仮と言ったのであり、その時が民事的裁判の事務開始時期とされていたことから訴状受理開始をも務開と呼ぶようになったのである。なお務開の「開」の字は現代中国語で「走開」・「離開」とか「開放」とか言うときの「開」、すなわち「離れる」とか「わかれる」というニュアンスと共通しているように思われ

る。

では元代の務停はどう理解すべきであろうか。「務」が農務であるとすれば農務が「停」となることが三月一日では確かにつじつまが合わない。しかしこの謎を解くのはさほど難しくはない。それは務停がしばしば停務と言われることにヒントが隠されている。おそらく「務農停訟」を省略二字化したのが務停であり、「停訟務農」であれば停務となったのであろう。前後の二字各々が置換可能な名詞の並列だったことが務停と停務というふたつの語句を生じるもとだったわけである。因に務限という語句も本来は「務農限期」といった言葉だったろうと私は推測する。この例では務農と限期は置換しえないから限務とはなりえないわけである。

なお最近寓目したところでは、『中国歴史大辞典―宋史』（上海辞書出版社、一九八四年）の「務限法」・「入務」の項目（朱瑞熙氏執筆）は私と同じ解釈に立つが、王雲海主編『宋代司法制度』（河南大学出版社、一九九二年、季懐銀氏執筆）では、「婚田の詞訴で農務に関係するものは〝務限〟の内になければならず、務限の外では受理できない」と言い、「婚田の詞訴を受理できる期間を〝務開〟と称した」とも言う（一七一頁）。務限＝務開という王編著の理解には混乱があるように思う。

《追記》

最近「開」字が「開始」ではなく評者の主張通り「終了」という意味で用いられている例を見出したので付記しておきたい。次掲の『冊府元亀』巻三三七、宰輔部、徇私条、また『唐会要』巻六八、刺史上、元和三年正月条に見える「仮開」とは「休暇が終わる」という意味である。なお、引用は『冊府元亀』、括弧内は『唐会要』によって評者補。

李吉甫、憲宗初為相。元和三年二月勅、許新除官及刺史等、仮（内）於宣正（政）門外謝、便進状辞。其授官於朝堂礼謝、並不須候仮開。……

《補記》

右に、「「務開」は「務仮」と同義」であると述べ、また、「農務が終了し農閑期に入ることを宋代には務開・務仮と言った」と述べたのは、全くの誤りで訂正を要する。すなわち、右の論評を書いたのちに、『宋会要』食貨六三―二二二、農田雑録、淳熙四年一二月九日条に、

臣僚言、農田之有務仮、始於仲春之初、終於季秋之晦、法所明載。州県不知守法、農夫当耕耘之時、而罹追逮之擾。此害農之一也。

とある例を見出した。これによれば務仮は務限と同義であり、裁判が停止される期間を指すことが知られる。本文前引の『宋会要』は裁判開始時期の側から、『長編』は裁判停止時期の側から一月の延期を表現したものだったのである。この務仮という語は、おそらく「務農仮暇」、「農務訟仮」といった語句を約めた言葉であったろう。なお、「仮暇」については、徐元瑞『吏学指南』署事に語釈があり、「喪病告報曰仮、謂借勾当月日也。節朔旬休曰暇、謂公務空閑之日也」と見える。いい加減な挙例と解釈を示したことをお詫びし、訂正する。

第八章　名公書判清明集

一　『清明集』について

『名公書判清明集』は南宋代の判決集である。当時、司法・裁判は行政と分離しておらず、裁判は行政の重要な一部となっていた。宋代の地方行政区画は通常最下級が県、その上に数県を集めて州（重要な地域は府）が置かれ、さらに数州・府を集めて路と呼ばれる行政監察区画が設けられていたが、裁判において判決を下す権限を持つのは各行政府の長官であったことから、本書所収の判決文の書き手は知県、知州、知府といった行政府の長官ないしは路の官員である（路には長官が置かれない）。本書にはときに裁判の過程と関連して彼らの属僚による判決原案も収められている。彼らはほとんどが南宋の寧宗朝後半から理宗朝の頃に、西暦で言えば一三世紀前半に活躍した人々で、胡穎（号は石壁）、蔡杭（久軒）、真徳秀（西山）、劉克荘（後村）、范応鈴（西堂）、宋慈（自牧）など、当時優れた行政手腕を発揮し「名公」と称せられた地方官である。彼らの「書判」すなわち判決文の中の「清明」（公明正大）なものを集めたというのが書名の由来であるが、しかし当時は「名公」と称せられた者であっても、現在の時点ではその事跡を知る手掛かりが全く失われた者も幾人かは存在する（1）。

『名公書判清明集』——以下『清明集』と略記する——と題された書物は、のちにやや詳しく紹介するように、基本的には現在二種類の版本が存在する。ひとつはわが国静嘉堂文庫に所蔵される宋版本で巻を分かたず、戸婚門一門を存する。いまひとつは一九八〇年代の初めに中国で発見された明版本で一四巻、官吏門、賦役門、文事門、戸婚門、人倫門、人品門、懲悪門の都合七門に分類される。明版本の分量は宋版本に比べて三倍以上に達しており、判決集とはいっても、そこにはいわゆる判決だけでなく行政的な命令や指示も若干含まれている。しかしもともと「判」とは、当時においては行政官が属僚や民衆に対して下す決定、判断、命令、指示を指す言葉だったようであり、そのことは、たとえば『作邑自箴』巻九に見える「判状」とは、官司から民衆に対して出された調査（報告）命令書や指示を意味していることによって証される。(2) こうした例を挙げるまでもなく、唐代の吏部における官吏任用の四つの資格、すなわち身、言、書、判の中の「判」とは、そもそも官吏としての判断力——出題の多くは架空の裁判案件に関するものであったが、行政実務や古典の解釈をも含むものであった——を文章作成技術とともに問うものだったことが想起されればよいであろう。(3) 「判」とはこうした性格の文章の総称であり、前述のように本書にも明本官吏門には広義の「判」を若干含むが、しかし本書に収録する「書判」の圧倒的多数は、在地社会において実際に生起した事件に対する裁判の判決文によって占められている。判決文は最下級の行政区画である県のものもあれば、より上級の州や府のものもあり、さらに上級の路のレベルで出されたものもある。判決文の内容はきわめて多岐にわたっている。宋本ではすべてが戸婚門と呼ばれる婚姻や相続、不動産の取引や債務といった主に民事的争いに関わるものによって占められており、明本でも全一四巻中戸婚門が六巻を占めて分量は最も多いが、ほかに官僚や胥吏に対する行政処分に関するもの、税や役の負担をめぐる問題、家族や宗族の秩序を問うもの、僧侶や軍人の犯罪、豪民や形勢戸といった在地の実力者の惹起した刑事的事件、民間の宗教や宗教結社に関する案件等など、当時の地方社会に生起したであろうほとんどの問題に及んでいる。しかも収録された判決文は、粉飾や節略を加えない判決原文であろうと判断される。このことが、日本史研究における地方《じかた》文書のような生の一次史料を全く欠く南宋代の研究にとって、きわめて重要かつ具体性に富んだ情報をわれわれに提供する。本書が第一級の史料的価値を持つとして重視されてきた所以である。本書からは、当時の法制度や法の運用の在り方、裁判や司法行政の実態といった問題のみならず、当時の人々――判決文の書き手たる地方官僚も含めて――の価値観や行動様式、裁判の当事者として登場する諸階層の人々の家族関係や人的ネットワーク、あるいはより広く経済活動や社会関係、地方政治の構造、民衆の宗教的ないし文化的環境といった側面を具体的に生き生きと汲み取ることが可能である。

本書の史料的価値としてつぎに指摘されるべきことは、宋代の法制史研究の面で官撰文書の欠落を補う意味を持っていることである。本書の宋本は静嘉堂文庫にのみ伝わり、長く天下の孤本と言われたものである。前述のように不分巻、戸婚門一門を存する。一九八三年に発見されたと伝えられる明本は一四巻七門に分類されているが、宋本はもとより、明本においても最も大きな分量を占めるのは戸婚門計六巻であり、このことは婚姻、相続、不動産、賃貸、債務といった民事的な問題が、官府に持ち込まれる訴訟案件の中で多量かつ重要なものであったことを物語っている。ところが一方、南宋代の代表的な法律書として現在に伝わる『慶元条法事類』は残本であり、ちょうどこの戸婚門の部分を欠いている。それゆえ『清明集』の戸婚門に引く法令の数々は、この欠落を補うものとして貴重な価値を持つのである。

ところで、およそ書物というものは、後世のわれわれが歴史研究の史料として用いる場合、当然のことながらそこに書かれた記述の持つ価値が第一に重視されることになる。しかしそれと同時に、その書物が生み出されたことの意味、その書物が出版されるに至る時代の要請ないし背景もまた検討に値する価値を持つであろう。だがここでこうした問題を述べるには、『清明集』のそもそもの直接の出版事情を語っていたはずの宋本の序文が残欠であることから、やや一般的な時代背景を語ることにならざるをえない。その時代背景については、次のような事実によってひとつの手掛かりが与えられる。

五代末から宋代には、本書に先立っていくつかの判決集が刊行されている。『疑獄集』、『折獄亀鑑』、『棠陰比事』がそれである（但しこれらは正史や筆記小説などから取材したもので、『清明集』のように判決原文そのものを収めたものではない）。同時に地方官経験者の文集には、自ら書き記した判決文を文集に収録するものが現れている。黄榦『勉斎集』巻三二・三三、劉克荘『後村先生大全集』巻一九二・一九三、文天祥『文山先生全集』巻一二に書判が現存しており、また『清明集』にも少なからず判決文が収録されている范応鈴には『対越集』と題する判決集四九巻があったといわれている。(4) このことは、彼らが従来「吏事」に属すとして軽んじてきた実務的な文章である判決文をも、自らの文集に収録する価値を持つものと認識しはじめてきたことを示している。(5) 宋代にはまた『作邑自箴』や『州県提綱』など、地方官としての心構えや行政上の手引きを記した官箴書もいくつか刊行されている。これらの現象はそれ以前には見られなかったことであり、宋という時代にこうした地方行政に関するハンドブックが広く切実に求められていたことを物語るものである。当時地方官の主要な任務は裁判と徴税であったと言われているが、判決集と官箴書の刊行は彼らの任務に即応し時代の要請に応えるものであったと言えよう。

それでは宋代ににわかにこうした書物が刊行されだしたのには、いかなる時代背景があったのであろうか。そのひとつは、科挙の全面的な実施に伴う新たな官僚群の輩出であろう。科挙を通じて選抜された官僚は「本貫地回避の法」によって出身地には赴任できず、さらに約三年に一度は任地が変更になる。これは地方官が任地で私的な勢力を蓄えるのを防ぎ、中央政府が人事を円滑に行うための方策であったが、しかし反面、三年という任期は当地の事情を把握し適正かつ有効な行政を行うには十分な時間ではないというマイナス面も存在する。そのマイナス面を補う存在が胥吏である。胥吏は現地出身の下級事務員であり、当地の事情に通暁していた。しかし彼らは基本的に無給であり、行政にまつわる事務的な面での手数料を民衆から徴収することで生計を賄っていたから、勢い不正や横領に走りやすい。胥吏は徴税や経理をごまかし、行政や裁判においても賄賂をとって手心を加える。地方官はこうした胥吏に依存せざるをえないと同時に、彼らを統制しなければならない立場に置かれていた。そうした状況の下で少しでも胥吏から自立し、自律的な地方行政を行おうとする者にとっては、先に見たようなハンドブックが必要とされたはずである。そもそも科挙受験のために長年培ってきた彼らの教養の中には、行政実務に関する知識は全く入っていなかったからである。

背景のふたつめは、民衆の側における私権の伸長と貨幣経済の進展による社会経済の複雑化であり、そうした事態に対応する法制の新展開であったに違いない。唐の両税法施行（七八〇年）以降、土地の売買や質入れは合法的な行為となり、宋政府の銅銭の大量鋳造にも刺激されて商業活動は活発となった。実力主義に裏づけられた科挙制の実施は、門閥に基づく名望家に代って新興の政治の実行者を生み出した。こうした事態の進行は、社会階層の上下分解と流動化を招かずにはおかない。社会経済の複雑化と社会階層の流動化とは様々な矛盾と紛争とをもたらしたであろう。『清明集』明版本に見られる多様な社会層の登場と様々な分野での係争とは、こうした北宋以来の情況を直接反映したものと言えるであろう。こうした状況を前にして、唐代に完成を見た律令格式の法体系は、すでに時代の進行にそぐわないものとなっていた。宋代には律に代って天子の命である勅が優先的な刑法となり、律は勅に規定がない場合に限って用いられたにすぎない。北宋の前半期には臨機・随時に出される勅を編集した編勅と呼ばれる刑法典が、さらに北宋熙寧年間以降は行政法をも含んだ勅令格式と呼ばれる現実に密着した法典がしばしば編纂されまた改訂を経て発布され、編勅および勅令格式の編纂は主要なものだけでも宋一代で二〇数回に及んだ。[6] 地方官は地方行政の中で、わけても行政の重要な一部としての裁判に当って、これら変化の激しい法規を運用せねばならない。加えて当時の裁判には次のような困難が存在した。当時の裁判にあっては、民事と刑事の区別は機構上も人々の観念上も存在しなかったが、殺人や傷害といった単純明白な刑事的事件ならば、容疑者に犯罪事実を自白させ適用法を誤りなく検出しさえすれば、ほぼ裁判は終結したといってよい。しかし『清明集』の戸婚門に収録されているような民事的案件は複雑難解で、裁判官は少なからぬ根気と思慮とを必要としたようである。現今のわが国の裁判では、判決は一度言い渡されればもはや動かしがたいものとなり、控訴したとしてもやがて判決は確定する定めである。しかし当時の中国ではそうではなかった。当事者が納得し再び問題を法廷に持ち出すことがなくならないかぎり、裁判は延々と続き、判決は何度でも出されたのであった。[7] したがって、地方官の手腕は、ひとえに当事者を説得し双方がこれ以上争わない状態にこぎ着けることにあった。時には法を示して威嚇し、時には穏やかに道理を説き、あるいは当事者の感情に訴えて双方の譲歩を得ることが必要とされたのである。そのテクニックは経験から学ぶだけではおそらく十分ではなかった。『清明集』のような「名公」の技量が学習の手本とされたのには、こうした事情もあったのである。

二　版本について

『清明集』の版本については、のちに紹介する書誌学的研究が詳しい解説をすでに行っているので、ここでは必要最低限の説明を加えるにとどめておきたい。『清明集』のテキストとしては現在三種類が存在する。

（一）静嘉堂文庫所蔵本。宋版本で、不分巻、戸婚門の一門を残すのみである。上海商務印書館が一九三五年に影印出版し『続古逸叢書』に収められたもの（戦後台湾商務印書館が『四部叢刊続編』に収録）、および一九六四年に古典研究会が影印出版したものは、いずれも静嘉堂文庫本である。古典研究会本には、仁井田陞氏によって『永楽大典』より新たに拾集された三条の遺文が収録されている。『中国古代社会経済史資料』第一輯（福建人民出版社、一九八五年、全四九三頁）に収める「宋本《名公書判清明集》」は、宋版本を底本としつつ、つぎに述べる明版本と対校したもので、王曾瑜、陳智超、呉泰の三氏による排印点校本である。この成果はのちに述べる中華書局本に取り入れられている。

宋版本は戸婚門の一門、序文などを含めて合計二三四葉を存するが、本文の第一三四葉と一九五葉および二三二葉を欠いている。巻首に「景定年酉日長至、幔亭曾孫引」と記す残欠の序文、続いて「名公書判清明集析類」と題して目録を付し、ついで「清明集名氏」と題して朱熹以下合計二八名の別号、諱、字、本貫が記されているが、そのうち本書に書判があるのは一三名にすぎない。「目録」と「名氏」は順を誤ったのではないかと思われる。目録には立継一八条、戸絶一条、帰宗三条、分析一条、検校三条、孤幼四条、女承分一条、遺囑三条、別宅子一条、義子一条、取贖八条、争業二五条、違法交易九条、偽冒交易九条、墳墓九条、屋宇一条、庫本二条、争財二条、婚家一一条、離一条、接脚夫一条、雇妾三条の二二類、合計一一七条あることになっているが、実際には一三四条が収録されている。また、第七〇葉には「自此至第九十八並係新添（ここから九八葉まではすべて新たに添入したものである）」とあり、あらためて「戸婚門」と記し、次行に「争業類」と題している。これらのことから、現存宋本は『名公書判清明集』と題するオリジナルな版本から戸婚門のみを抽出し、それに若干の書判を加えて刊行されたものであろうと推測される。この点はのちに再度述べる。

（二）上海図書館所蔵本。明版本で、一四巻、官吏門、賦役門、文事門、戸婚門、人倫門、人品門、懲悪門の七門

があり、各門は宋版本と同じくさらにいくつかの小項目に分けられている。例を示せば、巻三の賦役門は財賦、税賦、催科、受納、綱運、差役、限田に、巻一一の人品門は宗室、士人、僧道、牙儈、公吏、軍兵、厢巡（厢牢附）に分類され、各々にいくつかの書判を収めるという体裁をとっている。巻前に隆慶己巳（三年、一五六九年）の張四維の序があり、巻後に本書を刊行した盛時選（字は以仁）の後序がある。張四維の序文によれば、『永楽大典』を校録した際に「清」字編から二巻を録出したが、のちに「判」字編から大部の『清明集』を発見、先の二巻はその中に含まれていたという。したがって、明本は『永楽大典』から輯出され隆慶三年に刻刊されたものである。宋本との対比で言えば、巻四、五、八、九がほぼ宋本と合致し、宋本の本文一葉から六九葉が明本の巻八に、七〇葉から一五〇葉が巻四と五に、一五一葉から二三三葉が巻九に相当する。宋本の本文の欠葉一三四、一九五の二葉は明本によって補うことができるが、二三二葉に相当する部分は明本にも同じく欠落がある。また、明本と宋本の重なる部分で比較すれば、明本には宋本にない三条の書判があり、逆に宋本には明本にない六条の書判がある。(8)

北京図書館所蔵の明版一〇巻本は上海図書館本と同一の刊本で、巻一一以下を欠く残本である。上海図書館本の巻四、五、八、九を除く部分の写真版は私高橋が所蔵しており、写真版からの電子複写は東京大学東洋文化研究所および京都大学人文科学研究所などに所蔵されている。一四巻すべてがマイクロフィルムでわが国に将来され手軽に閲覧できるようになることが望まれる。(補注)

ところで、明版本発見のきっかけとなったのは、陳智超、王曾瑜、呉泰の三氏が宋本の点校を行っている際に、北京図書館善本閲覧室の目録に明版本が有ることを知らされたからだという。(9) かくして北京図書館本一〇巻（残本）の存在が公になり、続いて陳氏等の努力によって上海図書館所蔵の一四巻（足本）が発見されたわけである。この発見は、われわれ宋史研究者にとっては大きな喜びであったし、おそらく南宋代に関わる文献史料の発見としては二〇世紀最大の価値を持つものであろう。しかし、ふり返ってみれば、明本は清代の書目等によってその存在の可能性が示唆されていただけではない。仁井田陞氏が紹介しているように(10)、鄭振鐸『書物を焼くの記』（岩波新書、一九五四年）には、一九二〇年代半ば頃の上海でのこととして、明刊藍印本の『清明集』を一〇〇元で売っているのを見たと記している。現存の明本一四巻は藍印本であり、鄭氏が見たのは現存明本かあるいは同一の刊本であったと思われる。より注目されるべきものは、『国立北京大学社会科学季刊』六巻一期（一九三六年）の「学術書籍之紹介与批評」欄にある李祖蔭氏による『名公書判清明集』の紹介である。これは前年民国二四年（一九三五）に上海商務印書館が影印出版した静嘉堂文庫所蔵本を紹介批評したものであるが、その中で、

『名公書判清明集』は、私の知るところ、宋の槧本、明の刻本、清輯の永楽大典本の三種がある。去年の冬上海商務印書館が影印したのは宋本である。明刻本は現在国立北平図書館に所蔵しており、元代の判牘を増加することすこぶる多い。清輯の大典本は現在どこにあるか知らない。版本からいえば明刻本は宋本に及ばないが、内容では明刻本は宋本より多い。聞くに、上海大東書局には『平亭類典』の刊行予定があり、すでに明刻本をその中に網羅しているという。

と述べ、ついで『清明集』の版本を解説しつつ、そのひとつとして、

国立北平図書館蔵明刻本。巻首に隆慶（明穆宗の年号）己巳（一五六九）八月朔日江春坊左諭徳兼翰林院侍読蒲坂張四維の「刻清明集叙」がある。八冊十巻。藍字、巻一巻二は官吏門である。巻三以下は戸婚門である。三百葉にちかい。毎葉十八行、行は二四字ほどで不揃い。この書は宋元両代の名公の判牘を羅列している。十の八九は民事判決である。これによって当時の民情風俗を考證することが出来る。まことに我が国の民法史を研究するに最も精確な史料であり、いたずらに愛玩に供するものではない。

と記している。李氏の解説は元人の判語を収めるとし、巻三以下は戸婚門であるとするなど不正確な記述が多いけれども、現北京図書館所蔵の明本一〇巻は民国時代より同館に所蔵され、一九三六年にはこうして紹介もされていたのである。上海大東書局が『平亭類典』に収める予定であったという明本『清明集』は、あるいは現上海図書館所蔵の一四巻本ではなかったろうか。この紹介がなされた直後の日中の全面戦争突入と中華人民共和国建国以来の困難とが、この李氏の記述を忘れ去らせ、『平亭類典』の刊行をも妨げたのであろう。かの日中戦争がなかったならば、北平（現北京）図書館所蔵の明本『清明集』は広く利用され、上海図書館本の発見も早くになされていたであろう。惜しまれることである。

（三）中華書局本。中国社会科学院歴史研究所宋遼金元史研究室が点校を施し、一九八七年に中華書局から出版された排印本である。上・下二冊、本文五五七頁、全七一七頁。本書は上海図書館所蔵の明本一四巻を底本としながらも、巻四、五、八、九については静嘉堂文庫所蔵の宋本を底本とし明本と対校したものである。真徳秀・劉克荘の文集中に収録されている書判など『清明集』と重複するものは校勘し、『慶元条法事類』によって『清明集』所引の法文の校訂を行い、仁井田氏拾集の一条も補入する（他の二条は明本にすでに収録されている）。末尾に付録があり、付録一として、宋本の残序写真と名氏・析類目録、明本の「刻清明集敍」と「清明集後序」など、付録二から四として黄榦『勉斎先生黄文粛公文集』（版本によっては『勉斎集』等とも呼ぶ）、劉克荘『後村先生大全集』、文天祥『文文山集』（版本によっては『文山先生全集』等とも呼ぶ）に収録されている書判に点校を施して掲載、付録五は黄震『黄氏日抄』（版本によっては『慈渓黄氏日抄分類』等とも呼ぶ）巻七八「詞訴約束」、付録六は朱熹『朱文公文集』巻一〇〇「約束榜」、付録七として陳智超氏の「宋史研究的珍貴史料―明刻本《名公書判清明集》介紹」と題する解題と解説を付す。

ところで、上海図書館本には誰かの手によって朱墨で読点が施され、また校訂が加えられている。その校訂は多くの場合一字の訂正であるが、時には数字にわたる場合があり、また付箋が貼られたものもある。この校訂者は現存する宋本とも明本とも異なる版本を持っていたと判断されるが[11]、それがどのような版本であったか、またいつ校訂が施されたかは全く不明である。中華書局本は、編集者の判断によって上海図書館本の原校を採用した部分と採用しなかった部分とがある。それらはすべて注記されているわけではなく、特に一字の校訂についてはほとんど注記がないので注意が必要である。例を示せば、巻七、戸婚門、立継「官司幹二女已撥之田与立継子奉祀」は上海図書館本では次のようである。読点は原校訂者が施したもの、括弧内の文字は本来原文の右側に書き添えられていたものである。

拖詳案牘、黄行之無嗣、有女二人、其長九歳、次幼、今為立昭穆相当人為其後、今就二女名下、幹（斡）未詳（議）得奩具三分之一、与立継子為蒸嘗之奉、其于継絶之義、均給諸女之法・両得之、而黄氏一脈可続、示房長従公分析・申、

中華書局本（二二五頁）では、本文中の「幹」および「詳」字は原校に従って「斡」および「議」字に改められているが注記はない。表題の「幹」の字もまた本文と同じく「斡」字に改められるべきであったろう。また「其于継絶之義」の「于」を「於」に書きあらためているがこれも注記はない。これは一例であって、特にはなはだしい例ではない。

右のような問題はあるにせよ、中華書局本は大部な本書を丁寧に校訂したものとして信頼に足るテキストであるといってよい。ただし大部なものであるだけに句読点の施し方と校訂注記に若干問題がないわけではない。たとえば右の条では「其於継絶之義、均給諸女之法両得之、」とするが、「其于継絶之義・均給諸女之法、両得之、」とするのが意味にかなうであろうし[12]、一七九頁一四～一五行目の「……、論理、婚田自有年限、……」は「……、論理婚田、自有年限、……」でなければならず、二一七頁一一行目の「欲与移文通城県取、会却施行」は、校正ミスでなければ

「取会」が動詞であることを見誤った例である。また二三九頁の注〔一〕は、韓時覿が自ら訴状で「伯父韓知丞」と言っている以上訂正の必要はなく、不要な注である。さらに州・府へ訴えた案件が県へ差し戻された場合や、県が州や府へ照会を行う場合に出てくる「使州」、「使府」を、中華書局本はいずれも「使・州」、「使・府」としている。路の官員（提点刑獄使など）と知州や知府という意味に解しているのであろうが、「使州」あるいは「使府」の「使」字は、本来漢代の「使君」や唐代の令外の官たる使職のごとく朝廷から地方へ派遣されたことを意味し、南宋ではこれが敬称として用いられていたのである。したがって、これらは二字で知州、知府を指す。

さて、宋本と明本との関係についてはなお不明な点がある。宋本の序文は三葉の内最後の一葉を残すのみで、文字が磨滅してほとんど手掛かりとなる情報を与えてくれない[13]。その中で「景定年酉日長至、幔亭曾孫引」なる最後の一句は、この序文が「幔亭曾孫」と号する人物によって景定二年（一二六一）夏至の日に書かれたことを示すものと思われる。陳智超氏の考証によれば、「幔亭曾孫」は福建崇安県の人であり、それゆえ『清明集』中の書判の作者には福建人かかつて福建に官であった人が多いのであろうとするが[14]、首肯されるべきであろう。『清明集』の編者と思しい「幔亭曾孫」はさほど有名な人物であったとは思われない[15]。むしろ編者は実名を出すことに意味を見出さなかったのであろう。おそらくは、州県官か幕友のごとき職にあったものが、煩雑で根気のいる裁判実務の手引きとすべく編んだのが『清明集』ではなかったかと推測される。

ところで、陳智超氏は宋本の「名氏」欄に姓名のある二八人中一三人しか書判からは確認できないことから、宋本は残本であるとしている[16]。しかし、長沢規矩也氏は古典研究会本に付した「版本解説」の中で、

此書久しく残本として伝わる。固より清明集としては内容的には残本なれど、目録の首「析類」と題し、次行に「目録」とあり、第三行に「戸婚門」とあれば、この版本としては、戸婚門のみの単行本とでも謂ひつべきか。

と述べている。長沢氏が言うごとく、巻首の記載形式からすれば静嘉堂文庫本は単行本であった可能性が高い。おそらく、（1）景定二年に「幔亭曾孫」によって編纂出版された戸婚門以外の分門をも含む『清明集』を基に、誰かの手によって戸婚門のみが抽出刊行されたか、（2）景定二年以前に戸婚門以外の分門をも含む『清明集』が出版されており、そこから「幔亭曾孫」が戸婚門のみを重視して抽出刊行したかのいずれかであろう。「名氏欄」がそのまま掲げられていることからすれば序文もまたオリジナルなものを用いたと考えるべきで、とすれば（1）の可能性が高いが、いずれにしても、前述のように宋本七〇葉に「自此至第九十八並係新添」とある以上、現存宋本は原本『清明集』から戸婚門のみを抽出し、そこに新たな書判を加えて単行本として刊行されたものと考えられる。他の分門も単行本として刊行されたかどうか全く知る由もないが、仮りに他の分門の刊行があったにしても、戸婚門だけが残ったのは決して偶然ではないと思われる。前述したように、宋代に「婚田債負」、明清代に「戸婚田土の案」と言われた民事的な案件こそが裁判の圧倒的多数を占め、最も州県官の頭を悩ますものだったからである。

つぎに、陳智超氏は、宋本にはない明本の戸婚門、すなわち巻六、七の作者が全員宋本の「名氏」欄に見えないこと、この両巻所収の書判は時代がほかに比べてやや遅く、景定二年の刊行に間に合わないものがあること、両巻の分類がその他の各巻の分類と重複があることの三点から、南宋代に新たな内容を増補した再刻本が出版されたと推定している(17)が、この考証は支持されるべきであろうと思われる。しかし陳氏が、南宋再刻本には元代に新たに三巻が付加され、それは『永楽大典』に収入されたが、張四維は宋人の判語のみを録出したと述べる部分は何の根拠もなく、根拠があるとすれば単に『四庫全書』の一七巻本という記述を考察の前提としたにすぎない。張四維・盛時選の序文には宋人の判語のみを録出したことを窺わせる記述は全くないからである。

以上の考察からすれば、『名公書判清明集』と題する書物は、（1）まず景定二年頃に戸婚門以外の分門をも含む形で刊行され、（２）のちにその中から戸婚門のみが単独に抽出され、さらに新たな判語を加えて単行本として出版されたのであろう。これが現存する宋版本である。その後、戸婚門のみの単行本は独立して現在まで伝わり、（３）現存宋本の基となった原本の『清明集』はさらに新たな判語を加えて南宋代に再度刊行され、それが明初には『永楽大典』の「清」字韻と「判」字韻に収録、（４）やがて張四維によって『永楽大典』より輯集され、盛時選によって一四巻本として隆慶三年に出版されたのであろう。清初の姚際恆『好古堂書目』に「宋名公書判清明集十四巻四本」と記すのはこの明版本であろう。しかし『四庫全書総目提要』巻一〇一、子部法家類の存目に一七巻とあり「輯宋元人案牘判語、分類編次」と記すところの『清明集』は、同じく『永楽大典』より輯出されたものとされるが、現在まで発見されていない。果して、南宋代の再刻本以後に元人の判語を加えた『清明集』が刊行されたのであるか、あるいは四庫館の館員が一四巻を一七巻と誤り、漫然と元人の判語をも輯めたと記したのであるか[18]、現在のところ不明としなければならない。

三　研究案内・研究史

(1)『清明集』を読む前に

『清明集』を読むためには、本書が判決集であることから、さしあたり宋代の裁判制度と法制について理解を得ておかなければならない。この問題について第一に参照されるべき研究は、宮崎市定「宋元時代の法制と裁判機構――元典章成立の時代的・社会的背景――」（一九五四年に原載、のちに同氏『アジア史研究』四、東洋史研究会、一九六四年、および同氏『宮崎市定全集』第一一巻、岩波書店、一九九二年に収録、一七〇〜三〇五頁）であろう。戴建国「宋代刑事審判制度研究」(『文史』三二、一九八八年、一一五～一四二頁)もまた刑事的な案件処理に関する網羅的な研究である。なお徐道鄰氏の「宋律中的審判制度」(『東方雑誌』復刊四―四、一九七〇年、一八～二八頁)、「鞫獄分司考」(同前、復刊五―五、一九七一年、四〇～四五頁)、「宋朝的県級司法」(同前、復刊五―九、一九七二年、一九～二八頁)、「翻異別勘考」(同前、六―一、一九七二年、二〇～二八頁)などの一連の研究も、個々の論点については異論もあろうが、引用史料の豊富さにおいて参照されるべき論考であろう。以上によって宋代の裁判制度はほぼ把握されるが、一方で宋代の裁判の性格や特質といった問題に関しては専論が全く無いのが実情である。ただこの問題については清朝を直接の対象としたものではあるが、滋賀秀三『清代中国の法と裁判』(創文社、一九八四年、全四〇一頁)があり、そこで提出された論点の数々はそのまま宋代に当てはめてほぼ誤り無いと考えられる。同氏「中国法文化の考察―訴訟のあり方を通じて―」(『東西法文化』有斐閣、一九八六年、三七～五四頁)は、学会での口頭報告を文章にしたものではあるが、ヨーロッパとの対比において中国の法と裁判の特質を論じたもので、氏の見解が総合的に示されている。さて、裁判の結果として当事者に対し何らかの刑罰が科せられるのが普通であるが、宋代の刑法について詳細かつ体系的に論じたものはまだない。さしあたり、仁井田陞「中国における刑罰体系の変遷―とくに『自由刑』の発達―」(一九三九年に原載、のちに同氏『中国法制史研究―刑法―』東京大学出版会、一九五九年に収録、一九八〇年補訂版、四七～一五二頁)、滋賀秀三「刑罰の歴史―東洋―」(『刑罰の理論と現実』岩波書店、一九七二年、九四～一二〇頁)が全体を把握するのに便利であり、『宋史刑法志注釈』正・続集(正集・上海社会科学院政治法律研究所編、群衆出版社、一九七九年、全一〇五頁、続集・同法学研究所編、同社、一九八二年、全一四八頁)には、宋代刑法の解説とともに『宋史』の刑法志本文に対する注釈が施されている。また、京都大学人文科学研究所「中国近世の法制と社会」研究班「『宋史刑法志』訳注稿(上)」(『東方学報(京都)』六四、一九九二年、三四五～四六七頁)は、『宋史』刑法志の現代日本語訳と注釈である。

ほかにも裁判や法制に関する研究は多いが、ここでは以上の基本的な研究を挙げるにとどめ他はすべて割愛する。なお『清明集』は難解な部類に属す史料であるから、それを読みこなすための工具書が必要である。しかし本書に直接対応する基本的な工具書があるわけでもないので、それらについて一々列挙することは避けたい。後掲の清明集研究会編『名公書判清明集』（懲悪門）訳注稿《その一》に紹介されているもの、また川村康「宋代の判語を読むために」（『東洋法制史研究会通信』五、一九九一年、一六～一八頁）を参照されたい。

(2)　書誌学的研究文献

まず宋版本に関連して。仁井田陞「永楽大典本『清明集』について」（同氏『中国法制史研究―法と慣習・法と道徳―』東京大学出版会、一九六四年、四三七～四四一頁）は、北京図書館所蔵の『永楽大典』から『清明集』の遺文三条を摘録紹介したものである。長沢規矩也「版本解説」、仁井田陞「名公書判清明集解題」はいずれも一九六四年に古典研究会が静嘉堂文庫本を影印出版した際に巻末に付されたものである。周藤吉之「古典研究会刊・静嘉堂文庫蔵『名公書判清明集』について」（一九六四年に原載、のちに同氏『宋代史研究』東洋文庫、一九六九年に収録、六四六～六五四頁）は主に書判の作者の経歴を調査紹介している。後掲の梅原郁訳注『名公書判清明集』の序文も簡潔で要領を得た本書の紹介である。

明版本については、陳智超「明刻本《名公書判清明集》述略」（『中国史研究』一九八四年―四、一三七～一五二頁）および「宋史研究的珍貴史料―明刻本《名公書判清明集》介紹」（中華書局本『名公書判清明集』の付録七、六四五～六八六頁）がある。前者は後者の要約である。本論文では、明本の発見の経緯、宋本と明本の構成、内容、版本の継承関係、宋本と明本の異同箇所、本書によって知られる歴史的事実、書判作者の経歴など、多岐にわたる精密な検討が加えられている。

(3)　訳注・索引

静嘉堂文庫本の現代日本語訳および訳注としては、梅原郁訳注『名公書判清明集』(同朋舎、一九八六年、全三八〇頁)がある。原文の逐語訳で、詳しい注釈が付されている。本書には原文は引用されておらず、巻末の索引は訳注本文の索引である。本書を批評したものに、高橋芳郎「梅原郁訳注『名公書判清明集』訂誤」(『名古屋大学東洋史研究報告』一二、一九八七年、一一二〜一四六頁)、滋賀秀三「梅原郁訳注『名公書判清明集』」(『法制史研究』三七、一九八八年、二二〇〜二二六頁)、同氏「訳注『清明集』書評の補」(『東洋法制史研究会通信』三、一九八九年、一三〜一四頁)があり、関連して梅原郁「拙訳『清明集』に対する高橋芳郎氏の「訂誤」について」(『名古屋大学東洋史研究報告』一三、一九八八年、一二五〜一三三頁)がある。

中華書局本の現代日本語訳および訳注は、清明集研究会(大澤正昭他)『名公書判清明集』(懲悪門)訳注稿《その一》(同研究会発行、一九九一年、全五一頁)と《その二》(同前、一九九二年、全三九頁)があり、巻一二の一部を公刊している。今後継続して訳注が発表される予定である。本書は中華書局本の原文を引用し、その原文を逐語訳したもので、詳しい注釈が付されている。巻末索引は訳注本文の索引である。

古典研究会本の索引には梅原郁『名公書判清明集索引稿』(私家版、一九八二年、全一〇五頁)、明本の写真版からの電子複写本の索引には同氏『明刊本清明集索引稿』(同前、一九八六年、全一八七頁)があるが、いずれも未公刊で一部にしかその存在が知られていない。

(4)　『清明集』を用いた研究文献

本書は南宋時代の研究にとって貴重な情報源であることから、多くの研究者に利用されてきたが、ここでは本書を直接主要に用いた研究を紹介するにとどめておきたい。判決集という『清明集』――以下本史料と言う――の性格からして、まず法制史家の注目を引いたのは当然のことと思われる。仁井田陞「清明集戸婚門の研究」（一九三三年に原載、のちに同氏『中国法制史研究―法と慣習・法と道徳―』東京大学出版会、一九六四年に収録、三七一～四三六頁）は、本史料に見える法律に依りながら、南宋代の質、先買権、不動産をめぐる出訴期間などの問題を一一節にわたって検討している。この論文は仁井田氏自身が述べるようにその後の氏の「研究の一つの大きな基礎となったもの」[19]で、同氏の『唐宋法律文書の研究』（東方文化学院東京研究所、一九三七年、全八五六頁）、『支那身分法史』（東方文化学院、一九四二年、全九九七頁）はその後の成果であり、『中国法制史研究』全四冊（東京大学出版会、一九五九～六四年）所収の諸論文にも随所に本史料が用いられている。

宋本が戸婚門を残していたことは、家族法の研究にとって幸いなことであった。滋賀秀三『中国家族法論』（弘文堂、一九五〇年、全一八四頁）、およびそれをさらに詳細に展開した同氏『中国家族法の研究』（創文社、一九六七年、全六三一頁）は、本史料をくまなく活用した研究としてまず第一に挙げられるべきものであろう。滋賀氏の『中国家族法論』は「宗」の観念を論理の中軸に据えつつ、中田薫氏から仁井田陞氏へと継承されてきた中国の「同居共財」＝家族共産制論を批判し、かつ女子の家産継承権を否定する内容を持っていたことから、仁井田氏との間で論争に発展した。仁井田陞「宋代の家産法における女子の地位」（一九五二年に原載、のちに同氏『中国法制史研究―奴隷農奴法・家族村落法―』東京大学出版会、一九六二年に収録、三六五～三九二頁）は、この時期の女子の家産継承権の存在を強調したものであるが、これに対し滋賀氏は「中国家族法補考（一）～（四）―仁井田博士「宋代の家産法における女子の地位」

を読みて」（『国家学会雑誌』六七―五・六、九・一〇、一一・一二、六八―七・八、一九五三～五五年、各一～三二頁、五五～八三頁、八九～一二三頁、三三～五七頁）において詳細に反論した。仁井田氏はさらに「中国社会の「仲間」主義と家族―団体的所有の問題をも合せて―」（一九五七年に原載、のちに同氏前掲著書に収録、三九三～四六六頁）を著わして家族法全般につき反駁、滋賀氏も一九六七年の前掲著書においてあらためて自説を展開した。その後、近年の明本『清明集』の公刊によって女子の財産権の問題があらためて提起された。柳田節子「南宋期家産分割における女承分について」（一九八九年原載、のちに同氏『宋元社会経済史研究』創元社、一九九五年に収録、二二一～二四二頁）および同氏「宋代女子の財産権」（『法政史学』四二、一九九〇年、一～一四頁）は、寡婦が固有の財産権を持っていたこと、女子にも一定の家産継承権が認められていたことなどを新出史料によって論じ、仁井田氏の説を再評価する結論を得ている。袁俐「宋代女性財産権述論」（『宋史研究集刊』二、一九八八年、二七一～三〇八頁）は、早急な結論を避け具体的な史料の分析を心がけているが、総じて女子の財産権は合理的なものへ向かいつつあったと評価している。永田三枝「南宋期における女性の財産権について」（『北大史学』三一、一九九一年、一～一五頁）はこうした研究史を踏まえて、唐代から明清代の時間の中で考えれば宋代の女子の財産権はむしろ低下したこと、女子の財産権を示すとされてきた史料には厳密な条件付けが必要なことなどを論じ、結果として滋賀氏の所説に近い解釈が与えられている。川村康「宋代における養子法―判語を主たる史料として―（上）（下）」（『早稲田法学』六四―一、二、一九八八、八九年、各一～五五頁、一～一三八頁）もまた家族法研究の一部をなす養子の問題を、『清明集』を丁寧に引用・訳出しつつ法制史の立場から論じたものである。

さて、裁判の判決集たる本史料を用いて裁判の制度や手続きあるいは性格や実態を研究したものはきわめて少ない。刑法についても本史料の利用の少なさは意外な思いがする。おそらく制度史的な研究は他の官撰文書などに依拠した方が理解しやすく、実際にもそうした幅広い研究の蓄積があったからなのであろう。そうした中で、愛宕松男「封案～拆断の制―宋代における執行猶予刑について―」（『東方学会創立二十五周年記念東方学論集』東方学会、一九七二年、二〇一～二一六頁）が、宋版本に見える封案の制を刑の執行猶予と捉える見解を示している。川村康「宋代折杖法初考」（『早稲田法学』六五―四、一九九〇年、七七～一五三頁）は、宋代の特色ある刑法である折杖法について、本史料に見える具体例を素材に論じたものである。何忠礼「論南宋刑政未明之原因及其影響―由《名公書判清明集》所見―」（『東方学報（京都）』六一、一九八九年、五三九～五六八頁）は、南宋代の刑法に関わる政治情況の不備を様々な角度から論じたもの。今後は法や制度の研究を踏まえて、実際面での運用に関わる研究が多く出現することを期待したい。

本史料には様々な社会層が登場するが、陳智超「南宋〝喫菜事魔〟新史料」（『北京師院学報』一九八五年―四、二九～三二頁）は、明本巻一四、懲悪門「妖教」の中から「喫菜事魔」に関するふたつの書判を紹介・分析したものである。同氏「宋代的書舗与訟師」（『劉子健博士頌寿紀念宋史研究論集』同朋舎、一九八九年、一一三～一一九頁）は、書舗が訴訟の中で各種の官私の文書を鑑定する責任を負っていたことを論じ、さらに訟師と呼ばれるものの具体的な活動の在り方を描いている。同氏「南宋二十戸豪横的分析」（『宋史研究論文集』浙江人民出版社、一九八七年、二四八～二六六頁）は、明本巻一二、懲悪門の「豪横」に見える豪横・豪民と呼ばれる者の実態と性格を検討したものである。この問題については梅原郁「宋代の形勢と官戸」（『東方学報（京都）』六〇冊、一九八八年、三九九～四三八頁）にも言及がある。高橋芳郎「宋代の士人身分について」（一九八六年原載、のちに同『宋―清身分法の研究』北海道大学図書刊行会、二〇〇一年に収録、一八三～二二二頁）は、巻一一、人品門の「士人」などの部分を用いて、当時の士人の社会的および法的身分を考察したものである。同「務限の法と茶食人―宋代裁判制度研究（一）―」（『史朋』二四、一九九一年、一～九頁）は、「茶食人」なるものを保識人と同一で宿屋を兼ねるものかとする。佐藤明「前近代中国の地域支配の構図―南宋期江南東西路を中心に―」（『中国史学』一、一九九一年、一七三～一九〇頁）は『勉斎集』所収の書判や本史料を用いて表題の問題を検討したものである。

社会経済史の分野でも『清明集』は広く活用され多くの論文に引用されてきたが、わけても明清時代の一田両主制との関連で注目されたのは、本史料に「田骨」や「田祖」といった言葉がいくつか見られることであった。この問題については、周藤吉之「南宋の田骨・屋骨・園骨―特に改典就売との関係について―」（一九六〇年原載、のちに同氏『唐宋社会経済史研究』東京大学出版会、一九六五年に収録、二一三～二三二頁）が、不動産の典（質入れ）をあらためて売却する際に「田骨を売る」といった表現が用いられたと論じたのに対し、草野靖「南宋文献に見える田骨・田根・田祖・田底」（『熊本大学法文論叢』二八、一九七八年、五四～八一頁）は、これらの言葉は田産の所有権の所在を表す根源的な文書を指すとし、ついで同氏『中国近世の寄生地主制―田面慣行』（汲古書院、一九八九年、全一一三八頁）の中では、これらの言葉は絶売の標的物を示し、地権は典業と絶業に分けて考えられていたと論じられている（二九八～三一七頁）。

（1）　のちに紹介する中華書局本『名公書判清明集』の付録一に「作者名号対照」があり、経歴を知ることのできる者一九名、経歴不明ないし姓名を特定できない者二〇名、官職名か地名で表記される者一〇名が分類されているので参照されたい。

（2）　『作邑自箴』には随所に「判状」なる語が見えるが、巻九の「判状印板」は様々な判状の版木の形式と書かれるべき内容を指示したものである。そこでの判状とは、税の移動、家産分割、死亡などに関して官への報告を命じる調査書であり、また知県が発する民衆などを戒め諭す文章である。

（3）　市原亨吉「唐代の「判」について」（『東方学報（京都）』三三、一九六三年、一一九～一九八頁）、参照。

（4）　『宋史』巻四一〇、本伝。

（5）この間の事情は中華書局本『名公書判清明集』の付録七、陳智超「宋史研究的珍貴資料－明刻本《名公書判清明集》介紹」、六六一～六六三頁、参照。
（6）浅井虎夫『支那ニ於ケル法典編纂ノ沿革』（一九一一年初版、一九七七年に汲古書院より影印再版、全三九五頁）、曾我部静雄「宋代の法典類」（『東北大学文学部研究年報』一五、一九六四年、一～四八頁、のちに改訂し「律令格式から勅令格式へ」と改題して、同氏『中国律令史の研究』吉川弘文館、一九七一年、所収、一～八二頁）、参照。
（7）たとえば『清明集』巻一三、懲悪門、妄訴「挟讎妄訴、欺凌孤寡」を見よ。また滋賀秀三「清代の司法における判決の性格－判決の確定という観念の不存在－」（一九七四・五年原載、のちに「判決の確定力観念の不存在－とくに民事裁判の実態－」と改題して、同氏『清代中国の法と裁判』創文社、一九八四年、所収、一四五～二六二頁）、参照。
（8）具体的な条文名は、現在最も入手しやすく今後も長く利用されるであろう中華書局本の目録に各々について印が付けてあり、陳氏注（5）前掲論文にも指摘がある（六四九頁）ので参照されたい。
（9）陳氏注（5）前掲論文、六四六～六四七頁。
（10）本文中の、三　研究案内・研究史の（2）書誌学的研究文献に示した仁井田陞「永楽大典本『清明集』について」、参照。
（11）たとえば、明本の巻九、戸婚門の一〇から一三葉には錯簡があるが、取贖「妄執親隣」の条に「……拠此田直官会三百貫、今自宝慶二年三月収贖、……」とある「貫」字の下に線を引き、「今自宝慶以下廿行接前第四篇弊矣之下」と注記し、次条の「典買田業合照当来交易、或見銭或銭会中半収贖」の条に「……下不払於人情、則通行而無弊矣。……」とある「矣」字の下に線を入れ、「弊矣以上接後第四篇今宝慶二年三月収贖之上」と注記している。校訂者の版本ではこの二条の前後が逆になっており、しかも明本の錯簡を訂正しうるものであったことが知られよう。
（12）句読点の表示方法は、わが国の形に変えてある。
（13）先に本文で紹介した『中国古代社会経済史資料』第一輯所収の「宋本《名公書判清明集》」に、草書体で書かれた残序を判読したものが掲載されている。

（14）陳氏注（5）前掲論文、六五〇～六五一頁。

（15）『清明集』の名氏欄に挙げられる人物は、「幔亭曾孫」の序文執筆時期景定二年からやや先行する時代の者が多い。寧宗朝後期から理宗朝にかけて、西暦で言えば一二一〇年から一二六〇年ごろに活躍した人々である。「幔亭曾孫」が『清明集』の編者であったとすれば、彼は名氏欄に挙げられている人々と交際があったか、あるいは交際があった人物と親交がなければ、ほぼ同時代の人々の書判を収集しえなかったはずである。陳智超氏は注（5）前掲論文で「幔亭曾孫」と号した詹琰夫の名を挙げながらも、彼が編纂した可能性は大きくないと述べている（六五〇～六五一頁）。なお、この時期「幔亭」と号した人物には詹師文がいる。『閩中理学淵源考』巻三〇、および民国三〇年刊『崇安県新志』巻二三、宦績によれば、崇安県の人で慶元二年（一一九六）の進士、嘉定二年（一二〇九）江西提点刑獄司の検法官に任じられ「讞獄無冤」であったという。真徳秀（一一七八～一二三五年）や鄒応龍（一一七二～一二四四）と親交があり、著作に『幔亭遺稿』、『通典類要』があったとされる。生卒年不詳。経歴・交友ともに『清明集』の編者にふさわしいが、仮に二〇歳で科挙に及第したとしても景定二年には八六歳となり、やや時代が早いかに見える。参考までに記しておきたい。いずれにせよ、『清明集』は崇安の詹氏一族の誰かによって編纂された可能性が高いと思われる。

（16）陳氏注（5）前掲論文、六五一頁。

（17）同前、六五五～六五六頁。

（18）周知のように『四庫全書総目提要』の存目には、『清明集』について「其の詞は率ね文采儷偶を以て工と為す。蓋し当時の体は是くの如くならん」と記している。これは不正確極まりない評言であって、四庫館の担当館員は『清明集』を詳しく調査しなかったのではないかと思われる。そうだとすれば、巻数を誤記し、宋人を元人と見誤ったのではないかという推測も十分成り立つ。

（19）『中国法制史研究―法と慣習・法と道徳―』の補訂版（東京大学出版会、一九八〇年、全七七三頁）の三七五頁に加えられた補入文。

（補注）　仏教大学の宮澤知之氏は一九九八年に上海図書館所蔵本の巻四、五、八、九の電子複写を将来され、私もその複写の寄贈を受けた。また、現在上海図書館所蔵の『清明集』はコンピューター画面による自由な閲覧と複写が可能とのことである。

《補記》

本章の基となった旧稿は一九九二年に執筆し翌九三年に出版されたものである。それから一〇年近い年月の中で本章の第三節「研究案内・研究史」に補充すべき多くの研究が公表されており、今後一層充実を見るであろう。当面、以下にその主な成果を記しておく。

〈論文・著書〉

青木　敦「北宋末〜南宋の法令に附された越訴規定について」（『東洋史研究』五八―二、一九九九年、一〜三七頁）。
同　氏「健訟の地域イメージ―一一〜一三世紀江西社会の法文化と人口移動をめぐって―」（『社会経済史学』六五―三、一九九九年、三〜二一頁）。
辻　正博「宋初の配流と配軍」（『東洋史研究』五二―三、一九九三年、一〜三一頁）。
同　氏「宋代「配隷」芻議」（『滋賀医科大学基礎学研究』五、一九九四年、一〜二三頁）。
同　氏「宋代の流刑と配役」（『史林』七八―五、一九九五年、一二九〜一四六頁）。
同　氏「杖刑と死刑のあいだ―宋代における追放刑・労役刑の展開―」（梅原郁編『前近代中国の刑罰』京都大学人文科学研究所、一九九六年、所収、一九九〜二二一頁）。
梅原　郁「唐宋時代の法典編纂―律令格式と敕令格式―」（梅原郁編『中国近世の法制と社会』京都大学人文科学研究所、一九九三年、所収、一一一〜一七一頁）。
同　氏「刑は大夫に上らず―宋代官員の処罰―」（『東方学報（京都）』六七、一九九五年、二四一〜二八九頁）。
同　氏「罰俸制度の展開―旧中国における懲戒―」（『宋元時代の基本問題』汲古書院、一九九六年、所収、九三〜一二二頁）。

長井千秋「宋代の路の再審制度—翻異・別勘を中心に—」（梅原郁編『中国近世の法制と社会』京都大学人文科学研究所、一九九三年、所収、二六一～二八三頁）。

佐立治人「『清明集』の「法意」と「人情」—訴訟当事者による法律解釈の痕跡—」（同前書、二九三～三三四頁）。

同　氏「旧中国の地方裁判と法律—法律に従わない判決が持つ意味—」（『東洋史研究』五六—二、八四～一一六頁）。

川村　康「宋代主刑考」（『法と政治』四八—一、一九九七年、三四一～三八六頁）。

同　氏「宋代断例考」（『東洋文化研究所紀要』一二六、一九九五年、一〇七～一六〇頁）。

同　氏「宋代配役考」（『法と政治』五一—一、二〇〇〇年、二七三～三二二頁）。

同　氏「政和八年折杖法考」（杉山晴康編『裁判と法の歴史的展開』敬文堂、一九九二年、所収、四八九～五〇九頁）。

王雲海主編『宋代司法制度』（河南大学出版社、一九九二年、全四七四頁）。

郭東旭『宋代法制研究』（河北大学出版社、二〇〇〇年、全六三四頁）。

同　氏『宋朝法律史論』（河北大学出版社、二〇〇一年、全三九一頁）。

薛梅卿『宋刑統研究』（法律出版社、一九九七年、全三二三頁）。

戴建国「宋代編敕初探」（『文史』四二、一九九七年、一三三～一四九頁）。

呂志興『宋代法制特点研究』（四川大学出版社、二〇〇一年、全三五八頁）。

宋代官箴研読会編『宋代社会与法律—《名公書判清明集》討論』（東大図書公司、二〇〇一年、全三二四頁）。

大澤正昭『主張する〈愚民〉たち—伝統中国の紛争と解決法—』（角川書店、一九九六年、全二三七頁）。

同　氏「南宋の裁判と女性財産権」（『歴史学研究』七一七、一四～二三頁および八〇頁）。

同　氏「『清明集』の世界—定量分析の試み」（『上智史学』四二、一九九七年、四一～六七頁）。

高橋芳郎「明律「威逼人致死」条の淵源」（『東洋学報』八一—三、一九九九年、二七～五三頁）。


〈訳注〉

中央大学大学院・中国中世史特殊研究宋代班「『名公書判清明集』巻之九　戸婚門婚家條譯註稿」（一九九五年、全八一頁）。

Brian E.McKnight and James T.C.Liu translate *The enlightened judgements: Ch'ing-ming chi: the Sung dynasty collection* Albany: State University of New York Press, 1999. 全五六七頁。

「中国近世の法制と社会」研究班「『宋史刑法志』訳注稿（下）」（『東方学報（京都）』六五、一九九三年、四三一～五三五頁）。

清明集研究会『名公書判清明集』（懲悪門）訳注稿《その三》～《その五・完》（同研究会発行、一九九三年～一九九五年、各全三九頁、四七頁、四六頁）。

同研究会『名公書判清明集』（人品門）訳注稿〈上〉〈下〉（同研究会発行、二〇〇〇年、二〇〇二年、全八九頁）。

高橋芳郎「『名公書判清明集』巻六　戸婚門　訳注稿（その一）」（『北海道大学文学部紀要』四八―二、一九九九年、一～七八頁）。

同　「『名公書判清明集』巻六　戸婚門　訳注稿（その二）」（同前書四八―三、二〇〇〇年、四一～九二頁）。

同　「『名公書判清明集』巻七　戸婚門　訳注稿」（『北海道大学文学研究科紀要』一〇三、二〇〇一年、四一～一八五頁）。

第九章　親を亡くした女《むすめ》たち——南宋期の所謂女子財産権について——

はじめに

　一九五〇年代に、仁井田陞氏と滋賀秀三氏との間で中国の家族法をめぐる論争が行われ、その論争の重要な主題のひとつとして、南宋期の女子の財産権の問題、すなわち家産承継権の有無の問題があったことは広く知られている。滋賀氏が宗の観念を基軸にすえて祖先祭祀から家産分割に到るまでを整合的かつ統一的に説明づけ、本宗から除かれる女子には家産承継権が存在しないと主張したのに対し、仁井田氏は宗の観念と家産の承継との関係をより限定的に理解すべきだとし、その例証として南宋期に女子に財産分与が行われた事例を取上げ、当時の淮河以南あるいは揚子江流域以南には女子に家産を分与する慣習があったと推論したのであった(1)。

　この論争は明確な決着を見ないままに膠着状態となり、やがて仁井田氏の死去によって打ち切られた形となっていたが、一九八〇年代に入って明版の『名公書判清明集』（以下『清明集』と略記する）が紹介されたことから、新たな展開を見せることになった。すなわち、柳田節子氏は明版『清明集』の中の新たな判決文を使用して、女子のみならず広く女性の財産権の問題を取上げ、寡婦が再婚の際に自随田や自己名義の粧奩田を持ち去りえたことを記す史料を提示し、さらに仁井田・滋賀論争の際に問題とされた「父母已亡、児女分産、女合得男之半」という所謂女子分法と併せて、南宋期には女性の財産権が部分的ではあれ確立しつつあったのではないか、明代以降その財産権は低下していくのではないかと論じたのであった[2]。これに対して永田三枝氏は、いかなる条件下で女子に対する財産分与が行われるかを検討し、それがきわめて限定された条件の下で――すなわち戸絶の場合、女子と命継子がいる場合、父と母（正妻）なく未婚女子と幼い男子が残された場合に――行われたことを明らかにし、家産に対する女子の承継権として一般化できないことを主張した。永田氏はまた、寡婦が改嫁する際に持参財産を持ち去ることが南宋期に始まったとは言いがたいとも論じている[3]。次いで板橋真一氏は、永田氏の史料解釈に一部修正を迫りながら柳田氏の立てた論理を擁護する論考を発表したが、主に戸絶財産の処理や女性と訴訟の関係など問題の周辺領域を検討したに止まり、従来の論争点に積極的に参加するには至っていない[4]。

以上のような研究史をふまえたうえで、本章ではあらためて女子財産権の問題の再検討を試みるのであるが、ここでは妻ないし寡婦や母の財産権には全く論究しないことをあらかじめ断っておきたい。未婚の女子と既婚の女性とでは宗に対する関係が全く異なるうえに、〝権利〟の対象となる家産も全く異なるものとなる。すなわち、女子は結婚を境に父の宗から夫の宗へと変わるのみならず、問題となる財産も、未婚女子の場合は父の家の財産であり、既婚女性の場合は通常は夫の家の財産か持参財産である。また寡婦ないし母の場合は財産所有権のみならず家産の管理権の問題も考えねばならない。総じて、女性にとっては、結婚を境にして財産に関わる側面だけでも前後の断絶はきわめて大きいと考えられる。したがって、未婚・既婚をおしなべての「女性（ないし女子）の財産権」という問題の立て方は適当とは思われず、既婚女性の財産権の問題はここでの女子の財産権の問題とは切り離して別途考究されるべきであろう。なお本章で特に限定せずに「女」ないし「女子」と言う場合、未婚女性＝在室女のみならず、既婚女性＝

出嫁女、また夫と離婚・死別して父家に帰っている女＝帰宗女をも指すことがある。いずれも父家の家産に対してむすめの位置を占めるがゆえに、女や女子と言う言葉を用いるのである。(5)

一　問題点と着想

さて、右に簡単に紹介した従来の諸研究を振り返ってみると、そこにはある種の共通した枠組み、暗黙の前提といったものが感じられる。「父母已に亡く、児女産を分かつに、女は合に男の半ばを得べし」という法が存在し、その法に基づいて女に家産が分配された事例が存在することは否定しようのない事実である。(6)そこで、一方は、それを新たに歴史の表面に現れ出た事象、すなわち女子の権利として積極的に評価しようとする。しかし、その権利がいかなる歴史的背景をもって成立したのかを実証的に説明することができない。他方は、南宋期にのみ孤立して現れるこの事象を、男子のみが持つはずの家産承継権の原理原則からはずれた例外として扱おうとする。しかし、なにゆえにそうした例外が存在したのかは説得的に説明できない。この鋭く相対立するふたつの見解は、なにゆえふたつながらこうした弱点を抱え込むことになったのであろうか。それは女子に家産が分与される事態を、いずれも〝権利〟として処理しようとしたからであると私には思われる。これを権利と見たがゆえに、その権利がどこから調達されたのかを説明しなければならず、仁井田陞氏は「淮河以南、ないしは揚子江流域以南」の慣習の反映という根拠のない推測を持ち出さねばならなかったのであり、滋賀秀三氏もこれを権利として扱ったがゆえに、男子のみが持つ家産承継権に抵触する「異質的な」もの「例外的な」ものとして処理せざるをえなかったのである。(7)

しかし、そもそも件の「女は合に男の半ばを得べし」という法は、女子の家産に対する権利をなにがしか反映したものなのであろうか。権利だとすればそれはどのような条件下で行使される権利なのであろうか。その権利が慣習の反映であったとしたならば、どのような慣習を基盤としたものなのであろうか。つまり問題は、その法こそ女子の権利を示すと強調することにあるのではなく、また家産承継の原則から見てどこに位置づけられるかを示すことにあるのでもなく、なにゆえにそうした法が南宋期に存在したのか、その法は当時においてどのような意味を持っていたのかを問うことにあるのではなかろうか。

結論を先取りして言えば、私は件の所謂女子分法を在室女の嫁資を保障するための宋朝の法的・社会政策的対応と見ることによってのみ、関連する史料を合理的かつ整合的に理解することができると考える。私にこうした着想を与えたのは永田氏の論考であった。永田氏はいかなる場合に女子に財産が与えられるかを検討し、たとえば戸絶の場合、唐代に比べて宋代の女子の家産に対する取り分は必ずしも増大していないこと、また所謂女子分法についても特殊な条件下で適用されたことを指摘している。かりに事態を権利という枠組みで扱うにせよ、女子に対して限定された条件下で認められる権利と、男子の家産承継権のごとく男子であることをもって無条件で認められる権利とを同列に——つまり量の大小として——比較し評価することは到底冷静な認識、妥当な方法とは思われない。たとえば戸絶の財産は通常女子に与えられるが、このことを捉えて、仁井田・滋賀論争を経た現段階で[8]、限定的ではあれ女子にも家産の承継権があったと主張する者は一人としていないであろう[9]。なぜなら、そこでの女子への財産給付は戸絶という異常な条件下ではじめて発生する事態だからであり、通常一般の家産の承継とは異なる次元で生じる事柄だからである。戸絶に伴って女子に財産が与えられるのは、女子の権利の認定によるのではなくして王朝権力による政策的な対応であり、政策的対応ゆえに、たとえばのちに見る宋朝のように戸絶財産の取扱いはめまぐるしく変化することがあるのである。同様に、所謂女子分法によって女子に家産が与えられる場合を、権利の側面からではなく別の角度から、すなわち宋朝による社会政策的対応という角度から眺めてみることによって、問題はさまたげなく説明できるように思われる。以下、この着想によって問題を解きほぐすことにしよう。

二　女子と戸絶

おそくとも漢代以降近年に至るまで、中国における家産分割は男子均分が原則であり、女子は家産を承継する権利を法的にも実際上＝慣習上にも持ってはいなかった。女子が出嫁する際に父母や兄弟の愛情の結果としてなにがしかの持参金や土地が与えられることはあったが、それは一定の準則がないという意味で偶然的であり、個々のケースによって異なるという意味で個別的なものであった。ところが、ある特定の条件下では、法的にも、女子に対して家産が与えられる場合があったのである。その条件とは、問題の南宋期についていえば以下の場合であった。

（1）父親の遺嘱による場合。

（2）一家のうちに男子もその妻も存在しない状態すなわち戸絶の場合。

（3）戸絶ではないが父母ともに死亡し、かつ、

（a）女子と命継による男子がいる場合。

（b）女子と幼い男子とが残された場合。

（1）の遺嘱と（2）の戸絶のケースは、南宋期に限らず通時代的に広く認められるものである。ただ（1）の遺嘱のケースは父親が生存していたならば与えたであろう嫁資を遺言によって与えたという性格のものであるから、ここでは取立てて問題とするに足らない。一方（2）の戸絶財産の取扱いについては、宋代に他の時代とは異なる変化が

現れてくる。そして（3）のケースこそは所謂女子の財産権をめぐる議論の中心的な位置を占めてきたものである。そこで以下では、（2）および（3）のケースについて順に検討を加えることにしたい。

（2）の戸絶の場合、唐の喪葬令によれば、戸絶の財産は女子が存在すれば葬儀費用を除いた残りすべてが女子に与えられる定めであった。この点は明清代も同様であり、しかもそこでの女子とは在室女、帰宗女、出嫁女を問わない実の女すべてである。[10] ところが、すでに滋賀氏や永田氏によって指摘されたように、宋代には北宋から南宋にかけて戸絶の財産の給付方法に法的規制が加えられてゆくことになる。[11] それは、第一に在室女、出嫁女、帰宗女各々への給付額に差を設けることであり、第二に女子への給付額に上限を設けることであり、第三に女子もいない場合に、田土などを近親に与えず官が没収して出売し、あるいは直接経営する場合があったことである。しかし概して言えば、こうした戸絶財産の取扱いの変化は政策的かつ技術的なものであって、戸絶財産の処理に関する質的変化——たとえば女子の財産権の認定やその制限——を示すものではないと言ってよい。主な変化を具体的に見ることにしよう。

（イ）北宋初の建隆四年（九六三）。在室女と帰宗女には戸絶の財産をすべて給付するが、出嫁女のみいる場合は三分の一を給し、残り三分の二は没官する。ただし荘田が残されていれば、近親に与えて耕作させる。[12]

（ロ）大中祥符八年（一〇一五）。（女子がいない場合）戸絶の田は近親に与えず官が売却して国庫に入れる。肥沃な土地は出租し両税と租課を納めさせる。[13]

（ハ）天聖四年（一〇二六）。基本的に（イ）に同じだが、出嫁女もいない場合は死亡者の出嫁した姑《おば》や姉妹・姪《めい》に三分の一を与える。従来の没官分三分の二は、同居三年以上の親属・入舎婿《いりむこ》・義男・随母男《つれこ》等に与える。それらの者もいなければ近親に与える。近親もいなければ従来の耕作者に与える。[14]

（ニ）元符元年（一〇九八）。これは基本的に出嫁女への給付方法を定めたもの。在室女、帰宗女、出嫁女があれば、在室女、帰宗女に全額与える。ただし財産高が千貫以上であれば一分を出嫁女に与える。帰宗女と出嫁女があれば、帰宗女に三分の二を与え、残りの半分を出嫁女に与える。出嫁女への給付分が二百貫に満たなければ一百貫、一百貫に満たなければ全給とする。出嫁女のみあれば、財産高が三百貫に満たなければ一百貫、一百貫に満たなければ全給する。三百貫以上であれば三分の一を給す。なお出嫁女への給付額は二千貫を上限とする。戸絶財産高が二万貫に及べば奏裁とする。[15]

（ホ）南宋期。在室女へは財産すべてを給付、在室女と帰宗女あれば帰宗女は在室女の半分とする。[16]またつぎに掲げる『宋史』刑法志に記すように、戸絶財産は在室女に対しても三千貫を上限とする法が淳熙四年に計画され、のちには本文後掲の〈表1〉に見るように立法化されていたことが知られる。

以上の政策的かつ技術的な変化の示す特徴の第一は、滋賀氏や永田氏が言うように、宋朝は戸絶財産の国庫への取り込みに意欲的であったということである。[17]出嫁女のみいる場合に三分の一を与え残りは没官するとか、給付額に上限を設けるといった措置は、単に残された者の分配をめぐる争いを防止するためといった理由からは説明しえない事柄である。『宋史』巻二〇〇、刑法志二の次の記述は、皇帝自らがそうした方針に懸念を表明したものである。

丞相趙雄上淳熙条法事類。……戸令、戸絶之家、許給其家三千貫、及二万貫者取旨。帝曰、其家不幸而絶、及二万貫迺取之、是有心利其財也。

（丞相の趙雄が淳熙条法事類を奉った。……戸令に、戸絶の家はその家に財産三千貫を上限に給付する、二万貫を越えたら皇帝の意向を聞け、とあった。孝宗は言った、その家は不幸にして絶えたのに、家産が二万貫に及べばそれを没収するというのでは、朕がその財産を欲しているということになる、と。[18]）

第二の特徴は、在室、帰宗、出嫁の各々に差別を設けながらも、在室女に対する経済的保護は一貫して手厚く与えられていることである。在室女に次いで家産が多く給付されるのは帰宗女であり、最も分配が少なく時に給付が認められないのは出嫁女であった。この差は、もとより女子の戸絶の財産に対する権利の差ではない。この序列の意味するものは、言うまでもなく嫁資あるいは生活費の必要性に対する為政者の配慮にほかならない。それは本来ならば父母や兄弟によって未婚女子に与えられたはずの扶養と嫁資とが、戸絶によって断ち切られたことへの代償としての意味を持っていたのであり、父母や兄弟に代わって為政者の側が嫁資と生活費の確保を立法を通じて保障する役割を果すものであったと言ってよいのである。

三　親を亡くした子供たち

ここで（3）の戸絶ではないが父母ともに死亡した場合の（a）および（b）のケースの検討に移る番だが、それに先だって次の諸点に注意を向けておきたいと思う。

父母が死亡してもその家に同居の関係にある男子、すなわち兄弟やおじなどが存在すればそれは戸絶ではなく、またその男子が成年[19]に達していて家産の管理を行いうるのであれば、その家にとって父母の死は単なる家族員の減少を意味するにすぎない。そこでは父母の死は家産の分割とは直接の連動関係を持たないのであり、家産についてはいずれ将来に行われるであろう男子間の均分原則による分割を待てばよいだけである。在室女あるいは帰宗女がいたにしても、成年に達した兄弟がいれば通常は彼らが扶養と出嫁の費用を準備し調達するであろう。『清明集』巻七、戸婚門、検校「不当検校、而求検校」（葉岩峰）は、三〇歳の張文更と一〇歳に及ばない弟妹が残された家に対して堂叔が検校を申請した案件であるが、その中に次のような一節がある。

今張文更年已三十、侭堪家事。縦弟妹未及十歳、自有親兄可以撫養、正合不応検校之条。……今仰張文更主掌乃父之財産、撫養弟妹、如将来或願分析、自有条法在、余人並不得干預。

（いま張文更は三〇歳になっており、家事をすべて切り盛りできる。たとい弟妹が一〇歳に到っていなくとも実の兄が養ってくれるのであるから、検校してはならないという規定に該当する。……いま張文更に父の財産を管理し、弟妹を養育するよう申しつける。もし将来家産分割を願うなら、それに関する法律が備わっている、余人は決して関与してはならない。）

親を亡くした未婚の女子にとって、かりに成年の兄弟がいなかったとしても、同居の父の兄弟すなわちおじがいれば一般に困難は大きくなかったはずである。[20] しかし、ともすればおじは父母や実の兄弟よりはめいに対して愛情が薄くなりがちであろう。南宋期にはそれを考慮した立法が為されていた形跡がある。『清明集』巻八、戸婚門、検校「侵用已検校財産、論如擅支朝廷封椿物法」（胡穎）は、曾仕殊死亡し、その女曾二姑が叔父の仕珍・仕亮等と残されたケースである。

其曾士殊一分家業、照条合以一半給曾二姑。今僉庁及推官所擬、乃止給三分之一、殊未合法。大使司箚内明言、興詞雖在已嫁之後、而戸絶則在未嫁之先。如此則合用在室女依子承父分法給半、夫復何説。余一半本合没官、当職素不喜行此等事、似若有所利而為之者。姑聴仕珍仕亮両位均分外、仕殊私房置到物業、合照戸絶法尽給曾二姑。限三日対定、照已判、専人解推吏併詞人、抱案赴提刑司。

（曾仕殊に分与される家産は法に照らして半分を曾二姑に給付すべきである。いま僉庁と推官の判決原案ではただ三分の一を給するとあり、これは全く法に合わないものである。提刑使からの書面には、訴訟が興ったのは曾二姑が嫁いだ後であるが、父家の戸絶は嫁ぐ前にあったことだ、と明言している。そうであれば在室女には男子が父の分を承けるという法によって半分を給付するという規定を用いるべきである、それで何の異論があろうか。残りの半分は本来没官すべきである。ただ私は、自分の利益のために行うように見えるから、もともと没官を好まない。当面仕珍と仕亮とで没官分を均分し、仕殊の房で購買した財産は戸絶法に照らしてすべて曾二姑に給付すべきである。三日以内に家産をこの判決による分配法と照合し、先の判決にあるように、本件のために特派される者は推吏と訴人を連行し、一件書類を携えて提刑司に赴け。）

この家は実際上は家産分割を行っていながら——それゆえ、推官等は仕殊の家は戸絶と見て出嫁女に三分の一を与えようとし、標題にあるように検校という手続きもすでにとられていたのであろうし、また「仕殊私房置到物業」という表現も出てくるのであろう——、形式上は同居ということにしていたらしい。この案件は引用を省いた前半部も含めて考えると、まだ表向きは家産分割をしていないことを口実に仕珍が息子とともに仕殊の分も弟の仕亮と二人で分割しようとし、それを察知した出嫁の女曾二姑が訴えたものと判断される。すでに家産分割を行ったのちに仕殊が死んだのであれば戸絶であり、その時点で曾二姑は在室女であったから、父の財産すべてを承け継ぐことができたはずである。そうした判断がとられていないことからすると、判者胡穎は形式的な同居を前提に判決していると考えられる。判決では、「戸絶」（父の死ほどの意味で用いられている）は出嫁以前のことだから、そうであれば在室女は本来男子がいたなら承継したであろう財産の半分を支給され（このケースでは曾家の全財産の六分の一に相当）、残りは没官されるべきだと言う。これが合法的だというのである。ということは、父母が死亡し在室女が父の兄弟と同居という形で残されたケースで家産分割が行われる際には、女子には父に男子があればその男子が承けるはずであった財産の二分の一が与えられ、残りの二分の一は没官するという法が当時存在していたことになる。(21) これもまた在室女に対する経済的保護と見るべきものであろう。

唐宋時代にはまた、周知のように、家産分割を行う際に未婚の男女が存在すれば、聘財と嫁資に相当する分を分割される家産から控除して与えるという規定が設けられていた。唐の戸令の応分条に「諸応分田宅及財物者、兄弟均分、……其未娶妻者、別与聘財、姑姉妹在室者、減男聘財之半」とあり[22]、北宋期にも『宋刑統』巻一二、戸律「卑幼私用財」にほぼ同文が見えるが、南宋期には『清明集』巻七、戸婚門、立継「立継有拠、不為戸絶」（司法の擬）に、次のように見えている。

諸分財産、未娶者与聘財、姑姉妹有室及帰宗者給嫁資、未及嫁者則別給財産、不得過嫁資之数。……在法、男年十五、女年十三以上、並聴婚嫁。

（家産分割の際に、未婚の男子には聘財を与え、未婚の父の姉妹や男子の姉妹および帰宗女には嫁資を与える。結婚許可年齢に達していない女子には別に財産を給するが、それは嫁資の額を越えてはならない。……法では、男は一五以上、女は一三以上になれば婚姻・出嫁を許す。）

この法が節略文か否か確言できないが、唐代の規定に比べると、ここには聘財と嫁資との比率が明示されておらず、また姑《おば》や成年の在室女、帰宗女、未成年の女子各々に財産を与える旨明文化されている点に特徴がある。おそらくは嫁資を聘財の半分にすることの不合理が唱えられ、また帰宗女や未成年の女子に対する嫁資はどうするのかが問題となった結果定められた規定であろう。こうした家産分割の際の聘財・嫁資に関する規定は、親を失った兄弟姉妹（あるいは姑《おば》）に対しては、親がいたならば親（姑《おば》から見れば兄弟）によって調達準備されたであろう聘財・嫁資を為政者の側が立法を通じて保障するという役割を担い、親が健在であったとしても、未婚男女の婚姻前に親が死亡するといった不慮の事態――に伴う財産争い――に事前に備えるという役割をも期待されていたのであろう。こうした立法が当時の慣習の単純な反映なのか、あるいは聘財や嫁資をめぐる争いが少なくなかったことの反映なのか明確に知ることはできないが、少なくともこうした法規定の存在は、男女ともに婚姻が経済的に軽視しえない特別の費用を必要としていたことを雄弁に物語るものである[23]。

〈表　1〉

	在室女	帰宗女	出嫁女	継絶子	没官
在室女のみ	3/4			1/4	
在室・帰宗女	8/15	4/15		1/5	
帰宗女のみ		1/2		1/4	1/4
出嫁女のみ			1/3	1/3	1/3
女不在				1/3	2/3

※いずれの場合も女と継絶子の取得分は三千貫（家産が二万貫を越えれば五千貫）を上限とし、残りは没官される。

四　女子と命継子

父母を亡くした子供たちの検討を続けよう。

父母なく女子のみが残された場合それは戸絶であるが、不幸にして戸絶となった家には、死亡した男性が成年に達していたかあるいは既婚者であった場合、死後に嗣子が立てられることが多かった。[24] すでに周知のように、一族の者によって継絶子を立てることを宋代には「命継」と呼んで、父母の生前の養子や夫死亡後の妻による立嗣すなわち「立継」と区別していた。女子のみ残された家に命継子が立てられるケースは先に示した（3）の（a）に相当するが、この場合は女子に対して家産の一部を給付する法規定が設けられていたのである。そもそも宋代に立継と命継の区別が為されたのは、立継子と命継子とでは承継しうる家産の額に違いが設けられたからであり、また嗣子と女子との家産の分配方法を明確にするためであったと考えられる。

すでに明らかにされているように、立継子は女子の存在に関わりなく実子と同じく家産のすべてを承継しえたのであるが、命継子の家産承継権は女子がいない場合であっても家産全体の三分の一に制限されていた。[25] また女子がいた場合は、〈表1〉のような分配法が定められていた。[26] ここでも家産の分配は戸絶の場合と同じく、在室女に最も厚く、次いで帰宗女、そして出嫁女が最も冷遇されるという特徴が見られる。嫁資に配慮した分配法であることはあらためて説明を要しないであろう。

戸絶後に命継子が立てられたケースを判決文で見てみよう。『清明集』巻七、戸婚門、立継「官司斡（幹）二女已

撥之田、与立継子奉祀」（葉岩峰）に、

迨詳案牘、黄行之無嗣、有女二人。其長九歳、次幼。今為立昭穆相当人為其後。今就二女名下、斡未議得奩具三分之一、与立継子為蒸嘗之奉、其於継絶之義・均給諸女之法、両得之、而黄氏一脈可続。示房長従公分析、申。
（一件書類を見ると、黄行之には後継ぎの男子がなく女が二人いる。うえは九歳で、次はまだ幼い。いま昭穆相当の者を立てて後継ぎとせよ。いま二女の名義となっている家産から、まだ議定していない嫁資の三分の一を移して継絶子に与え祭祀の費用とさせたならば、戸絶を解消することと、諸女に家産を給すという法律とのふたつながらを満足させられようし、黄家の命脈も続いてゆこう。房長に指示して公平に家産を分割させ、結果を報告せよ。）

ここでの「未議得奩具」という言い方からすると、二女に対してはすでに一部分の嫁資・粧奩が指定されていたのであろう。その残余の家産からあらためて二女に三分の二、命継子に三分の一が与えることとされている。これが先の分配法に合致しているかどうかは確認できない。同書同巻、戸婚門、孤幼「官為区処」（韓似斎）には、

李介翁死而無子、僅有一女、曰良子、乃其婢鄭三娘之所生也。官司昨与之立嗣、又与之検校、指撥良子応分之物産、令阿鄭撫養之、以待其嫁。其銭会銀器等、則官為寄留之、所以為撫孤幼計者悉矣。
（李介翁は死して男子がおらず、婢女の鄭三娘に生ませた良子というむすめ一人がいるだけである。官司は先頃介翁のために嗣子を立ててやり、また家産の検校も行って、良子に相応の品物や土地を分け与え、出嫁するまで阿鄭に養育させることとした。良子に給付した銅銭・会子や銀器などは官で一時保管してやっている、したがって幼い孤児を労る手だては万全である。）

とあって、官司が幼い在室女のために嫁資を保管している例がある。こうした措置は、同書巻八、戸婚門、女承分「処分孤遺田産」（范応鈴）にも見えている。解汝霖一家は金軍の侵攻によって夫妻が死亡、全員が捕虜となっていたが、数年後に養女の七姑が帰り、またのちに孫女の秀娘も帰って汝霖の姪男解懃の家に撫養されるも、解懃は汝霖の

財産を得ようと伴哥なる継絶子を立てたという案件。七姑は二五歳で未婚、秀娘は一〇歳をわずかに越えた頃かと思われる。判決では法の規定通り、継絶子に四分の一、四分の三を七姑と秀娘に与えるとし、

　汝霖一分田租、併行樁管、存為二女出適之用。

（汝霖の一分の小作料は、併せて保管をし、二女の出嫁の費用として残せ。）

という措置が執られている。

　さらに、同書巻七、戸婚門、女受分「阿沈高五二争租米」（呉革）は、高五一死して婢女の阿沈と阿沈の生んだ当時一歳の女公孫が残されたケースである。阿沈は紹定五年（一二三二）に検校を申請、同時に高五一の弟五二は次男六四を継絶子に立てることを乞い、いずれも認められて高五二が公孫を養育していたところ、阿沈は公孫を携えて王三に改嫁した。嘉熙二年（一二三八）に高六四は出幼したとして検校財産の給還を申し出て四分の三を取得、公孫は四分の一を租米で受け取ることとされた[27]。ところが高五二、六四と佃戸の康一は公孫の一分を得ようと租米を九年にわたって渡さず、さらに一二歳になった公孫を連れ戻し阿沈の訴えを引き起した。判決では、公孫と九年の租米を阿沈に返還せしめることとし、さらに

　其一分産業、仰阿沈自行管給収租、高五二不得干預。候公孫出幼、赴官請給契照、以為招嫁之資。

（公孫取得分の田産は、阿沈にみずから管理と収租を行わせ、高五二は関与してはならない。公孫が成人したなら官に赴き、財産の証明書をもらい受け、それで公孫の結婚費用とせよ）

と命じられている。官司の関心はいずれの判決文においても、未婚女子の嫁資確保とその管理であることが知られよう。

　以上に見たように、父母も実の兄弟も亡くした在室女に対しては、命継子が立てられたとしても、家産を分割して

在室女の生活と嫁資が保障されるよう法的・行政的な措置が講じられていた。立継子とは父母の意向によって立てられた者である。したがって、一般的に立継子に家産全部を承継させるということの裏には、父母の立継子に対する実子同様の信頼、すなわち祖先や父母に対する祭祀のみならず、残された女子あればその扶養や出嫁も立継子によって滞りなく果されるであろうという期待が込められていたはずである。[28] しかし一方、命継子は一族の者が立てた者である。右に挙げた判決文からも窺えるように、財産目当ての嗣子擁立が為されれば残された女子の立場はきわめて危ういものとなるであろう。宋代に立継と命継を区別し、命継子と女子との間の詳細な家産分配方法が定められた背景に、女子に対する為政者の側からの法的・行政的保護が必要との判断があったことは疑いを容れないであろう。

五　女子と幼い男子

つぎに、(3)の(b)のケース、女子と幼い男子とが残された場合はどうか。これはもとより戸絶ではない。しかし、女子に家産の管理権はなく、幼い男子には家産の管理能力がない。『清明集』巻八、戸婚門、孤幼「叔父謀呑併幼姪財産」(胡穎)に

準勅、諸身死有財産者、男女孤幼、廂耆隣人不申官抄籍者、杖八十。因致侵欺規隠者、加二等。

(勅に、死んで財産が有り、死者の男女が孤児で幼い場合、廂耆や隣人が官に届けてその財産を抄籍(処分に備えて目録に書き写すこと)しなかったならば、杖八十の罰を与える。抄籍する際に横領や隠匿があったならば、二等を加えて罰する、とある。)

とあるのは、男女ともに幼い場合に、官に届けて抄籍し、男女が成年に達するまで財産を官の管理下に置くべきであっ

たことを示す。また、幼い男子のみが残された場合、官司は父の残した家産を調査・保管し、男子が成年に達するまで一族の誰かに家産の一部を割いて養育を託し、やがて男子が成年に達した段階で自ら家産の管理に当らせるという手続きがとられていた。これが当時「検校」と呼ばれたものである。たとえば『清明集』巻七、戸婚門、検校「不当検校、而求検校」（葉岩峰）に、次のように見えている。

所謂検校者、蓋身亡男孤幼、官為検校財物、度所須、給之孤幼、責付親戚可託者撫養、候年及格、官尽給還。此法也。

（所謂検校とは、父が死んで息子が孤児で幼い場合に、官が財物を調査・保管し、生活に必要な分を計算してこれを幼い孤児に与え、親戚の委託できる者に預けて養育させ、成年に達したなら官が保管していた財産をすべて給還するということである。これが法である。(29)）

この幼い男子のみが残されたケースと同様に、男女ともに幼い場合、家産は検校の手続きが取られ、通常この男女は親属に頼って生活することになったであろう。しかし親属の者は、本来の家産継承者たる幼い男子に肩入れして女子をないがしろにするかもしれず、また出嫁の際に十分な嫁資を与えないかもしれない。あるいは女子が成年に達していてみずから家計を管理していたとしても、その女子の出嫁の時点で男子がまだ幼い場合も想定されよう。そうした場合、女子の嫁資は誰がどのようにして手当してくれるのだろうか。幼い男子だけが全財産を承け継ぐのでは、誰がどのようにして女子の出嫁を支えてくれるだろうか。

こうした懸念に基づいて、父母死亡し未婚の女子が幼い男子とともに残された場合に、女子の嫁資を保障すべく定められたのが「父母已亡、児女分産、女合得男之半」という所謂女子分法であり、この法はもともと家産の承継権を持たない在室女を経済的に保護する目的で定められたものと考えられるのである。のちに見る「諸子均分の法」と呼ばれるものも、内容から見て所謂女子分法とまったく同じものと見てよいと思う。
具体例で見てみよう。『清明集』巻八、戸婚門、分析「女婿不応中分妻家財産」（また劉克荘『後村先生大全集』巻一九三、書判「鄱陽県東尉検校周丙家財産事」）は、父母が死亡し女子と幼い男子が残され、女子はすでに招婿しているケースである。さきに女子には家産の管理権はないと記したが、女子がこのケースのように年長であれば、弟の成年まで招婿するなどして家産を事実上管理する場合は少なくなかったと思われる[30]。

在法、父母已亡、児女分産、女合得男之半。遺腹之男亦男也。周丙身後財産合作三分、遺腹子得二分、細乙娘得一分。如此分析、方合法意。李応龍為人子婿、妻家見有孤子、更不顧条法、不恤幼孤、輒将妻父膏腴田産、与其族人、妄作妻父妻母標撥。天下豈有女婿中分妻家財産之理哉。県尉所引張乖崖三分与婿故事、即見行条令女得男之半之意也。帖委東尉、索上周丙戸下一宗田園干照並浮財帳目、将磽腴好悪匹配作三分、喚上合分人、当庁拈鬮。僉庁先索李応龍一宗違法干照、毀抹附案。

（法では、父母が死亡し、幼児と女が家産を分ける場合は、女は男の半分を得る、と定めている。遺腹の子（父が死んだとき母の腹にいた子）も男である。死んだ周丙の財産は三分割し、遺腹の子は二分を得、細乙娘は一分を得ることとする。このように分割してはじめて法意に合する。李応龍は婿であるが、妻の家に現に孤児がいるのに、法律を顧みず幼い孤児を恤まず、妻の父の肥沃な田産を族人に与え、妻の父母が標撥したものだと言いつくろっている。天下に女婿が妻の家の家産を中分するなどという道理があろうか。県尉が引用している張乖崖が家産の三分を婿に与えたという故事は、現行の条令で女が男の半分を得るという意味である。担当の県尉に書面を送って、周丙名義の田畑の権利証明書と動産の目録を取り寄せ、価値が等しくなるよう配分して三分割し、分割に与りうる者を呼び出し官の面前でくじ引きさせよ。僉庁は、それに先立って李応龍の違法な権利証明書を取り寄せ、無効の印をして一件書類に添付せよ。）

さて、ここでは幼い男子の養育が問題となっていることから、男子の養育費相当分として女に三分の一の財産が与えられたように見えるが、実はそうではない。判者劉克荘が件の法を持ち出したのは、男子の本来承けるべき財産――裁判沙汰にならずにそのまま成人したなら全財産――を婿から守るためなのであって、女の権利を保護するためでなかったことは明らかである。それゆえここでは、本来在室女を経済的に保護する目的で定められた法が、本来とは異なる目的のために発動されたわけである[31]。またこの女は結婚しているとはいえ、父家に留まっており実状は在室女と同様であるから、所謂女子分法の適用に形式上支障はなかったはずである[32]。

つぎに、劉克荘『後村先生大全集』巻一九三、書判「建昌県劉氏訴立嗣事」（また『清明集』巻八、戸婚門、立継類「継絶子孫止得財産四分之一」）は、田県丞死して、妾の劉氏とその幼子珍珍および二人の女子、県丞の養子世光（故人）の女使秋菊とその二人の女子とが残されたケースである。劉氏および秋菊は妻ではなく妾と女使であって、妾や女使は家産に対しては母＝妻の機能を持たないから、ここではいないのと同然である。判決は何度かにわたって出されており、やや複雑な案件ではあるが、行論に必要な結論部を引用しておこう。

再拠劉氏訴立嗣事、奉判。前此所判、未知劉氏亦有二女。此二女既是県丞親女、使登仕尚存、合与珍郎均分、二女各合得男之半。今登仕既死、止得依諸子均分之法。県丞二女合与珍郎共承父分、十分之中、珍郎得五分、以五分均給二女。登仕二女、合与所立之子共承登仕之分。男子係死後所立、合以四分之三給二女、以一分与所立之子。如此区処、方合法意。但劉氏必謂登仕二女所分反多於二姑、兼登仕見未安葬、所有秋菊二女、照二姑例、各得一分、於内以一分充登仕安葬之費、庶幾事体均一。……再奉判。拠劉氏詞、県丞有二子二女、除長子登仕係長子、已身故外、見存一子珍郎及二女、皆劉氏所出外。以法言之、合将県丞浮財田産、並作三大分均分、登仕・珍郎各得一分、二女共得一分。但県丞一生浮財竃篋、既是劉氏収掌。若官司逐一根索検校、恐劉氏母子不肯齎出、両訟紛拏、必至破家而後已。所以今来所断、止用諸子均分之法、而浮財一項、並不在検校分張之数。……奉判。以法論之、則劉氏一子二女、合得田産三分之二、今止対分、余以浮財准折。可謂極天下之公平矣。

（再び劉氏が立嗣につき訴えた件について、以下言い渡す。さきに判決した時には劉氏にも二女があったとは知らなかった。この二女が県丞の実の女であるからには、もし登仕が生きておれば登仕と珍郎とで均分し、二女は各々男の半分を得べきものである。いま登仕はすでに死んでいるからには、ただ諸子均分の法に依るのみである。県丞の二女は珍郎とともに父の財産を承け、その承くべき分を十分として、そこから珍郎は五分を承け、残り五分を二女に均分する。登仕の二女は立てたところの

〈表　2〉

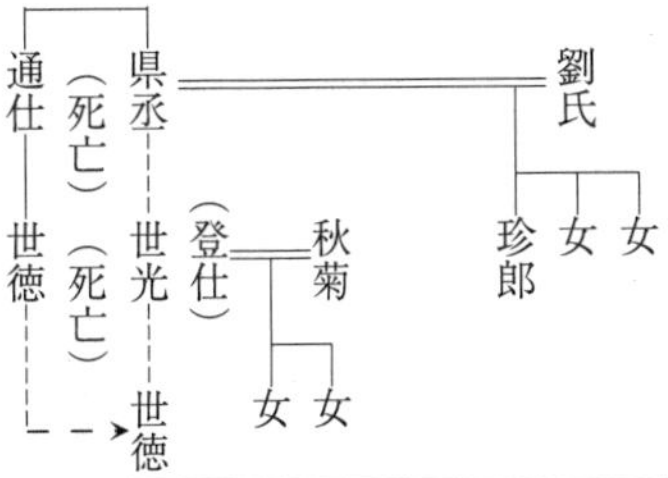

	女	女	珍郎	女	女	世徳	
世光生存の場合	1/8	1/8	1/4	1/2			
法によると	1/6	1/6	1/3	1/3			
実際の分産	1/8	1/8	1/4	1/8	1/8	1/8	1/8（世光の安葬費）

＋動産のすべて

嗣子とともに登仕の分を承ける。嗣子は登仕の死後に立てたのであるから、四分の三を二女に与え、四分の一を嗣子に与えるべきである。このように処理してはじめて法意に合致する。ただし劉氏は必ずや秋菊の二女の取り分は自分の女たちより多いと言うに違いなく、さらに現在は登仕の葬儀も終わっていないことでもあるから、秋菊の二女は二人のおばたちと同じく各人が一分を得ることとし、自分たちの取り分から一分を割いて登仕の葬儀費用とする。こうすれば分産は均等となるであろう。……再び言い渡す。劉氏の訴えによると、県丞には二人の男と二人の女がおり、長男の登仕はすでに死亡し、生きているのは一人の男珍郎と二女

で、いずれも劉氏の腹から出たものである。法律によって言えば、県丞の動産と田産を全部集めて大きく三つに均分し、登仕と珍郎が各一分を得、二女は二人で一分を得ることになる。ただし県丞のすべての動産は前から劉氏の手の内にある。もし官司が逐一提出させてすべてを調査しようとしても、おそらく劉氏母子は提出しようとせず、劉氏側と秋菊側は破産に至るまで激しく争うであろう。それゆえ今回はただ諸子均分の法によって断じ、動産については調査し分割する対象とはしない。……以下言い渡す。法律通りであれば、劉氏の一子二女は田産の三分の二を得るべきところだが、いまは均分とし、不足分は動産で穴埋めする。天下にこれ以上の公平はないと言うべきである。）

右の引用部分の解釈で重要なのは次の点である。前半部では「ただ諸子均分の法に依るを得るのみ」と述べながらも、実際に示した分配法は、登仕と珍郎とで家産を分割した後、あらためて珍郎と劉氏の二女との間において「女合得男之半」なる分配法を適用したにすぎないのであって、「諸子均分の法」が「女合得男之半」なる法と同一であるとするならば、ここではその法は珍郎と劉氏の二女との間に限定して適用されたと解するほかない。登仕の一分は世徳と秋菊の二女とで一対三の割合で分割されるが、これとて命継子と在室女の通常の分配法である。それゆえ中略部以降の「再奉判」のパラグラフの中で言うところの「以法言之……」の部分こそが「諸子均分の法」であろう。「諸子均分」と言う以上は、分割は同一の世代で行わなければならないはずである。秋菊の二女は珍郎等とは世代が異なるからである。それゆえにこそ「ただに県丞の浮財田産を将って、並びに三大分と作して均分し、登仕・珍郎各々一分を得、二女は共にして一分を得しめよ」という判断が出てくる必然性がある。ここでの法定の男女の取り分比は二対一であり、「女合得男之半」なる法と合致する。(33) ただし実際には、その他の事情も考慮してこの諸子均分の法とはやや異なる分配が為されたわけである。

またさらに、所謂女子分法＝諸子均分の法に言及した例として『清明集』巻八、戸婚門、遺嘱「女合承分」（范応鈴）がある。これは養子と幼い女がいるケースである。

鄭応辰無嗣、親生二女、曰孝純・孝徳、過房一子曰孝先。家有田三千畝・庫一十座、非不厚也。応辰存日、二女各遺嘱田一百三十畝・庫一座与之、殊不為過。応辰死後、養子乃欲掩有。観其所供、無非刻薄之論。仮使父母無遺嘱、亦自当得、若以他郡均分之例処之、二女与養子各合受其半。今只人与田百三十畝、猶且固執、可謂不義之甚、九原有知、寧無憾乎。……鄭孝先勘杖一百、釘錮、照元遺嘱、各撥田一百三十畝、日下管業。

（鄭応辰には実の男がおらず、実の女二人は孝純と孝徳といい、一人の養子は孝先という。家には田三千畝、倉庫一〇座がありかなり裕福である。応辰が存命の時、二女各々に田一三〇畝、倉庫一座を遺言して与えたが、とくに多過ぎるとは言えない。応辰の死後、養子の孝先は全財産を独り占めしようとした。その言い分ははなはだ薄情なものである。たとい父母の遺言がなくとも、その程度の財産は当然二女が手にすべきものであり、もしよその州で行われた均分の例で処理するとすれば、二女と養子とで各々半分を受けることになる。いま父が女にたったの一三〇畝を与えただけで、養子がそれに固執しているのははなはだしい不義というべきものである。死んだ応辰が知ったら憾みに思うであろう。……鄭孝先は杖一百のうえ、枷をつけてさらし者とし、遺言通り二女各々に田一三〇畝を与えよ、即刻引き渡せ。）

判者范応鈴の言う「若以他郡均分之例処之、二女与養子各合受其半」という部分は、家産を独占しようとする養子に対する単なる脅しであって、ここでは適用されるべきケースではなかったと思われるし、また実際適用されてもいない。[34] なぜなら養子孝先は成年に達していると考えられるからである。そうした脅しを持ち出しつつ范応鈴が保護しようとしたものは何か。女たちの父親が生存していたならば受けられたであろう女たちに対する経済的援助――に相当する遺嘱による財物――にほかならない。

以上、南宋期において女子に男子の半分の家産が分配されるケースを冷静に観察すれば、それが父母も成年に達した兄弟もいない境遇下の在室女の嫁資を（時には生活費をも）保障するという社会政策的対応から出たものであったことが了解されるであろう。父母が健在か頼るべき兄弟が存在してなお、家産分割の際に女に一定比率ないし一定額の家産が——嫁資としてではなく——分配される例を私は知らない。そうした分配方法が存在し、ゆるぎなく社会的ないしは法的に認知されてはじめて、われわれはそれを女子の財産権、承継権と呼びうるのではなかろうか。男子は男子であることをもっておのずから無条件に家産の承継権を有していた。女子はきわめて限られたケースにおいて、本来父母や成年の兄弟がいたならば与えられたであろう経済的援助に相当する部分を、為政者から特別の立法措置を通じて与えられていたのである。これは女子の権利ではなくして、未婚女子に対する宋朝の政策的対応、父母に代る経済的保護策とでも呼ぶべきものである。清朝以前の中国社会においてはとりわけ、婚姻が人生における不可欠の通過点と観念されていたこと[35]、それゆえにその一大事には男女ともに特別の費用を必要としたことに思いを致すべきであろう[36]。

おわりに

父母が死亡ののちに男女が家産を分割する際、女《むすめ》は男《むすこ》の半分を取得できるという法律が南宋期に突如として出現した。男子の半分とはいえ女子が男子と並んで家産の分割に与りうることを規定した法の出現は、清朝以前の中国社会にあってはまさに空前絶後のことである。しかし、この特異な法が意味するものは、実はきわめて常識的でありふれた事柄を、常識的でありふれた形で行わしめるための為政者の周到な配慮であった。すなわち、よるべのない未婚の女子に人なみの結婚をさせるために時の為政者が準備した法的・社会政策的な対応だったのである。したがって、この法に言う「男」は、判例から見るかぎり男子一般ではなく成年に達していない幼児という限定がついていたのである。[37]

すでに本論で見たように、親を亡くした未婚の女子に対する宋朝の法的・社会政策的な対応すなわち保護は、単に件の所謂女子分法に限られるものではなかった。戸絶の場合は言うに及ばず、女子と命継子がいる場合にも詳細な家産分配方式が定められていた。未婚の女子と叔父たちが残された場合にも、父親が承けるべき財産の半分を女子に与えるという立法が一時期為されていたかに見える。こうした一連の宋朝の対応の中に件の所謂女子分法を置いてみれば、それが決して特異でも不可解でもないことがたやすく承認されるであろう。むしろ私にとって依然として不可解で未解決なのは、以下の点である。

宋代における法律の制定や改訂のありかたを調べている際に、おそらく多くの人が感じるであろうことのひとつは、宋代法の、よく言えば臨機応変、融通無碍なこと、悪く言えば無原則で場当り的なことではなかろうか。[38] とくに民事的な事柄に関わる法を追跡している際に印象的なのは、原則的な事柄だけをを規定し、あとは行政のレベル、現場での応用に任せるといった、たとえば唐代の律令法的なあり方とは根本的に異なった志向が宋朝にはあったのではなかろうかと思われる点である。唐代ならば現場で地方官がみずからの裁量によって処理していたであろうような事柄を、宋代には法を立て法に準拠して処理せしめようという方向へ転換したかに見えるのである。本章で取上げた所謂女子分法の問題、すなわち父母兄弟の保護を失った未婚女子の問題は、唐代にもその他の時代にも存在したはずである。そうした未婚女子に対しては、唐代にもその他の時代にも時には行政的な措置を通じて、時には一族の者によって保護と援助が与えられていたであろう。たとえば、清代には宋代のような所謂女子分法は存在しなかったが、地方官の判断によって未婚女子に対する嫁資の手当が行われていた。宋大業『容我軒雑稿』（復旦大学蔵、康熙四二年序、抄本）

不分巻「逆恩纂占等事」は、父死亡後に実子たちが養子を追い出そうとした案件であるが、

審得、趙逢鳳与趙少三・少五等実為同父之兄弟也。其父孫臣娶楊氏無子。因撫族人之子逢鳳為嗣。継而娶妾文氏、得生六子二女。誠為厚幸。…… 所遺田租卅五石五斗、応以七子平分、毎給四石、余則存為文氏之女嫁聚、可也。

（審理し次のことが分かった。趙逢鳳と趙少三、少五等は父を同じくする実の兄弟である。彼らの父親趙孫臣は楊氏を娶ったが息子がいなかった。そこで一族の者の子供逢鳳を養って嗣子とした。その後妾の文氏を娶り、六男二女を得たが、誠に大いなる幸せである。……遺産の田租三五石五斗は七人の息子で均分し、一人当たり四石を与え、残りは文氏の娘達の結婚費用とすれば、それでよい。）

とあり、男子一人当り四石に対し未婚女子に嫁資として各々三、七五石が与えられており、徐士林『徐雨峰中丞勘語』（雍正年間、安慶府）巻二「覆審陳阿謝立継案」には、

阿謝給稲十石、仍令帰伊父母、不得争継。惟阿謝現有生女未嫁、前参令断令提家産三分之一、以為日後粧奩之資、慰元吉於地下、並慰阿謝於生前。此言殊為得理、実補本府前檄之所不及。

（阿謝には稲一〇石を与え、なお父母のもとへ帰らせ、後継者争いをさせてはならない。ただ阿謝には現に結婚前の娘がおり、前の参知県は家産の三分の一を控除して将来の結婚費用となし、それで娘の死んだ父親の元吉を慰め、生きている阿謝を慰めようと判決した。この言葉はとりわけ道理に適ったもので、実に私の前の指示書では思い至らなかったことである。）

とあり、立継子に家産の三分の二、未婚女子に粧奩の資として三分の一が与えられている。前者には複数の実の兄弟がおり、後者には母親が生存していて、いずれも宋代の親を亡くして幼い兄弟がいる未婚女子のケースと比べれば条件はよいと思われるが、それでもこうした分配がなされているのである。こうした未婚女子に対する嫁資の保障という行為は、女子分法が存在すると否とにかかわらず、社会通念や社会的慣習として人々に共有されていた当為だった

のであろう。[39] それを宋代には立法を通じて実現しようとし、他の時代には問題があれば地方官の自由な裁量によって処理しようとしたのである。

さらに、統計的に示すことはできないが、宋代とて法や行政の側の強制を待たずに、現実には一族の援助によって女子の出嫁が滞りなく行われた場合は多かったであろうと推測される。にもかかわらず、宋代には件の立法が為され、行政担当者には件の法によって処理することが求められていたのである。戸絶の財産の処理についても、宋代には先に見たように実にめまぐるしく法が改訂されている。ところが唐代法はこの点簡明であったし、明清代にも、

戸絶財産、果無同宗応継之人、所有親女承受、無女者、聴地方官詳明上司、酌撥充公。

（戸絶の財産は、同宗で嗣子となるべき人がいなければ、実の女がこれを承け継ぐこととし、女がいなければ地方官が上司に詳細に報告したうえで、適宜に支出して公共事業費に当てよ。）

という規定が設けられていただけなのである。[40] 継絶子が立てられた場合に女子への財産給付はどうするのか、「親女」は在室女や帰宗女また出嫁女でも平等に給付されるのかといった判断は、明清時代にはおそらく地方官の裁量に委ねられていたのであろう。宋代にはそうした地方官の自由な裁量、ある時には恣意的で無原則ともなりうる判断を法令によって規制し、法令に準拠した統一的で画一的な行政を施こうとしたかに見えるのである。[41] これは唐代や明清代と比較した場合の宋朝ないし宋代社会の著しい特徴と言うべきものであろう。しかし、法律によって複雑多様な現実の諸側面を覆い尽すには限度があり、同時に時代により地域によって同じ問題が異なった様相を呈することがあるであろう。それゆえ、宋代法には試行錯誤ないしは原則の揺れとでも言うべきものが少なからず現れてくるのではなかろうか。宋代のこうした傾向、宋朝のこうした志向は、しかし明代以降は再び認めることができなくなるように思われる。それがなぜであるのか、私には当面まとまった答えがない。いやその前に、宋代にはなにゆえ行政を法令準拠主

義的に行おうとしたのかについてすら、私はいまだ発表すべき意見を持っていないのである。

（1）滋賀秀三『中国家族法論』（弘文堂、一九五〇年）、仁井田陞「宋代の家産法における女子の地位」（一九五二年原載、同氏『中国法制史研究－奴隷農奴法・家族村落法－』東京大学出版会、一九六二年、所収）、滋賀秀三「中国家族法補考（一）～（四）－仁井田陞博士「宋代の家産法における女子の地位」を読みて－」（『国家学会雑誌』六七－五・六、九・一〇、一一・一二、六八－七・八、一九五三～五五年）、仁井田陞「中国社会の「仲間」主義と家族－団体的所有の問題をも合せて－」（一九五七年原載、のちに同氏前掲書所収）、滋賀秀三『中国家族法の原理』（創文社、一九六七年）。

（2）柳田節子「南宋期家産分割における女承分について」（一九八九年原載、同氏『宋元社会経済史研究』創文社、一九九五年、所収）、同氏「宋代女子の財産権」（『法政史学』四二、一九九〇年）。

（3）永田三枝「南宋期における女性の財産権について」（『北大史学』三一、一九九一年）。

（4）板橋真一「宋代の戸絶財産と女子の財産権をめぐって」（『柳田節子先生古稀記念 中国の伝統社会と家族』汲古書院、一九九三年、所収）。なおここでの問題に関連して参照すべきものとして、袁俐「宋代女子財産権述論」（『宋史研究集刊』二、一九八八年）、秦玲子「中国前近代女性史研究のための覚え書」（『中国女性史研究』二、一九九〇年）、小松恵子「宋代における女性の財産権について」（『広島大学東洋史研究室報告』一三、一九九一年）、川村康氏による柳田氏注（2）前掲論文の批評（『法制史研究』四一、一九九一年）、柳田節子氏による永田氏注（3）前掲論文の批評（『法制史研究』四二、一九九二年）、柳田節子「宋代の女戸」（一九九三年原載、同氏注（2）前掲『宋元社会経済史研究』所収）がある。

（5）本章の叙述は、すでに永田氏の論考によって基本的な方向づけがなされたものである。ただ永田論文では、所謂女子分法適用の限定条件を示しながらも、そうした法が当時なにゆえ必要とされたかについて積極的に言及しなかった憾みがあり、同時に未婚女性の財産権と既婚女性のそれとを同列に扱うという不十分さもあったと思う。柳田氏が永田論文に対して、「女子の所有権が全く成立していない時代に、何故に持参財産に対する権利のみ一人歩きして早くから存在したのだろうか」

（『法制史研究』四二、一九九二年）と批評したことは、未婚女性の財産権と既婚女性の財産権とを同列に論じうるという立場からすれば根拠のあることである。

（6）　のちに本文中に掲げる『清明集』巻八、戸婚門、分析「女婿不応中分妻家財産」（劉克荘の判）および劉克荘『後村先生大全集』巻一九三・書判「建昌県劉氏訴立嗣事」、参照。なお本章で用いた『清明集』のテキストは、中華書局の一九八七年排印本である。

（7）　華中南地方の慣習の反映とする仁井田氏の見解に対する滋賀氏の反論（注（1）前掲『国家学会雑誌』論文および『中国家族法の原理』）は十分に説得的である。ただ滋賀氏が『国家学会雑誌』六八巻七・八号での再考察を終えるに当って、

ここで私は問題を整理しておきたい。すなわち中国家族法の考察を、第一に、法が如何にあつたかという単純な法内容の問題と、第二に、そのような法が何故に――何故にという言葉に語弊があれば、他の諸々の事象とどのように関聯し合つて――あり得、またあらねばならなかつたかという、法の条件乃至機能の問題とのふたつの段階に一応分つて考えて見たい。……そして第二の段階はこれを今後の重要な課題としたいのである。（四〇七頁）

と記しながらも、所謂女子分法については一九六七年の『中国家族法の原理』においてもそれが深められることなく終わっていることは残念である。むしろ、女子分法を提示する判者がいずれも劉克荘（注（6）前掲、参照）であることを捉えて「或はそれは彼の我流の解釈であったのかも知れない」（傍点は滋賀氏）と述べる部分（四五八頁）などからは、右の課題の追求は放棄されたのではないかとすら感じられる。

（8）　本章が問題とする所謂女子分法に関する部分を除けば、この論争を通じて、女子には家産の承継権がなく、戸絶財産の給付も家産承継権とは質的に異なるという滋賀氏の主張は広く承認されるべき確かさを持つに至ったと私には思われる。

（9）　このような推断は実は正しくない。板橋氏注（4）前掲論文は戸絶の財産が女子に与えられるのは「女承分としての財産継承権が存在したからと言う外ない」（三八〇頁）と述べる。板橋氏自身も引用する『宋会要』食貨六一、民産雑録、天聖四年七月条には、戸絶財産は出嫁女なければ姑等に一分を、残り二分は親属や入舎婿・義男・随母男等の同居三年以上の者に

与えるとあるが、板橋氏の論法に従えば、これらの者たちにも家産の承継権があったことになろう。また、袁俐氏注（4）前掲論文は女子に戸絶や遺嘱によって家産が給付される事態を権利として扱い、その額の増減をすなわち権利の伸縮と見ている。このようななんらかの財産が女子に与えられればそれはすなわち権利の存在の証だとする見解は、たとえば「ある人が金品を拾ったのは、その人に本来金品を拾得する権利があったからだ」と主張するに等しいのではなかろうか。

（10）仁井田陞『唐令拾遺』（東京大学出版会、一九三三年、再版、一九六四年）喪葬令、八三五頁に、

諸身喪戸絶者、所有部曲客女奴婢店宅資財、並令近親（親依本服、不以出降）、転易貨売、将営葬事、及量営功徳之外、余財並与女（戸雖同、資財先別者、亦准此）。無女均入以次近親、無親戚者、官為検校。若亡人存日、自有遺嘱処分、證験分明者、不用此令。

とあり、明の戸令および『大清律例通考』巻八、戸律、戸役「卑幼私擅用財」の第二条例に（引用は後者、明の戸令では後半部が「……無女者入官」とある。後掲の注（39）、参照）に、次のように見える。

戸絶財産果無応継之人、所有親女承受。無女者、聴地方官詳明上司、酌撥充公。

（11）滋賀氏注（1）前掲『中国家族法の原理』三九五～四一三頁、永田氏注（3）前掲論文。

（12）『宋刑統』巻一二、戸婚律「戸絶資産」に、次のように見える。

臣等参照、請今後戸絶者、所有店宅畜産資財、営葬功徳之外、有出嫁女者、三分給与一分、其余並入官。如有荘田、均与近親承佃。如有出嫁親女被出、及夫亡無子、並不曾分割得夫家財産入己、還帰父母家、後戸絶者、並同在室女例、余准令勅処分。

滋賀氏注（1）前掲『中国家族法論』八六頁注（18）、同じく『中国家族法の原理』四一一頁注（12）では、ここに「均与近親承佃」とある部分を「官有地の小作」と解しているが、左掲の本章の注（13）（14）からすれば、やはり「給与」であろう。

（13）『宋会要』食貨一―一二、農田雑録、天聖元年（一〇二三）七月条に、次のように見える。

殿中丞斉嵩上言、検会大中祥符八年勅、戸絶田並不均与近親、売銭入官、肥沃者不売、除二税外、召人承佃、出納租課。

（14）『宋会要』食貨六一－五八、民産雑録、天聖四年（一〇二六）七月条に、次のように見える。
今後戸絶之家、……如無出嫁女、即給与出嫁親姑姉妹姪一分、余二分、若亡人在日、親属及入舎婿義男随母男等、自来同居営業佃蒔、至戸絶人身亡及三年已上者、二分店宅財物荘田並給為主。如無出嫁姑姉妹姪、並全与同居之人。若同居未及三年、及戸絶之人孑然無同居者、並納官、荘田依今（令）文均与近親、如無近親、即均与従来佃蒔或分種之人、承税為主。若亡人遺嘱、證験分明、依遺嘱施行。従之。
（15）『長編』巻五〇一、元符元年（一〇九八）八月丁亥条に、次のように見える。
戸部言、戸絶財産尽均給在室及帰宗女。千貫已上者、内以一分給出嫁諸女。止有帰宗諸女者、三分中給二分外、余一分中以一半給出嫁諸女、不満二百貫、給一百貫、不満一百貫全給。止有出嫁諸女者、不満三百貫、給一百貫、不満一百貫、亦全給、三百貫已上、三分中給一分。已上給出嫁諸女、並至二千貫止。若及二万貫以上、臨時具数、奏裁増給。従之。
（16）『清明集』巻七、戸婚門、立継「立継有拠不為戸絶」（司法の擬）に、次のように見える。
諸戸絶財産尽給在堂諸女、帰宗者減半。
（17）板橋氏注（6）前掲論文は、宋朝のこうした政策は、戸絶財産の没収ではなくその財産からの安定した両税収入の確保に置かれていたという理解を示しているが、それは一面の真実に止まる。唐代や明清代と比べて国庫への取り込み部分は明らかに多い。また少なからぬ戸絶の田が没官され、それが時に出租され時に出売された点については、島居一康『宋代税財政史研究』（汲古書院、一九九三年）一四四～一九四頁、魏天安「宋代《戸絶条貫》考」（『中国経済史研究』一九八八年－三）、参照。
（18）王応麟『玉海』巻六六、詔令、律令下「淳熙条法事類、脩法枢要」に、
（淳熙）四年八月三日戊子、進重修敕令格式。御筆圏去戸令二条・捕亡令一条及無額上供賞、並令删去。

とあり、この時点で件の戸令は一旦削除されたと考えられる。
（19）南宋代には徭役負担など公法上の所謂成丁は、たとえば『慶元条法事類』巻七五・刑獄門五、侍丁の戸令に「諸男年弍拾

壱為丁」とあるように二一歳であったが、婚姻や土地取引などの私法上あるいは刑法上の成年は、一五歳ないし一六歳であった。本文後掲の『清明集』巻七、戸婚門、立継「立継有拠不為戸絶」（司法の擬）によれば　男子は一五歳、女子は一三歳以上で婚姻が認められる。また『宋刑統』巻四、名例律「老幼疾及婦人犯罪」、『慶元条法事類』巻七三、刑獄門三、決遣、断獄令、同書巻七五、刑獄門五、侍丁の名例勅、同書巻七六、当贖門、罰贖の断獄令によれば刑法上は一六歳以上が成年とみなされる（後掲注（32）を参照）。なお仁井田陞『支那身分法史』（座右宝刊行会、一九四二年）五四八〜五五〇頁、滋賀氏注（1）前掲『中国家族法の原理』三八六〜三八七頁をも参照。

（20）『清明集』巻六、戸婚門、争田業「訴奩田」（巴陵の趙宰）には、すでに家産分割した後ではあるが、父を失いかつ貧しく「奩具無き」姪女を案じて、叔父が土地を与えたことが記されている。

（21）この案件では実際には残り二分の一は仕珍・仕亮に分配されているが、それは法を無視した便宜的処置である。同居である以上、法の規定としても残り二分の一を父の兄弟に分配するのが当然と思われるが、残りを没官するという規定になっているのはなぜであろうか。そうした立法がなされていたからなのであろうが、立法の根拠はなお不可解である。

（22）仁井田氏注（10）前掲『唐令拾遺』二四五〜二四六頁。

（23）方建新「宋代婚姻論財」（『歴史研究』一九八六年―三）は、宋代には特に婚姻の際に財物を重視する風潮があったことを論じている。ただし、家産分割の際に未婚男女に聘財・嫁資を控除して与えるという唐宋の法規定は、そうした風潮とは直接の関係を持たないであろう。

（24）滋賀氏注（1）前掲『中国家族法の原理』三七一〜三九四頁、参照。

（25）『宋会要』食貨六一―六四、民産雑録、紹興二（一一三二）年九月二一日条に、

江南東路提刑司言、本司見有人戸陳訴、戸絶立継之子不合給所継之家財産。本司看詳、戸絶之家依法既許命継、却使所継之人並不得所生所養之家財産、情実可矜。欲乞将已絶命継之人、於所継之家財産、視出嫁女等法、量許分給。戸部看詳、欲依本司所申、如係已絶之家有依条合行立継之人、其財産依戸絶出嫁女法、三分給一、至三千貫止、余依見行条法。従之。

とあり、『清明集』巻八、戸婚門、立継類「命継与立継不同」（擬筆）の「再判」に、

立継者与子承父分法同、当尽挙其産以与之、命継者於諸無在室帰宗諸女、止得家財三分之一。

とある。紹興二年に到ってはじめて、法によって命継子の財産取得分が在室帰宗女なき場合に三分の一と定められたのであるが、唐代には戸絶後に立てられた嗣子であっても、実子と同じく全財産を承継しえたのであった（注（10）前掲仁井田『唐令拾遺』二四五～二四六頁の戸令・応分条）。

（26）『清明集』巻八、戸婚門、女承分「処分孤遺田産」（范応鈴）、および滋賀氏注（1）前掲『中国家族法の原理』四〇四～四〇五頁による。

（27）ここでの公孫と高六四の家産分配率は法の規定とまったく逆であるが、それがなぜかは不明である。

（28）もとより現実は必ずしもそうとは限らない。『清明集』巻七、戸婚門、女受分「遺嘱与親生女」（呉革）は、父母の生前の立継子が、父（母もか）死亡後、父が娘達に標撥した財産を実父とともに奪おうとした事件であり、同じく立継子が女への父の遺嘱を無視して家産を独占しようとした例がのちに本文に見る『清明集』巻八、戸婚門、遺嘱「女合承分」である。

（29）ほかにも例を示せば、『清明集』巻八、戸婚門、孤幼「叔父謀呑併幼姪財産」（胡穎）は、一族に託すべき者がいないとして幼児を府学に預けた例であり、

合送府学、委請一老成士友、俾之随分教導、併視其衣服飲食、加意以長育之。其一戸産業、並従官司検校、逐年租課、府学銭糧、官与之拘権、以充束脩服食之費、有余則附籍収管、候成丁日給還。

同書巻七、戸婚門、立継「生前抱養外姓殁後難以揺動」（呉革）は、家産を族長達の立会いの下で検校し、立継子の成年まで叔父に管理させる例である。

所有家業、牒嘉興府別委清強官、喚集族長、従公検校、作両分置籍印押。其邢堅（立継子）合得一分、目下聴従邢柟（叔父）為之掌管、候其出幼、却以付之。

なお、検校一般については、加藤繁「宋の検校庫に就いて」（一九二七年原載、同氏『支那経済史考證』下巻、東洋文庫、一

九五二年、所収）、李偉国「略論宋代的検校庫」（『宋史研究論文集』浙江人民出版社、一九八七年）、参照。

(30) 幼い弟がいるケースではなく戸絶の場合であるが、『清明集』巻六、戸婚門、争田業「争田業」（韓似斎）——同名の判語が続いてあるが、ここは前者——に「洪観生無子、其家一付之女与婿」と見える。また後掲注（32）に引く同書巻九、戸婚門、取贖「孤女贖父田」、参照。

(31) 判決文に引く張乖崖の故事は、『宋史』巻二九三「張詠伝」に、

有民家子与姉壻訟家財。壻言、妻父臨終、此子裁三歳、故見命掌貲産、且有遺書、令異日以十之三与子、余七与壻。詠覧之、索酒酹地曰、汝妻父智人也、以子幼故託汝。苟以七与子、則子死汝手矣。亟命以七給其子、余三給壻。人皆服其明断。

とあるものである。劉克荘の判決文では、この故事は、実際の力関係に依るのではなくして、本来のあるべき分配率に従うべき例という意味合いで引用されているのであろう。なおこの故事は『清明集』巻八、戸婚門、遺嘱「諸姪論索遺嘱銭」にも要約して引用されているが、そこでは当初遺嘱による婿と幼児の分割比は二対一であったと記されている。

(32) 『慶元条法事類』巻七五、刑獄門五、侍丁、名例勅に、

諸縁坐応編管、而年陸拾以上拾伍以下、及婦人於本条応編管、而夫之祖父母父母或祖父母父母《謂未嫁者、即雖已嫁、而召贅婿者、同》老疾応侍、家無期親成丁者、並免。若已編管而応免者、亦放。

とあり、未婚女子と招婿した女は刑法上同等に扱われている。また『清明集』巻九、戸婚門、取贖「孤女贖父田」（呉革）は、兪梁が生前に典出した田を陳応龍を招婿している女の兪百六娘が収贖せんとした争いであるが、その一節に、

准令、戸絶財産尽給在室諸女、而帰宗女減半。今兪梁身後既別無男女、僅有兪百六娘一人在家、坐当招応龍為夫、此外又別無財産、此田合聴兪百六娘夫婦照典契取贖、庶合理法。

とあって、ここでも招婿した女は在室女と同じく扱われている。なおこの判決文の末尾近くには、

兪梁既別無子孫、仰以続祭祀者惟兪百六娘而已。贖回此田、所当永遠存留、充歳時祭祀之用、責状在官、不許売与外人。

とあり、女の兪百六娘に祭祀を行わしめている。招婿した女が父を祭ることがあったのであろうか。疑問として後考に俟つ。

（33）以上の二例から明らかなように、「女合得男之半」という法・「諸子均分の法」とは、男二に対して女は各人が一になるように財産を分割することを意味している。したがって、女が多ければそれだけ男の取り分は減ることになる。このことが明確に現れているのは、二例目で劉克荘が最初に示した案、珍珍が全体から五分を承け、それを二女と二対一に分割する案である。二女は珍珍に対して二人まとめて二分の一を与えられるのではなく、各人が二分の一を与えられる。また「均分」とは均等な分割ではなく、均《みな》への分割の意味である。

（34）所謂女子分法は男子が未成年である場合の家産分配法だという本章の論旨を否定するためには、ここでなにゆえに女子にとって有利な所謂女子分法が適用されていないのかを説明する必要があろう。「他郡均分之例」とは、おそらくこのケースと類似した案件に対して「他の州で行われた在室女と養嗣子との均分の判例」を指すにすぎず、それが何らかの法（たとえば所謂女子分法）に依拠して出された判例であったと考えるべき必然性はない。ここでは「他の州ではこうしたケースでは均分したという事例すらあるのだ」として考先を脅し、彼に譲歩を迫っているのである。

（35）このことは取り立てて論じられること少ないが、それは論じるまでもなくあまりに自明のことと考えられていたからにほかならない。そのことは、自力での婚姻の条件を欠く婢僕については主人の責任を問うという形で婚姻の重要性が論じられることによって、逆に証される。たとえば袁采『袁氏世範』巻三、治家「女使年満当送還」に、年季の明けた女使は送還すべきことを述べ、「役之終身、無夫無子、死為無依之鬼、豈不甚可憐哉」と記されている。また細野浩二「明末清初江南における地主奴僕関係—家訓にみられるその新展開をめぐって—」（『東洋学報』五〇—三、一九六七年）、参照。

（36）滋賀氏注（1）前掲『中国家族法の原理』五一六頁に、民国期の調査研究に依拠しつつ、「富裕でない通常の家庭においては、室内の調度や寝具、盛装用の衣服など、大部分が一生にただ一度この機会に調達され、平常の家計面にはその費目が殆んど現れて来ないのが常であるといわれる」との指摘がある。私の知るかぎりこの事情は現在でも基本的には同じであり、その費用の負担者はやはり父母である。夫妻は子供が産まれるとその子の結婚のために貯蓄を始めるとさえ言われている。

（37）「児女分産」と、「児」の字が用いられていることにその含みが示されている。

(38) こうした例は多く挙げることができるが、さしあたり滋賀氏注(1)前掲『中国家族法の原理』四五八頁に引く『朱子語類』巻一二八の記事、参照。

(39) 中国農村慣行調査刊行会編『中国農村慣行調査』第一巻(岩波書店、一九五二年原刊、一九八一年第三刷)の家族篇にも女子への粧奩は手当てされるべきものとの発言が見える。たとえば二三二頁「女子と分家」、二五一頁「田地の分け方」「粧奩費・胭粉銭」、二五五〜二五六頁「楊家の分家」、二九五頁「粧奩費」等、参照。

(40) 明の戸令では末尾の一句が「無女者入官」とあったのであるが、「入官」では犯罪者の財産の没官と同じことになるという理由で、乾隆五年に本文のように改訂されたのである。『大清律例通考』巻八、戸律、戸役「卑幼私擅用財」の第二条例の按文に、

此条係仍明律帰例増定。査旧例内開、一、戸絶財産、果無同宗応継者、所有親女承受。無女者、入官、等語。乾隆五年館修、以律内財産入官、皆指有罪之人而言、今人亡戸絶、非有罪可比、改為充公、因増改、輯如前例。

とある。ここで「明律」と言うのは「明令」の誤りである。

(41) 葉適は『水心別集』巻三、進巻「官法上」において、次のように指摘している。

吾祖宗之治天下也、事無小大、一聴於法。雖傑異之能、不得自有所為、徒借其人之重、以行吾法耳。

《補記》

本章の基となった旧稿発表後、柳田節子氏による拙論に対する論文評(『法制史研究』四六、一九九六年)、キャスリン・バーンハート(沢崎京子訳)「中国史上の女子財産権―宋代法は「例外」か?―」(『中国―社会と文化』一二、一九九七年)、大澤正昭「南宋の裁判と女子財産権」(『歴史学研究』七一七、一九九八年)、佐立治人「唐戸令応分条の復元条文に対する疑問―南宋の女子分法をめぐる議論との関連で―」(『京都学園法学』二九、一九九九年)が発表された。

柳田氏は「戸絶における家産配分に未婚女子に対する配慮があったであろうことは想定できるが、しかし、逆に、最初から、

そのような目的のために制定されたとするには、正直にいって、躊躇せざるを得ない」として、いくつかの史料解釈上の問題点を提出している。氏の批評は自説を堅持したもので、これについては考え方の相違であると言うほかない。また、『宋刑統』巻一二、戸婚律「卑幼私用財」に引く戸令と女子分法がどう関わるかという疑問が提出されているが、戸令は通常の――したがって複数の成年男子が存在する場合での――家産分割における未婚女子への嫁資支給を定めたものであり、所謂女子分法は成年男子が存在しない場合における嫁資の手当を定めたものである。換言すれば、女子分法は戸令の規定が適用できない場合に備えて立法されたものなのである。

つぎに、バーンハート論文は、劉克荘が引く所謂女子分法は本章第三節に引いた胡穎の判決に見える戸絶法（「在室女依子承父分法給半」）を誤解した可能性が高く、「女子分法はおそらく存在しておらず、もし在ったとしても例外的なものだった」と論ずる。この議論には到底従うことができない。胡穎が引く条文は父親が死亡し在室女がおじ達と残されたケースであるが（氏は死亡した父親の持分を潜在的戸絶財産と呼ぶ）、女子分法は取意文ではあるものの、そこには「児女分産」とあり、どう見てもこれは戸絶あるいは潜在的戸絶のケースではない。劉克荘が引用法を誤解したという説は論理的な可能性としては成り立ちうるであろうが、戸絶（あるいは潜在的戸絶）と戸絶ではないケースを取り違えるということはよほどの迂闊でなければ起りえないことであり、仮に劉克荘が誤解したとしても、その誤解の基となったのは胡穎の引く条文ではないであろう。

つぎに、大澤論文は論争に直接参加したという性格のものではないので、ここでのコメントは避けたい。

最後に、佐立論文は戸令応分条に「姑姉妹在室者、減男聘財之半」とある「聘財」は衍字であると仮定し、劉克荘が引く所謂女子分法は『宋刑統』所掲のこの規定かそれを引き継いだ法律であったと推定するものであるが、氏自身が認めているように、なお仮定と推論に留まっている。

第十章　明律「威逼人致死」条の淵源

はじめに

明清律に「威逼人致死」という一条がある。律注のある呉壇『大清律例通考』巻二六、刑律、人命に載せる律文を引用しておこう。注文は〈　〉で示してある。

凡因事〈戸婚田土銭債之類〉、威逼人致〈自尽〉死者、〈審犯人必有可畏之威〉杖一百。若官吏公使人等、非因公務而威逼平民致死者、罪同。〈以上二項〉并追埋葬銀一十両、〈給付死者之家〉。若〈卑幼〉因事逼迫期親尊長致死者、絞〈監候〉、大功以下逓減一等。若因〈行〉奸〈為〉盗、而威逼人致死者、斬〈監候〉。〈奸不論已成与未成、盗不論得財与不得財。〉

（凡そ戸婚・田土・銭債の類の事に因り、人を威逼して自殺し死なせた場合は、犯人に必ず畏るべき威圧があったことを審らかにして、杖一百とする。もし官吏・公使人等が、公務に因るに非ずして平民を威逼して死なせた場合は、同罪とする。以上の二項は並びに埋葬銀一十両を徴収し、死者の家に給付する。もし卑幼が事に因って期親の尊長を逼迫し死なせた場合は、絞・監候とし、大功以下は（服制に応じて）一等ずつ罪を減ずる。もし姦淫を行い盗みを為したことに因って、人を威逼して死なせた場合は、斬・監候とする。姦淫は既遂と未遂とを問わず、盗みは財を得たと得ないとを問わない。）

威逼人致死条の内容とそれが持つ意味については、滋賀秀三氏に、次のような簡にして要を得た解説がある。[1]

明清の律に、他人に耐えがたい圧迫を加えた結果被害者が自殺を遂げたときに、圧迫行為と自殺との間に因果関係を認めて、これを一種の致死罪として処罰することを定めた「威逼人致死」という条文がある。この律条を手がかりとして多年の間に極めて多くの先例と、多くの場合何らかの先例を契機として生ずる追加立法すなわち条例を生じ、自殺の誘起をめぐる刑事責任は極めて複雑多岐にわたる一個の法領域をなしていた。必ずしも耐えがたい圧迫という程のものでなく、婦女に姦淫をいどんでならばいうまでもなく、たんに卑猥な言葉をかけてからかったために婦女が羞憤して自殺したとか、息子や嫁の奉養の些少の怠りを父母が嘆いて自殺したとかいうような場合にも、一種の人命事犯として深刻な刑事責任の問題を生じた。……このように自殺の誘起を処罰または罪の加重の要件として極めて入念に刑事責任の対象とすることは、比較法制史上恐らく他に例がないのではないかと思われる。ただに刑法上においてだけでなく、社会生活のなかにおいて、ひとたび自殺者が出ると、何らかその機縁を為した者に対して衆人の非難が集中し、彼は非常に苦しい立場に立つという風潮が中国においてはとくに顕著であった。伝統中国社会における民事紛争を考えるとき、局中の誰かが自殺する可能性とその投げかける波紋の大きさを、いつも心に留めておかないといけないのである。

見られるように、威逼人致死条とは自殺の誘起に対する処罰規定であり、最近のわが国で見られる卑近な例で言えば、いじめによる中学生の自殺が起った場合、いじめた側に自殺の原因を求めてその刑事責任を問うとか、債務の支払いに応じられず債務者が自殺した場合に、督促を行った債権者側に自殺の原因があったとしてその刑事責任を問うという内容を持つものであって、おそらく現在の日本人の大方の法律感覚からすれば多分に違和感を抱かせるに足る条文であるように思われる。

ところで、明律は唐律を模範として編纂されたのではあるが、数百年の時代の隔たりとそれに伴う社会事情の変化とによって、当然のことながら唐律とは少なからず律条の構成や条文の内容が異なっている。そしてこの「威逼人致死」と題する条文は唐律には存在せず、宋元代にもまたこの条文は存在しないのである。そうであるならば、唐宋代や元代には、耐えがたい圧迫を加えられた被害者が自殺した場合、加害者の刑事責任が問われることはなかったと考えてよいのであろうか。あるいは問題をより広く捉えれば、明代とそれ以前の時代には、法文化・法思想上の断絶ないし大きな変化があったと認めるべきなのであろうか。

しかし、明清代の威逼人致死条に該当するような自殺の誘起という行為が、元代以前の中国社会にも少なからず発生していたという疑いようのない事実が一方にはある。それを明清代には刑事責任を問い、元代以前には問わなかったと考えるべき積極的な根拠を私は思い浮かべることができない[2]。なぜなら、そうした法文化あるいは法思想上の断絶ないし大きな変化を指摘する研究が見あたらないのみならず、限られた史料を見た範囲での印象ではあるけれども、法制の分野では唐宋と明清との連続面の方が強いように思われるからである。それでは唐代から元代において、自殺の誘起に対しては、どのような法に依拠しどのような刑事責任が問われていたのであろうか。明清律の威逼人致死条の歴史的な淵源はいかなるものであったのであろうか。これが本章の主要な関心と問題の所在である。

一　唐律「恐迫人致死傷」条

先述のように唐律に威逼人致死条は存在しないのであるが、しかしそれに類似した条文がないわけではない。『唐

律疏議』巻一八、賊盗「以物置人耳鼻」の内に、

若恐迫人、使畏懼致死傷者、各随其状、以故闘戯殺傷論。

（もし人を恐迫し、畏懼せしめて死傷させた者は、各々その状況に応じて、故殺傷・闘殺傷・戯殺傷の法で罪を科す。）

という一条があり（以下、この条文を「恐迫人致死傷」条と呼ぶことにする）、疏議には、

若恐迫人者、謂恐動逼迫、使人畏懼、而有死傷者。若履危険、臨水岸、故相恐迫、使人墜陥而致死傷者、依故殺傷法。若因闘恐迫、而致死傷者、依闘殺傷法。或因戯恐迫、使人畏懼、致死傷者、以戯殺傷論。若有如此之類、各随其状、依故闘戯殺傷法科罪。

（もし人を恐迫しとは、恐動・逼迫し、人を畏懼せしめて、死傷させることを謂う。もし危険な場所に立ち、水岸を前にしている時に、ことさらに恐迫し、人を墜落させて死傷させた者は、故殺傷の法に依る。もし闘に因って恐迫し、死傷させた者は、闘殺傷の法に依る。或いは戯に因って恐迫し、人を畏懼せしめて、死傷させた者は、戯殺傷の法で罪を科す。もしこうしたことがあれば、各々状況に応じて、故・闘・戯殺傷の法に依って罪を科す。）

とある。私は最近たまたまこの一条を目にした時に、直感的にではあるが、これは明清律の威逼人致死条に相当する条文ではないかと疑った。しかし、疏議の挙げる例は明確さを欠いており、畏懼した被害者が「死傷するを致す」とは一体どういう事態を指すのか、恐怖のあまり水中に飛び降り難を逃れようとした結果死亡したのか、あるいは進退窮まって自殺を図ったのか定めがたいところがある。そこで、この恐迫人致死傷条とはいかなるものであったかについて先学の解説を参照することにしよう。清代における自殺誘起者の罪責に関する専論を早くに発表している中村茂夫氏は、(3)『訳註日本律令七、唐律疏議訳註篇三』（律令研究会編、東京堂出版、一九八七年）において、当該条を次のように解説している。

何れも人をして恐れしめる言動を以て追い詰めて畏怖させた結果、被害者を死傷に致した罪を定め、恐動・逼迫が如何なる言動によるものであったかによって、故・闘・戯殺傷の何れかを以て論ずるものとする。本條は、特に恐迫・畏懼せしめたことによるという点において、普通の故・闘・戯殺傷とはやや異なったところがある特殊な場合を念入りに定めたものと解されるが、更に、疏に言う「人ヲシテ墜陥セシメ」とは、単に加害者の手によって故意に、或は過って墜陥させた場合だけを指すものではないと考えられる。そこには、脅迫的言動によって被害者に心理的・物理的圧迫を加え、畏怖し進退窮まった被害者が、加害者の直接の有形力の行使にはよらず、水中に転落した場合も想定されているものであろう。恐動・逼迫、よって生ずる畏懼に伴って一般に起こり易いかかる事態を、疏が特に具体的な例として挙げているところからしてこのように解され、現行刑法の用語を借りてすれば、一種の間接正犯[4]の形態の殺傷をも定めたところに、本條立法の趣旨の一半があるものと言える。

つぎに、清末に刑部尚書の任につき著名な法律学者でもあった薛允升は、その著『唐明律合編』の巻一八、刑律二、人命「威逼人致死」において、次のように述べている[5]。

愚按、唐律無因事威逼人致死之文、以死由自尽、無罪可科故也。然事理賅載不尽者、又有不応為一条。分別情節軽重、科以笞杖足矣。明特立専律、満杖之外、又追給銀両、雖為慎重人命起見、究非古法。仮如因索討欠債、或声言控告、致其人無力償還、愁急自尽、索欠即属因事、自尽即擬威逼、似於情法未尽允協。唐律所以不著此等罪名也。

（思うに、唐律に事に因って人を威逼して死なせるという条文がないのは、自殺に由って死んだので、科すべき罪がないからである。しかし事理が律文に詳備していない場合については、また不応為という一条文がある。（この条文によって）情状の軽重を分別して、笞杖の罪を科せば十分である。明朝は特に専律を立て、満杖の外にまた銀両を（加害者側から）徴収し（被害者側に）給付することにしたが、人命を重視する見地からとはいえ、畢竟古法ではない。仮に債務取り立ての際に、（債権者が）官に訴えるぞと言い、債務者が償還する力量が無く、心配のあまり自殺したということがあったとすれば、債務取り立てはすなわち「事に因る」ということに属し、自殺はすなわち「威逼した」ということに擬せられることになり、情と法とはいまだしっかりと均衡がとれていないように思われる。唐律にはそれゆえこれ等の罪名を載せていないのである。）

また、清末の法制改革に携わった法律学者沈家本は、『寄簃文存』巻三「論威逼人致死」において、恐迫人致死傷条を引いた後、次のように指摘している。

按此条与威逼相似而不同。拠疏議所云、履危険、臨水岸、墜陥而死、乃其死之情状、故闘戯乃其死之縁因、若今時闘殴窮追、致令鳧水溺斃、亦科闘殺、乃其比也。恐迫而致死、非其人之自尽者也。唐律無甲自尽、而乙抵命之文。蓋非親手殺人、難科以罪。自明律設威逼人致死之条、嗣後条例日益加重、雖為懲豪強凶暴起見、然非古法也。

（思うに、この条と威逼の条は似てはいるが同じではない。疏議が云うところによれば、危険な場所に立ち、水岸を前にし、墜落して死ぬというのは、その死の状況であり、故・闘・戯はその死の原因であって、現在、闘殴して追いつめ、落水溺死させた場合に闘殺罪を科しているのは、これと同じ事である。恐迫して死なせるというのは、その人が自殺したということではない。唐律には甲が自殺した場合に、乙が命で贖うという条文はない。自ら手を下して殺人したのでなければ、罪を科しがたいからである。明律が威逼人致死の条文を設けてより、その後条例は日々益々多くなり、豪強・凶暴なる者を懲罰するという見地から設けられたとはいえ、古法ではないのである。）

中村茂夫氏や薛允升また沈家本は、唐律の恐迫人致死傷条は自殺の誘起を対象とするものではないという解釈で一致している。また中村氏は、「加害者の手によって故意に、或は過って墜陥させた場合だけ」でなく、「加害者の直接の有形力の行使にはよらず、水中に転落した場合」をも定めたものと解説する。このように唐律の「以物置人耳鼻」

内の一条が、自殺の誘起を対象とするものではないとするならば、明律の威逼人致死条は、薛允升や沈家本が指摘するように明代に到って出現した新たな立法であったと言わざるをえないことになる。前近代の中国法に最も造詣の深い研究者の一人である滋賀秀三氏もまた、先に引用した文章の、

　このように自殺の誘起を処罰または罪の加重の要件として極めて入念に刑事責任の対象とすることは、比較法制史上恐らく他に例がないのではないかと思われる。

という箇所に注記して、

　中国においても唐律には威逼人致死に相当する条文がない。このことの歴史的意味は研究してみる必要があることである。

と述べている。ことここに至れば、私の〝直感〟など空しく捨て去るほかないようである。

しかし、翻って考えてみると、右のような理解がそのまま条文解釈として正しいという保証は果して本当にあるのであろうか。こうした理解が従来行われてきたのは、唐律の恐迫人致死傷条の規定と疏議の解説とがいささか明確さを欠き、加えて薛允升や沈家本といったほかならぬ伝統的中国法の中で暮らしていた著名な法律学者の指摘が尊重されてきた結果なのであろう。しかし問題はそれ以上に、この条文の運用実態が不明であったことによるのではないかと思われる。そうであるとすれば、恐迫人致死傷条がどのような場合に適用されていたかを検討することによって、これがいかなる行為を処罰する法なのか、さらにこれが自殺の誘起と関係する法なのか否かも明らかとなるはずである。以下に、その運用実態を見ることにしよう。

二　「恐迫人致死傷」条の運用

恐迫人致死傷条は宋代の律である『宋刑統』にも字句の変更なくそのまま承け継がれているが、その唐代から北宋末に到る間の運用を示す事例を、私はいまだ見出していない。しかし南宋に到ると二、三の事例が出現する。『清明集』巻一二、懲悪門、豪横「検法書擬」に、次のようにある。

元吉父子所犯、拠供已五百貫、以斤計之、抑又不知其幾千百矣。甚至以趣辦工匠課程、取媚芮路分、致投之水者二人、以塩船漂泊、趕打稍工赴水者一人、占拠良人女為小妻、逼迫其父自縊者一人。在法、以恐懼逼迫人致死者、以故闘殺論。若元吉之犯絞刑、蓋亦屢矣。

ここでは紛れもなく恐迫人致死傷条が適用されており、その対象となったのは、工匠の課額を取り立てる際に、芮路分の意を迎えようとして、（過重な賦課を行い、それに耐えきれず）入水した者二人、塩船が漂泊したことによって、打擲を受けた船頭で入水したのが一人、良人の娘を占拠して妾とし、その父親に逼って自縊せしめたのが一人いる。

という行為である。各々の圧迫行為と死に到る具体的な状況になお不分明さが残る憾みはあるものの、前の二例は圧迫を加えられた被害者が圧迫から逃れようと水中に身を投じて死亡——自殺を図ったか、結果として溺死したかは不明(6)——したのであり、最後の例は圧迫を加えられて自縊したものである。これによれば、圧迫を加えられた者が懼れを抱きその圧迫から逃れようとして死亡した場合に恐迫人致死傷条が適用されるものであったこと、そこでの「死亡」には自殺をも含むことが明らかである。つぎに、『清明集』巻一四、懲悪門、賭博「因賭博自縊」（潘司理擬）に、計略にはまって賭博に負けた陸震龍なる者が自縊した事件がある。震龍の父陸庭堅の供述に依れば、「陸震龍は家に帰って泣き崩れ、支乙等に金を騙し取られた、もう駄目だと語り」、「家で首を縊って死んだ」のであった(7)。これに対する「断」すなわち判決（蔡久軒）には、

余済販塩悪小、自将官会二千貫、就本州承買進納将仕郎誥書填、恃此専一欺騙善良、為一州巨蠹。其在支乙家、姦淫其妻、就為窟穴。知陸震龍有銭可騙、既合謀設計、誘之使賭、又作套坐擲、使之尽輸、甚逼迫之窘、自縊而死、則是其縊即余済縊之也、其死則余済死之也。……在法、恐迫人畏懼致死、以闘殺論。余済造謀恐迫陸震龍致死、正合上条。在法、進納将仕郎犯闘殴人折傷以上者、不在当贖之例。余済所承買将仕郎不該聴贖、合照条定断、姑減等決脊杖十二、編管一千里、牒州追索将仕郎誥赴司。支乙以妻為貨、合謀欺騙、杖一百、編管隣州。

と見え、余済が陸震龍を賭博に誘い計画的に彼の金銭をまきあげた結果震龍が自殺したのは、まさしく恐迫人致死傷条に当る行為とされている。「震龍は強い逼迫の苦しみの結果自縊して死んだのであって、そうであればその縊死はすなわち余済が縊死させたのであり、その死はすなわち余済が彼を殺したのである」という部分に、恐迫人致死傷条が設けられるに至った当時の人々の発想と犯罪観が見て取れよう。

以上の二例によって、唐宋律における恐迫人致死傷条は、自殺の誘起を対象とした、より正確に言えば自殺の誘起をも処罰の対象に含む法であったことが確認される。おそらく法の意図は、圧迫を加えられ恐怖を感じた被害者がその圧迫から逃れようと自殺し、あるいは結果として死亡した（ないし傷を負った）場合の加害者の罪責を、「各々其の状に随い」追求する点にあったと思われる(8)。

ところで、先に見たように、薛允升は唐律には威逼人致死条に相当する条文がないと言い、沈家本も「唐律には甲が自殺した場合に、乙が命で贖うという条文はない」と述べていた。こうした認識が正しくないことは以上の検討に

よってすでに明らかであるが、さらに南宋の判語には恐迫人致死傷条を直接引用してはいないまでも、何らかの圧迫を加えられた被害者が自殺した場合に、加害者の刑事責任を問う事例がある。劉克荘『後村先生大全集』巻一九二、書判「饒州州院申徐雲二自刎身死事」に、次のようにある。

豪家欲併小民産業、必捏造公事、以脅取之。王叔安規図徐雲二義男徐辛所買山地為風水、遂平空生出斫木盗穀之訟。本県受詞、当酌量軽重施行。縁有王枢密府一状、便判牒寨究実、将緊要人解来赴此、則一郷一境、無非当追会之人。此乃寨官寨卒之所楽聞、而県吏之所以求其所大欲也。長官為民父母、何忍下此筆哉。……而徐雲二者、不堪吏卒追擾、貧家惟有飯鍋、亦売銭以与寨卒、計出無憀、自刎而死。……王叔安恃其豪強、妄訟首禍、致人於死、徒三年、以其為名家之後、索告辦験。朱栄為人家幹人、挟勢妄作、県吏鄧栄、舞文妄覆、寨卒周発・周勝、受賕擾民、各決脊杖三十、編管五百里、朱百四妄辞報説、安知其禍之至此、勘杖一百。葉文二・李華、並在其間助虐、各杖六十。

これは、豪民の王叔安が徐雲二の義男徐辛の風水に優れた山地を奪おうと図り、徐辛が木を切り穀物を盗んだという事実無根の訴えを起した際に、県が事実究明と関係者の召喚を寨官に依頼したことから寨卒・吏卒の誅求が始まり、それに耐えきれず徐雲二が自殺したという事案であるが、王叔安はじめ圧迫を加えた王家の幹人、吏卒・寨卒などが各々処罰されている。また、『清明集』巻一二、懲悪門、豪横「豪横」（蔡久軒）に、

斉千五振叔同斉萬四行打斉萬念五、拳踢及他物計十二下、以致萬念五自縊身死、罪已不軽矣。……斉千五家富而横、力足以変移獄情、想行打必不止此。斉萬念五已死、其誰為之辨哉。決脊杖十二、編管二千里。斉萬四勘杖一百、余並照擬行。

と見え、斉萬念五が殴打暴行を加えられた末に自縊したという事案であるが、加害者二名には各々刑事罰が加えられ

ている。同書、同巻、同門、豪横「詐官作威追人於死」（呉雨巌）には、

景栄乃敢以攬戸而行官称、輙行書判、以筒鎖訊決而加於郷人、其被害者非一。而寧細乙者、領銭入米、所欠不多、張景栄平時本与之同閭巷、相爾汝、而年歯又在其下。一旦乗此加無状於寧細乙、以示無恐、其迫已甚矣。……牒府将張景栄決脊杖十五、刺面、配隣州。張景賢雖同冒官、但寧細乙縊於景栄楼下、則其心専怨景栄、而不及景賢。帖県索上冒官白帖解来、特免断。

とあり、債務取り立てに乗じて暴行を加え、過酷な取り立てを行って債務者寧細乙を縊死に追い込んだ張景栄は、脊杖十五、刺面、隣州への配軍とされている。(9)

以上のように、自殺者が出た場合に自殺と加害との因果関係を追求し、加害者の刑事責任を問うということは、明代に始まったことではない。そしてまた当然ながら、すべての自殺事件に対して刑事責任を問われる者が探し求められたというわけでもない。『清明集』巻一三、懲悪門、告訐「自撰大辟之獄」（劉後村）は、女使張惜児の自殺をめぐる事案であるが、惜児が精神錯乱を病んで主母を罵ったことから、惜児の実母を呼んで訓責を加えさせた主母の姜氏は無罪と論じられている。(10)姜氏の行為は世間一般に見られることであり、張惜児の自殺は人の意表を突くものだったからというのがその理由である。

大辟公事、合是的親血属有詞。張惜児之死、張千九、其父也、阿楊、其母也、張千十、其叔也。此三人自始至終無詞。……当職引上張千九面問、拠称、其女実以病風妄罵、五月初三日、主母姜氏喚阿楊教誨、阿楊用柴条打惜児両下、至初五日、張千九又在姜氏家、見惜児発熱妄語、其父煮粥未熟、惜児忽於厠屋自縊。親莫親於父子、再三審詰、其詞堅確如此。女使妄罵、主母呼其母訓責、此亦人之常情。及其自縊、則有出於人意表。在姜氏未見有可論之罪。

唐律および宋刑統における恐迫人致死傷条は、南宋代の運用を見るかぎり、明律の威逼人致死条に相当する条文であった。そして南宋代には自殺と加害との間に因果関係を求め、それが認められた場合には加害者の刑事責任を問うことが行われていた。法の直接の引用がない場合でも、その依拠した法はほぼ疑いなく恐迫人致死傷条であったと考えてよいであろう。

恐迫人致死傷条が威逼人致死条の歴史的な淵源であったことは、唐律と明律との構成上の比較によっても裏づけられるように思われる。威逼人致死条は明律の巻一九、刑律、人命に置かれているが、明律には唐律の恐迫人致死傷条に相当する条文が存在しない。唐律の恐迫人致死傷条は、「以物置人耳鼻」と題する、

諸以物置人耳鼻及孔竅中、有所妨者、杖八十。其故屏去人服用飲食之物、以故殺傷人者、各以闘殺傷論。

という条文に続いて置かれているのであるが、明律は右の条文に変更を加え「屏去人服食」と題して踏襲しながら、続く恐迫人致死傷条に相当する条文は刪去し、「屏去人服食」条の内には置いていないのである。この「屏去人服食」から切り離された唐律の恐迫人致死傷条に相当する条文が威逼人致死条であったと考えることに、大きな妨げはないように思われる。明律の中に、唐律の恐迫人致死傷条に相当する条文が存在し、加えて威逼人致死条も置かれているならば話は別であるが、そうした事実はない。明律は唐律の恐迫人致死傷条の律意を承け継ぎながら、時代の状況に合わせて別の一条として独立させたと考えられる。もっとも、明律は人を威逼して傷を負わせたケースは省いて専ら自殺の事案だけに絞っており、条文も第一条は戸婚・田土・銭債、第二条は官吏・公使人等と平民、第三条は卑幼と尊長、第四条は姦、盗というように、威逼の原因（犯情の軽重）や身分関係によって細分しており、唐宋律とはその面貌を大きく変えている。この変化の大きさもまた、唐宋律における恐迫人致死傷条と明律の威逼人致死条との関係を見失わせてきた大きな原因のひとつであったかに思われる。しかし、律に込められた罪責追求の精神、律が対象と

する犯罪の性格という点では、両者は強い系譜関係を持っていたのである。

三　自殺・誣頼と元朝の対応

元代に到っても、自殺をめぐる事案はいくつか見ることができるが、当該期には自殺と加害・圧迫との因果関係を追求するような法令は存在しないようである。たまたま関係史料が残存しないことの結果である可能性は否定できないが、これが元朝の基本的な姿勢を表していると考えることもまた可能である。

『元典章』巻四二、刑部四、諸殺一、自害の「男婦自害、親属要銭追還」には、父母親属が人衆を率いて嫁ぎ先で自殺した娘の焼埋銭物を要求する事例が数例挙げられ、そうした行為を禁止する法令が、国号を元と称した至元八年（一二七一）に出されたことを伝えている。なお、焼埋銭物（また焼埋銀）とは人命事案に伴って加害者側から被害者側に引き渡されるところの、直訳すれば葬式費用、実質的には賠償金である。これは元代に始まった制度で、埋葬銀と名称を変えて明清代に引き継がれてゆく(11)。次の史料を見ると、当時の民衆はこの新たな立法にきわめて速やかにかつ敏感に反応したように見える。彼らの要求は自殺した娘や親属の焼埋銭物であった。しかし元朝は自殺事件を人命事案とは見なさず、至元八年以降は焼埋銭物の要求を退けその返還を命じている。すなわち、至元八年に延安県の軍戸張禄の弟張福の妻阿高が夫の言いつけに従わず、夫と争った末に縊死したことに対し、阿高の父高山が焼埋等の銭物を要求・取得して和解した事件は、上党県の民戸范用の息子の嫁連師姑が井戸に身を投じて自殺し、兄の連猪狗が人衆を率いて銭物を脅し取った事件の判例に照らして、高山に取得した銭を返還させかつ高山の罪を問うという処置が取られている。一方、至元七年に霍金の息子の嫁劉閨仙が姑に落ち度を罵られた末に縊死し、兄の劉寛が焼埋銭物を要求・取得した事件は、至元八年の禁約以前のこととしてお構いなしとされている。

至元十年八月、中書兵刑部会験至元八年十一月刑部承奉尚書省箚付、行下各路禁約、一等人家取到男婦、不務婦道、靡所不為、翁婆依理訓誡、終心不伏、遂自害身死。其婦父母知会、便行部領人衆、将翁婆拿執逼嚇、取要焼埋等銭公事去訖。今拠延安路申、至元九年二月内、拠延安県軍戸張禄告、至元八年七月十四日、弟妻阿高不伏駆使、相争自縊身死、伊父高山要訖焼埋銭数私和。取勘是実。照依省部追断潞州上党県民戸范用男婦連師姑自行投井身死、伊兄連猪狗部領人衆、恐嚇銭物体例、将高山元要張福銭物、追回本主収管、仍将高山量情断罪外、於至元九年十一月、拠安塞寨申、霍金状告、至元七年二月初九日、有男婦劉閏仙為踏碓、将柳拷栳壊了、伊婆罵詈、本婦自縊身死、伊兄劉寛要訖焼埋銭物。取勘相同。依上行下追回。去後其劉寛不肯回主、赴王相府告。奉到批送、本路依理帰問施行。府司議得、此係至元七年未奉省府禁約已前公事。若依連猪狗要訖銭物一例追回、誠恐此等事件往往陳告。乞明降事。省部議得、除已断張禄回訖高山元要銭物、別無定奪外、拠霍金見告劉寛事理、并至元八年十一月禁約已前違犯者。擬依延安路所申革撥、禁約已後違犯者、依理追問。呈奉到都堂鈞旨、准擬施行。

至元八年の禁令に続いて、至元一七年（一二八〇）には江西道宣慰司による禁令が出されている。すなわち『元典章』同巻、自害「軽生自殞勿理」に、次のようにある。

至元十七年正月、江西道宣慰司榜文内一款、諸路府州司県、或有投河自縊、及服食毒薬鼠莽草等類、多因借貸無償、或以砕細言隙一朝之忿、自殞其身、与闘殴殺傷者不同。所在官司不問事体軽重、便将人命公事行遣。縦無人告、輙以訪聞勾摂、以致牽連無辜、罔不受害。使司議得、今後非因闘殴殺傷、自行投河自縊、及服食鼠莽草死者、如別無他故、官司無得理問、庶幾人各愛其身、不以軽生陥人為利。無人首告、亦不得訪聞勾摂、仍仰各路官司、常切禁約、違者治罪。

ここには、自殺が官司によって人命事案として扱われる一方で、告発がなくとも官司自ら自殺者を探し出して人命事案としていたことが記され、それが禁止されている。これは事件が裁判にまで至ることによって胥吏や衙役に実入りがあるという定型的な陋習を背景とするものであろう。また「生を軽んずるを以て人を陥れて利と為す」とあるように、民衆の側でも自殺を口実とした誣頼を行っていた形跡も窺われる。ここで、負債を支払えずあるいは些細な口論によって自殺したものは闘殴殺傷と同じではないと強調されていることは、実際には自殺事件が相手方の闘殴殺傷に当る人命事案として処理されていたことを示すが、これが自殺者が出た際に唐宋律の恐迫人致死傷条が意識され、かつ加害者と目された者にはそれが適用される場合があったことの反映なのか、単なる擬律の結果なのかは不明である。いずれにせよ、右の布告が出されたのが南宋を滅ぼした翌年であることを考えれば、この布告は、南宋以来の状況をふまえて、以後元朝は自殺の誘起は犯罪とは認めず罪責を追求しないと宣言したものとも読める。史料に見るかぎり、元代に唐宋律の恐迫人致死傷条を直接適用した事例は見あたらず、『元史』刑法志や『元典章』にもそれに相当するような条文は存在しない。おそらく元代に恐迫人致死傷条は廃されたのではなかったか。これに関連して、『元典章』同巻、自害「自行渰死」には、次のようにある。

至元九年四月、中書兵刑部来申、臨汾県韓卞告、親家牛阿候部領人衆、就来本家、捉拿妹珍珍、姦事打拷、母阿薛向前救解、其各人亦将母阿薛殴打、母阿薛於門外趓走、其牛阿候等根趕、逼臨母阿薛落井身死等事。取責到一干人等招准詞因。若将牛阿候等帰断、未蒙省部降到如此体例。乞明降事。省部相度、既韓阿薛自行落水渰死、別無定奪外、拠牛阿候等所招、捉拿韓珍珍奸情、即係不応軽罪。合下仰照験、従本路就便約量断決施行。

臨汾県の韓卞の告訴によれば、韓卞の姻戚の牛阿候は人衆を率いて韓卞の家にやって来、妹の珍珍を取り押さえて強姦を挑み打擲し、母親阿薛が娘を救助しようとするや彼女をも殴打し、門外に逃げる阿薛をさらに追いかけ、追いつめられた阿薛は井戸に落ちて死亡したという。阿薛の死は韓卞の告訴通りであると認定されており、唐宋代なら恐迫人致死に、明代ならば威逼人致死に問われて当然と思われる事件であるが、省部の判決では「すでに韓阿薛は自ら落水渰死を行うなれば、別に定奪する無し」として、この件は無罪とされている。至元八年・至元一七年の禁約にも見られるように、自殺に対して、あるいは韓阿薛のような不自然な死に対して、その原因を究明し刑事責任を問うことに元朝はほとんど関心を示さなかったように感じられる。[12] 元朝は自殺の誘起を犯罪視しなかったと言ってよいであろう。

一方民衆の側では、自殺の誘起が犯罪とならないのであればとでもいうごとく、子女・子孫を殺して誣頼を行うという行動が見られた。『元史』巻一〇五、刑法志、殺傷に、そうした行為を禁ずる法がいくつか載せられていることがそれを証明する。[13] たとえば、次のように子孫を殺して仇人を誣頼するという行為が見られたのである。

諸故殺無罪子孫、以誣頼仇人者、以故殺常人論。

明律の巻一九、刑律二、人命「殺子孫及奴婢図頼人」には、祖父母・父母が子孫を故殺し、および家長が奴婢を故殺して人を図頼する行為、また子孫が死亡した祖父母・父母の遺体をもって、および奴婢・雇工人が家長の死体をもって人を図頼すること等を禁じた一条が設けられている。

凡祖父母父母故殺子孫、及家長故殺奴婢、図頼人者、杖七十、徒一年半。若子孫将已死祖父母父母、奴婢雇工人将家長身屍、図頼人者、杖一百、徒三年。期親尊長、杖八十、徒二年、大功・小功・緦麻、各逓減一等。(下略)

この唐律には見られない条文が、元代以来の誣頼＝図頼という状況をふまえ、元代の立法を承け継いだものであることは間違いないと思われる。

ところで、自殺とそれを口実にした金品の強要あるいは誣頼という行為は元代に至ってはじめて見られた風潮ではない。南宋の史料にも自殺の多発と人の死に乗じた誣頼に関する記録が少なくない(14)。袁采『袁氏世範』巻三、治家「教治婢僕有時」に、

婢僕有過、既已鞭撻、而呼喚使令、辞色如常、則無他事。蓋小人受杖、方内懐怨、而主人怒不之釈、恐有軽生而自残者。

とあり、婢僕を鞭打って懲戒した後は、主人の側で怒りを鎮めて平常のごとくに振る舞えば問題はない、主人が怒りを解かなければ心に怨みを懐いている婢僕には生を軽んじて自殺する者がいるからだと記され、また同巻「婢僕横逆宜詳審」にも「婢僕有無故而自経者」とあるように、婢僕の自殺はごくありふれた風潮であったかに見える。同巻「婢僕得土人最善」に、

蓄奴婢、惟本土人最善。蓋或有病患、則可責其親属、為之扶持、或有非理自残、既有親属、明其事因公私、又有質證。……皆可絶他日意外之患也。

とあるのは、「非理に自残」した奴婢が引き起す「他日意外の患い」への未然の戒めである。「他日意外の患い」とはすなわち自殺者の親属による誣頼であった。陳淳『北渓大全集』巻四七、箚「上傅寺丞論民間利病六条」（漳州）の第二条に、

一、此間村民有一種折合之風、甚為善良之擾。……故或田主取償於佃戸、而佃戸適有家人病死、乃以頼其金穀者、或財主索債於貸戸、而貸戸無還、乃殺其幼孩、以謀銭帛者、或屋主有責事於店客、而店客生憾、乃扼吭殺其病母、以劫白金数百両者、或良家産戸婢僕、不幸嬰病以卒、而父母兄弟姑姨叔伯、必把為奇貨、群湊雇主之門、争攫珍貝者。悖理傷義、大不可言。亦由州県無清明有司、復於其中、乗隙図一分己賂、推波助瀾、遂愈滋蔓。

とあるように、地主が小作料を取り立てようとすると、佃戸は偶々病死した家人をもって逆に地主から金穀を強請り、

債権者が債務を取り立てようとすると、債務者は幼子を殺して逆に銭帛を脅し取る等々、誣頼とは多くの場合身内の死に乗じて金品を強請る行為、あるいは相手側を陥れて報復を図る行為を指すが、こうした誣頼を成功させるためには、身内の死を相手方の殺人と誣告するだけでなく、自殺が恐迫を原因とするという手法も当然用いられたであろう。南宋代には恐迫人致死傷条が存在していたからである。右の史料に見られるように、多くの場合誣頼は弱い立場の者が強い立場の者に対抗する最後の切り札として機能した。黄榦『勉斎集』巻三四、雑著「禁約頑民誣頼榜文」（安慶府）に、

本府諸県公事、多有頑民自縊自刎、以誣頼人者。諸県便以為事干人命、収捉所頼之人、以為大辟兇身、差官検覆、禁繋累月、又行結解、被頼之人、本無大罪、而家業已破蕩矣。頑民習見一死可以頼人、纔有小忿、便輙軽生。死者既以無藉而隕命、生者又以無辜而破家。……至於佃戸地客、小欠租課、主家不可不需索、人家奴僕、或有小過、主家不可不懲戒、亦輙行誣頼。此風豈可長哉。

とあるのもまた、主家に対して弱い立場にある佃客・地客や奴僕が、自殺を口実に人命事件をでっち上げて誣頼を行っていたことの証左である。ここにはまた県が自殺を人命事案とし、誣頼を被った者を殺人犯として拘禁し裁判を行う結果、本来無罪の者は家業の破産に至り、一方頑民は自殺によって他人を誣頼できることを常々見知っていて、わずかな怒りから容易く自殺に走ることも記されている。さらに、南宋から元代にかけての雇傭契約の書式を伝えていると考えられる『新編事文類要啓箚青銭』外集巻一一、公私必用の「雇小厮契式」の末尾には、奉公に出した息子に今後何が起ろうとも天命であり、かつ父親には何の言い分もないという誓約文言が加えられている。

或男某在宅、向後恐有一切不虞、並是天之命也、且某即無他説、

これは雇傭人の自殺あるいは主家によるその殺害[15]と、その結果として惹起される誣頼への警戒心の表れであろう。こ

の一句は以後明清代へと引き継がれ雇傭契約書に追記される定型化した文言となっていくのであるが、多くの誣頼を恐れる雇主側が事前に言質を取っておくという対応に出たこと、それが文言の定型化を促したのであろう。

おわりに

明清律に「威逼人致死」の一条がある。耐えがたい圧迫を加えられた被害者が自殺した場合に、圧迫を加えた側の刑事責任を定めた法律で、ほとんどほかに例を見ないきわめて中国的な法であると評されるものである。一方には文字通り耐えがたい圧迫を受けてやむなく自殺を選ぶ者がおり、他方には取り立てて言うほどの理由もなく容易く生を軽んじて自殺する者がいる。そして、それらの死に乗じて誣頼を行う者がいる。自殺や不自然な死が犯罪を構成するか否かは、心ある為政者にとってまことに難しい判断を求められることであったに違いない。威逼人致死条をめぐる明律とその条例、清律とそれに続く多くの条例の積み重ねは、その苦渋の表現とさえ言えるかもしれない[16]。

耐えがたい圧迫を受けた者が自殺で応じるという行為と、そうした死に乗じた強請やたかりまた誣頼といった行動は、南宋代から元代まで連続して見られた風潮であった。こうした風潮が明初に到って急速に消滅したとは考えられない。これに対して明朝はある意味では折衷的な対応を示したかに見える。唐宋律の恐迫人致死傷条の精神——恐迫による不自然な死傷と恐迫との因果関係の追求という精神——を承け継ぎつつも、唐宋律のように恐迫によって死に至らしめた加害者に対して、戸婚・田土・銭債を原因とする事案についてまでも故闘戯殺罪を適用するのでは刑罰が重すぎ（故殺は斬、闘殺・戯殺は絞[17]）かつ裁判も州県では完結しない、さりとて元朝のように積極的にはこれが罪を問わないというのでは人々が納得しない、姦・盗といった重情や卑幼が尊長を威逼し自殺に追い込むというならともかく、弱小の民の自殺を口実にした誣頼にまで相手方に故闘戯殺罪を用いるのはゆき過ぎではないか、との判断が明朝にはあったのではなかろうか。その結果が満杖一百、埋葬銀一十両ではなかったか。なぜなら、自殺の原因となった加害者を故闘戯殺罪で罰するとすれば上級への解送が必要であり、州県レベルで問題を解決させるには徒罪以上を科すわけにはゆかないからである。杖罪は笞罪とともに懲戒的な意味を持ち、しかも満杖一百は州県が執行しうる最も重い刑罰であった。一方埋葬銀は明朝が元朝から継承したものであるが、その額十両は、明末の時点で三年の労働収入に匹敵する金額であると言われており、決して少ない金額ではない[18]。加害者には懲戒的な杖罪の最高刑と埋葬銀十両を科し、被害者側には埋葬銀十両を給し、これで双方のバランスが保たれるわけである。

以上、決して多いとは言えない史料をつなぎながら明律威逼人致死条の淵源を探ってみた。法律条文の系譜からすれば恐迫人致死傷条が威逼人致死条の淵源であり、社会的現実からすれば自殺と自殺に乗じた強請や誣頼の頻発が威逼人致死条の前提であったという本章の理解が大筋において誤りないとすれば、明律の威逼人致死条は唐代以来の律の精神を承け継ぎ、南宋代以来の社会の風潮と民衆の行動様式をふまえたという点できわめて歴史性を帯びた、その意味で歴史によって制約された一条であったと言うことができよう[19]。

明清律の威逼人致死条およびそれへの条例の追加と、それらを生みだしかつそれらによって規制された明清代を生きた人々の動向とが、その後どのような展開を辿ったかについてはすでに明清史家によるすぐれた研究がある[20]。宋代史を専攻する者の責務はさしあたりここまでであろう。

（1）　滋賀秀三「法制史の立場から見た現代中国の刑事立法－断想的所見－」(『法学協会百周年記念論文集』第一巻、有斐閣、一九八三年)。

（2）中村茂夫『清代刑法研究』（東京大学出版会、一九七三年）第四章「自殺誘起者の罪責」（二四九頁）では、次のように述べる。

確かに、唐律には威逼人致死条は存在しなかったから、唐代において、後世のこの条文に該当するような事案がどう扱われたかを、実際に知ることは難しい。沈家本は威逼の行為に刑を科すれば足りるというが、恐らく、その行為だけを以てしては、律に定められた犯罪を必ずしも構成するまでには至らぬものもあったであろう。従って、このような場合をも含めて、もしも唐律においても、広く他人の行為によって惹起された自殺を不問には付さなかったと見られるならば、むしろ、薛允升もいうように、不応為条を以て処断する場合に該当したかとも思われる。また、——推測に過ぎないが——比附によって処断することも或いはあり得たであろう。

（3）中村氏注（2）前掲著書第四章。

（4）「間接正犯」とは、刑法の教科書によれば、「人を「道具」として犯罪を実行する場合」を言い、たとえば「事情を全く認識していないウエートレスに毒入りのコーヒーを運ばせて目的の人物を毒殺する行為」や「3歳の幼児をそそのかして窃盗をさせる行為」であるとされる（前田雅英『刑法総論講義』第三版、東京大学出版会、一九九八年、一二七～一二八頁）。とすれば、中村氏が「間接正犯」なる概念を用いて恐迫人致死傷条を解説するのは、適切さを欠いているように思える。

（5）薛允升はさらに『読例存疑』巻三四、威逼人致死条の万暦一六年条例の箇所で、

唐律、非親手殺人、無論因何事致人自尽、倶不擬以実抵。明律特立因姦威逼人擬斬之条、以後例文日以繁多、而死罪名目較前亦加増矣。

と述べ、威逼人致死条の末尾では、

唐律有、恐迫人使畏懼致死者、各随其状、以故闘戯殺傷論、而無威逼致死之法。

と指摘する。

（6）本件の「検法書擬」に続く「断罪」（宋自牧）には、

姦占良人婦女為小妻、為寵婢、不敢陳論者七人、賊殺無辜平民、或赴水、或自尽、死於非命者四項。

とあり、「赴水」と「自尽」をここでも区別していることからすると、結果としての溺死かと思われるが、なお確定できない。

（7）原文は「謂、陸震龍帰家哭泣、称被支乙等被騙劃文銭、去住不得」、「在家自縊而死」。

（8）南宋代における恐迫人致死傷条の解釈と運用がそのまま唐律当該条が本来意図したところと同一ではないという反論があるいはあるかもしれない。しかし、唐律の恐迫人致死傷条は先述のように『宋刑統』にそのまま踏襲されているのであり、少なくとも宋人による『宋刑統』当該条の解釈と運用であったことは疑いようがない。そして、明律の威逼人致死条の淵源を探ろうという本章の意図からすれば、明代により接近した南宋代の法の解釈と運用が明らかとなることこそが望ましく、またそれで十分でもある。

（9）このほか、『清明集』巻一二、懲悪門、豪横「豪横」（蔡久軒）に、震霆なる者の罪状について、
其他官府未及窮究之事、如逼死程再七・呉十四、打死馬元一・羅辛一・宋千二、去年又同爪牙楊千九・斉興等打死方姓人、皆有時日知見。其他姦私之事、不可具述。窮之則罪不勝誅、言之則汙人口頬。

とあり、「逼死」が罪状として挙げられている。また洪邁『夷堅志』補巻五「張允蹈二獄」には、次のような逸話がある。

張允蹈為信州永豊令、嘗治夏税籍、命主吏拘郷胥二十輩于県舎、整対文書。吏察録過厳、自暁徹暮、不少息。一胥夜走厠、小史籠燈随之、胥使先還、曰我即返、那用爾候。既而久弗至、吏以為逃云（去）。迨旦白張、張適聴訟、望見白衣婦人、執素紙涕泣立衆前、呼問之、曰夫為郷胥、累日不還家、今早開門、有人報云、浮橋柱上挂衣巾履襪及繫書一紙、云為押録苦督、不容展転、生不如死、已投江中。急往験、皆夫物也。張詰主吏、吏出袖中糾牒呈、亟集津丁里保、撈尸弗得。念其事可疑、緩不即治。胥妻訴于台、台符移甚峻。歴三月久、客従長沙来、見此胥在彼、為攬納人書抄。主吏捐家貲、雇健歩、持檄往捕之、遂擒以帰。胥坐逋逃受杖。張後復宰它邑、一郷胥亦為拘係、越牆挂衣於河梁而赴水。妻来訟、張怒責之曰、猾胥玩侮人、所在如此、吾固知之矣。立撻其妻。明日、三十里外里正言、灘辺有死尸。張矍然遣視之、則胥果死。張自興軍従武陵守、不赴、寓居吉州。毎為賓客話此事、以為断獄聴訟、不可執一端云。

ここで郷胥の妻たちが訴えてきたのは、単に夫の自殺という事実だけであろうか。偽の遺書に「押録苦督し、展転を容さず、生は死に如かず」とあるように、郷胥の（自殺に見せかけた失踪あるいは）自殺の背景には厳しい業務上の圧力があったのであり、前段の話で妻が路に訴えた際に「符移甚だ峻」であったと記されているのは、また主吏が家貲を投じてまで郷胥を捕まえに行かせたのは、主吏に恐迫人致死の嫌疑がかけられていたからであろう。妻たちは威逼の結果夫が自殺したと訴えたに相違ない。

(10)　この判語は、『後村先生大全集』巻一九三、書判にも「饒州司理院申張惜児自縊身死事」と題して収録されており、若干の字句の相違があるが、文意を変えるものではない。

(11)　焼埋銀・埋葬銀については、内田智雄「焼埋銀と埋葬銀―元、明、清刑罰史の一側面―」（『同志社法学』三九―三、四、一九八七年）、参照。

(12)　元朝がモンゴル人を中核とする政権であったことにその理由の一端は帰することができるように推測されるが当時のモンゴル人社会で自殺の誘起が法的にどう扱われたかを解明しないかぎりこれは単なる憶測にすぎない。この点は後考に俟つ。

(13)　同じく『元史』刑法志、殺傷に、次の二条がある。

諸奴故殺其子女、以誣其主者、杖一百七。

諸因争、以妻前夫男女溺死、誣頼人者、以故殺論。

(14)　泥棒研究会編『盗みの文化誌』（青弓社、一九九五年）第二章「死骸の恐喝　中国近世の図頼」で、三木聰氏は『棠陰比事』の記事から、北宋代一一世紀前半にすでに図頼が見られたことを指摘している。煩を避けるため引用はしないが、南宋代における誣頼の記事は『清明集』巻一二、一三の懲悪門に多くを見ることができる。巻一三に「誣頼」という標題が立てられているほどである。

なお、明代以降の誣頼・図頼については、森正夫・谷川道雄編『中国民衆叛乱史　四』（平凡社東洋文庫、一九八三年）の「抗租」（森正夫氏執筆）、三木聰「抗租と図頼―『点石斎画報』「刁佃」の世界―」（一九九四年原載、同氏『明清福建農村社会の研究』北海道大学図書刊行会、二〇〇二年、所収）、同氏「軽生図頼考―特に〝威逼〟との関連について―」（一九九五年原載、同氏前掲書、所収）、同氏前掲『盗みの文化誌』所収論文、上田信「そこにある死体―事件理解の方法―」（『東洋文化』七六、一九九六年）、参照。以下本文に見るように誣頼・図頼の手口は南宋代にすでに出尽くしていた感がある。

(15) 主家による雇傭人の殺害に関する史料は少なくない。早くも北宋初期にそれを裁く立法がなされており（馬端臨『文献通考』巻一一、戸口考二、奴婢、天禧三年条）、袁采『袁氏世範』巻三、治家「待奴僕当寛恕」に、次のように戒められている。

奴僕小人就役於人者。……又性多狠、軽於応対、不識分守、所以雇主於使令之際、常多叱咄。其為不改、其言愈辯、雇主愈不能平、於是箠楚加之、或失手而至於死亡者有矣。凡為家長者、於使令之際、有不如意、当云小人天資之愚如此、宜寛以処之、多其教誨、省其嗔怒、可也。

(16) 明代の条例および具体的な条文の適用例については黄彰健『明代律例彙編』（中央研究院歴史語言研究所、一九八〇年）巻一九、刑律二、人命「威逼人致死」を、清代の条例とその問題点については薛允升『読例存疑』巻三四「威逼人致死」を、清代の自殺の誘起をめぐる研究としては中村氏注（2）前掲論文、参照。

(17) 明律の巻一九、刑律二、人命「闘殴及故殺人」に、

凡闘殴殺人者、不問手足他物金刃、並絞。故殺者、斬。

とあり、同「戯殺誤殺過失殺傷人」に、

凡因戯而殺傷人、及因闘殴而誤殺傷傍人者、各以闘殺傷論。

とある。

(18) 王肯堂『王肯堂箋釈』巻一九、刑律、人命「威逼人致死」に、「埋葬銀十両、已包三年之徒工矣」とある。

(19) 本章では、明律の威逼人致死条の直接の淵源を唐宋律の恐迫人致死傷条に求めたが、唐律恐迫人致死傷条のさらなる歴史的淵源を辿ることが当然可能であり必要でもある。この問題については、中村氏注（2）前掲著書二六一頁の注（1）に後漢、晋代等の関連史料が若干示されているのみであり、今後の検討課題となろう。

（20）注（2）および注（14）前掲論文、参照。

付論　漢唐の間における自殺誘起罪の痕跡――明律「威逼人致死」条の淵源・その二――

一

前章において、私は明律の「威逼人致死」条の淵源は、唐律のいわば「恐迫人致死傷」条とでも称すべき一条に求められ、南宋代にはこの一条を法的根拠として自殺誘起の罪責が追求されていたことを述べた。前章の基となった旧稿発表後、[1]私信のやりとりにおいてではあるが、滋賀秀三氏より、（1）唐律の一条はやはり自殺を含むものではないこと、（2）したがって、南宋代の人士はこの一条を歪曲することによって自殺誘起罪に当てていたと考えるべきだ、とのご指摘をいただいた。私は、唐律の恐迫人致死傷条が自殺を想定していたか否かに関しては何の論拠も持たなかったことから、（1）の論点については滋賀氏のご指摘に従ったが、（2）の論点に関しては、南宋代の人士は歪曲によってではなく確信に基づいてこの一条を自殺の誘起に対する罰則として運用していたに相違ないことを述べておいた。それは複数の判者がこの法を引用しつつ自殺の誘起を裁いていることからも証されよう。[2]

しかし、（1）の論点に関してはなお心に引っかかりを覚えずにはおれなかった。時代による変化というものがあるにはせよ、人々にとって、なにが罪であり、なにが人として許されざることであるかという法意識ないし正義の感覚というものは、それほどに変化するものなのかという思いがしてならなかったからである。唐代の人々は、甲が乙に圧迫を加えて自殺に追い込んだとしても、それは自殺した乙の側の自由意志による選択であって甲の罪にはならないと考え、宋代の人々は、それは凶悪な犯罪であって加害者甲は死罪に相当すると考えたとすれば、その距離ははなはだ大きく、無から有への転換である。私達はそうした法意識の百八十度の転換が唐宋の間に発生したと考えねばならないのであろうか。

小論は、右の疑問をもとにその後得た知見を加えることによって、（1）の論点を再検討しようと試みるものである。

私が恐迫人致死傷条と呼ぶ一条は、あらためて引用すれば、『唐律疏議』巻一八、賊盗「以物置人耳鼻」に、

　若恐迫人、使畏懼致死傷者、各随其状、以故・闘・戯殺傷論。

とあるものである。疏議には

　若恐迫人者、謂恐動逼迫、使人畏懼、而有死傷者。若履危険、臨水岸、故相恐迫、使人墜陥而致死傷者、依故殺傷法、云々。

と説明する。確かにここには被害者が死に至る情況は説明されてはいるが、しかしそれが自殺を含むとは明言されてはいない。ならばこの一条は自殺の誘起を対象としたものではないのであろうか。あるいは、右の一条の解釈はしばらく措くとして、唐律には果して自殺の誘起を犯罪視する考え方がないのであろうか。答は否である。

『唐律疏議』巻三〇、断獄「監臨自以杖捶人」に、

　諸監臨之官因公事、自以杖捶人致死、及恐迫人致死者、各従過失殺人法。

とあり、疏議には、

　及恐迫人致死、謂因公事、欲求其情、或恐喝、或迫脅、前人怕懼而自致死者。

とある。ここには監臨の官が公務によって、実情を得ようとして恐喝あるいは脅迫し、相手方が恐怖のあまり自殺し

た場合に、過失殺人の法を適用すると定められている。この一条は、唐律においても自殺の誘起は犯罪であるという法意識が存在したこと、それは殺人罪の一種であると考えられていたことを疑いなく示すものである。また、ここには「公事に因り」とあるように、公罪であるがゆえに過失殺人という比較的軽い刑罰が科されるに止まっているが、もしこの「恐迫人致死」という行為が私罪であったとすれば刑罰はより加重されることになる。ならば私罪としての「恐迫人致死」に関する条文は唐律のどこに規定されているのであろうか。それがかの恐迫人致死傷条であろう。恐迫人致死傷条では加害者は状況に応じて故殺傷、闘殺傷、戯殺傷の法によって論罪される定めであり、被害者が死亡すればいずれも殺人罪が適用される。さらに右の律文には、「人を恐迫して死するを致す」とあるが、これは恐迫人致死傷条に「人を恐迫して、（畏懼せしめて）死（傷）するを致す」とあるのと全く同じ構文なのである。そして「人を恐迫して死するを致す」とは、恐迫を原因として相手が懼れのあまり自殺することだと右の疏議は解説する。したがって恐迫人致死傷条は自殺の誘起に対する私罪としての罪責を定めた一条であると言って間違いないと思われる。[3]

ただし私は、恐迫人致死傷条は、すべてが自殺のケースだと主張しようとするのではない。自殺のケースも想定されていたと主張しようとしているにすぎない。恐迫人致死傷条は、恐迫された者が自殺したケースや崖から足を滑らしたケースを含めて、いずれにせよ、加害者が直接手を下さずに、しかし恐迫を原因として、被害者が結果として死傷した場合には恐迫した側に罪を科すと定めたものなのである。[4] 因に、『唐律疏議』巻二八、捕亡「罪人持杖拒捕」に、

諸捕罪人而罪人持杖拒捍、……若迫窘而自殺者、皆勿論。

とあり、疏議には、

若迫窘而自殺、謂罪人被捕、逼迫窮窘、或自殺、或落坑穽而死亡之類、皆悉勿論。

とあって、「自殺」という言葉を用いながら、そこにはいわゆる自殺と事故死とを含ませている。それゆえ恐迫人致死傷条の「死（傷）するを致す」という箇所もまた、自殺であれ事故死であれ、「結果として死（傷）した」場合を意味すると解釈してよいと思われる。

以上のように、唐律においても自殺の誘起は犯罪視されていた。南宋の人士が恐迫人致死傷条に依拠して自殺の誘起を処罰していたのは、律の誤りなき運用であった。そしてこの律文が明律威逼人致死条の淵源となったことはすでに前章で述べたとおりである。

二

さて、唐代においてすでに自殺の誘起が犯罪視されていたとするならば、それ以前においても同様の法意識・犯罪観が存在していた可能性が指摘されなければならないであろう。しかしこの問題に関しては、中村茂夫氏が挙げた事例三点(5)以外に、関係する史料に乏しいというのが現状である。私自身もいささか史料を検索したが、適当な材料は今のところ発見できていない。そこであらためて中村氏が挙げた事例を詳しく見てみることにしよう。

まず、『後漢書』巻三、章帝本紀、建初五年（七八）三月甲寅の詔に、

孔子曰、刑罰不中、則人無所措手足。今吏多不良、擅行喜怒、或案不以罪、迫脅無辜、致令自殺者、一歳且多於断獄。甚非為人父母之意也。有司其議糾挙之。

と見える。官吏が感情の赴くままに振る舞い、あるいは犯人を特定できない案件があると、無辜の者を脅迫して自殺に追い込むことの多さが指摘され、有司は議してそれらの者を糾挙せよと命じている。自殺の誘起は犯罪であるとい

う考え方が窺えると同時に、この詔は先に見た唐律の断獄律の一条「監臨自以杖捶人」に連なる内容を持つものと思われる。

つぎに、『晋書』巻三〇、刑法に、

魏文帝受禅、又議肉刑。詳議未定、会有軍事、復寝。時有大女劉朱撾子婦酷暴、前後三婦自殺。論朱、朱減死、輸作尚方、因是下怨毒殺人減死之令。

とある。三人の息子の嫁を手ひどく殴って自殺に追い込んだ劉朱は決して無罪とはされておらず、裁判の結果、死刑を減じて尚方に送られ労役に服せしめられたという。またこの事件をきっかけに、「怨毒（怨恨・憎悪）による殺人は減死するという法令が下された」ということは、劉朱のような自殺の誘起は、当時にあっては一種の殺人罪ととらえられていたことを示唆する。

また、『南史』巻二七「孔靖伝」に、宋の孔靖の子深之のこととして、次のようにある。

深之大明中為尚書比部郎。時安陸応城県人張江陵与妻呉共罵母黄令死、黄忿恨自経死、已値赦。案律、子賊殺傷殴父母、梟首、罵詈、棄市。謀殺夫之父母、亦棄市。会赦、免刑補冶。江陵罵母、母以自裁、重於傷殴。若同殺科則疑重、用傷殴及詈科則疑軽。制唯有打母遇赦猶梟首、無罵母致死会赦之科。深之議曰、夫題里逆心、而仁者不入、名且悪之、況乃人事。故殴傷呪詛、法所不原、罵之致尽、則理無可宥。罰有従軽、蓋疑失善、求之文旨、非此之謂。江陵雖遇赦恩、故合梟首。婦本以義、愛非天属、黄之所恨、情不在呉、原死補冶、有允正法。詔如深之議、呉免棄市。

息子夫婦に罵られ「死ね」と言われた黄氏が憤って縊死した案件であるが、ここに幾条かの律文を引いて罪の軽重を斟酌していることから、また「母を罵りて死するを致し、赦に会うの科なし」とあるように、当時人を圧迫して自殺に追い込んだ場合の罪を定めた法律は存在しなかったと考えられる。しかし、このケースのような行為が犯罪に当るという法意識は確実に存在し、それゆえに張江陵夫婦はそれぞれ梟首と鉱冶への配役という刑罰が与えられているのである。(6)

以上、中村氏が挙示した後漢や晋また南朝の宋代の史書の事例からは、恐迫や圧迫によって自殺者が出た場合、加害と自殺との間に因果関係を認めて加害者を罰するということが行われていた。こうした法意識・犯罪観が歴代受け継がれ、やがて唐代に至ってかの唐律恐迫人致死傷条と監臨自以杖捶人条とに結実したと考えることはきわめて自然な流れであろう。自殺の誘起を犯罪と認めその刑事責任を問うことは、史料的にはさしあたり後漢以降、連綿と続いた中国人（漢族）の変わらぬ法意識であったと私には思われる。

（1）　旧稿は一九九九年に発表したものである。

（2）　ただし、恐迫人致死傷条が本来自殺の誘起を対象としていないのであれば、南宋人士がどう考えていたかに拘らず、論理的には、南宋代の本条の運用は歪曲であるという言い方は正しい。

（3）　律令研究会編『訳註日本律令八　唐律疏議訳註篇四』（東京堂出版、一九九六年）の三〇〇頁に、断獄律「監臨以杖捶人」条を解説して（中村正人氏訳注）、「公務と関係なく、あるいは公務と関連していても、私情により人を杖打または威迫して死亡させた場合には、本条の適用はなく、それぞれ闘5、賊14によって処罰される」と見える。賊14とはいわゆる恐迫人致死傷条を指す。

（4）　恐迫人致死傷条が自殺に直接言及しない理由を私は次のように解釈する。本条が、加害者が自ら直接には手を下さずに相手を死傷させた場合の罪責を定めたものであることは疑いを容れない。本文で述べたように、断獄律の疏議では、「人を恐迫し死するを致す」とは相手を自殺に追い込むことだと定義的に説明している。本条でも、律文に「人を恐迫し……死傷するを致す」と言い、疏議もまたそれを冒頭において繰り返している。律を読む者はここで直ちにこの一条は自殺誘起の罪責を定めたものだとの認識を得るであろう。しかし本条は自殺誘起にのみ関わるものではない。自殺に追い込む方法以外にも直接手を下さずに相手を死傷せしむる場合がありうる。そこで疏議は続けて自殺誘起以外の——たとえば、険峻な所に立ち、あるいは水岸に臨む者を恐迫して墜落せしめるという、通常は容易に想定しがたい——ケースを例示することによって、本条が規定する罪責の守備範囲と刑罰とを明示したのであろう。

（5）中村茂夫『清代刑法研究』（東京大学出版会、一九七三年）第四章「自殺誘起者の罪責」の「結語」の注（1）、二六一頁。

（6）なお因に、『晋書』巻九〇、良吏列伝「曹攄伝」に、

曹攄……調補臨淄令。県有寡婦養姑甚謹。姑以其年少、勧令改適、婦守節不移。姑愍之、密自殺。親党告婦殺姑、官為考鞫。寡婦不勝苦楚、乃自誣。獄当決、適値攄到。攄知其有冤、更加辨究、具得情実。時称其明獄。

とあるように、威逼・恐迫を伴わない単なる自殺の場合、それが犯罪を構成しなかったことは言うまでもない。

第二部　雑　纂

第十一章　歴史上の宋江について——研究史的回顧——

はじめに

『水滸伝』は中国はもとよりわが国でも長く愛読されてきた小説であるが、その主人公の役回を与えられている宋江は歴史上に実在した人物である。しかし、歴史上の宋江に関する記録は北宋末の徽宗の宣和元年（一一一九）から三年ほどの間に断片的に現れるだけであって、彼の行跡が小説『水滸伝』とどれだけの対応関係を持っているかについては、なお確定しがたい部分が残されている。

『水滸伝』に描かれた宋江は、宋朝の招安をうけた後、遼国遠征などに勝利し、ついで方臘征討戦にも参加して功績を挙げ、最後は毒酒を賜って死ぬことになっている。このうち遼国遠征は明らかなフィクションと考えられるけれども、宋江が宋朝の招安を受けた（あるいは宋朝側に捕えられた）ことと宋朝軍の一員として方臘征討戦に参加したことに関しては、それを記録する複数の史料が存在する。それゆえ歴史上の宋江に関する研究史を顧みれば、それらの史料の信憑性や解釈とも絡んで、主な論点は、宋江は投降したのか否か、宋江が方臘征討戦に参加したのか否か、宋江の末路はどうなったのか、の三点に集約でき、さらにこの三点に付随していくつかの意見の分岐がある、というのが現状である。

中国においては、一九七八年から一九八〇年代初めにかけて歴史上の宋江の行跡をめぐって多くの研究が集中的に発表されている。それは「文化大革命」末期に「評《水滸》運動」と呼ばれる政治性を帯びた運動が展開されたことに直接の原因がある。一九七五年秋に始まり、翌一九七六年秋の所謂「四人組」の逮捕をもって一応の終息を見たこの運動は、宋江の宋朝への投降を批判するという口実の下に、所謂「四人組」が周恩来や鄧小平らから権力を奪おうとしたのだと総括されているようであるが（人民文学出版社古典文学編輯室・人民日報文芸部「〝評《水滸》運動〟到底是怎麼一回事?」『人民日報』一九七八年八月一一日）、一九七八年以降の宋江研究は、そうした背景を持ち、そうした背景を引きずりながらも、しかし問題を政治の側から学問の側に引き戻そうという意図と熱意によって推進されてきたかに感じられる。したがってそこでは、たとえばのちに示す呉泰論考（後掲《参考文献》（8））のように、わが国で高い評価を受けかつ定説化しているかに思われる宮崎市定氏の論考（《参考文献》（5））に対しても検討と批判が加えられており、全体として実証的で理性的な議論が積み重ねられていると評価できるように思われる。

ところが、こうした中国での「文化大革命」終息以後の研究は、わが国ではほとんど顧みられることがなかったようである。一九九二年二月に刊行された『宮崎市定全集』第一二巻は後掲《参考文献》の（5）・（6）を収録するが、宮崎氏はその末尾の「自跋」の中で、「四人組も没落すると、宋江に対する批判の再批判が始まり、投降論、非投降論が熱っぽく戦わされた」と中国の研究状況を紹介してはいるが、具体的な論考としては《参考文献》（12）の張国光論考を取上げているにすぎない。宮崎氏はおそらく呉泰論考を目にしてはいないと思われる。また、佐竹靖彦氏の近作である《参考文献》（26）の著作および（26）の修正と補足を行った（27）の論考は、宮崎氏の宋江二人説を前提に進められたもので、これまた中国側の研究には言及がない。宮崎氏や佐竹氏の中国人研究者の論考に対する無視が、単に研究史をフォローしていないことに起因するのか、あるいは全体として評価に値しないという判断の結果なのか私には判らないが、もし前者の理由によるとすればここで紹介することにいささかの意味があるであろうし、もし後者の理由によるとすれば、それは私の評価とは大きく異なることでもある。

そこでここでは、現在までに歴史上の宋江をめぐっていかなる議論が行われ、どのような論点が明らかとなり、将来にどのような問題が残されているかについて、大雑把にではあるが研究史を回顧・紹介してみようと思う。

一　宋江に関する研究と史料

歴史上の宋江に関する内外の研究を列挙すると、以下のような多数に上っていることに驚かされる。なお、ここには文学関係のものは入れていないし、史学関係でも私の見落としがあるかもしれない。また、華山「《水滸伝》和《宋史》」（一九五五年原載、『宋史論集』斉魯書社、一九八二年に収載）、丁力「関于宋江受招安問題」上・下（『文芸学習』一九五七年二、三期）などのように歴史上の宋江を直接扱っていないもの、および「文革」中に発表された諸論考はあらかじめ省いてある。それらについては、山根幸夫『中国農民起義文献目録』（汲古書院、一九七六年）を参照されたい。

《参考文献》

（1）余嘉錫「宋江三十六人考実」『輔仁学志』八巻二期、一九三九年。
（2）牟潤孫「折可存墓誌銘考証兼論宋江之結局」台湾大学『文史哲学報』一九五一年二期。
（3）張政烺「宋江考」『歴史教学』一九五三年一期。

（4）厳敦易「歴史上的宋江」『水滸伝的演変』作家出版社、一九五七年。
（5）宮崎市定「宋江は二人いたか」『東方学』三四輯に原載、一九六七年、『アジア史論考』下、朝日新聞社、一九七六年、および『宮崎市定全集』第一二巻、岩波書店、一九九二年に収載。
（6）宮崎市定『水滸伝―虚構の中の史実』中公新書、一九七二年、上掲（5）の全集に収載。
（7）鄭偓「歴史上的叛徒宋江」『文史哲』一九七六年一期。
（8）呉泰「歴史上的宋江是不是投降派？」『光明日報』一九七八年六月八日、史学・一〇八期。
（9）鄧広銘・李培浩「歴史上的宋江不是投降派」『社会科学戦線』一九七八年二期。
（10）鄧広銘・李培浩「再論歴史上的宋江不是投降派」『光明日報』一九七八年八月一日、史学・一一四期。
（11）張国光「歴史上的宋江有両箇人」『光明日報』一九七八年一二月五日、史学・一二二期。
（12）張国光「《歴史上的宋江不是投降派》一文質疑―与鄧広銘・李培浩同志商榷」『社会科学戦線』一九七八年四期。
（13）戴応新「従《折可存墓志銘》論宋江不是投降派」『光明日報』一九七八年一二月五日、史学・一二二期。
（14）万縄楠「宋江打方臘是難否定的」『光明日報』一九七八年一二月五日、史学・一二二期。
（15）朱瑞熙「論北宋末年的梁山泊農民起義和宋江」『中国農民戦争史論叢』一輯、山西人民出版社、一九七八年。
（16）葉玉華「《水滸》写宋江打方臘非出虚構」『中華文史論叢』一九七八年八輯。
（17）呉泰「再論宋江的幾箇問題」『中国史研究』一九七九年二期。
（18）裴汝誠・許沛藻「宋江招安史料辨正」『中華文史論叢』一九七九年二輯。
（19）陸樹侖「関于歴史上宋江的両三事―与鄧広銘・李培浩・呉泰諸同志商榷」上・下、『遼寧大学学報・哲学社会科学版』一九七九年二期、三期。
(20) 張嘉棟「歴史上宋江是否投降尚難定論」『中国農民戦争史研究集刊』一輯、一九七九年。
(21) 北郭「歴史上的宋江是投降派―対于鄧広銘・李培浩文章的質疑―」『北方論叢』一九七九年四期。
(22) 鄧広銘「答張国光君」『社会科学戦線』一九八〇年一期。
(23) 馬泰来「従李若水的《捕盗偶成》詩論歴史上的宋江」『中華文史論叢』一九八一年一輯。
(24) 竹寺「李若水《捕盗偶成》与宋江受招安史実」『中国農民戦争史論叢』四輯、一九八二年。
(25) 鄧広銘「関于宋江的投降与征方臘問題」『中華文史論集』一九八二年四輯。
(26) 佐竹靖彦『梁山泊―水滸伝・一〇八人の豪傑たち』中公新書、一九九二年。
(27) 佐竹靖彦「水滸伝における伝統」『柳田節子先生古稀記念　中国の伝統社会と家族』、汲古書院、一九九三年。
《以下未見》
葉維田「対〈関於宋江受招安的問題〉的商榷」『教学与研究匯刊』一九五八年三期。

つぎに、歴史上の宋江に関する史料を示そう。
宋江の招安ないし投降を記す基本的な史書は以下である。

《史料A》
(1)『宋史』巻二二、徽宗本紀四。
(2)『宋史』巻三五三、張叔夜伝。
(3)王偁『東都事略』巻一一、徽宗本紀。

（4）『東都事略』巻一〇八、張叔夜伝。
（5）李埴『皇宋十朝綱要』巻一八、徽宗紀、宣和三年二月庚辰条。
（6）張守『毘陵集』巻一三、左中奉大夫充秘閣修撰蒋公墓志銘。
（7）李若水『忠愍集』巻二、捕盗偶成。
（8）葛勝仲『丹陽集』巻一三、承議郎王公墓志銘。
（9）徐夢莘『三朝北盟会編』巻八八所引の張叔夜家伝。
（10）一九三九年陝西省府谷県出土、范圭撰、宋故武功大夫河東第二将折公墓誌銘。
（11）陳均『皇朝編年綱目備要』巻二九、宣和二年一二月条。

これらの記述にはそれぞれ矛盾する点や曖昧かつ不正確な部分があり、成書の時期や信憑性にも違いがあるが、いずれも宋江の招安ないし投降を記す点では共通している。逆に歴史上の宋江が招安を受けずまたは投降せずに生き延びたとか、あるいは宋朝との抗戦の末に死亡したといった宋江の招安・投降を否定する史書は存在しない。

宋江が方臘征討戦に参加したことを伝える史書は以下である。

《史料B》
（1）徐夢莘『三朝北盟会編』巻五二所引の『中興姓氏奸邪録』。
（2）『三朝北盟会編』巻二一二所引の『林泉野記』。
（3）李埴『皇宋十朝綱要』巻一八、徽宗紀、宣和三年六月辛丑条。
（4）楊仲良『続通鑑長編紀事本末』巻一四一、討方賊、宣和三年四月戊子条。

これらの記述にも互いに齟齬・抵触する部分があるが、ここでも宋江なる者が宋朝側の一員として方臘の乱の鎮圧に参加したことを記す点では共通している。

二　宮崎説と呉泰説

具体的に研究史を見てゆくことにしよう。まず、われわれにとってなじみ深い宮崎市定氏の研究を中心に置いて見ることにしよう。一九六七年にわが国で発表された「宋江は二人いたか」と題する論考は、海外でも翻訳されるなど高い評価を受けているものである。その基本的な論点は、山東・江北で暴れ回っていた盗賊の宋江と、宋朝軍の一員として方臘の乱鎮圧に参加した宋江とは同名の別人であるという点にある。そうとすれば小説『水滸伝』における宋江の方臘討伐に関する部分は、史実を反映したものではなく後世に創作されたものだという結論がおのずと導き出されることになる。この論旨は言うまでもなく《参考文献》(6)においても一貫している。

さて、宮崎氏の所論は次のような考証によって支えられている。

(イ)宋江の投降の時期について、『皇宋十朝綱要』は宣和三年二月庚辰(一五日)、『宋史』の徽宗紀が同年二月と記しているのに対し、『東都事略』では同年五月丙申(三日)のこととし、両者には三月近い隔たりが見られる。

(ロ)童貫率いる方臘征討軍は宣和三年正月中旬以前に国都を出発していたと考えられ、そこに宋江が参加していたことを『中興姓氏奸邪録』は記している。

(ハ)方臘が生擒されたのは宣和三年四月庚寅(二六日)のことであるが、この年六月には宋軍の宋江はなお方臘の余党と戦っていた。

以上からして、第一に、正月中旬以前に出発した童貫の軍に当初から宋江が参加していたとすれば、その宋江と二月ないしは五月に投降した宋江とは別人でなければならない。第二に、折可存が方臘征討戦から帰還する途次のこととして、折可存の墓誌銘には「御筆を奉じて草賊宋江を捕えしめらる。月を越えずして継獲し、武功大夫に遷る」と記しているが、これは『東都事略』の五月丙申に宋江が捕えられたという記事と時期的に照応する。第三に、『皇宋十朝綱要』の二月庚辰という日付は、宋江が逮捕された日ではなくして逮捕の命令が出た日と理解すべきであり、『宋史』は不用意にそれを逮捕された日と書き換えたのである。

これが宮崎氏の考証の骨格を形成している部分である。この考証この所論に対して宮崎氏が一貫して並々ならぬ自負の念を抱いていることは、『宮崎市定全集』第一二巻の「自跋」から容易に窺うことができる。

これに対して中国側の研究はどのような展開を見せていたであろうか。まず宮崎氏の論考にも言及している《参考文献》(8)の呉泰氏の論考から見ることにしよう。呉泰氏の全体に対する認識は、すべての矛盾するがごとき史料を整合的に理解しようとするもので、宋江は宣和三年二月に張叔夜に投降した後、方臘征討軍に加わり、方臘が生擒されたのちに宋朝側によって再逮捕された、というものである。このことを論述する過程で、呉泰氏は宮崎氏の『中興姓氏奸邪録』に依拠した考証を批判する。呉泰氏は宋江が方臘征討に参加したことを記録する前掲《史料B》の(1)から(4)を示した後、

この四つの記載は互いに矛盾しており、ある記載は明らかに事実ではない。たとえば、『皇宋十朝綱要』が宋江と当時熙河の兵を率いていた陝西の名将辛興宗とを並列しているのは、明らかに誤りである。

と述べ、ついで『三朝北盟会編』に引く『中興姓氏奸邪録』に、「方臘反睦州。……以(童)貫為江浙宣撫使、領劉延慶・劉光世・辛企宗・宋江等軍二十余万往討之」と記載していることについて、

『中興姓氏奸邪録』は辛興宗を辛企宗と誤記し、宋江を辛興宗・劉光世と同じ位置に並べているだけでなく、さ

らにはのちに援軍を率いて江南にやって来た劉光世を童貫に従って一緒に出発したと述べており、その誤謬はさらに明らかである。しかるに、その他のふたつの史料は宋江は楊可世管下の一人の「裨将」であると述べているが、われわれはこれを全く無稽の談だと否定し去るわけにはゆかないのである。

として、宋江は増援軍である楊可世管下の「裨将」として方臘征討に加わったとの見解を示したのである。さらに呉氏は、方臘との戦闘のために宋朝がどのような軍事的態勢を敷いたかを検討した後、次のように述べる。

時間上から見れば、宋江は二月に投降し、方臘は四月末に宋兵によって鎮圧されており、両者は少なくとも二ヶ月を隔てている。当時童貫は宣和二年一二月二一日に命を受け開封から兵を率いて南下し方臘を攻撃したが、宣和三年正月下旬には、すでに両浙に到着して方臘起義軍を鎮圧している。開封から両浙まで一ヶ月の路程を要したにすぎない。海州から両浙までの路程はさらに短い。劉光世・姚平仲等の援軍は三月末に両浙に到着しているから、開封を出発したのは二月末であったはずである。宋江が投降した後、少しの編成替えをして、増派されて両浙にやって来た劉光世等の援軍と共に両浙に到り、あるいは指定された地点で劉光世等の援軍と合流し、これらの援軍中の「将副《ふくしょう》」と「抵替《こうたい》」して方臘に対する最後の包囲戦に参加することもまた、全く可能なことである。『三朝北盟会編』に引く『林泉野記』の「(劉)光世……与楊可世遣宋江并進」という記載は、虚妄の談だとするわけにはゆかない。宋江が投降したのちに方臘起義の鎮圧に参加するのは間に合わないと疑うことは、根拠のないことである。

見られるように、呉泰氏の宮崎説批判の中心論点は、宋江の方臘征討軍参加を記す四種の史料を検討し、『中興姓氏奸邪録』は記述に誤りが多く、宋江は童貫と共に出発したという記述も信用できず、二月末に開封を出発した増援軍にならば十分参加する可能性があったという点にある。この考証は、宋江なる者の征討軍参加時期を『中興姓氏奸邪録』にのみ依拠して論を立てた宮崎説の欠陥を鋭く指摘したものと言ってよいであろう。詳しい考証は省くが、また各種の史料の記述には相違があるが、《史料B》の四種の史料や『宋会要』兵一〇―一八、討叛四、方臘の条によって各部隊の編成や進軍経路を見ると、宋江なる者は、童貫率いる軍隊の苦戦の報を受けて、のちに陝西方面から増派された部隊に属していたことが見て取れる。とすれば、仮にこの方臘征討軍中の宋江なる者が盗賊の宋江とは別人であったとしても、それは投降した盗賊宋江が時間的に征討軍に参加することが不可能だからではないことになる。

呉泰氏はさらに、『東都事略』が五月丙申に宋江を「就擒《いけどり》」したと記す点について、この日は、二月に宋江を投降せしめた張叔夜に対して徽宗から嘉奨の詔が出た日であって、『東都事略』はそれを誤記したのであろうとする。『宋会要』兵一二―二五、捕賊上、宣和三年五月三日の条によれば、「知海州張叔夜」に盗賊平定に功績があったとして職一等を進める詔が出されたのはまさしくこの日であって、呉泰氏が言うように『東都事略』がこれを誤って宋江逮捕の日とした可能性は高いと思われる。事ここに到ると、「ほとんど非を唱える余地のないものと思われた」（《参考文献》(27)）宮崎氏の宋江二人説は、にわかに色褪せたものとなってしまうように思われる。実際、呉泰氏の右の論考発表後、中国側の研究者で宮崎説を再評価する者は一人として現れることがなかったのである。

われわれは中国側の研究をさらに追うことにしよう。

三　研究史の概要

以下、《参考文献》欄に記した順に紹介したい。

(1)の余嘉錫氏の論考は、宋江の三六人衆の中で史伝と照合しうる者を徹底して調べあげたものである。そのなかで余氏は、宋江が張叔夜に投降し方臘の乱鎮圧に赴いたことを肯定している。

（2）の牟潤孫氏の論考は、新出の折可存の墓誌銘に触発されて折氏一族を調査し、さらに折氏の方臘征討の経過を調査し、墓誌銘によって宋江の最後を推定したものである。牟氏の推定は、宋江は方臘鎮圧に功績があったが、童貫の論功行賞は偏私に傾いていたがために再び叛したか、あるいは童貫親信の諸将に嫉視されて陥れられ、その結果が折可存墓誌銘に記録された宋江逮捕であるとするものである。余氏と牟氏の論考はともに『水滸伝』と歴史上の宋江との類似点を主張するものとなっている。

（3）の張政烺氏の論考は、宋江は張叔夜に対して投降したのが宣和三年二月以後で、方臘征討軍に参加するには時間的に間に合わず、したがって方臘征討には参加していない、宋江が方臘征討戦に参加したことを記す四種の記録は記述に問題がありすべて信用しえない。折可存が宋江を捕えたのは宣和四年夏頃と考えられ、これは動かない事実ゆえ、全体を整合的に考えるには、宋江は詐って張叔夜に降り、のちにまた叛いて最後は折可存に逮捕されたと考えるほかない、というものである。

（4）の厳敦易氏の論考は、宋江の投降と方臘征討戦参加をともに疑問視したものである。厳氏は、関連史料にはそれぞれ矛盾・出入があって依拠しえないだけでなく、付会と歪曲に満ちており、歴史上の宋江に関する記述から宋江の実像を描き出すことは困難だと言う。

（7）の鄭偓氏の論考は、宣和三年二月一五日が宋江が投降した日時であるとし、『東都事略』の五月三日は張叔夜が加官進職した日時であると指摘し、宋江は投降の後方臘征討に参加し、宣和四年四・五月ごろに折可存に捕縛されたと主張する。

宋江の詐降説や投降を疑問視する見解は（3）・（4）によって提出されていたが、宋江が投降したか否かという論点について言えば、宮崎氏の論考（5）・（6）は研究史上初めて宋江は投降することなく張叔夜・折可存に捕えられたという説を唱えたものである。一方、中国で宋江は投降派ではないという説を強く唱えたのは、鄧広銘・李培浩両氏による《参考文献》（9）である。（10）の論考の序論によれば、両氏は並行して北京大学校八〇周年の〃五四〃科学討論会の席上で同じ題で口頭報告も行っており、先に見た呉泰氏の（8）の論考はこの報告を聞いた上で執筆されたものである。鄧・李両氏の（9）・（10）および鄧氏の（22）の論考は、宋江の投降や方臘征討戦参加を記す史料はすべて南宋以降に書かれたもので捏造されたものである、北宋一代の史書および南宋のごく初期に書かれた史料にはその痕跡がない、という点を強調することによって、宋江は投降してはいないと主張したものであった。これは（3）の張氏の論旨を張叔夜に対する投降の部分まで拡大したという性格を持つものであるが、これに対してはこの後多くの反論が提出されることになる。

（11）・（12）の張国光氏の論考は、宋江は張叔夜に投降した後方臘征討に参加したが、一年以上のちに折可存に生擒された宋江はこれとは別人だとするものである。その主要な論拠は、前者が「劇賊宋江」と呼ばれていたのに対し、後者は「草寇宋江」と呼ばれているという点にある。これは中国における宋江二人説である。

（13）の戴応新氏は、一九七五年に陝西省府谷県で折可存の墓誌銘を実見し、次年夏には折氏の墓園を発掘して一群の碑石を発見した本人であるという。戴氏は宋江が張叔夜に投降して対方臘戦に参加したという記事は時間的に不整合で信用できず、折可存に生擒されたことの方が整合的に理解できるとする。鄧・李両氏に賛同する見解は、私の見たかぎりではこの論考のみである。

（14）の万縄楠氏の論考は、折可存の行動を『宋史』巻四四六、楊震伝、『永嘉県志』、『浙江通志』等によって追跡し、折可存が「班師過国門」の際に宋江逮捕の「御筆」を受けたのは、宣和三年一〇月以降のことであるとし、方臘征討戦から先に凱旋していた宋江を生擒することは可能であったとしている。そして、宋江は凱旋の後准甸で再び〝草寇〟として活動していたと推測している。
（15）の朱瑞熙氏の論考の論旨は（8）の呉泰氏とほぼ同じであるが、論述の中で、宋江は詐って張叔夜に投降したのでもなければ、方臘征討戦から帰還した後再び反宋朝側に転じたのではなく、宋朝に用済みの者とみなされて再逮捕されたのであるとの見方を示している。
（16）の葉玉華氏の論考は、官修の史書に宋江の方臘征討の記載がなく、野史や小説にそれがあるのは階級的な観点の相違によるとし、宋江は方臘征討戦に参加した後再度捕えられたと論じる。
（17）の呉泰氏の論考は、（9）・（10）と（11）・（12）に対する反批判で、細かい論点にいちいち応対しながら（8）における自説を堅持したものである。
（18）の裴汝誠・許沛藻両氏の論考は、鄧氏等が依拠すべきでありかつ宋江投降の記載がないとして取上げた北宋末の史料などについて、それら史料の成書の由来を検討し、宋江招安の記述がなぜないかを論じたものである。なお、裴・許両氏は宋江は招安を受けたという説を支持している。
（19）の陸樹侖氏の論考は、表題にあるように鄧・李・呉三氏の所説を丹念に検討・批判したもので、のちに鄧氏が自説を撤回する大きな契機ともなったものである。その論点は、第一に、宋江投降の記載を否定するには、現在なお十分な史料を欠いており、それらの記載を捏造だと断言すべきではない。第二に、呉泰氏は『中興姓氏奸邪録』と『皇宋十朝綱要』には誤りがあって信用できないとしているが、『続通鑑長編紀事本末』や『林泉野記』にも同様の誤りがある。また、呉泰氏は宋江が官軍の「将副」となったとするが、それは宋代の法規定からしてありえない。さらに、呉泰氏は、宋江が投降してから方臘征討に赴く十分な時間的余裕があったと言うが、問題は時間にあるのではない。問題は呉泰氏が設定した方臘征討の部隊・行軍の論理は歴史事実と合致しない点にある。よって、宋江の方臘征討はなかった。第三に、折可存墓志銘は記述がでたらめで信用できない。最も可能性が高いのは、宋江は宣和三年二月に張叔夜に投降したのちにまた叛し、『東都事略』に記すように五月に再び「就擒」したということであろう、と論ずる。

(20)の張嘉棟氏の論考は、呉泰氏と鄧・李両氏の説の一方にはなお与しがたいと言う。理由は鄧・李説ではなお史料不足であること、呉説では、宣和三年二月に張叔夜に投降した後再度折可存に生擒されたことを合理的に解釈できないことにあるとする。その結果、張氏は「劇賊」の宋江と「草寇」の宋江との二人がいた可能性を示唆している。

(21)の北郭氏の論考は、鄧・李両氏の(9)の論考に批判を加えたもので、宋江は海州で偽って投降し、次いで宋軍の一部として方臘鎮圧に赴き、その後宋江本人は再度草寇となって宣和三年冬に折可存に捕縛・殺害されたが、宋江の隊伍は楊志の指揮の下に抗金戦争に参加したと論ずる。

(23)の馬泰来氏の論考は、李若水の『忠愍集』(文淵閣四庫全書本)に収録する「捕盗偶成」と題する詩を紹介したもの。この詩には「去年宋江起山東、白昼横戈犯城郭、殺人紛紛剪草如、九重聞之惨不楽、大書黄紙飛勅来、三十六人同拝爵、獰卒肥驂意気驕、士女駢観猶駭愕、(下略)」とあり、去年宋朝の招安を受けて宋江の衆三六人が拝爵し、意気揚々と群衆の前をパレードしたことが詠まれている。省略した後半部では、今年楊江が河北で叛し、人々がまた招安を願っていること、自分は招安には批判的な気持ちを持っている、といった内容が詠まれている。李若水は靖康元年(一一二六)に死亡しているから、この詩は、宋江が投降したとされる宣和三年(一一二一)に最も近い時期に書かれたものであり、これによって宋江招安を示す新たな北宋代の重要史料が紹介されたことになる。

(24)の竹寺氏の論考は、(23)と同じく「捕盗偶成」詩を紹介し、なおこれが李若水の原作かどうかと問題を提起している。すなわち、宋江等は張叔夜に敗れて投降したのであるから「拝爵」ということには全幅の信頼は置けず、それが文学的誇張であるか作者の編造であるか断定できない。つぎに詩中の「獰卒肥驂意気驕、士女駢観猶駭愕」の部分は『水滸伝』中の描写とすこぶる共通しており、誰かが『水滸伝』の話が流行したのちに李若水に仮託して作ったのではないかという疑問も残る。もし偽作ならなぜ李若水の名をかたったのか、偽作でないとすれば、宋江が招安を受けた後詩中に描かれたような場面があったのだろうか、というのが竹氏の疑問である。

（25）の鄧広銘氏の論考は、（19）の陸樹侖論文と（23）の馬泰来氏による「捕盗偶成」詩の紹介を承けて、自己批判しつつ宋江の招安と方臘征討問題を再考察したものである。鄧氏はここでかつての自説を撤回し、宋江は宋朝の招安を受けたが方臘征討には赴かず、再び叛いて折可存に生擒されたという考えを表明しながらも、それらの年月はいずれも確定しがたいとしている。

四　回顧と展望

以上、やや煩雑なまでに中国側の研究を紹介してきた。問題点ごとに各人の主張を紹介しようとも考えたが、論旨は錯綜しており、史料の引用なしには不可能なので個別論文の主張の表面をなぞった結果となってしまった。以上の諸研究は、もとより考証に精粗の差があるけれども、いずれの論考も問題を真摯に捉えた研究であると言ってよいように思われる。

この論争を通じて明らかになったことも多い。たとえば、李若水の「捕盗偶成」詩の紹介は、それが李若水の原作か否かの問題はなお残るにしても、大きな意義をもっている。方臘征討戦の行軍の経路、部隊の編成、方臘の余党

（特に呂師嚢）の足どりなどが明らかとなったことも貴重な成果と言えよう。その過程で、折可存の対方臘戦を含めた足どりが辿られ、折可存が「班師国門」した時期は宣和三年一〇月以降でなければならないこともまた明らかとなった。このことは、宮崎氏のように、『東都事略』の五月丙申に宋江が「就擒」したという記述を、折可存墓誌銘と組み合わせて考えることは全く不可能だということを意味する。また、『東都事略』の五月丙申が、張叔夜を嘉奨する詔の出された日であることも中国では早くに指摘がなされていたことであった。近年佐竹靖彦氏は（27）の論考で、折可存墓誌銘と『東都事略』との時間的な齟齬と、『東都事略』五月丙申は張叔夜を嘉奨する詔が出された日であることとに気づいて新たな考察を発表されているが、わが国の研究はあまりに孤立していたと言うべきであろう。

中国における歴史上の宋江に関する研究を通じて、宋江の具体像が確定したわけではもとよりない。現在共通認識となっているのは、宋江が投降した（ないしは招安された）ということぐらいであろう。方臘征討戦への参加についてはなお意見が分かれている。宋江の末路についても、史料を欠いていることから問題はなお不明なまま残されている。

最後に、屋上に屋を重ねることになるが、私自身の歴史上の宋江に関する推測ないし見通しを述べておきたい。まず宋江が張叔夜に宣和三年二月庚辰に投降した、ないしは招安されたことはほぼ確実と思われる。『三朝北盟会編』巻八八所引の『張叔夜家伝』に「以病乞致仕宮観劄子」があり、その中で張叔夜は「逮出守海壖、会劇賊猝至。偶遣兵斬捕、賊勢挫衂、相与出降、蒙恩進秩」と記すが、この「劇賊」が宋江であったことは『三朝北盟会編』巻八八に徐夢莘が張叔夜の伝を記す中で「後起知海州、破群盗宋江有功」と記していることによって裏づけられる。また張叔夜が「蒙恩進秩」した時に出されたのが『宋会要』兵一二―二五、捕賊上、宣和三年五月三日条の徽宗の詔であることも確実である。ただし、宋江軍と張叔夜との戦闘がどのようであったか、張叔夜伝には戦闘の末に宋江が投降したと記すが、それは自らの功績を大きく見せるための粉飾で、実は張叔夜は単なる招安の実行者ではなかったかという疑問も李若水の詩文からは感じられるのである。

つぎに、宋江の方臘征討戦への参加の有無について。陸樹侖氏は呉泰氏の挙げた論点に反駁して、宋江は方臘征討戦へは参加していないと強く主張している。陸氏の呉説批判は当を得ていると私には思われるが、呉泰氏の所説を論駁することがそのまま宋江が方臘征討戦に参加しなかったことを証明するわけではない。宋江の参加を記す《史料B》の四種の史料にいかに混乱や誤りがあろうとも、そこに宋江の名が記されていることが作為だと証明できないかぎり、参加の可能性は残る。四種の史料はいずれも官撰史料ではない。記述の来源も様々であったろう。『中興姓氏奸邪録』や『林泉野記』の記述は伝聞によるのかもしれず、『皇宋十朝綱要』や『続通鑑長編紀事本末』の原史料も一種とは限らない。記述に出入や齟齬があるからといって記述の全体を否定し去ることはできないであろう。とするならば、ほかに裏づけがないからといってなぜ宋江の名を削除しなければならないのか疑問である。研究史の中では『宋会要』兵の対方臘戦の記述には宋江の名がないという主張も現れたが、それはいかにも軽率である。確実に対方臘戦に参加した折可存の名は全く『宋会要』に見えないではないか。宋江が対方臘戦に参加した可能性は高いというのが私の推測である。

折可存墓誌銘に記す宋江逮捕の記述はどうか。陸樹侖氏が指摘するように、この墓誌銘には明らかな粉飾や誤りがある。しかし、宋江を捕えたということまで否定し去るのはどうか。陸氏が折可存による宋江逮捕を否定するのは、単に墓誌銘の記述の信頼度が低いからだけでなく、氏が、宋江は宣和三年二月に張叔夜に投降し、その後また叛して同年五月丙申に再度生擒されたと考えるからである。しかし、宋江が再び叛したという証拠は全くないし、五月丙申は『東都事略』の記載ミスである可能性がきわめて高い。宋江を投降せしめた張叔夜を嘉奨する詔が出された日に、宋江が再度逮捕されるということはよほどのことでなければありえないことであろう。しかも宋江が再度叛乱を起していた最中に、張叔夜を嘉奨する詔が準備されていたということになるではないか。考えにくいことである。宋朝に一旦降った宋江は、折可存によって再度逮捕されたと私は考えたい。折可存が宋江を捕えたのは宣和三年一〇月以後のことであり、その時宋江がどのような状態にあったかは全く知ることができない。再逮捕の理由もまったく史料には現れない。おそらくは「狡兎死、走狗烹」ということではなかったかと推測される。

陸樹侖氏はその厳密な考証の最後に、「再び〝可能である〟・〝想像される〟ということで論文を書かないでほしい」と記しているが、歴史上の宋江の行跡は『水滸伝』の魅力と相俟って、われわれの想像と推測を強く誘わずにはおかない。『宋史』巻三五一、侯蒙伝に、侯蒙の「(宋)江以三十六人横行斉・魏、官軍数万無敢抗者、其才必過人。今青谿盗起、不若赦江使討方臘以自贖」という進言が載せられている。これを承けて徽宗は侯蒙を知東平府に任じ宋江を招安させようとしたが、侯蒙は赴任前に死亡したためこのプランは頓挫した。しかし私は上に述べたように、事態はのちには侯蒙のプラン通りに進行したと考えている。そして『水滸伝』における宋江の悲劇的な最後は、悲劇的という共通性をもって、歴史上の宋江の身の上にも起ったのではないかと想像するのである。

《追記》

私は一〇年ほど前に、二年次の後期に文学部へ進級してくる学生向けの演習の材料のひとつとして宮崎市定氏の「宋江は二人いたか」を用い、また関連して中国人研究者の諸研究もあわせ用いたことがあった。言うまでもなく、中国史研究における史料操作と実証方法について学ぶためである。一方、一九九二年度の卒業生畑中雄士君は、卒業論文の主題に歴史上の宋江と水滸伝中の宋江を取上げ検討を加えた。畑中君と私は協力して研究論文を収集し、読み合わせを行い、論点について討論を重ねた。ここに記した歴史上の宋江に関する内外の研究史の回顧は、以上のような一〇年ほど前の学生諸君との演習と畑中君の卒業論文作成過程での畑中君と私との学問的交流とを基礎としつつ、安田二郎氏を代表とする科学研究費のプロジェクトへ参加することによって形をなしたものであることを記しておきたいと思う。なお、畑中君の卒業論文の概要は、北海道大学東洋史談話会発行の『史朋』二六号（一九九三年一一月）に記されているので参照されたい。

《補記》

本章において、私は日本の中国史学界における宋江研究があまりに中国側の研究を〝無視〟している旨述べたが、私がちょうど本章のもととなった旧稿を執筆していた時期に、高島俊男「宋江實録」（『東洋文化研究所紀要』一二一、一九九三年）が発表されていたことをのちに知った。高島氏は本章で紹介した中国人研究者の研究をもふまえつつ自説を展開し、宋江が宋朝側に捕まったのは宣和三年二月とし、宋朝の方臘征討戦に宋江が参加したことを記す四種の史料はいずれも「早く南宋期に始まった物語と歴史の交錯」によって後から書き加えられたものと断じている。また宋江が捕えられたのちにも「宋江」を名乗る盗賊は多くいたはずで、折可存に捕えられた「宋江」とはそうした者の中の一人であろうと述べる。

第十二章　明代徽州府休寧県の一争訟——『著存文巻集』の紹介——

一　史料について

上海図書館に『著存文巻集』と題する一書が所蔵されている。不分巻、全一冊、万暦刻本、全九二葉、半葉二〇字九行。本書は明末万暦一〇年（一五八二）前後の直隷徽州府休寧県における金氏一族と陳氏一族との著存観という祠観をめぐる争訟の記録である。収録されているのは、金氏と陳氏双方の幾多の訴状や証拠文書、県や府における供述調書、休寧県、徽州府、巡按御史の批示や判決、官庁間文書などである。

本書は金氏によって編纂されたものである。その出版意図は、著存観をめぐる長い争いの記録を版行することによって金氏の著存観に対する権利を将来にわたって保障し証拠立てようという点に置かれている。したがって、金氏の側に偏った編纂の恐れなしとはしない。たとえば、訴状に付された標題には相手方を貶める表現が用いられている。金氏の側の文書が相手方に比して多いが、陳氏側の文書を故意に抜き去ったとは思えず、また何らかの改竄が施されたと推測させる形跡もない。本書の形式から見れば、次々と繋ぎ合わされた関係文書を時間の流れに沿ってほぼそのまま版刻したものと言ってよいように思われる。

本書はその形式と内容から見て残本であろうと判断される。第一に、本書は序跋や封面・目次に当る部分を欠いており、第一葉がいきなり「逆道呂尚弘告江院状」で始まっている。第二に、争訟の中心をなすのは万暦九年から一二年五月までの期間、なかでも一一年閏二月以降の記録が大部分を占めているにもかかわらず、最後の跋文の日付は万暦一〇年九月望日であり、書き出しには「前著存祠観文巻七宗、皆陳氏告害此観、本家保存此観」とある。[1] したがって、万暦一〇年九月以前の争訟の記録七宗が『著存祠観文巻』と呼ばれているものであり、それらは本書からは全く脱落している。伝承の過程で失われたのか、何らかの事情で故意に抜き取られたのか、その理由は不明である。失われた『著存祠観文巻』に続く、万暦一一年以降の争訟の記録が現存する『著存文巻集』である。

本書の構成は以下の通りである。標題のないものは筆者が適宜内容に即して標題を付した。それには＊印を付してある。また訴状に付された批示は一件と数えた。故に批には日付のないものが多い。

標　題	提出者（発信者）	提出先	日付
(1) 逆道呂尚弘告江院状	呂尚弘	巡按御史	一一年閏二月一七日
(2) ＊巡按御史の批	巡按御史	休寧県	なし
(3) 二十六・七都各図里排江院具呈	王尚賢等三三名	巡按御史	一一年閏二月一七日
(4) ＊巡按御史の批	巡按御史	休寧県	なし
(5) 本家本県訴状	金革孫	休寧県	一一年閏二月二九日
(6) 本家本県告状	金革孫	休寧県	一一年九月二〇日

(7)	県申江院供詞	休寧県	巡按御史	一一年一〇月二一日
(8)	*巡按御史の批	巡按御史	休寧県	一一年一〇月二四日
(9)	*休寧県の詳文	休寧県	巡按御史	一二年正月二二日
	(この詳文は兵備道へも同文が送られた)			
(10)	二十七都排年陳禄等告按院状	陳禄等一〇名	巡按御史	一〇年五月二一日
(11)	*巡按御史の批	巡按御史	休寧県	なし
(12)	本家訴状	金革孫	休寧県	一〇年五月二三日
(13)	*休寧県の詳文	休寧県	巡按御史	一一年閏二月一三日
(14)	*巡按御史の批	巡按御史	徽州府	なし
(15)	*徽州府の牌文	徽州府	休寧県	一一年閏二月
(16)	本家本府投到状	金革孫等三名	徽州府	一一年三月五日
(17)	*徽州府の牌文	徽州府	休寧県	一一年三月
(18)	二十六・七都里排本府具呈	王尚賢等三四名	徽州府	一一年三月一三日
(19)	*徽州府の牌文	徽州府	休寧県	一一年三月
(20)	逆道呂尚弘本府告状	呂尚弘	徽州府	一一年三月一六日
(21)	*徽州府の批	徽州府	休寧県	なし
(22)	二十七都陳禄等本府投到状	陳禄等五名	徽州府	一一年三月一六日
(23)	本家本府催訴状	金革孫	徽州府	一一年三月一六日

(24)	本家又催訴状	金革孫	徽州府	一一年三月一六日
(25)	*徽州府の牌文	徽州府	休寧県	一一年三月二一日
(26)	本家斯文具稟帖	金応南等四名	巡按御史	一一年三月二四日
(27)	*徽州府の批	徽州府	金応南等	なし
(28)	*徽州府の牌文	徽州府	休寧県	一一年四月二日
(29)	*休寧県の申文	休寧県	徽州府	一一年四月
(30)	*休寧県の申文	休寧県	徽州府	一一年四月八日
(31)	*徽州府の牌文	徽州府	休寧県	一一年四月二八日
(32)	本家本府催勘状	金革孫	徽州府	一一年七月七日
(33)	*徽州府の批	徽州府	金革孫	なし
(34)	*徽州府の牌文	徽州府	休寧県	一一年七月一三日
(35)	本家生員監生手本	金応秋等七名	徽州府	一一年九月
(36)	本家金革孫手本	金革孫	徽州府	一一年九月
(37)	*休寧県の申文	休寧県	徽州府	一一年一〇月一五日
(38)	*休寧県の申文	休寧県	徽州府	一一年一〇月一五日
(39)	*金氏生員の稟帖	金応南等四名	徽州府	一一年一〇月
(40)	*刑南科の供稿	刑南科	徽州府	一二年二月一八日
(41)	*徽州府の判	徽州府	経歴司	一二年二月一九日

(42) *徽州府の呈文	徽州府	巡按御史	一二年二月二二日
(43) *巡按御史の批	巡按御史	徽州府	一二年二月二八日
(44) *徽州府の牌文	徽州府	府庫攢典	なし
(45) *金革孫の稟帖	金革孫	徽州府	一二年三月一六日
(46) *徽州府の批	徽州府	金革孫	なし
(47) *徽州府の牌文	徽州府	休寧県	一二年三月二一日
(48) *休寧県の申文	休寧県	徽州府	一二年五月九日
(49) 告抄招状	金革孫	徽州府	一二年五月一三日
(50) *徽州府の批	徽州府	金革孫	なし
(51) 催抄招手本	金革孫	徽州府	一二年一二月一〇日
(52) *徽州府の批	徽州府	金革孫	なし
(53) *給抄招帖	徽州府	金革孫	一二年一二月一二日
(54) 本家送隅正手本	金革孫	隅正	一〇年六月
(55) 本家稟府未入巻手本	金革孫	徽州府	一一年二月
(56) *道士底籍			一〇年九月
(57) *金家生員の呈文	休寧県		なし
(58) 本家不平之鳴	金革孫	四方君子	一〇年六月
(59) 本家対城隍廟誓章	金革孫等		なし

（60）＊金革孫の稟帖　金革孫　巡按御史　？年四月

（61）＊跋文　一〇年九月一五日

二　著存観の沿革

南宋の滅亡まであと一〇年ばかりに迫った咸淳四年（一二六八）の科挙に、徽州休寧県の人金革なる人物が及第した。右科すなわち武挙の進士であった。彼の死後、息子の桐岡と竹所は父の墓前に祠堂と道観を建て著存観と名付けた。[2]観名は『礼記』祭義の一節「色不忘乎目、声不絶乎耳、心志嗜欲、不忘乎心、致愛則存、致慤則著、著存不忘乎心、夫安得不敬乎」から取られたと見られる。

金革について詳しい記録は残っていないが、弘治『徽州府志』巻八、人物二、宦業には、次のように記している。

金革、字貴従、休寧瑠渓人。咸淳間登武挙進士第、授武岡新寧簿。廉謹自持、厳于撫緝。其地蛮獠雑処、民頼以安。邑有大囚、積十六年不決。憲使文天祥諉以詳讞、一験得実。文嘉歎、欲薦用之、革固辞、退老于家。従孫赫翁有志略、倜儻不羈、以薦仕元、為承奉郎太保太丞相府咨議参軍。

文天祥は咸淳九年（一二七三）正月に湖南提刑を命じられ、三月に職務を開始、その年冬には知贛州へ転じているから、[3]金革が咸淳九年に武岡軍新寧県の主簿であったことは確かであるが、故郷休寧に戻った年は不明である。おそらく南宋の滅亡を目前にして帰郷したのであろう。金革の子桐岡の墓誌銘である「桐岡先生金公墓誌銘」（陳櫟『定宇集』巻九）には、

曾大父文藻始遷瑠渓、大父修和迪功郎厳州戸曹参軍、父革由右庠擢第、授成忠郎主武岡軍新寧県簿。

とあり、また、

　癸巳夏、簿公年垂八十、始捐館。

とあるから、休寧県瑺渓の金氏は南宋中期に文藻なる人物が休寧に遷居した時に始まり、金革の父は厳州戸曹参軍修和、そして金革は「簿公」と呼ばれているように、主簿のまま官を退き、元世祖の癸巳の年、至元三〇年（一二九三）夏に没したことが知られる。[4]

　右の墓誌銘によれば金革には二人の子がいた。長は応鳳、字は朝陽、桐岡はその号である。淳祐七年（一二四七）に生まれ、延祐三年（一三一六）に没している。次は応貴、竹所は号であろう。金氏一族には先掲の『徽州府志』に見られるように、元代には金革の従孫の嚇翁なる者が承奉郎となっており、応鳳の長子の南庚（字は子西）は江陵路の副総管であった。[5] 南庚は父応鳳の死後、父の字を冠した朝陽楼を建てて父を偲んでいる。[6] 南庚の子震祖（字は賓易）は、元末に忠翊校尉、平江十字路萬戸府鎮撫を授けられており、彼の子符午、符申、符丑は明代にそれぞれ、千戸、寧国等処権茶副提挙、大同府同知についている。[7] 左は弘治『徽州府志』と桐岡の墓誌銘によって復元した宋代から明初までの金氏の系図である。

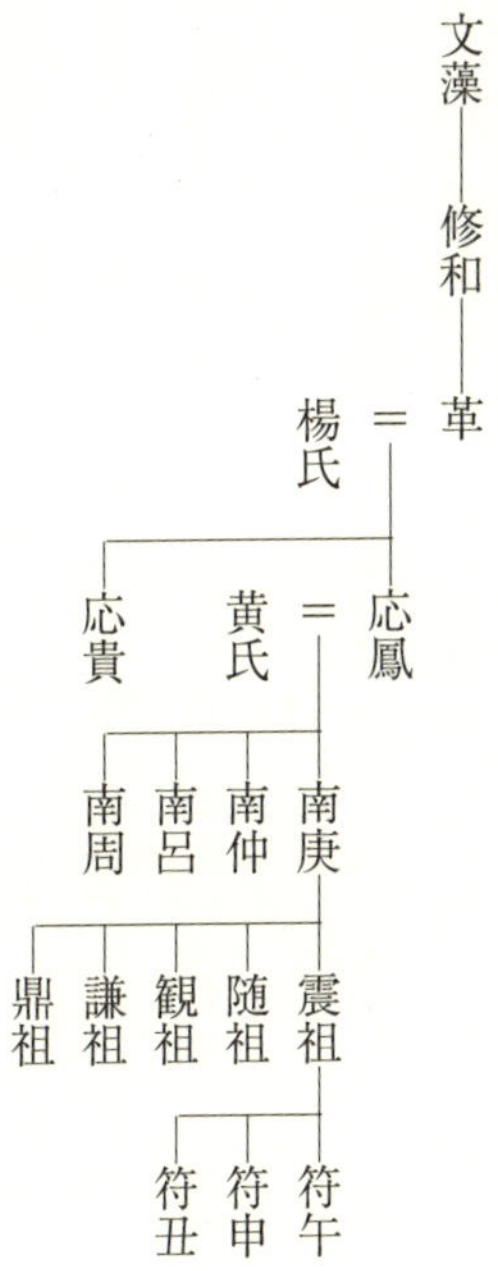

これ以降、金氏一族の動向は明らかではない。著存観の世仕祠には三六座の神主が祭られていることから、明代にも官途についた者がいたこと、[8] 著存観に百畝を超える祭祀用の土地を有していることから、一定の族的結合を保っていたであろうことが推測される。なお、のちに見るように万暦年間には監生や生員が一族内に数名いたことが確認される。

さて、元代から明代万暦年間に至る著存観の推移は、本書の（13）「休寧県の詳文」、（40）「刑南科の供稿」、（54）「本家送隅正手本」、（55）「本家稟府未入巻手本」、（58）「本家不平之鳴」などによってその大概を知ることができる。「本家」とは本書が金氏一族によって出版されていることから明らかなように、金氏の側を指す。以下、これらによって著存観の推移を概述しておきたい。

金氏一族は瑠渓のある休寧県一一都三図に居住していた。二七都一図には金革および金氏の祖とされる宋厳州司戸参軍修和、元封休寧県大君黄氏[9]の三墓があり、墓前に世仕祠と著存観が建っていた。争訟の相手陳氏はこの著存観が置かれた二七都に居住していた。しかし一一都と二七都は明清代を通じて同じく里仁東郷に属しており、一一都は二七都の西に隣接している。[10]

著存観は前後三座、前座に三清聖帝、中座に玄武聖帝、後座は三間に分かれ、中央の一大間は金家の宦祠で三六位の神主が祭られ、東の小間は道士の香火用、西の小間は金家の香火用で、以上は前のひとつの門で出入りするようになっていた。世仕祠＝宦祠は著存観と分離していたのではなく、その中央の最も後部に位置していた。観の東には道士の居房数間が、西には玄帝の行宮一座と金家の書房があり、この書房に各誌書、家譜、冊籍、碑銘、執照、存照等が収められていた。金氏が争訟の際に参照しあるいは提出した証拠文書はほとんどがここに保存されていたことになる。観の左右と向かいは山に面していた。成化八年の『休寧県志』には宋の程純祖撰の「著存観記」、元の翰林学士蔡玄撰の「新修九龍潭著存観記」、宋の進士曹涇撰の金革の墓誌銘、元儒陳櫟撰の金桐岡の墓誌銘が収録されていたという。曹涇は歙県の人、咸淳四年陳文龍榜の進士及第で、金革と同年進士であった。[11] 程純祖撰の「著存観記」は本来墓前に碑刻されていたものである。

さて著存観名で登録された産業は、(55)「本家稟府未入巻手本」には「金氏迪功大宋年間撥田地山塘入著存観、田四十八畝五分九厘三毫、塘三分三厘三毫」とあるが、洪武黄冊の基となった(56)「道士底籍」には、

宋大徳年間十一都瑠渓金迪功撥田地山塘六十五畝四分九厘九毫入観立戸。

田四十八畝五分零九毫

地十一畝八分一厘三毫

山四畝八分三厘三毫

塘三分三厘三毫

前産共六十五畝四分九厘九毫、共計六十六号。国初清丈、尽作著存僉業。洪武二十四年帰併没官、各戸分佃、

本観空閑。

と記されている。明代に「大宋」と書くことはないから、これは「大徳」の誤りであろう。また「宋大徳年間」も「元大徳年間」でなければならない。金迪功とは金応鳳すなわち桐岡であろう。[12] 著存観の産業は当初元代に置かれたものであることが知られる。

洪武二四年(一三九一)に著存観の道士黄芳梅が楽舞生に選抜され入京した。著存観は空閑の祠観となり、その年右に見たように著存観の産業は没官される。『正徳大明会典』巻九五、礼部五四、僧道に、

二十四年令、清理釈道二教。凡各府州県寺観、但存寛大可容衆者一所、併居之、不許雑処于外。……又令、天下

僧道有創立庵堂寺観、非旧額者、悉毀之。

とあるように、太祖朱元璋はこの年、各府州県の寺観を統合し、旧額にあらざる庵、堂、寺、観の廃棄を命じている。(13) この時、金氏は大明令の一款に、

凡籍没犯人家産田地、内有祖先塋墳者、不在抄劄之限。

とあるのによって、(14) 洪武二六年に金暄、金翁が観基一号四畝七分五厘、観前の荒地二号四厘二毫、徐道士の墓田一号六分二厘を回復した。その時の官批執照には「仰告人、照依帖文内所告二十七都著存観周囲基地五畝四分、照旧業輸解」と記されていた。永楽元年（一四〇三）、金氏はこの地を一一都の八戸に入戸収税した。(15)

その後四〇年間道士はおらず、金氏の火佃朱檀右なる者が観宇を看守したが、正統七年（一四四二）休寧県所在の紫極宮の道士汪塋芳に住持を依頼、民田六畝六分を著存観に入戸し、ほかに祭祀と道士の贍給のために田産八八畝五分を置いた（金氏に入戸）。次いで金氏の子孫金祥二等が祭田九畝四分八厘四毫を加えた。この税は一部が金氏に、一部が著存観に入戸されていた。この外、李玄寿と著存観の二戸があり、(16) この二戸内には各々金氏の田、道士の田、李玄寿の田が含まれていた。金氏は毎年三月三日に著存観において「修禊会戸」していた。この費用を賄う産業は従来一一都三図の金氏につけられていたが、嘉靖元年（一五二二）にはこれを道士の田に寄入した。こうして万暦年間までに金氏に入戸された分を含めて、著存観の産業は一二〇畝ほどに達していた。このうち二七都には観の周囲に山四〇余畝、田地三〇余畝があった。嘉靖七年（一五二八）にはのちに争訟の当事者として登場する道士呂尚弘が入観し、問題の起った万暦一一年頃には彼の徒弟二〇数名とともに著存観で暮していた。

三　争訟の展開

陳氏と金氏の関係は元代にはなお良好であった。『新安大族志』、『新安名族志』を著した元儒陳櫟は、ここでの争訟の当事者陳氏の祖先であるが、至治二年（一三二二）に金桐岡の墓誌銘を記していることからもそれが窺われる。陳櫟はまた桐岡七〇歳の古稀を祝って「賀金桐岡生日」の詩を贈ってもいる(17)。

弘治二年（一四八九）、陳文常等が著存観は淫祠であると訴えた。金氏は察院へ訴え、徽州府の知府倡鐘(18)によって誣告との判決を得た（55）。これが記録による第一次の争訟である。

嘉靖一九年（一五四〇）、金氏の訴えによれば、陳時福が著存観に放火、徽州府知府林山から金氏に与えられた執照には、

金家祠観被燬、情甚可矜。惜夜分放火、無人知証、難以究罪。仰鼎新再造、完日給示暁諭、以杜後患。

と記されている（55）。この時著存観は重建された。

嘉靖二三年（一五四四）には、陳希賢等が道士を買収して田一四畝を出典し、金氏が贖回するという事態が生じた（55）。弘治、嘉靖の三次の争訟が後の争いの遠因であったことは疑いない。

万暦四年（一五七六）、陳四得が祠観の神主を打ち壊すという事件が起った。続く万暦五年には陳富が衆を引き連れて向かいの山の松木を切り倒す挙に出た。金氏は府へ訴え、府は経歴盛某に委ねて調査させ、また知県陳正謨によって再調査が行われた。この事件は土地の境界争いが原因だったようで、「掘溝為界」という解決策が採られている。陳富はその後再び侵占を謀り、事が明るみに出るや陳富は逃亡した（55）。（16）「本家本府投到状」には、「万暦四年

打殴神主巻一宗在督軍庁、万暦五年挟仇訐告祠観朝山巻一宗在県工房」と添え書きされている。この二事件が金氏と陳氏の対立を決定づけた。

万暦九年は張居正の丈量が始まった年である。この時陳富は丈量の機会に乗じ、親戚の王木を誘い道士呂尚弘・張時順等と内応して二七都に存在する祭祀田を道士の業とし、二七都に散在する著存観の産業を一概に著存観の観基とした。これによって、陳富・陳禄と金革孫・金応鐘の殴り合いとなり、各々が休寧県に訴える事態となった。本件の審理中の万暦一〇年五月一三日、金革孫は陳富等が得物を手に慶元・臘梨を傷つけ、伯恭・文輔を連行していったとして兵備副使へ訴え出た。兵備道按察副使程拱震は休寧県へ調査と報告を批示した（13）。五月二一日、一方の陳禄は里排と連名で、著存観の官産百畝を金応鐘が勢力に恃んで奪い、得物を手に集団で陳漢・肆命を傷つけたと巡按御史へ訴えた（10）。この陳禄等の訴状が本書に収録された最も古いものである。これに連続して、本書に収める争訟の記録が展開する。それらは全体としては金氏と陳氏の争いではあるが、道士呂尚弘の介在によるふたつの方向をもつ争いなので、以下には分けて論述することとする。

（甲）

万暦一〇年五月二一日、陳禄を筆頭に一〇名が連名で巡按御史へ提出した訴状を示しておきたい。

二十七都排年陳禄等告按院状

告状人陳禄連名為蠹国殃民事。著存観官産百畝、里排分納在冊。豪右金応鐘恃勢飛奪、県委公正巴忠等査勘。豪謀無施、執械揚兵、兇傷陳漢・肆命、樹張威勢、脅正狗謀。観創先朝、業僉洪武。国家公産難没私室、万民香火豈斬豪強。批廉芟害、告巡按老爺、詳状施行。

被告　金応鐘

干證　巴忠　汪良会　査洞　汪恂　金寿　汪興泗

万暦十年五月二十一日　　告状連名里排　陳禄　王爵　朱天生　陳巌求　王茂　金万政　王斉興　陳天相　王初

陳振達

これを承けて、巡按直隷監察御史蔡夢説は「仰県究報」と批示した（11）。二日後の二三日、金革孫は、万暦五年の事件は陳冨等が逃亡していまだ決着していないこと、王木、呂尚弘等が前年九月の清丈の際著存観の産業を金氏に注冊せず、慶元と臘梨に傷を負わせ、伯恭・文輔を連れ去ったとして休寧県へ訴え出た（12）。この訴状の後には、「本家原未告按院、状後本家即以此状謄去」と書き込まれていることから、同様の訴状は巡按御史へも提出されたのであろう。

休寧県の判決が出される前に、金氏側が取った行動を見ておこう。隅正に対して一〇年六月に（54）「手本」を送付、同月（58）「本家不平之鳴」を県下の知識人に配布、九月に（56）「道士底籍」を県に提出、一一年二月に（55）「本家稟府未入巻手本」を徽州府へ提出している。（55）は金氏の文書の中で最も詳細な申立書であるので、以下に引用しておく。なお（59）「本家対城隍廟誓章」もこの頃提出されたのではないかと思われる。

本家稟府未入巻手本

本県十一都三図金革孫為土豪陳冨・王木奪本家四百年祠観、廃本家十五代神主、法則難容、情実難忍、敢将本家顚証二十条上呈。伏乞賜一電覧、則身等雖万罪無詞。董（謹）条陳于後。

計開

一、本観原為祖宋進士墓前創建、額名著存、取著存不忘之義。若別戸有分、焉用此名。況観屋与祠堂同号、又同門出入。若祠観不是一家之業、安得如此。此観属本家一証。

一、本観道士祖有底籍二冊。両房各執一冊、以為世守、並載十一都瑺渓金氏迪功大宋年間撥田地山塘、入著存観、田四十八畝五分九厘三毫、塘三分三厘三毫。祠観基即前項地数。二冊見存。道士雖内叛、而此籍不磨。此観属本家二証。

一、旧府誌載、著存観在邑西五十里、宋瑺渓金桐岡・竹所為父進士金革墓前建。新誌載、著存観在瑺渓金氏世仕祠下。二誌府県事跡所憑信。此観属本家三証。

一、本観田地、因国初下帰併之令没官。本家祠観基在祖墓之前。伏覩大明令一款、凡民間没官田地、内有祖先墳塋者、不在抄劄之限、以告而復。当時官批執照云、仰告人、照依帖文内所告二十七都著存観周囲基地五畝四分、照旧業輸解。此観属本家四証。

一、告復九百十八号観基、計税四畝七分五厘、八百六十九号、六分二厘、八百七十五号、四厘二毫、係観前荒地。永楽元年収税過、十一都八戸輸納。経今二百余年、黄冊可証。此観属本家五証。

一、弘治二年、彼都陳文常等称、本観為淫祠。本家赴告察院黎爺、送本府呂爺判擬招誣、始得保存。此観属本家六証。

一、嘉靖十九年、彼都陳時福放火焼観。本家赴告本府、太爺判明、親批執照云、金家祠観被燬、情甚可矜。惜夜分放火、無人知証、難以究罪。仰鼎新再造、完日給示暁諭、以杜後患。此照見存。此観属本家七証。

一、嘉靖二十三年、彼都陳希賢等誘買不才道士、盗田十四畝。本家告府、用価贖回。各批退契存照。此観若非本家故業、此田何如准本家告贖。此観属本家八証。

一、万暦四年、陳四得等打毀祠観神主。本家告兵道、行府、陳氏供称、金舎孫祖遺著存観一所、内有祠堂、安奉列祖神主等語。此巻見存。此観属本家九証。
一、万暦五年、陳冨倚財夥衆、砍占本観朝山。前任陳爺勘明、冨行浸潤、事発脱逃、見属兵道招提。此観若非本家故業、本家何由与之告争。此観属本家十証。
一、本家除宋元撥田産六十五畝、入観立戸、没官外、又撥田産百畝、以為此観贍給之費、粮差甘自輸納、苗利尽帰道士。已蒙註業明白。道士生食本家田、死埋本家山。死後附神主於本家祠左。此観若非本家故業、何由撥入許多田産。此観属本家十一証。
一、彼都原没官有月渓寺・藤樹庵・著存観三処。共田産一百九十六畝、共佃単一冊、見存可証。各戸分佃、倶有字号、有土名・坐落、並未佃有九百十八号観基者。拠大明会典、此冊直達戸部。此観属本家十二証。
一、道士呂尚弘等立有五月糶新穀戒約・毀壊墳塋戒約・盗売常貯田戒約。約内有聴観東発落、有自幼在瑠渓著存観内等語。此観若非本家故業、道士何如听本家約束、又何如称本家為観東。此観属本家十三証。
一、建観有宋進士程純祖記、見成化八年休寧県誌。修観有元編修福建蔡玄記、有宋進士曹涇・元儒陳櫟作本家墓誌、見家譜、但載観事迹。三儒且勿論、陳櫟即陳氏祖也。祖称此観是本家業、子孫復有何議。此観属本家十四証。
一、原没官地十一畝八分一厘三毫、共十五号、内簿字十号・宿字一号外、都・平字四号、保簿可査。各戸分佃、各業見存。陳氏以均佃観税而混世。豈有佃一号、而十五号倶有業之理、又豈有十一畝八分一厘三毫之税、而畳作一観基之事乎。此観属本家十五証。
一、本観山周囲四十余畝、田地三十余畝、倶本家僉業。不間別姓、一丘譬之人身四体、耳目倶具、而方寸之心又豈有属他人者乎。此観属本家十六証。
一、本観、先年道士戴以清等与本家玄帝会衆立一李玄寿戸、将已置田産割入此戸、立有合同、載称日後徒子徒孫不肖、不知創業艱難、許観東執此、経公理治。合同見存。呂尚弘・張時順二逆若不認此合同、則無憑認此田為観田、若認此合同、二逆豈徒為観東之賊。実爾道祖道父之賊也。此観属本家十七証。

一、本家家譜載有(有載)著存観瑠渓金氏世仕祠事跡、有載宋元贈給道士田数、有載祭祀香燈田数、有載先年道士已置田数、有載今道士盗売田数。譜雖私書、而観非己業、焉用如此詳載。此観属本家十八証。

一、本家所開観税、有字号、有土名。陳氏所開観税、只有畝歩分厘、並無字号、並無土名、希図混罩、不思天下未有無字号無土名之税。此観属本家十九証。

一、本観原没官、空閑三十余年而後復興、在戸無税。本家即撥田六畝、以填観戸。黄冊可証。此観若非本家故業、本家焉肯撥田与他人填戸之理。此観属本家二十証。

右本家有実證二十、而陳氏無一拠。本家前後在観有田産百五十畝、而陳氏無寸土。陳氏七害此観、倶是本家告辨、陳氏無一力之助。今忽称、此観他人有分。情甚悖馳。伏乞詳情。

万暦十一年二月　　日具

休寧県の調査と審理の結果（＝擬）は万暦一一年閏二月一三日に巡按御史へ報告された（13）。按院へは閏二月二〇日に到着している。当時休寧県知県は曾乾亨であった。つぎに報告全文を示す。

一、問得、一名陳禄、年四十一歳、直隷徽州府休寧県二十七都一図、民籍。状招有、在官金革孫、伊有宋始祖進士金革原葬在本都地方、墓前建創宗祠、因祠造観、取名著存観、為香火奉祀。有各誌書家譜冊籍碑銘存證伝遺。本観各項産業、洪武初年間保簿俱以著存観立戸僉業。後因洪武二十四年間奉例、将各処空閑観地没官。金革孫家思得前観原是伊始祖為祠墓建造、随即告佃、本観基、簿字九百十八号地四畝三角、計税四畝七分五厘、及土名塘頭林、簿字八百七十五号、地十畝、計税四厘二毫、并土名陳塘、簿字八百六十九号、地二角三十歩、計税六分二厘五毫、俱収税入金革孫与在官金応鐘等祖戸、経今管業、無異。比有俱不在官黄痩佃（仔）・倪互等家故祖当佃著存観僉業、土名倪干、平字四百二十七号、地税六分九厘一毫、平字四百二十八号、地税六分九厘六毫、平字四百五十八号、地税九分三厘一毫、及土名塚頭園、平字三百五十八号、地税六分一厘二毫四絲、比禄与在官陳冨等各有故祖当佃土名上埕、薄字三百十二号、地税一分五厘四毫、及土名上灘、薄字七百二十三号、地税八分五厘、并土名井辺園、薄字七百四十四号、地税七分四毫、土名汪十五園、薄字八百四号、地税二分九厘六毫、土名庄上、薄字九百十九号、地税一分二厘五毫、土名後村、簿字一千一百八十二号、地税五分二厘一毫、土名庄上、簿字九百三十四号、地税四分五厘四毫、土名渡頭、夙字二千三百十四号、地税三分七厘五毫、俱係著存観僉業、是禄与陳冨等故祖各佃収税入戸管業、無異。続於万暦五年間、禄等与金革孫家為争前観朝山另案、訐告成仇、向懐在心。至万暦九年間、遇蒙清丈、禄与陳冨乗前佃地各号俱是著存観僉業、及窺見前観独係金革孫家僉業、註冊不甘、是陳冨就不合不容金革孫家掛冊。比禄遂同陳冨与金革孫及金応鐘各就不合揪扭争殴一傷、以致金革孫等各状訐告、本県行拘各犯到官。審理未結間、金革孫又不合具状捏称、豪右陳冨等擁械兇傷慶元・臘梨、挪去伯恭・文輔、汪銘等見等項虚情、於万暦十年五月十三日赴告兵備程副使処、蒙批仰県勘報。遵行間、禄又不合捏称著存観官産百畝、里排分佃在冊。豪右金応鐘恃勢飛奪、就械揚兵、兇傷陳漢・肆命等項虚情、私著里排王爵等名字、連名具状、於本年五月二十一日赴告巡按老爺蔡台下、蒙批仰県究報、通蒙掌県事本府徐同知遵拘禄与金革孫・陳冨・金応鐘及道士呂尚弘并都図正汪時震・汪銘・朱滔・陳傑用等一干人犯、各到官。金革孫執出誌書家譜府照碑銘冊籍及本観道士原底冊合同送験、覆蒙究審、各犯執詞不一。随責令当堂、将各家経佃本観地業、照税照号、照畝照分、開具実数、取出各黄冊保簿、査対相同。覆蒙将各犯再三研審前情、参看得、本観先係金進士革葬親本山、因而創祠立観。其名観為著存者、明因祠墓而立。歴考譜誌碑銘、皆係之金、且観基四畝三角、見属金姓僉業、則此観為金姓香火不辨明也。縁陳冨家地産各号皆僉著存観、以故冨等乗因上年清丈、及懐先年争訐朝山之釁、迺抱不平之憤、日与金革孫等争嚷、不容註業、致金革孫赴道告詞、陳禄亦具告本院台下。今当堂掲査二姓保簿黄冊号数、昭昭各無相混、即焚修道士亦原有金家合同底冊存證。冨等地産雖僉著存観基、坐落皆星散各村、不得与金姓見業観基及有祠基碑銘冊誌班班可同語也。却欲慕香火之虚名、以互争於無可證拠之地、亦何奸譎之甚哉。今断両家倶照土名地産、各行註冊管業、以杜後争。所拠金革孫・陳禄告詞各虚捏、合依律擬徒、陳冨・金応鐘姑各論杖。今蒙審問、実招罪。三名、金革孫年四十二歳、金応鐘年五十七歳、陳冨年五十八歳、倶本県民、各状招与陳禄招同。

一、議得、陳禄等所犯、陳禄与金革孫各除不応軽罪倶不坐外、陳禄若告著存観官産百畝、里排分佃在冊、豪右金応鐘恃勢飛奪、執械揚兵、兇傷陳漢・四命等情、金革孫若告陳冨等擁械兇傷慶元・臘梨、挪去伯恭・文輔等情、各得実。金応鐘・陳冨倶合坐以闘殴刃傷人者、杖八十、徒二年。今倶虚。陳禄・金革孫倶合依誣告人徒罪者、加所誣罪三等、罪止律、各杖一百、流三千里。陳冨・金応鐘倶依不応得為而為之、事理重者、律各杖八十。倶有大誥及遇蒙恩例、通減二等。陳禄・金革孫各杖九十、徒二年半。陳冨・金応鐘倶各杖六十。倶民、審陳禄・金革孫倶有力、照例各折納米価贖徒。陳冨・金応鐘倶稍有力、照例各折納工価贖罪、完日与供明。汪時震等各発落寧家。縁陳禄・金革孫倶徒罪監候。陳冨・金応鐘倶杖罪羈候。申詳允示施行。

一、照出陳禄・金革孫倶告紙一分、各折価銀二銭五分、陳冨・金応鐘倶民紙一分、各折価銀一銭二分五厘。陳禄・金革孫名下各該贖徒米価銀一十五両。陳冨・金応鐘名下各該贖罪工価銀一両二銭、紙贖共銀三十三両一銭五分、追貯県庫、聴候本院項下明文類解。其金革孫・陳禄両家原佃地産倶照供開土名字号、各行管業、以杜後争、取庫収附邀。余情招内開明、不再照。

計開

依誣告人徒罪者、加所誣罪三等、罪止律、各通減杖九十・徒二年半。有力、折納米価犯人二名。陳禄告紙銀二銭五分、米価銀一十五両。金革孫告紙銀二銭五分、米価銀一十五両。依不応事重律、各通減杖六十。稍有力、折納工価犯人二名。陳冨民紙銀一銭二分五厘、工価銀一両二銭。金応鐘民紙銀一銭二分五厘、工価銀一両二銭。

供明一名、汪時震。

入官　紙贖共銀三十三両一銭五分。

直隷徽州府休寧県為蠹国殃民事。万暦十年五月二十一日抄奉巡按直隷監察御史蔡批詞、抝本県二十七都一図民陳禄等状告前事、奉批、仰県究報、奉此。遵行間、案照先奉兵備程副使批、抝本県十一都三図民金革孫状告為欺国罔民事、奉批、仰県勘報、奉此。依奉通経節行、摧拘犯人金応鐘・陳禄等一干人犯到官。再三研審前情、明白取訖供招在巻。合就依律議擬、具招申詳。為此、県司除将徒罪犯人陳禄等監候外、今将原奉批詞粘抄問過招由、另具書冊、合行具申。伏乞照詳、示下遵奉施行。須至申者。

右　申

巡按直隷監察御史蔡

万暦十一年閏二月二十日　到

全印

万暦十一年閏二月十三日

知県曾　県丞楊応台

蠹国殃民事

巡捕主簿潘鳳　管糧

掌県事本府同知徐廷龍　典史張大本応朝

県の審理の結果、二七都の著存観の産業は金氏のものとされ、五月一三日の金革孫の訴え、および五月二一日の陳禄等の訴えはいずれも誣告として律に基づく刑罰が科され、贖罪の銀が徴収されることとなっている。これに対する巡按御史蔡夢説の批は、以下のようであった（14）。

巡按直隷監察御史蔡批、観基既係金氏祖業、則陳禄等十余家地産各号、何為皆僉著存哉。名以義起、恐不無別因也。仰徽州府復勘、明実詳奪。

巡按御史の批示で問題とされたのは、陳禄等一〇余家の地産がなぜ著存観につけられているのか、著存観の観名には特別の理由があるのではないかという点であり、この問題は徽州府に再調査が命じられている。

こうして争訟の場は徽州府へと移った。徽州府の判決が出るまでおよそ一年を要した。この間、（15）から（41）に及ぶ文書が記録に残されている。

徽州府は、早速陳禄・陳富・金革孫・金応鐘等一一名を府へ解送するよう休寧県に命じた（15）。次いで金革孫等は著存観をめぐる過去の六度に及ぶ争訟の記録が存在することを府に訴え出た（16）。これを承けて、徽州府はあらためて関係者と県に保存されている関係文書とを府に送るよう休寧県に命じた（17）。一方、二六・二七都の王尚賢ら三四名は連名で、他の観寺の例を挙げながら著存観の観基は国家の公産である旨を論じた（18）。これを承けて徽州府は右の三四名を府に送るよう休寧県に命じた（19）。次いで道士呂尚弘は金氏が丈量に乗じて観基を占奪使用としていると訴え出た（20）。府は「行休寧県、候正官到勘明、以憑転報」と批示した（21）。知県は万暦八年から任についていた曾乾亨から、この年一一年に赴任した丁応泰への交代の時期に当っていたのであろう。（23）・（24）の金革孫の訴状によれば、自らは府における審理に出頭したものの、陳富等は出頭に応じなかったという。金革孫はまた「窺県黄冊垂成、陥身不能帰戸」と述べ、黄冊作成前の解決を懇請している。徽州府は重ねて関係者を府に送るべく県に命じた（25）。こうした中で、金氏の生員金応南等は（14）の巡按御史の批に挙げられた二点の問題、および

（18）に例示された他の観寺と著存観の違いについて、やや詳細な説明と反論を提出した（26）。ここにそれを引用しておく。

本家斯文具稟帖

休寧県十一都三図生員金応南・金応震・金榜・金仲和等稟為仇豪玩法弄奸謀占世業事。三朝祠観被地豪陳禄・陳富等懐上年訐争祠観朝山、浸潤得罪之憾、多方謀奪。已蒙本県審明、招申院道。道已依擬、院復送台。何幸覆盆再覩天日。見今両犯倶已投到、黄冊垂成、二十四戸不得帰業、実為迫切。生等属為支下子孫、義不容默、謹具下情上稟。伏乞詳察附巻、并乞早賜審牌、俾得帰結、存没均感。

計　開

一、伏覩院批詞云、観基既係金氏祖業、則陳禄等十余家地産各号、何為皆僉著存哉。蓋本観創自宋元、遠轄隔都、撥田地立戸、以給香燈。田四十八畝有零、計四十七号、地十一畝八分有零、計十五号、尽以著存僉業、図久遠也。不意、洪武二十四年奉例帰併没官、著存田地尽為彼都所佃。本家援大明令一款、内有祖先墳塋者、不在抄没之限、僅告復得観基及基前三号、則田地僉業著存、没於彼都者尚多也。但字号各別、不得混称。観基譬之儒学、然学宮学基地也。一字号也、散於阡陌之間、亦有僉為学地学田者、又各有字号也。因其僉為学地、而遂疑其為学宮之地、不亦誤乎。

一、伏覩院批詞又云、名以義起、恐不無別因也。蓋本家墓在観後、歴元・国朝、附葬本支数十余墳、祠在観内、歴元・国朝、附祠宦主三十二座、周囲同一垣、出入同一門、則其因祠墓而取名著存、無疑矣。若此外又有別因、陳氏吹毛求疵、無所不至、豈不明白指出。且観在二十七都、本家在十一都、豈有二十七都之観、而容十一都建祠之理。嘉靖十九年被燬、重建祠宇鼎新、非可以欺。其不知而為之者、何当時無一人出争、直至今日而後争哉。

一、本県庵堂寺観徐（除）勅建六所外、尽為民間所建、但多沿自先朝。旧年清丈、以税為主、税在庵堂寺観者、註庵堂寺観業、税在民戸者、註民戸業。如本県城隍廟、豈非一県公産・万民香火哉。而今註程氏業者、税在程氏也。即彼都金山殿・著先庵・廟嶺庵・月石行祠、尽是原主僉業、至於各都、又可推已。乃雇倩無頼、捏称里排、多設虚詞。如本県崇寿観、誌載為勅建也、金挙人焉得而争之、婺邑天心観、誌載為李氏業也、汪都堂焉得而奪之、与本家為祠墓建観、税業両明者、不侔也。乞一一稽査誌書、是非自見。

一、陳氏在手無一文憑。本家公籍可拠者、有府誌載、著在観係金桐岡為父宋進士革墓前建、程純祖記、一也。県誌又載、程純祖著存観記、源流甚詳、二也。先年陳氏放火焼観、告府重建、執照見存、三也。万暦五年陳氏打毀神主、告道批府、供内首称、著存観係金舎孫祖建、四也。私籍可拠者、本家刻過家譜、一也。本観祖伝底籍、二也。儒先名筆、如蔡紫雲重修観記、曹弘斎・陳定宇墓銘、三也。先年道士合同、近年逆道呂尚弘等親筆規約、四也。准。

万暦十一年三月二十四日具

これに対し、右に見るように、府の批は「准」と記す（27）。

以上は万暦一一年閏二月から三月末までの経過である。四月に入って間もなく、徽州府は推官龍膺の名で、休寧県に調査を急ぎ、報告と関係者を府に送るよう督促した（28）。四月八日、休寧県は陳禄・金応鐘等関係者七名を拘留したこと、尋問を終え次第府へ解送する旨報告した（29）（30）。四月二八日には府から県への督促が出された（31）。しかし、県における審理は遅々として進まなかった。金革孫は七月七日に、県に審理が命じられてすでに四ヶ月になる、審理を急いで欲しいと府へ訴えた（32）。府は「准、速催」と批した（33）。（34）はこれを承けた県への督促である。参考までにこの牌文をつぎに示しておく。

直隷徽州府為懇催勘結事。抄休寧県民金革孫催告前事。抄此、案照先蒙巡按直隷監察御史蔡批、抄休寧県申詳犯人陳禄等招由、為蠹国殃民事。蒙批、仰徽州府覆勘、明実詳奪、蒙此。随拠陳禄・金革孫等赴府投到、審係告争観基事情、行委休寧県掌印官査勘、延久未報、已経差快程応元守催。去後又経数月、未拠勘報。今拠催告、擬合覆提。為此牌仰本県該吏、査照原始末文巻・批詳・招由内事理、転行該県正官、作速従公査勘證拠、明白具由、連人巻解府、以憑覆審、転報施行。此係按院批詳未完至緊事理、毋再似前遅延未便。

万暦十一年七月十三日

九月に到り、金氏の監生・生員七名が連名で五条にわたって著存観とその産業が金氏のものであることを論じた手本を府に提出した（35）。同月、金革孫もまた巡按御史が提出した二点の問題点と、陳氏が提起した三点について反論を府へ提出した（36）。一〇月一五日、休寧県はようやく審理の結果を徽州府へ報告した（37）（38）。その内容は、つぎに掲げる刑南科の供稿に引用されており、二重括弧を付した部分に相当する。同時に徽州府へは、陳禄、陳富の代理として家属陳定、金舎孫、金革孫、金応鐘、王沐（他の箇所には王木と記される）、呂尚弘が解送された。この月、金氏の生員四名が徽州府に対して稟帖を提出し、「公籍可拠四」、「私籍可拠四」、「形跡可拠五」を論じている（39）。九月末以降、徽州府における調査尋問が開始された。府での審理は約五ヶ月を要した。以下に翌万暦一二年二月一八日付の刑南科の供稿を掲げておく（40）。なお、刑南科の供稿の前半部は、先に掲げた万暦一一年閏二月一三日付の休寧県の巡按に対する報告＝詳文と内容が重複するので省略に従う。

……蒙本院詳批、観基既係金氏祖業、則陳禄等十余家地産各号、何為皆僉著存哉。名以義起、恐不無別因也。仰徽州府復勘、明実詳奪。批詳到府、遵依行提。去後禄与金革孫各状投到、又蒙牌開、仰本県該吏、転行掌印官、査照発来文巻・批詳・招由内事理、作速従公査勘、證拠明白、具由連人巻解府覆審、等因到県。続蒙掌県事本府同知老爺徐遵拘禄与金革孫及各該排年知證人等到官、親詣告争処所。『勘得、本観建設三座。前座供奉三清聖帝、中座供奉玄武聖帝、後座係金革孫家供奉神主。内列三間、中一大間奉神主三十六座。拠金革孫称、係宦祠。東辺小間係祀道士祖宗香火。西辺小間仍係金革孫祀祖香火。以上倶同一門進入。仍有東辺另門一座数間、係道士居房。西辺另門一座係玄帝行宮及金家書房。観後坐山一帯、金家有祖墳四十多穴、坐落大山正面。陳家及不在官呉瑞家共有古塚四堆、坐落西辺支壠外。其余左右及対案小山并隔河朝山倶係金家僉業、則前項以著存名観者、明因金革孫始祖為祠墓建造、且歴考譜誌碑銘種種可拠、其為金氏基業、似無可疑。及査本観、先於洪武二十四年、已経奉例帰併没官。後於二十六年金革孫故祖金暄・金翁告復前観。至永楽元年、伊故祖金彦文等八房分佃五畝三分九厘四毫、産坐各村。二氏皆有著存観産業、以致陳禄不忿金革孫独僉本観、有此争訐。不知、金家創造之由、委因墳墓而設、名以義起、非一朝一夕之積矣。拠金革孫執称、観基税粮見係革孫八房、今分作十七戸、金徳良等見在輪流納税。掲査金氏族譜、亦有至治壬戌七月陳禄故祖陳定宇代製金桐岡墓銘一道在證。及審本観、自洪武二十四年帰併後、歴四十年、並無道士住居。正統七年金家始招道士、在彼焚修。在呂尚弘則自嘉靖七年方始入観。金家仍有祖遺程家冲・長楓樹等田地山塘、専為本祠逓年祭祀修整之需、則本観係金氏建造、昭昭明矣。合無将前観照旧聴金家註冊掛税、歳時祭祀。其三清諸帝香火並聴四方居民祈祷、陳家不得専僭、庶解二氏之争、而金家祖墳祠宇亦不至為郷衆湮滅矣、等因、具由連人解赴府主爺爺台前。』再三研審、金革孫始祖金進士葬墳建祠、因立著存観、以昭不忘、碑銘誌照班班可考、則観基為金氏世業無疑。後奉例没官、諸人皆得領佃。矧金氏原業執税有年、陳禄等已佃其余地、仍名著存足矣。乗其清丈、欲併争観基、不亦妄乎。但前観既已廃没、私剏者有禁。内有三清・真武二殿、居民焚修。金氏烏得而私之。拠法拆毀、恐無以厭四方之人心、金氏独名、又恐阻四方之香火。合将祠堂余房并前後地基、倶以金革孫名目僉業、其三清・真武二殿改僉著存観名目、其税仍在金氏戸内辨納、以為四方公共香火、出入之路往来通行、金家不許阻当。道士呂尚弘等在内統管宗祠神殿香火。候詳允示、行県註冊、改税定業。

二月十八日、供書劉時享　行

翌日二月一九日に、徽州府の判決が言い渡された(41)。当時の知府は高時であった。著存観をめぐる争いに対する処分は右の供稿の擬と同じであるが、各人の刑罰は次のように定められている。

陳禄・金革孫、杖一百・流二千里。大誥により減一等、杖一百・徒三年。贖罪米価銀一十七両五銭、告紙銀二銭五分。

陳冨・金応鐘、杖八十。大誥により減一等、杖七十。贖罪工価銀一両三銭五分、告民紙銀一銭二分五厘。

こうして、徽州府の判決では、金氏の主張を認めつつも、三清・真武の二殿は「四方公共香火」として開放するよう金氏の側に譲歩が求められている。

その後、二月二二日に徽州府はこの判決と調書等を巡按御史に送付(42)、巡按御史張治興は次のような批を与えた(43)。

金氏著存観起自宋朝。観基三号、永楽初収税入戸、蓋四百年物業也。誌譜冊碑種種可拠。孰得而争之。陳禄・陳冨乃以己別所佃地有著存観僉業、欲争前観、何其謬也。禄・冨執業以争観、則金氏亦将執己観、以争彼著存之業。禄・冨其何以為辞、奸民徒欲肆悪、力於一時、不知理法為何物矣。各犯倶依擬発落、著存観断付金氏管掌、余如照庫収繳。

ここに到って右の一件は落着したのであるが、三月一六日、金氏の側では県の冊籍の改正を要求し、新たに土名を付した改正案を徽州府に提出した(45)。三月二一日、徽州府は休寧県に改正を命じ(47)、休寧県は魚鱗冊、帰戸冊、賦役黄冊を架閣庫より取り出し、一一都と二七都の都正・図正、書手、陳禄、金革孫、呂尚弘の徒弟永雷等を呼び出して改正を行った。これは五月九日に徽州府に報告されている（48）。次いで金革孫は、五月一三日、丈量の冊籍はすでに京師へ送られて改正できないこと、今次の一件書類は将来失われる可能性があることをもって、徽州府に対し「抄招給帖」を要求した（49）。これには「准抄招」との批が与えられたが（50）、作業は一件書類整理中との理由で遅滞していた。金革孫は一二月一〇日に再度「催抄招手本」（51）を提出、「准査抄」との批（52）を得て一二月一二日に帖が金革孫に与えられた。その内容は、巡按御史張治興の批と金革孫の要請によって各種冊籍の改正が行われた次第とからなっている（53）。

（乙）

金氏と陳氏の争いに対する万暦一一年閏二月一三日の休寧県の報告（＝判決）が出された直後の同年閏二月一七日、著存観の道士呂尚弘は巡按御史へ、金応鐘が観業三〇畝を奪い、このままでは道士三〇余名が追い出されて生活できなくなると訴えた（1）。この訴状には干証として陳禄の名が挙がっていることから、道士呂尚弘が独自に動いた結果ではなく、陳氏との内応があってのことであろう。巡按御史劉維は「仰休寧県究報」と批示した（2）。同日、二六都・二七都各図の里排計三三名が連名で、著存観は国家の公産であり「一方の香火」であると訴え出た（3）。訴え先は同じく巡按御史である。巡按御史劉維は「仰休寧県併問報」と批示した（4）。金氏も直ちに反撃を開始、閏二月二九日に、陳禄は道士と謀って訴訟を起し、王木は王尚賢の名をかたって里排を買収し彼らの名を捏造したと訴えた（5）。九月に到ると金革孫は、陳富・王木に教唆された呂尚弘が世祠や神主・祠門を破壊し、墳木を切ったと訴え出た（6）。県の巡按御史への報告は同年一〇月二一日に行われた（7）。以下に全文を掲げる。

県申江院供詞

一、問得、一名呂尚弘、年六十三歳、直隷徽州府休寧県二十七都一図、道籍。状招有、倶在官金応鐘・金革孫伊有宋始祖進士金革、在本都地方共有祖墳四十余塚、墓前創建宗祠、因祠造立著存観、供奉金家祖宗神主三十六座及三清・玄帝在内、併左右対面朝山、倶是金応鐘家管業、有各誌書家譜冊籍碑銘照證。於正統年間始招道士焚修。金応鐘祖又伝遺僉業土名程家冲及長楓樹・後村等処田地山塘、自得字一千三百七号至得字三千五百五十二号、共計税一百二十畝有零、逓年税糧倶是金家戸内管納、租給祠内祭祀修理等用。至嘉靖七年間、金革孫祖又招尚弘在観焚修、仍将前項租苗給与尚弘及倶不在官徒弟呉時仁・黄尚相等二十余人、収辦祭祀等費、税粮仍係金家辦納、無異。万暦九年遇蒙清丈、金応鐘・金革孫与別巻見問陳禄因争前観僉業、具告本県。行間、又訐告按院、批行本県審勘間、尚弘機乗二姓告争、要行謀佔前項田地産業。尚弘就計喃倶不在官都正陳興・図正朱滔、乗丈掛号、将前田地山塘、妄僉作尚弘等戸業、以致金応鐘・金革孫不甘、另案具状訐告本県陞任県主老爺曾処、蒙拘各犯到官、査明改正、仍将前項田地山塘僉還金応鐘等家、註冊入戸訖。因而金応鐘不合聲言、要将呂尚弘趕逐、不容居住、以致尚弘挟憾、却又不合具状捏称禍豪金応鐘冒認観後祖塚、造祠妬観、復占便業、併呑田産三十余畝等虚情、於万暦十一年閏二月十七日、今在官張時順抱告巡江老爺劉台下、蒙仰休寧県究報。尚弘又不合僱倩無干里排王尚賢、亦不合依聴受倩、冒著陳惟道等名目、更情連名具呈。同日赴告本院、蒙批仰休寧県併問報。遵行間、金革孫亦状訴告本県、通蒙掌県事本府同知老爺徐行拘尚弘与金応鐘・金革孫・張時順・王尚賢・汪時震等一干人犯到官。再三研審前情、参看得、金応鐘・金革孫自宋始祖進士金革葬在本都地方、建祠設観、因名著存。至正統年間、招有道士焚修。応鐘家祖遺程家冲・長楓樹等処田地山塘、共税一百二十畝、向給祠観内逓年祭享供用。道士呂尚弘者、蓋嘉靖七年方始入観也。其徒弟呉時仁・黄尚相等二十余人、多係金家田租供膳。上年丈量、金革孫与陳禄告訐観基、尚弘因二氏互争、遂計喃都図正陳興・朱滔、僉作尚弘之業。蓋欲乗蟜(鷸)蚌之争、以窮漁人之利。其用心良亦狡矣。已経金革孫告明改正、尚弘挟不售僉業之憾、仍僱倩王尚賢、同日各告前詞。今因陳禄另巻告訐、親詣告争地所査勘、本観前二座供祀三清・玄武二帝、後一座専祀金家宦祖神主三十六座、後面坐山係金家葬墳四十余塚、左右及対面朝山皆属金業。其呂尚弘所告田産、不止三十余畝、皆金家所遺為祠墓祭祀之需者也。業既係之金家、則田租豈容帰之異姓。宜応鐘等之憤恚不平矣。除断程家冲等田租俱照旧帰還金応鐘家、註税管業、為逓年祭祀修葺之供。其有余剰租穀、聴金家給尚弘等、資助香火、尚弘不得妄行執佔。若王尚賢則無干貧棍、与本観絲毫無預、却受呂尚弘哺啜之資、而弄唇鼓舌、甘為指使、更可嗤矣。合将呂尚弘・王尚賢各候示、加責二十、并与金応鐘姑各問擬不応。今蒙審問、実招罪犯。

一、議得、呂尚弘所犯、呂尚弘与金応鐘・王尚賢俱依不応得為而為之、事理重者、律各杖八十、俱有大誥減等、各杖七十。呂尚弘係道士、王尚賢係民、審俱有力、照例折納米価。金応鐘係民、審稍有力、照例折納工価。各贖罪完日与供明。汪時震等各発落寧家焚修。呂尚弘・金応鐘・王尚賢俱杖罪羈候、申詳允示施行。

一、照出、呂尚弘・金革孫・王尚賢俱告紙一分、各折価銀二銭五分。金応鐘民紙銀一銭二分五厘。呂尚弘・王尚賢名下各該贖罪米価銀三両五銭。金応鐘名下該贖罪工価銀一両三銭五分、紙贖共銀九両二銭二分五厘、追貯県庫、聴候本院項下明文類解。今断程家冲等田租、俱照旧帰還金応鐘家、註税管業、為逓年祭祀修葺之供。其有余剰稲穀、聴金家量給呂尚弘等、資助香火。尚弘不得妄行執佔。若王尚賢則与本観絲毫不相預。合将呂尚弘・王尚賢候示罪外、各加責二十、取庫収附繳。余情招内開明、不再照。

直隷徽州府休寧県為豪右占観事。抄奉欽差巡視上江兼管漕粮巡按直隷監察御史劉批詞、抄本県二十七都一図道籍呂尚弘令張時順抱告前事、奉批、仰休寧県究報。同日又奉批、抄本県二十七都各図里排王尚賢・陳惟道等連名呈、為乞俯察民情、大慰民心事、奉批、仰休寧県併問報、奉此。遵行間、続拠金革孫訴為稔悪蔽天事、拠此。通経催拘各犯到官。再三研審前情、明白取訖供招在巻。合就依律議擬、具招申詳。為此、県司除将杖罪犯人呂尚弘等覊候外、今抄原発併問過招由、粘同原奉批詞、另具書冊、合行具申。伏乞招詳、示下遵奉施行。

一、申

欽差巡按直隷監察御史孟

万暦十一年十月二十一日

右は「供詞」と題されているが、内容は調査報告と判決原案たる擬である。最後に招由と批詞を別に冊子にして具申すると述べるように、供述書が付されていたはずであるが、それは本書にはない。

さて、右によれば、呂尚弘は万暦九年の金氏と陳氏の争いに乗じ、二七都の都正・図正とを抱き込んで著存観の田地山塘を自分の名義に書き換えようと謀るも、金氏の訴訟によって失敗、この時金応鐘が「必ず呂尚弘を追い出してやる」と言ったことから、（1）の訴訟に出たのであった。県の擬では、著存観の産業は金氏のものとされ、呂尚弘・金応鐘・王尚賢は不応得為罪で杖八十、大誥により一等を減じて杖七十とされ、それぞれ次のような紙贖銀が科され、呂と王には懲戒として責板二十が加えられている。

呂尚弘・王尚賢は、贖罪米価銀三両五銭、告紙銀二銭五分。

金応鐘は、贖罪工価銀一両三銭五分、告紙銀一銭二分五厘。

金革孫は、民紙銀二銭五分。

これに対する巡按御史の批は次のようであった（8）。

万暦十一年十月二十四日奉到欽差巡按直隷監察御史孟批、呂尚弘乗機騙頼、王尚賢聴奸指使、倶依擬、仍各重責三十板示懲。余如照発落、庫収繳。

巡按の批を承けて、各人から紙贖銀が徴収され、呂尚弘・王尚賢は重責三十板とされた。休寧県による巡按への施行結果の報告は一二年正月二二日に行われた（9）。金氏の勝訴であったと言ってよいであろう。

おわりに

本書の価値は、争訟のプロセスをよく史料として保存していた点にある。史料は原文書ではなく刊本ではあるが、そして官府から民間人に与えられたものゆえ差役への指令書や遵結などは含まれてはいないが、訴状や批示が時間の流れに沿って配列されている点が貴重である。清代には巴県檔案や淡新檔案をはじめ訴訟に関わる一件書類がいくつか保存されており、訴訟の開始から終結に到るプロセスを辿ることができるが、明代に関わるそうした一件書類は稀少である。(19)

本書を見るかぎり、裁判関係文書の形式や争訟のプロセスは清代の場合と共通する。(20)ここでの争いの原因や性格も決して特殊なものではない。その意味で、本書は前近代中国の、少なくとも明代中期以降のひとつの典型的な訴訟のあり方を示していると言ってよいであろう。

金氏は本書に収録された一件書類をどのようにして入手したのであろうか。（49）「告抄招状」には、著存観の産業が金氏に帰し、県における「註冊改税」も完了したことに深謝した後、

……但京巳解、改正無及。竊恐年深巻案難存、奸悪乗釁、無所不至。為此懇恩抄招給帖、以為子孫世世張本。

と述べ、（50）「催抄招手本」には、

告稟帖人金革孫、係休寧県民。稟為本家世業著存観、被仇豪謀奪、害及墳墓、幸蒙明断、招申按院、依擬已訖。当已具状赴台、告乞給帖抄招、以為子孫世世張本、蒙批、准給付房。彼因巻底送刷、無憑対抄。見今巻刷已完。懇恩再批、以憑抄給。冒罪上叩稟。

原巻刑南科

准査抄

万暦十二年十二月初十日具

と記し、(53)「給抄招帖」の最後の部分に、

……今拠此。前因擬合抄給。為此、今抄詳允過招由帖、仰本告執照遵守、毋得故違。須至帖者。

右帖給付告人金革孫執照

印

万暦十二年十二月十二日　司吏姚守訓

帖　押

とあることからすれば、刑南科に清書保存されていた本件の一件書類は、金革孫が要請し、知府の許可を得て選択抄写され、金革孫に与えられたのであった。これが本書『著存文巻集』の基となったことは疑いない。金氏は陳氏との長い争訟にほぼ勝利した後、その勝利をより確実にし、永く保障するために、争訟に関わる一件書類を手に入れそれを出版したのであった。

その後の金氏と陳氏の関係は今のところ定かではない。

（1）以下に、跋文を全文引用する。

前著存祠観文観七宗、皆陳氏告害此観、本家保存此観。夫人之情、未有己有分、而告害之者也。陳氏之先既告此観為竊盗、又告此観為淫祠、又放火焼燬此観、百般傷残、無所不至。焉得今日又称有分。今日若有分、則前日必不告害。前日既告害、則今日必無分。陳冨・王木徒、懐報覆争山之憾、遂以無情之辞、而欲奪人数百年世守之業、没入二百号僉業之産。国法何在、天理何在。夫争山小犯、而陳冨径行浸潤、事発在逃。上司批行緝結、尚未到官。今又恃一都正、大乱丈法。只拠本県見行丈例、陳冨応得何罪。王木只為陳枝一党、武断逞兇、統衆二百余人、捉去本家二人、禁鎖一月、考《（拷）》打自由、直待本県差人追逼、然後放出。不知律例所坐若何。且復刑帖大言、要達朝廷。不知、朝廷之上論理乎、不論理乎、論法乎、不論法乎。若論理法、陳冨・王木所執何理、所恃何法。猖狂自恣、罔人欺天。此等人不有人禍、必有天刑。独有帖後一言、謂有神在、当不使斯人復有後也。此言若天使之言也。若非天使之言、何故欺天、而猶敢言天也。此必天使之言、以自招其罪也。孰為欺心、孰不欺心、孰為罔法、孰不罔法。猶有天在、有鬼神在、決不使欺心罔法者猶有後也、決不使欺心罔法者猶有後也。

万暦十年九月望日。

古歙　黄応淮書　黄応星刻

（2）弘治『徽州府志』巻一〇、寺観の著存観の条に、次のように記す。

在県西五十里。宋瓚渓金桐岡・竹所為父進士金革、墓前建程純祖記。

（3）『文天祥全集』（江西人民出版社、一九八七年）の巻一九、熊飛氏の撰した「文天祥年譜輯略」、参照。

（4）桐岡の墓誌銘にはまた、「簿公入学、家事不遑理。時公年甫十二三、即幹蠱用裕」と見え、『定宇集』巻一二「朝陽楼記」には、金革について「主簿公遊国学、登上第」と記す。桐岡の生年から数えると、金革は宝祐末年（一二五八）頃に国学に入学したことが知られる。

（5）弘治『徽州府志』巻九、人物三、武功の金震祖の条に、次のように見える。

字賓易、休寧瑠渓人。父子西有志略、為江陵路副総管。震祖……走上都、用薦従丞相太師秦王答刺罕、深入朔漠、屢奏奇功、宣授忠翊校尉・平江十字路萬戸府鎮武。……子符午、字彦忠、号竹洲漁隠、襲授千戸。符申、李《（字）》彦直、号瑠渓釣叟。有勇略、以討賊功、授寧国等処榷茶副提挙。符丑、字彦清、見薦辟下。平章嘗奏請旌表金氏忠義之門。

（6）陳櫟『定宇集』巻一二「朝陽楼記」。

（7）注（5）前掲史料、参照。また弘治『徽州府志』巻六、選挙、薦辟の金彦清の条に、次のように見える。

洪武十三年挙賢良孝弟、授山西大同府同知。

同条には賓州判官、摂太平府事、知襄樊県、知上猶県を歴任した瑠渓の金彦董なる人物がいるが、出身地と輩行の彦字からして金氏の一族であろう。

（8）弘治『徽州府志』巻八、人物二、宦業に、休寧県瑠渓の人、永楽二年進士の金輝が挙げられているが、あるいは金氏の族人か。

（9）『定宇集』所収の桐岡の墓誌銘には、

公三娶、先二汪氏、今黄氏。子男四人、長南庚、次南仲、後竹所、次南呂、次南周。

とある。桐岡の子孫は元朝に仕えた者が多いので、あるいは桐岡の三番目の妻であった黄氏を指すか。

（10）弘治『徽州府志』巻一、地理一、廂隅郷都、康熙『休寧県志』図説、隅都図、参照。

（11）弘治『徽州府志』巻六、選挙、科第。

（12）すでに見たように、弘治『徽州府志』に、著存観は桐岡・竹所が建てたと記されており、金桐岡の墓誌銘には「聞二親倶年高、而終謀窀穸、惟謹墓所、一崇道観、一営仏刹、皆捐田穀、其徒俾事焚修」とあることから、著存観とその産業が桐岡によって設けられたことはほぼ疑いないが、桐岡の墓誌銘には彼が生前官爵を得なかったことを記す。迪功郎は死後に子孫の功によって与えられたものか。

（13）本書の（58）「本家不平之鳴」によれば、この時休寧県では寺観二八処、二七都では月渓寺、藤樹庵、著存観の三処が帰併されている。
(14)『皇明制書』所収の『大明令』刑令にこの条が見える。
(15)のちに引く(40)「刑南科の供稿」によれば、万暦一二年の段階では金氏の一七戸に入戸され、各戸が「輪流納税」していた。
(16)これは、鈴木博之「明代徽州府の族産と戸名」(『東洋学報』七一−一、二、一九八九年)に言う「総戸名」である。
(17)陳櫟『定宇集』巻一六「賀金桐岡生日」。
(18)本書には「呂爺」と記すが、弘治、康熙の『徽州府志』では「侶」姓に記す。以下、本書に出てくる巡按御史、徽州府知府、休寧県知県等の人名は、弘治、康熙『徽州府志』、康熙『休寧県志』によって補った。
(19)中島楽章「明代徽州の一宗族をめぐる紛争と同族統合」(一九九六年原載、のちに「紛争と相続結合の展開−休寧県の茗洲呉氏をめぐって−」と改題し、同氏『明代郷村の紛争と秩序−徽州文書を史料として−』汲古書院、二〇〇二年、所収)に、休寧県茗洲村の呉氏の族譜『茗洲呉氏家記』巻一二「雑記」の中からある程度まとまった争訟関係文書が紹介されている。中島論文および著書はまた、本書に記す争訟の時期に先立つ明代中後期の休寧県の社会関係や司法行政を知るにも有益である。
(20)清代については、滋賀秀三「淡新檔案の初歩的知識−訴訟案件に現われる文書の類型−」(『東洋法史の探求−島田正郎博士頌寿記念論集−』汲古書院、一九八七年)、同氏『清代中国の法と裁判』(創文社、一九八四年)の第一章、第三章、参照。

第十三章　中国における人民調解委員会——上海市青浦県朱家角鎮の場合——

はじめに

　中国を旅した人ならば、誰しもが都市といわず農村といわず、人々が集まる繁華なところでの口論（時に殴り合い）とそれを取巻く人垣とを見た経験があるであろう。争いは街路や市場でだけ発生するわけではない。家庭内における、あるいは隣近所同士での口論もまた遭遇するにさほど難しいものではない。事の大小、数の多少を問わなければ、こうした争いはいずれの国いずれの地域においてもみられる事柄ではあろうけれども、人前で争うことを恥とし、過度の自己主張による仲間内の不評を恐れる日本人の目からすれば、彼の国では喧嘩が多い、というのが共通の実感ではなかろうか。

　争いは多くの場合些細なことから起るように思われる。私が目にした一例を紹介すれば、口論はこうして始まった。場所は上海で、バスの出発間際に一人の中年の男性がステップを駆け上ってきた。彼が手すりに掴まろうとした途端バスが発進し、彼は隣の若い女性に身をあずけるような格好でぶつかった。女性が責めるような口調で「注意しなさいよ」と言うや、男性は「自分が悪いんじゃない、バスが急に発進したんだ」と応じ、二人の口論は乗客の好奇に満ちたあるいは迷惑げな視線を意にもかけず延々と続いたのであった。

争いの多くがこうした些細なことから起ることはわが国でも同じであろう。しかし、右のようなことが起った場合、日本人ならどうするであろうか。男性は「済みません」と恐縮して謝り、女性は内心穏やかならずとも人目を憚って「いいえ」と応えて事無きを得るのではなかろうか。

共通の原因から争いに発展するかしないか、といった問題は、歴史的に形成されてきた民族的心性や行動様式の問題として興味ある事柄ではあるが、しかしそれはここでの問題ではない。ここでは、中国では争いがいささか多く発生しているように日本からの旅行者の目には映り、その争いは口論からやがては抜差しならぬ対立へ、さらには殴り合いや傷害にまで発展する場合が多いように見える、という感覚的印象から出発しようと思う。そしてのちに見るように、争いは実際にも多いのである。

日常的に発生する争いが予断を許さぬ対立へと発展し、当事者同士では解決の糸口が見出し難くなった場合に備えて、中国では住民あるいは職場の自治組織のひとつとして「調解委員会」が設けられている。「調解」とは「調停」のことである。この調解委員会とはどのような組織でありどのような活動をしているのかについて概述し、限られたものではあるがデータを提供しようというのが本章の目的である。

私を一員とする名古屋大学の調査団は、一九八九年一一月に上海市青浦県朱家角鎮と朱家角郷および上海市宝山区羅店鎮へ赴いた。調解に関する調査の中心地は朱家角鎮であった。それゆえ、文中の聞取りに関する部分は、特に断らないかぎり一九八九年一一月の時点における上海市青浦県朱家角鎮の鎮政府および朱家角鎮の三つの居民委員会との間で行われたものである。調査に率直にご協力いただいた現地の皆さんに、この場を借りて心から感謝申し上げたい。

中国での調解に関する具体的な調査結果は、時間の制約と私の準備・能力の限界とからきわめて不十分なものである。というのは、言訳めくが、私は本来調解を調査の主目的として現地すなわち上海平原のふたつの鎮に赴いたのではなかったからである。「解放」前から現在に及ぶ土地所有や農家経営、小作関係や階級構成、商業や金融、行政や司法等、当面の私の関心を惹く事柄すべてが聞取りの対象となっていた。それらはまた公表を前提とした作業でもなかった。私は中国の前近代史、特に宋代史を専攻する者であり、中国の近現代史についても現在の司法行政についても全くの門外漢である。それゆえ、調査結果を公表しようという企画が持ち上がった時、私としてはいくつかのテーマの中から、たまたま私自身が主に聞取りを行った調解に関するデータを記して読者の参考に供しようと考えた次第である。この点大方の御諒解を予めお願いしておきたいと思う。

一　調解委員会の沿革と任務・性格

(1)　調解委員会の沿革

中国には古くから公権力による裁判とともに、民間における調停活動が行われていた。一族の長老やギルドの指導者、地域の人望厚く公正と目された人々等がその役割を担っていた。元代の社制や明代の里老人制下において、民事的および軽い刑事的事件の裁判と調停とが民間の処理に委ねられた底流にはそうした伝統があったであろう。法によって保証されることのなかった人々の民事的な権益の保障や軽い刑事的な被害の補償は、多くこうした民間での調停を通じて果されていたと判断される。(1)そして何よりも、公権力による民事的な紛争の裁判そのものが、判定ではなく調停であったことが指摘されている。(2)民事的および軽微な刑事的紛争を調停によって解決することは、中国にあっては長い伝統を持っていると言ってよいのである。一九四九年の中華人民共和国建国以前に、民間における調停と公権力による裁判と、いずれが主要な紛争の解決方法であったかは、統計的資料を欠くこともあって、一概に言い切れない面がある。裁判には多くの金銭と時間を要するのが普通であり、時には家産を破るとまで言われて家訓等で戒められるのが常ではあったが、しかし現存する裁判の判決文に照らしてみれば、人々は些細な問題までも裁判の場に持ち出していたことも事実である(3)。おそらく、人々は自らの置かれた状況の中で、裁判と調停とどちらが有利かを判断し、時には裁判を時には調停を選択していたと判断される。

こうした状況は、日中戦争の最中に行われた華北の農村慣行調査の記録によっても窺うことができる。そこでは多くの場合、地域の人望ある者が調解を行っていること、調解を経ても不服なものは県へ訴え出ること、調解を経ずに直接県へ訴える場合もあることなどが、特徴的に見受けられる(4)。

さて、中国共産党は抗日戦争中に革命根拠地において調解活動を開始した。その調解組織は行政機構の一部分として設けられ、住民や民間の団体代表も参加するという形で実現されていた。建国後、一九五三年四月第二届全国司法工作会議で全国に民間組織としての調解委員会を設けることを決定、一九五三年末までに華東地区に各種の調解組織四六、〇〇〇が作られた。そして翌一九五四年三月二二日、中央人民政府は《人民調解委員会暫行組織通則》（以下《通則》と略記）を発布、都市では公安の派出所の管轄区あるいは街道（概ね人口数千～一万人ほど）を単位とし、農村では郷（概ね人口数万人ほど）を単位として設置されることとなった。大衆の自治組織と言われる調解委員会の発足である。一九五五年末には、調解委員会の数一七万以上、調停委員一〇〇万人以上、郷村と街道の七〇％以上に達したと言われている。一九五七年反右派闘争の中で、調解委員会は調処委員会へと再編成されて行政機関化し、処罰権を与えられるようになったが、人民公社化とともに興った愛国公約運動の期間はその執行監督機関をも兼ねるようになっ

表1　人民調解委員会の規模と調解件数の推移

年	調解委員会数	調解人員数	調解処理件数(A)	民事裁判一審受理件数(B)	倍数(A)/(B)
1980	810,000	5,750,000	6,120,000	567,000	10.8
1981			7,805,406	607,328	12.8
1982	860,049	5,339,498	8,165,762	778,141	10.5
1983	927,134	5,557,721	6,978,179	756,436	9.2
1984	939,561	4,576,335	6,748,583	838,307	8.1
1985	977,499	4,738,738	6,332,912	840,000	7.5
1986	957,589	6,087,349	7,307,049	978,990	7.5
1987	980,325	6,205,813	6,966,053	1,213,219	5.7
1988	1,002,635	6,370,396	7,255,199	1,455,130	5.0

典拠：章末注(5)掲載の季衛東論文及び白緑玄論文。

た。さらに、一九六〇年代後半の文化大革命の時期には調解活動は階級調和の産物と批判され活動を停止せざるをえなかった。文革終息後の一九七八年五月、第八届全国司法工作会議は調解委員会の回復を求め、翌々年一九八〇年の第五届人民代表大会は重ねて《通則》を発布した。一九八八年段階で全国に一〇〇万以上の委員会が設けられ、調解人員は六三〇万人以上に達した〈表1〉。中国の人口を一一億と見積って、およそ人口二〇〇人弱につき一人の割合で調解員がいることになる。一九八一年から一九八八年までに各種の紛糾四、九二三万余件を解決し（〈表1〉の調解処理件数の合計からすれば、調解が成したのは八五％ほどになる）、殺人・械闘（武器を持った集団間の闘争）・自殺に至ったであろう案件六〇余万件が解決されたと言われている。

一九八九年五月五日、三五年間に及ぶ《通則》に代わって《人民調解委員会組織条例》（以下《条例》と略記）が国務院常務会議を通過、同年六月一七日に発布された。以上が年表的な調解委員会の制度的歩みである。(5)

(2)　調解委員会の任務と性格

つぎに、調解委員会が法的な裏づけをもった自治的組織として全国的に展開していくことになる一九五四年の《通則》、および一九八九年の《条例》とから、調解委員会の任務と性格について簡単に見ることにしよう。(6)

《通則》の第四条には「調解委員会は一般に都市では派出所の管轄区または街道を単位として設立し、農村では郷を単位として設立する」と規定されていたが、実際には、都市ではより下部の居民委員会を単位として設置されていた。農村では人民公社化の進展にともない、人民公社がかつての郷よりも広い範囲を含むようになったため、調解委員会の設置に複雑な様相が加わっていた。そこで、八〇年に《通則》を重ねて発布するに際して、司法部はこの第四条に関して「現在の具体的状況に基づき」次のような説明を加えた。

現在の人民公社管轄区は、一般に本来の郷に比べてすべて広くなっていることから、一般に生産大隊を単位として設置することができ、地域が広漠とし、人口が希薄な辺境地区においては、生産隊を単位として設置することもできる。

また説明の第二項では、「都市において、工業・鉱業企業の職員・労働者家族が集中して居住している大規模な一部地域では、工業・鉱業企業の職員・労働者家族委員会を単位とし、独自に調停委員会を設置して、活動を行うことができる」とし、ついで一九八一年以降企業や職場内にも調解委員会を設ける政策がとられた。その結果、各種調解委員会の設置状況は、一九八二年から八五年までで〈表2〉(7)のごとくである。

一九八九年六月に発布された《条例》では、「人民調解委員会は村民委員会と居民委員会の下におかれる民間紛争を調解する大衆的組織」(第二条)と規定し、明確に設立範囲を村民・居民委員会と定めた(8)。一方、企業や職場については「企業・事業単位が必要に応じて設立する人民調解委員会は、本条例を参照して執行する」(第一五条)と定めるにとどめ設立を義務づけてはいないが、これは逆に、かつて明確な法的根拠を持たなかった企業・事業単位の調解組

表２　各種調解委員会の設置情況

年	調解委員会数	調解委員数	村民調解委員会		住民調解委員会		工場、鉱山、企業調解委員会		その他の調解委員会	
			委員会数	委員数	委員会数	委員数	委員会数	委員数	委員会数	委員数
1982	860,049	5,339,498	691,029	4,255,564	56,793	341,391	112,227	732,553		
1983	927,134	5,557,721	729,017	4,218,611	62,898	401,472	135,219	937,638		
1984	939,561	4,576,335	711,557	3,130,839	68,753	436,080	158,325	1,003,623		
1985	977,499	4,738,738	716,379	3,159,168	72,865	446,814	171,338	1,034,182	16,917	98,574

典拠：章末注(5)掲載の白緑玄論文より転載。

織が法的根拠を得たことをも意味する。

調解委員会は大衆的な自治組織と位置づけられており、基層人民政府や基層人民法院と統属関係にはない。「基層」とは「末端」の意味であり、郷政府や鎮政府、大都市では区政府を指す。《通則》第二条および《条例》第二条では、調解委員会は「基層人民政府および基層人民法院の指導の下に活動を行う」とされ、両者の関係は「指導」と「被指導」の関係であるとされる。ここで言う「指導」とは「指針を与える」とか「方向づけをする」というほどの意味である。この点が《条例》の第二条ではさらに「基層人民政府およびその派出機関は調解委員会の日常活動を指導し、司法助理員が責任を負う」と規定し、その指導責任が司法助理員にあることを明確にしている(9)。

《条例》の第三条には調解委員会の組織について、三ないし九名の委員をおき、村民・居民委員会の委員を兼ねる者のほかは大衆から選挙され、委員は三年に一度改選されるが、続けて選任できると定める。これは《通則》第四条・第五条が三ないし二名の委員をおき毎年選挙すると定めるところとは若干の変更がある。村民・居民委員会委員が三年ごとに選挙され選出されることに合わせた改訂と思われる。

《条例》の第五条は、調解委員会の任務が「民間紛争を調解し、併せて調解活動を通じて法律・法規・規則と政策を宣伝し、公民が紀律に遵い法律を守り、社会公徳を尊重するよう教育することにある」と定めるが、「民間紛争」とある部分が《通則》第三条では「一般の民事紛争および軽微な刑事案件」と規定されていた。《条例》に至って調解の対象がより狭く限定されたわけである。「民間紛争」とはやや曖昧な表現との印象を免れないが、《条例》で「軽微な刑事案件」が除外されたのは、一九八七年一月一日に施行された《中華人民共和国治安管理処罰条例》の第五条に「民間の紛争により生じた喧嘩、殴り合い、または他人の財物の損壊等の治安管理違反行為については、情状が軽い場合、公安機関は調停によって処理することができる」とあって、これが公安機関の調停に移されたからである。

《条例》の第六条には「双方の当事者が自ら望み平等であるという基礎の上で調解を行う」と定めるが、一方第七条では「人民調解委員会は当事者の申請に基づき即時に紛争を調解する。当事者が申請せずとも、自ら進んで調解することもできる」と定め、委員会の自発的な調解の権限を認めている。これは《通則》には見られなかった点であるが、《通則》施行当時から行われていた自発的な調解活動を追認したものと思われる。[10]

調解と訴訟との関係はどうだろうか。《条例》第六条の三項には「当事者の訴訟の権利を尊重し、まだ調解を経ていないかあるいは調解が不成立であることをもって当事者が人民法院へ起訴することを妨げてはならない」とあり、第九条には「人民調解委員会の主宰の下で達成された調解の協議は、当事者は履行しなければならない。調解を経て、当事者がいまだ協議を達成していないかあるいは協議を達成したのちに後悔した場合、いかなる一方も基層人民政府の処理を請求でき、また人民法院へ起訴できる」と定める。調解が裁判を受ける権利を制約せず、また訴訟の必要的前置ではないという原則は《通則》以来一貫している点である。[11]

調解が成立した場合に登記を行い、必要な場合にはさらに協議書（合意書）[12]を発給するということは《通則》第八条・《条例》第八条ともに等しく定めるところである。しかし、この協議書あるいは口頭での協議は《条例》第九条で「人民調解委員会の主宰の下で達成された協議は、当事者は履行しなければならない」とされてはいるものの、協議そのものが法的な拘束力を持つわけではない。

調解委員会の調解活動では、手数料や謝礼といった費用を一切必要とせず、また徴収してはならない（《条例》第一一・一二条）。また、委員に対する手当と委員会の活動費について、《条例》第一四条には「人民調解委員会委員に対し、状況に基づき適当な手当を給与することができる。人民調解委員会の活動費と委員の手当の経費は、村民委員会あるいは居民委員会が解決する」と規定する。こうした経費に関する規定は《通則》には見られなかった点である。[13]

以上のような任務と性格を持った調解委員会が、現実に解決した紛争の種類と数量を統計によって示しておこう〈表3〉[14]。いずれも《通則》が施行されていた時期のものである。一九八三年から八五年にかけては生産経営をめぐる紛争が全体の一五％前後を占めているが、これは一九七〇年代極末から始まる人民公社の解体と生産請負制の導入に伴う紛争の増加を示すものであろう。全体としては、婚姻をめぐる紛争が最も多く、次いで宅地をめぐるものや家庭内の不和が多い。〈表1〉に見られるように、八〇年代には調解委員会数と調解人員数は漸増傾向を示しているが、

表3　人民調解委員会の調解件数とその内訳

年	調解処理件数	内訳									
		婚姻	相続	扶養	家庭	宅地	生産・経営	近隣	賠償	債務	その他
1982	8,165,762										
1983	6,978,179	1,159,864	184,143	339,838		1,091,131	1,080,343		660,571	179,331	1,802,273
1984	6,748,583	1,143,742	204,391	378,764		1,063,962	1,129,176		654,195	260,339	1,914,014
1985	6,332,912	1,072,116	206,943	347,377	463,167	1,035,618	900,093	508,476	570,595	254,669	973,858
1986	7,307,049	1,223,836	262,408	404,356	1,044,849	1,107,453	725,889	875,576	535,584	333,102	793,996
1987	6,966,053	1,188,353	241,648	380,038	1,074,726	1,024,286	667,409	889,302	482,920	325,388	691,773
1988	7,255,199	1,240,006	269,300	416,871	1,100,103	974,217	733,972	925,105	511,273	390,390	693,962

典拠：章末注(5)掲載の白緑玄論文及び『中国法律年鑑』1987～89年版。

調解処理件数は七〇〇万件前後でほぼ安定していると言えよう。中国の人口を一二億と見積って、単純に人口割りにすれば、ほぼ一七〇人に一人が調解を受けたことになる。

なお、一九八〇年代には、調解委員会の職務に関連し活動の指針となる法律の整備が相次いで行われている。たとえば、主なものだけでも、一九八〇年九月には新たな《婚姻法》が成立し（八一年一月施行）、八二年三月に《民事訴訟法（試行）》（八二年一〇月施行）、八五年四月に《継承法》（八五年一〇月施行）、八六年四月に《民法通則》（八七年一月施行）、八六年九月には新たな《治安管理処罰条例》（八七年一月施行）、八七年一一月に《村民委員会組織法（試行）》が制定（八八年六月施行）されている。その他の関連法規は、李春霖編『人民調解手冊』（北京出版社、一九八九年）第三章「人民調解常用法規選編」が閲覧に簡便であり、また多くは中国研究所編『中国基本法令集』（日本評論社、一九八八年）に邦訳があるので参照されたい。

二　青浦県・朱家角郷における調解

(1)　青浦県

われわれが調査地点とした朱家角郷・鎮は上海市の西端、青浦県に所属している。青浦県は一九八九年段階で人口約四五万人、行政区画として四つの直轄鎮と二〇の郷とからなっている。県の近年の司法の状況について、上海市青浦県県志編纂委員会編『青浦県志』（上海人民出版社、一九九〇年四月）第二二篇公安司法の「審判」の前文には、次のような記述がある。

一九七八年以後、社会主義法制を次第に完備し、人民法院の裁判機能を回復し、県裁判委員会を設けた。一九七九年七月《中華人民共和国刑法》と《刑事訴訟法》が発布されてからは、さらに人民法院の審判の手続きと制度を健全なものとし、〝依るべき法があり、法あれば必ず依拠し、法を行うに厳密にし、法に違えば必ず追究する〟という方針をとった。一〇月、中央が冤罪・でっち上げ・誤判の案件を調べなおし正すことに関する指示を下して後、復査組を設け、〝文化大革命〟の時期およびそれ以前の冤罪・でっち上げ・誤判の案件は全面的に調べ直しと名誉回復・訂正を行った。

一九八一年九月、県の第七届人民代表大会常務委員会が行われてから一九八五年までに、相次いで二二名の裁判員を任命し、県裁判委員会は一七名の助理裁判員を任命した。経済体制改革の必要に適応するために、一九八二年六月経済裁判廷を増設し、ならびに相次いで朱家角、白鶴、趙港、練塘、重固、西岺、盈中の七地区に人民法廷を設立、それぞれ各地区の民事案件や簡単な経済紛争案件、軽微な刑事案件を受理した。法律の尊厳を擁護し、当事者の法的権利・利益を保護するために、一九八六年二月と一二月にはまた相次いで執行廷・行政廷を設立した。一九八六年末には、法院には辦公室、刑事・民事・経済・行政等の廷室があり、法院全体で六六名がいる。

また、「刑事審判」の項によれば、一九八三年に結審した刑事案件は二一五件、一二六人、そのうち重大案件は八五件、死刑と判決され執行が猶予となった者一人、無期懲役二人、懲役一〇年以上一八人である。一九八三年から八四年に受理した経済犯罪案件は一〇二件、犯罪者一七七人、そのうち懲役一〇年以上四人、五年から一〇年の者二〇人である。

つぎに、「刑事申訴復査」の項によれば、一九七八年後半に復査組を置いてより、その年に五九件の政治案件を再調査した。翌七九年に五四件の政治案件を再調査し、訂正・判決書き直し・減刑されたものは五〇件、九二%を占めた。一九八〇年後半から〝文化大革命〟中の各種の刑事案件を再審査することに着手、一九八三年に再調査した各種の刑事案件八〇二件中、〝文革〟中の案件は四二九件、四六四人に及んだ。その内、〝反革命事件〟九六件（一一六人）の中で名誉回復は八〇件（九一人）で、八三・三%を占めた。普通の刑事案件三三三件（三五二人）の中で名誉回復は六二件（六六人）で、一八・六%を占めた。同時に三七三件の古い案件を再調査し、判決書き直しと訂正されたものは六九件で、一八・四%であった。

さらに、「民事審判」の項には、次のように記されている。

民国年間、民事訴訟は繁雑であった。解放後、旧法の訴訟手続きを廃止し、新たな民事訴訟手続きを実行し、〝調解をもって主となし、現地で解決する〟という方針をとり、婚姻・継承・土地・房屋・債務・賠償・扶養の案件について調解あるいは判決を行った。

一九五〇年《中華人民共和国婚姻法》が発布されて後、民事裁判は主に旧社会が遺した封建的な婚姻関係を解決し、婦女を虐待したり、本人の意向を無視した婚姻等の案件を集中的に調解した。一九五二年一月から七月の統計によれば、離婚の処置をとったもの三五七組、婚約を解除したもの一二八組である。一九五三年司法改革の時、漸次大衆に便利な訴訟手続きと裁判制度を打ちたて、巡回審理、現地での案件処理を行った。婚約関係を調解すると同時に、また工商企業の紛争・労使紛争等の案件をも受理した。

人民公社が置かれてより、私有財産・婚姻・扶養・債務等にわたる紛争がまた増加した。一九五九年に審理した一八四件の民事案件中、扶養と債務の案件は九八％を占めた。この後、革命軍人の婚姻関係を保護することを重視し、軍人の婚姻関係を破壊した者には厳しい処置をし、現役軍人の婚約と婚姻を調解することに重きを置いた。〝文化大革命〟の期間、民事裁判機構は破壊され、調解組織は消滅した。一九七四年人民法院の設置が回復されて後、少数の婚姻等の民事案件を受理したが、しかし多数の民事紛争は誰も取合わず、公正な調解を得ることが出来なかった。

一九八二年八月、《中華人民共和国民事訴訟法（試行）》が公布されから、民事案件を審理する際には民事訴訟の手続きを厳格に踏み、調解をもって主となすことをあらためて〝調解を重視し行う〟という原則をとった。一九八五年末に至り、一、二七四件の民事案件を結審した中で、調解を重視して解決したもの七〇四件、訴えを却下したものと法院へ送ったもの三六九件、判決したもの二〇一件である。判決・裁決あるいは調解に不服なものは、執行廷（組）を通じて執行した。

さて、県の調解活動全般については、同書同篇「司法行政」の「調解工作」の項に、次のように記されている。

民国一九年（一九三〇）一月、南京政府が《民事調解法》と《区郷鎮街坊隣居調解委員会権限規程》を発布して後、民間の紛争は、重大事件は県へ訴訟するが、大部分は地方の士紳や地保（保正）などが調解し、また隣里・親戚・友人が当事者と会って調解することもあった。県の司法部門は根本的にいかなる民事調解および差し戻された刑事調解事項をも処理しなかった。

一九四九年五月、司法科が置かれてより、まず訴訟の調解に取りかかり、一連の民事の調解案件を解決した。

表4　青浦県の調解処理件数とその内訳

年	調解処理件数	民事裁判一審受理件数の倍数	内訳 婚姻・恋愛	相続	扶養	宅地	家屋・家産	家庭	近隣	債務	生産経営	殴打	その他	自殺・殺人を免れた数	民事紛争を発端とする死者数
1982	3,514		326			415	261	836	624		312		740	34	31
1983	2,443	6.4	374	26	116	235	239	610	418	8	134	110	173	59	58
1984	2,654	8.35	473	27	177	206	199	687	373	16	68	273	155	105	61
1985	1,893	6.24	390	16	157	123	131	442	235	24	32	259	84	52	26

一九五四年国務院が《人民調解委員会暫行組織通則》を発布してからは、各郷・鎮は相次いで調解委員会を設け、村には調解小組を置き、大量の民事紛争と軽微な刑事案件とは調解委員会の調解によって解決された。司法科が再び置かれてから（一九八一年五月―高橋注）各レベルで調解組織が回復され、調解員を充実調整し、工場・企業などの単位では一名の副職幹部（副工場長など―高橋注）を指定して兼務させた。一九八二年末の統計によれば、全県で調解委員会は五四七、委員は一、五八九人である。そのうち、農村は三二一、委員一、〇三七人、街道三一、委員一〇一人、工場・企業は一九五、委員四五一人である。

また、そこに付された一九八二年から八五年までの調解に関わる統計表は右のとおりである〈表4〉。処理案件の種類別の百分比は、先に示した全国的な統計と比べて特に際立った特徴を示してはいない。家庭内の不和が最も多く、ついで婚姻・恋愛、近隣の順となっている。〈表3〉の「宅地」の項目がこの表では「宅地」と「家屋・家産」とに二分類されていると考えられ、両者を合算すれば一層全国平均に近似する値を示す。ここからこの地域の特殊性を引き出すことはできないように思われる。むしろ、青浦県は司法行政の面で、全国平均に近い典型的な環境にある県だと言えるのではなかろうか。以上の青浦県の審判と司法行政の足取りを見ると、この地域も例外なく一九四九年の建国以来の政治的変動の波を直接に被っていたことが知られよう。現在の状況に直接つながる安定した局面は、一九八〇年代の初め、一九八一年に求められるようである。

(2)　朱家角郷

朱家角郷は一九八八年段階で戸数七、一二九戸、その内、農民戸数が七、〇三六戸、漁業戸数が九三戸、人口は二五、〇〇〇人程である。朱家角郷では調解について特に詳しい聞取り調査を行わなかったので、ここでは現在出版の準備が進められている『朱家角郷志』第二章第二節「司法」の記述を紹介しておくにとどめる。

1　機構

解放の初め、司法調解の仕事は市政府民運科が兼務していたが、その後区政府と人民公社辦公室が兼務した。一九八〇年民政幹部の顧勇が司法の仕事を兼任し、二〇の生産大隊すべてに三人ないし五人からなる調解委員会を置いた。各生産隊と一七の人民公社経営の全事業所にはまた一名の調解幹部を配し、公社は全部で調解幹部一〇五名を有した。一九八三年から本公社は専職の司法幹部を置き、夏錦先が担任した。一九八四年五月から、郷政府は司法助理の職を置き、引き続き夏錦先がこの職を担任した。

2　民事調解

本公社は毎月一回調解幹部を集めて業務訓練を行い、調解幹部が紛争を調解処理し、やり遂げたことは登記し、材料を調査し、処理の結果の記載を行うよう求めている。民事調解は〝調解と予防を結合し、調解をもって主となす〟ことを強調し、黒板や放送などを用いて婦女・児童の法的権益を保証し、規則・法律を遵守する等の法制教育を行い、大量の民事紛争を基層において解決してきた。一九八二年本公社の派出所は、（調解委員会に）協力して民事紛争一〇〇余件を調解処理した。一九八三年には合計大小の民事紛争一九〇余件を処理した。一九八四年には各種の紛争一六九件を受理したが、調解の成功率は九三％であり、八件の自殺と凶悪殺人とを防止した。一九八五年、民事紛争は民事紛争が引き起した不正常な死亡は前年の四件四名から減少して一件二名となった。一九八五年、民事紛争は合わせて一一四件を処理し、調解の成功率は九九％である。

三　朱家角鎮における調解

朱家角鎮は、一九八八年末段階で戸数五、二二三戸、人口一三、三〇四人、すべて漢族である。一二の居民委員会が置かれており、単純平均で一居民委員会当り五〇〇戸弱、一、〇〇〇人強ほどの構成となる。各居民委員会は五名の委員によって構成され、各委員は間接選挙によって選ばれる。つまり、三年に一度、二五戸毎に無記名投票で選出される人民代表二名によって、選挙を通じて選ばれる仕組みになっている。主任一名、副主任二名、委員二名、計五名で治安保衛、民政調解、衛生の三つの仕事を役割分担し、居民委員会の委員は必ず調解委員会の主任を兼務する。治安保衛の仕事は、役割分担はするがその人任せではなく、一旦事があれば全員で取り組むことになっている。居民委員会の三名の委員には青浦県民政局から月額五八元の手当が支給される。他の二名は無給である。委員はいずれも退職した労働者で、平均年齢は六三歳という。居民委員会の下にいくつかの居民小組が置かれる。西井街居民委員会を例にとれば、七つの居民小組が置かれており、小組長は各小組に二ないし三名いる。小組長は油票、糧票、糖票（それぞれ食用油、穀物、砂糖の配給切符）等の配布をし、アパートの安全管理や共働き家庭の老人・小児の世話をも受け持つ。居民小組長に任期はなく、働けなくなったり死亡すれば居民委員会によって新たにふさわしい人物が推薦される。

朱家角鎮には鎮政府のもとに街道辦事処が置かれ、これが直接居民委員会を指導する。上海の市区では区政府－街道辦事処－居民委員会という統轄関係があるが、ここでは街道辦事処は鎮政府の一部分を構成する部局である。街道辦事処には共産党の組織があるが、各居民委員会にはない。

朱家角鎮では、居民委員会の主任あるいは副主任が調解委員会の主任を兼務し、調解委員会はいずれも三名で構成される。他の二名は居民小組長の中から推薦される。すべて退職した労働者である。居民委員会のほかに、学校や工場にも調解委員会がある。そこでの委員の数は三ないし五名である。居民委員会の下にある調解委員会と職場の調解委員会には横の繋がりはなく、いずれも鎮政府の司法・民生部門の指導下にある。鎮政府の司法部門とは司法辦公室であり、ここに司法助理がいる。司法辦公室は青浦県司法部の派出所である。地域の調解委員会と職場の調解委員会に横の繋がりはないが、問題によっては双方の調解委員会が協議して問題の解決に当ることがある。すなわち住民は、問題の性質にもよるが、自らの所属する居民委員会あるいは職場の調解委員会いずれにも問題を提起できるのである。

調解委員に対する手当はなく、活動を進める上で現在最も困難に感じるのは、活動費が少ないことだという。すなわち、各居民委員会には月額三〇〇元の活動費があるが、それは電話・書籍新聞・文具等の費用となるもので、とても足りないという。

(1)　鎮の全般的な司法・調解

朱家角鎮の司法行政や調解の概要については、一九九一年一月に森正夫氏および復旦大学研究生で通訳（当時）の沈中琦氏が朱家角鎮の司法助理黄建軍氏と交わした次の問答によってある程度窺われよう。

問：黄先生に司法の問題についてお伺いしたいと思います。

答：郷鎮の司法の仕事で、主要なもののひとつは、居民委員会と単位の調解委員会の調解の活動を指導することです。その他、わが国は原来計画経済ですが、現在計画経済の指導のもとに商品経済を発展させるという政策を行っています。これは商品経済の発展のために健全な法律制度をうち建てることを必要とします。また法制宣伝を行うこともわれわれの仕事です。というのは、以前人々の法制観念はとても薄弱だったからです。

問：三つの仕事の中でどれが一番重要ですか。

答：調解の仕事が比較的重要です。なぜなら、人民調解の仕事は一方では裁判の基礎であり、他方ではこれはまた司法戦線の第一の防御線でもあるからです。具体的な目的は民間の紛争と不正常な死亡の発生を防止すること、それから民事紛争が刑事案件へ転化するのを防ぐことにあります。調解というのはその実、中国の伝統的なやり方で、非常に多くの民間の紛争はみな調解を経て解決されてきました。去年（一九九〇年）鎮全体で調解が成功したものは一〇〇余件ありましたが、朱家角鎮の法廷へ送られた民事案件はたったの二〇余件でした。これは調解の重要なことを示しています。当然、調解が失敗し、当事者が自ら法院の処理に委ねたこともありましたが、しかしほんのわずかでしかありません。

問：調解ではどんな問題が最も多いのでしょうか。

答：町なかの家庭内の婚姻離婚問題、隣近所での公開の場所、たとえば共同炊事場や建物の前の空き地の使用問題等ですね。また幾らか遺産相続の問題もあります。

問：司法について特に大きな問題はないのでしょうか。

答：われわれの国家の法制はさほど健全なものではありません。法制観念は強くなく、法によって事を処理するという考え方もとても曖昧です。以前多くの問題は行政手段を通じて解決されてきましたが、現在はこの種の（法律による）方法に改められなければなりません。

問：法律で解決しなかったならば、結局これまで人々は何によって解決していたのでしょう。

答：以前にも調解がありました。大部分の民間の紛争は単位によって解決されました。うまくゆかなかった場合には鎮政府にやって来て解決しました。

問：たとえば僕の専攻している明清時代の裁判は行政官である知府とかが行っていたわけですね、一番上は皇帝ですが。そのような伝統と関係がありますか、あるいは全然別なのでしょうか。

答：ええ、大体は続いてきたものですね。

問：離婚事件の起る主な原因は何でしょうか。

答：離婚については、現在のところ、第三者が割り込むことが最も主要なものです。

問：どんなケースが多いのでしょう。

答：若い人の離婚がやや多いですね。何人かはこっそりと第三者を持っています。ほかには、双方の経済的基礎がしっかりしていないために、結婚後に経済問題が発生するといった原因があります。

問：離婚は居民委員会で解決することが多いか、あるいは鎮の司法部門へ行って初めて解決することが多いのでしょうか。

答：居民委員会というのは主に紛争を調解するのです。離婚を申請し、離婚を決めるには必ず司法機関へ行かねばなりません。ただし法院は最終判決を行う前に一度調解を求めなければなりません。もし失敗すれば、再び法院によって決定されます。

黄建軍氏の説明は、一九八九年一一月における朱家角鎮の北大街、西井街、東井街の三つの居民委員会との合同の面接調査の結果と抵触するところはない。また、調解という方法が中国の伝統的な紛争処理だということは黄氏にも意識されており、のちに見るように、末端の調解委員の発言にもみられるところである。なお、各調解委員会の処理案件は、一九八九年一月から一〇月まで西井街六件、東井街三件、北大街三件である。一九八八年はやや多かったが、八九年は少ないという。案件は嫁と姑との争い、老人と息子との不仲といった小さな問題で、八九年はすべて調解が成立しているとのことであった。

(2)　ある離婚問題

西井街では一九八八年に一三件の調解案件があったが、そのうち一件は法院へ離婚の申請が出された問題であった。この時、妻の側は居民委員会の調解を経ずに直接法院へ離婚申請を行った。これを知った調解委員会は何度も調解を試み、夫婦の職場へも足を運んだ。妻がどんな目的を達しようというのかを聞き出し、のちに夫が自己点検書を書いて反省を示したので妻は訴えを取下げ、現在この夫婦は仲良く暮らしているという。

この事件をもとにして朱家角鎮の司法部門と居民委員会・調解委員会との関係を考えて見よう。先に述べたように青浦県の人民法院の下には朱家角人民法廷がある。居民委員会のある委員はこう言う。

朱家角鎮の法院が事情を知るためには必ず居民委員会にやってきます。たとえばある人が離婚しようとしていると、法院の同志はわれわれの居民委員会にやってきて状況を理解しようとします。どんな事情で離婚しようとしているのか、われわれ居民委員会は相対して説明し、彼が事態を把握すれば、事情に基づいてこれは離婚をしなければならないかどうかを判断します。もし調解できるものならば、われわれはそれを行います。仮に離婚以外ないとしても、われわれはあらゆる方法を尽してその夫婦を仲直りさせようとしますが、それで駄目なら最後には法院に渡して判決してもらうことになります。まとめて言えば、訴えが法院に行けば、法院は居民委員会へやってきて状況を把握し、居民委員会は事実を伝えるということです。

《通則》および《条例》が規定しているとおり、住民が調解委員会を経ずに訴えを法院へ起すことは何ら問題のないことである。また、一九八一年一月一日施行の《中華人民共和国婚姻法》第二五条には、「男女の一方で離婚を要求する者は、関係部門を通じて調解を行うか、あるいは直接人民法院へ離婚訴訟を提出できる。人民法院は離婚案件を審理するにあたって、調停をすべきである。感情に亀裂を生じ、調停しても効果がない場合は、離婚を認めるべきである」と規定されている。すなわち、離婚は調解前置主義が取られてはいるものの、提訴があった場合の調解は法院における調解であると解釈される。しかし、右の離婚をめぐる案件のような民事案件が、法院の側からも居民委員会の側からも調解によって解決されるよう期待されている状況のもとでは、しかも地域の調解委員会が離婚申請の事実を知って自発的に調解に乗り出すということであれば、民事の裁判は事実上調解委員会の調解を前置としているの

ではないか、という印象を拭いがたいのである。(15)

(3)　公安の参加

《通則》には調解の対象となる紛争として「軽微な刑事事件」が規定されていた。こうした軽微な刑事事件が発生した場合に公安が調解に参加することがあるだろうか。

問：公安員が何らかの調解問題に参加することがありますか。

答：次のような場合に彼らが参加することがあります。殴り合いが起り、収拾がつかないときには、私達はすぐ派出所に電話しやって来るように頼みます。公安は問題の解決を手伝ってくれます。殴り殺したような場合は疑問の余地なく公安の参加を要請します。これはもう刑事問題だからです。

問：軽微な刑事問題、たとえば殴り合いといった問題ではどうですか。

答：こうした問題は、われわれで解決できます。当事者に自己検討・自己批判させることで、われわれがすぐ解決します。

中央政府の司法部基層工作司発行の『人民調解』一九八九年一号には、「実例分析」として済南市のある事件を紹介しているが、それは夫の留守中にかつての友人と不倫を行っていた妻のところへ夫がたまたま帰宅し、刃傷沙汰になったというものである。幸い調解員が駆けつけ、結局事件は八方丸く解決されたのであるが、夫は相手の男を包丁で切りつけていたことから、街道の派出所の公安が《治安管理処罰条例》に基づき夫を逮捕しにやって来た。しかし、公安は相応の理由があってのことであり、夫が深刻な反省をしていることから処罰を免ずることにしたという。公安による調解への参加はおそらくこうした形で行われ、右の問答にあるように、公安と調解委員会とが一緒に調解を行うこともしばしばあるのであろう。

(4)　調解活動に同意しない場合

問：この種の調解は双方が調解に同意して初めて調解が開始されるわけですね。それならば、私と彼とで紛争があり、私があなたがたに問題を提出しても彼がそれを願わない場合、あなたがたは彼を説得するのですか。

答：一般的に、もし一方が調解を求め、一方がやって来なければ、われわれはまず別個に双方に対する働きかけをします。説得した後で、再度双方一緒に意見を交換します。われわれが調解するときには、まずその人達がこれ以上言い争わないようにさせ、みんなが心を落ち着け気持ちが静まってから矛盾を解決するのです。

問：もし私があなたがたに問題を提出し、ここ（調解委員会）へやって来れば、あなたがたは相手の所へ行って懸命に説得するわけですね。しかし彼がいつまでも調解に同意せず、たとえば一週間たっても同意しなければどうしますか。

答：その時は、三度目の働きかけをします。われわれの街道に一人の老人がいます。すでに八〇歳の高齢です。彼と隣の家とで言い争いがあり、毎日罵っていました。そこでわれわれは忍耐強く働きかけをしました。彼は年老いていますがわれわれを信頼しており、われわれもまた彼に代わって問題に取り組みましたが、彼は（調解の場へは）やっては来ませんでした。私と朱さんとで出かけて三、四回の働きかけをしました。一度やっても来ませんで、われわれは二度、三度と行き、最後に彼がやって来ました。彼が来たとき、われわれは居民小組長にも来るように頼み、一緒に説得しました。その結果、彼の態度もとても良くなり、きちんと解決しました。帰って行くとき、彼らは握手をして、戻って行きました。この仕事は辛抱が要ります。それから、彼らの怒りが最大のときには駄目ですね。彼らがやや落ち着くのを待って、気を静め穏やかに解決することです。

この老人の例は、《通則》第八条に、「調解委員会は、事件を調停する場合、事件の内容をはっきりさせ、穏やかで忍耐強い態度と道理を説く方法によって、調停を行うべきである」とされ、《条例》第八条に「人民調解委員会が紛争を調解する時には、事実を明らかにし、是非を明確にした上で、充分に道理を説き、忍耐強く相手の気持ちを汲み取り、気持ちの隔たりを取り除き、当事者が協議を達成するように助けなければならない」と定められている原則に合致するものと言えよう。なお、調解は一件につき普通何度くらい行うかという質問に対しては、ほとんど一度で済むという答えがあったことを付け加えておきたい。

(5)　調解協議書と登記簿

問：紛争が解決したときにはみなさん調解協議書を書くのですか。

答：一般の小さな問題については書きません。(当事者が) 一家内の人でなく、損失を賠償するといった場合には協議書を書かねばならず、(調解委員会の) 印章を押します。

問：協議書は何枚ですか、二枚ですか。

答：一枚で足ります。一式三部です。双方が各一部です (残り一部は調解委員会－高橋注)。

問：今日ちょっとそれを見せてもらえますか。

答：協議書は上部にあります。街道（の居民委員会）ではただ登記するだけです。

問：解決した後で、再び問題を持ち出すことはありますか。

答：ありません。

問：ある日本の学者は、解放前の旧中国の調解には三つの原則があり、法律と道理と情、つまり感情であったとし、ただ最も重要なのは道理と感情だったと述べています。あなたがたの調解もやはり感情と道理ですか。

答：やはり感情と道理です。現在もまたこの三つですが、感情がなければ問題の解決を語りえません。

問：解決の結論が出たとして、ある場合には、その結論が法律に照らして見て、法律の規定と同じではないという場合もあるでしょう。

答：私達のところで解決したら、協議書にサインをします。双方同意した協議書です。この協議書というのは、もし双方がよしとしたならすでに効力を持ったということになります。それから、ある種の重大な理由、重大な事情があって協議書にサインするのを拒絶したとか、ある人が思想上にまだすっきりしないところがあって、「法律に合致しない」とか「おまえ達は法律に照らしてこの事情を処理していない」と思ったといった事柄は、われわれの街道では起ったことがありません。この協議書は一度サインをすればわれわれみんなが協議書に基づいて行うのです。大部分は口頭で解決し、われわれが登記簿に書き込みます。協議書を書くことはとても少ないのです。あることはありますが、少ないです。

紛争の解決が、人情に訴え道理を説くという形で行われるということは、《通則》や《条例》にも記されていることとではあるが、旧中国における調解や裁判と共通する方法として興味深い事柄である。紛争が些細な問題であることにもよるであろうが、法の存在や法の解釈を争うような形で調解が行われているのではないということは、十分注目しておいてよいことと思われる。話に出てくる登記簿は、われわれも見せてもらえたが、プライバシーにわたることゆえ紛争の内容を筆記することは許されなかった。B5版のノート程の大きさで一件一頁、記入された紛争は、見たかぎり、記述は簡単で備忘録といった程度のものであった。[16] おそらく、紛争そのものが小さな問題であるということによるのであろう。上部への報告には「月報表」があり、それによって調解の処理を報告するという。

(6)　調解員の信頼度

問：ある日本の学者が、中国にこうした調解委員会があるのは、第一に、中国にはもともとこうした調解の伝統があること、第二に、法院の法官が少なく、法律方面の専門家がまだ少ないからだと言っていますが、こうした考え方は正しいでしょうか。

答（ａ）：私はそう思います。

問：それならば将来、法院の機能がますます大きくなれば、あなたがたの役割はますます小さくなりますね。

答（ｂ）：いまあなた（質問を指す）が言ったのはそんなことじゃありませんよ。われわれの法律方面の専門家が少ないからではありません。中国が今提唱している調解工作にはふたつの事柄があります。ひとつは問題が萌芽の状態で解決されるべきだということ、予防をもって主とするということです。第二は、問題は基層で解決されるべきで、末端で解決し拡大させないということです。こうして大きな問題の出現を防止するのです。したがってわれわれがこうした組織を持つ目的は、上部への圧力を解消することにあります。問題がみんな法院へ行ったら、それは駄目です。人民大衆に依拠して自分で解決し、大衆の作用を発揮すること、これが自治の作用なのです。居民委員会の自治作用を発揮し、自分で自分を管理し、自分で自分を教育すること、大衆路線なのです。
問：あなたがたが紛争を調解するときにはどんな原則に基づいて勧導するのですか。
答：私達は勧導はしません。私達が居民を調解するというのは、今この方が言ったようなことです。居民は自分で自分を教育します。何か問題があれば、私達がその人の家に行き、あなたがたはどうして言い争うのかを尋ね、両方の事情がはっきりしたら、その場で解決できるものは解決し、解決できないものは都合のよい時間を約束して居民委員会へやって来て解決します。小組長等も一緒になって彼らの問題解決に協力します。これがわれわれのやり方で、一度で駄目なら二度行います。

これはわれわれが調解委員会の信任という基礎の上に打ち建てたことなのです。彼らが私達に依頼するには、われわれを信頼するということが必要です。現在中国の調解委員会は、大衆の中での威信がとても高いものなのです。「私はあなたを信頼するからあなたに告げるのです。このことはあなたがたも知っていると思うが、私には矛盾があります。私はあなたを信用しているから話します。あなたが問題の解決を手伝ってくれると信じています。」こうした考えの基礎に立ってはじめてうまく行くのです。したがって中国人には、自分の矛盾がはっきりした形をとって現れるということはなく、直接法院へ訴えるということもありません。ですから、調解員には仕事の責任感がありますし、光栄感があります。われわれ中国人は光栄感と呼んでいます。相手が私を信頼しているから私は相手の問題解決を手伝うのです。いくつかの問題は秘密の問題です。プライバシーに渡る問題、例えば男女の矛盾といった問題は、私達も他言しません。ただ個別的な人に限定し、たとえば相手が私に話し、私も相手に話して、それで矛盾の所在が分かります。したがって一般には他人には話さず、関係者にだけ話をし、はっきりさせるわけです。中国人の調解組織は中国人にあってとても威信の高いものです。皆われわれを信頼しています。客観的に見れば、われわれ中国人には（調解の）伝統があり、解放から現在まで、一九四九年以前の解放前にもこうしたものがありました。甲長、昨日われわれの話した保甲制度ですが、そこにもこうした調解の作用があったのです。

調解員に対する一般住民の信頼という点は、われわれもそれを信ずることができるように思われる。調解の成功率の高さ自体がそれを物語っている。上海市の市部に居住する通訳の沈氏の話でも、調解員は人々に信頼されているということであった。（しかしまた、上海の市部では居民委員会や調解委員会の委員になり手がなくて困っているという事情もあるという。）調解員に対する住民の信頼は、もとより調解員の人格的な面、誠実、熱心、公平といった点に求められるであろう。加えて、調解員が日常的に住民と親しく接触し、互いの事情を熟知しているということも信頼の背景にあるのではないかと思われる。調解員に限らず鎮政府の職員や居民委員会の人々と鎮内を歩いていると、人々は互いに親しく声を掛け合い、時には話し合うという場面にしばしば出会う。朱家角鎮のつぎに訪れた羅店鎮でも、たとえば四方村は戸数四八〇戸、人口一、五〇〇人ほどの行政村であるが、そこの居民委員会のある委員は、村内の住民すべての姓名を知っており、通りで子供と会ってもどこの家の子か分かると話していた。調解委員会に対する住民の信頼は、機関の持つ職責上の権威や信頼性にではなく、機関に身を置く人物に対する信頼によって支えられているのではないか、というのが私の率直な印象である。

(7)　都市部と農村部

先に述べたように、朱家角郷での調解についてわれわれは具体的な聞き取り調査を行っていない。しかし都市部と農村部での問題の在り方はいささか異なるところがあるであろう。この点について都市（鎮）側の見解を紹介しておこう。

問：都市と農村ではどちらが紛争が多いと思いますか。

答：農村が多いですね。

問：どうしてですか。

答：養老という問題があります。老人は農村に比較的多いのです。どうして農村に紛争が多いかというと、次のような原因があります。一般に矛盾というのは、ひとつは家庭の紛争であり、ひとつは隣里の問題です。隣里というのは隣の家同士ということです。農村では家を造るという問題があります。この土地に私が家を建てたとします。別の人もそこに家を建てたとします。建てた後で住宅に太陽の光が差込まず、陽が遮られたことに気づきます。こうして矛盾が生じてきます。第二には問題の土地がとても小さく狭い場合、物を置ききれません。たとえば稲わらのようなものを置ききれません。こうして土地問題について矛盾が出てくるのです。これは農村に比較的多いことです。都市ではこうした問題は存在しません。建物はみな公共物で、いや公共のものが多いのです。みんな国から借りています。借家ではこうした矛盾は少ないのです。これが農村と都市の第一の違いです。第二は、家庭紛争が多いのは農村に住む農民です。ここがあなたがた日本と違うところですが、われわれのところの農民は皆自己の労働所得に頼っています。今年収入がやや良ければ、生活もやや良くなります。収入がやや少なければ生活もやや苦しくなります。ですから、農民は年老いた後働けなくなれば子女に頼るわけです。年をとり働けなくなれば、子女に世話をしてもらわねばなりません。こうして子女の多い家庭では矛盾が生じてきます。

長男がどれだけ負担するか等、子女と老人とで矛盾が生じます。これも農村が都市に比べて紛争の多い理由です。都市にはこうした矛盾は存在しません。というのは、大部分の老人は退職者で、われわれのところの大部分は退職した労働者で、退職年金があります。ですから子女がお金をやらなくても食べていけるのです。ですからこうした矛盾は少ないのです。第三に、都市住民の教育水準がやや高いこと、彼らの思想の幅もやや広いという事があります。農村では教育程度がやや低く、彼らの思想もまたやや低く、度量も小さいのです。こうした矛盾は割に簡単に生じます。都市で簡単に処理できることが、農村ではやや処理しがたいということになります。

都市と農村といずれで紛争が多発しているかは一概には言えない問題であろう。先に述べたところから朱家角郷と朱家角鎮の調解件数を比較すると、年代はやや異なるが、人口当りの件数は農村部の方が少ないとさえ言えそうである。それはともかく、紛争の性格が異なるという上の発言は首肯されるであろう。都市と農村の違いに関しては、さらに家産分割の問題を尋ねてみた。朱家角鎮ではすでに男女平等の原則で家産を分割する例が多く、紛争も少ないという。鎮では多くの場合女子が父母と同居し（それは嫁とは違って女子が母親と感情的にうまくゆくからだという説明があった）、したがって男子よりも女子がやや多く家産を継承する場合すらあるという。農村では老人は男子と同居する場合が多く、女子は嫁に出てゆくので、旧社会のように男子の間で家産を継承する場合が多いということである。また、羅店鎮では四方村朱宅生産隊の黄洪生氏のお宅を訪問した際に、経済的な面での負担関係を尋ねてみた。黄氏夫婦と息子夫婦が二組、孫が二人の八人家族である。息子夫婦は皆職業を持っている。家計は毎月息子達がそれぞれ五〇元を負担し、黄氏が二〇〇元を出して、合計三〇〇元で賄う。残りは息子夫婦が自由に使える。家産分割は息子達に親と一緒に住むメリットが無くなればするが、親としては出来るだけしたくないという。農村においても伝統的な「同居共財」（各人の所得をひとつにまとめ、共同の会計から必要な支出を行う形態）は崩れつつあるように思われる。これはあるいは上海という大都市近郊だからかもしれない。

おわりに

以上、調解委員会の概要と朱家角鎮における聞取りの主要な部分を記した。はじめに述べたように、本章は現在の調解委員会について何らかの分析的な視点を打ち出すことを意図したものではない。目的は、限られたものではあれ生のデータを提供するところにあった。最後に、若干の感想を記して小論を終えることにしよう。

第一に、聞取りに関する部分は、従来伝えられ研究されてきた範囲をこえるものではない。むしろ従来伝えられ研究されてきた事柄を、朱家角鎮という一地方の事例があとづけると言った方がよいであろう。私の印象では、朱家角鎮の調解組織は日常的に発生する小さな争いを、《通則》や《条例》の規定するところ、期待するところに則って、しっかりと解決しているように思われる。問題を基層において解決し、法院への圧力を軽減するという点で、朱家角鎮の調解組織はその機能を十分に発揮していると言えるであろう。

第二に、それにも拘らず、次のような事実は注目しておいてよいのではなかろうか。われわれが朱家角鎮で調査活動を行ったのは一九八九年一一月のことである。すでに記したようにその年五月に《通則》に代って《条例》が制定され、六月一七日に発布されている。私はそれを承知していたし、朱家角鎮に入る前の上海市内では法制宣伝板で新たな《条例》の宣伝が行われてもいた。この点に関する朱家角鎮の居民委員会での問答は次のようなものであった。

問：聞くところによりますと、今年五月に人民調解委員会組織条例が出ました。この条例と以前の通則とはどんな違いがあるのでしょう。新しい条例の特徴は何ですか。

答（ａ）：私はまだこの条例を見ていません。

答（ｂ）：これと前のとで違うのは、以前は調解を以て主となすものですが、現在の条例は予防を主となし、調解と予防を結合し、予防を主となすということです。矛盾の発生と激化を防止するのです。

答（ｂ）は確かに《条例》で強調されている点ではあるが、(17) しかし《通則》の施行期においてもしばしば提唱されていた論点であって、(18)《条例》の際立った特徴というわけではない。羅店鎮の四方村の村民委員会を訪問した時にも同じ質問をしてみたが、「そのようなものは出ていない」という回答であった。おそらく、《条例》の伝達と徹底とはまだ不十分で、今後の課題となっているのであろう。あるいは《通則》と《条例》には大きな変更がないと司法機関内の関係者に受けとめられているのかもしれない。また、厳密に《通則》に則って言えば、調解委員会の委員は毎年選出されなければならないのであり、《条例》に至って三年に一度の改選となったのであるが、朱家角鎮では以前から三年に一度の改選方式を採っている。これは四方村でも同じで、さらに四方村では「機構改革によって」調解委員は一名に減らしたとのことであった。（因に、四方村での調解案件は一九八八年に六、七件あり、すべて調解が成立したという。）

このことから、読者には、以上の聞取り調査の結果は、八九年一一月のものではあるが、基本的に《通則》を前提にした活動であることを承知しておいてもらいたいと思う。

第三に、調解委員会は大衆の自治組織であるという点が強調されている。しかし、それは大衆の自発的な意志に基づいて組織されたものではないという点にも注意しておく必要があろう。確かに中国には紛争を調解によって解決するという長い伝統があり、日常的な些細な紛争を放置することは、それが容易に大きな問題（たとえば傷害や殺人・自殺等）へ転化することから、社会の治安を維持し秩序だった社会生活を送ることを困難にするであろう。法院への多量の訴訟という圧力は、司法機関にとっても民衆にとっても不都合なことであるに違いない。調解委員会が全国的に網の目のごとくに張りめぐらされ、活発な活動を行っているのは、大衆の側からも相応の支持があってのことであろう。加えて、調解は説得と教育に基づいて行われ、合意に対しても法的な拘束力を持つわけではない。この点、司法機関による裁判や行政機関による調解とは大いに異なる性格を持っている。大衆的自治組織といわれる所以であろう。しかし、にもかかわらず、調解委員会は《通則》および《条例》によって組織化が要請されて成立したものであり、大衆の間で自主的自律的に組織されていた調解機関を、政府が統合し系統的に組織したというものではないのである。したがって、より正確に言えば、政府によって組織され、大衆によって自治的に運営される組織が調解委員会だと言うことができる。さらに、〝自治的に運営される〟とは言っても、その活動は政府が定めた《通則》あるいは《条例》によって細かく規制され、上部の政府機関によって監督・指導されている。あえて言えば、これは政府によって設置が義務づけられた組織なのである。

このことは、先に朱家角鎮での聞取りの際に、調解委員会に対する信頼は、調解委員会という組織に対する信頼ではなくして、調解員という個別的な人間に対する信頼によって成り立っているのではないかという私の受けた印象と通底するところがあるように思われる。われわれが紛争を裁判所の判断に委ねるのは、裁判官個人に対する信頼ではなくして、裁判所という機関、判決という権威に対する信頼からであろう。そうとするならば、また仮に上に述べた私の印象が正しいとすれば、中国の調解活動は信頼できる人物に問題の解決を委ねるという点で〝人治〟の伝統を引き継ぐものであると言ってよいのではなかろうか。[19]そして、人々が〝法治〟よりも〝人治〟を望むかぎりにおいて、調解委員会は今後ともその機能を発揮し存続してゆくであろう。しかし、中国の人々が法に基づく権利・義務を持つ主体として自己を認識し、そこでの紛争が、何が人情であり道理であるかということよりも何が法であるかを争う方向へ進んでゆくとすれば、調解委員会は法と道理を宣伝し大衆が自己を教育する機関からの脱皮を余儀なくされるであろう。調解委員会が今後どのような形をとって現れるかは、歴史の進行を注視するしかないことである。

（1）以上の叙述については、さしあたり仁井田陞『中国法制史（増訂版）』（岩波書店、一九六三年）の一一八頁以下、一九四頁以下、三七九頁以下、参照。

（2）滋賀秀三『清代中国の法と裁判』第三章「判決の確定力観念の不存在―とくに民事裁判の実態―」（一九七四・七五年原載、創文社、一九八四年）、参照。

（3）中村茂夫「伝統中国法＝雛型説に対する一試論」（『法政理論』一二―一、一九七九年）、参照。

（4）中国農村慣行調査刊行会編『中国農村慣行調査』全六巻（岩波書店、一九五二～一九五八年）の「調停」に関する項目、参照。

（5）以上の叙述については、以下の文献を参照した。呉磊編『人民調解工作基本知識』（上海人民出版社、一九八四年）、呉磊編『中国司法制度』（中国人民大学出版社、一九八八年）、徐秀義・杜西川編『居民委員会工作指南』（新華出版社、一九九〇年）、大塚勝美『中国家族法論』第七章「中国の調停制度―その紛争解決の機構と展開過程―」（一九六四年原載、お茶の水書房、一九八五年）、田中信行「現代中国の人民調停制度」（『東京都立大学法学会雑誌』二三―二、一九八二年）、同氏「中国における人民調解の役割」（『比較法研究』四六、一九八四年）、同氏「人民調停と法治主義の相克」（『岩波講座現代中国』第一巻、岩波書店、一九八九年、所収）、同氏「中国における人民調停制度の改革（上）・（下）」（『中国研究月報』一九九〇年—八、九）、白緑玄「中国の調解（調停）制度」（『ジュリスト』八八五、一九八七年）、季衛東「調停制度の法発展メカニズム（1）・（2）・（3）」（『民商法雑誌』一〇二—六、一〇三—一、二、一九九〇年）、楊磊「中華人民共和国における人民調停制度」（『修道法学』一二—二、一九九〇年）。

（6）《通則》の条文邦訳は、注（5）前掲大塚論文、白緑玄論文、中国研究所編『中国基本法令集』（日本評論社、一九八八年）、参照。《条例》の条文邦訳は、注（5）前掲楊磊論文、参照。以下の叙述についても、注（5）前掲の文献および李春霖編『人民調解手冊』（北京出版社、一九八九年）を参照した。

（7）各種の調解委員会ごとの個別的な設置数は不明だが、司法部基層工作司発行の『人民調解』一九八九年三号掲載の統計表の「説明」によれば、一九八八年に全国で二二、三一〇の調解委員会が新たに置かれ、その内、村民委員会には一二、三四三、居民委員会には二、九一九、工場・鉱業の企業には二、八四二、その他の単位には四、二〇六の調解委員会が増置された。また、村民調解委員会は全国村民委員会総数の八八・七％、居民調解委員会は全国居民委員会総数の九二・五％に達するという。

（8）これより先に、一九五四年制定の《城市居民委員会組織条例》の第二条四項に「居民間の紛争を調解する」ことが任務として挙げられており、一九八二年に施行された《憲法》第一一一条には、居民委員会と村民委員会に調解委員会を設けることが規定され、さらに一九八七年の《村民委員会組織条例（試行）》第一四条にも調解委員会を置くことが明記されていた。なお、一九九〇年一月に新たな《城市居民委員会組織条例》が施行され、一九五四年の条例は廃止された。居民委員会と村民委員会については、国谷知史「中国都市居民委員会」（『中国研究月報』一九七九年—三）、杉田憲治「中華人民共和国村民委員会」（『修道法学』一二—二、一九九〇年）、参照。

（9）司法助理員については、一九八一年一一月に《司法助理員工作暫行規定》が司法部によって制定・公布されており、すでにその第三条に「調解委員会の活動の管理」と「民間調解活動を指導する」ことが規定されていた。

（10）紛争を調解するだけでなく、その激化を防止するという任務からすれば、自発的な調解活動は必然的に要請されざるをえない。そうした実例も多くある。たとえば、司法部基層工作司発行の『人民調解』一九八九年三号の「経験交流」欄には、上海市華陽路街道長一弄の調解委員会が二二名の「調解信息員」を独自に委嘱し、彼らの連絡によって紛争を自発的に解決した例が記されている。また注（6）前掲の『人民調解手冊』第二章「人民調解案例分析」、および注（5）前掲の『人民調解工作基本知識』中に紹介する事例、また長鳴編『人民調解故事集』（法律出版社、一九八四年）にもそうした例が見受けられる。これらはまた紛争と調解の具体的な情況を知るにも便利である。

なお因に、単正平・王貞韶編『怎様打官司』（知識出版社、一九八三年）には、人民調解委員会への調解申請書の書式が載せられている。こうした書面での調解申請はきわめて少ないと推測されるが（『人民調解手冊』の八三頁には「実践の中では、書面の形式が採られることは比較的少ない」との記述がある）、土地使用をめぐる争いが例示されているので、争いの典型例として次頁に示しておこう。

（11）この点については、一九八二年施行の《民事訴訟法（試行）》の第一四条、一九九一年に改正された《民事訴訟法》第一六条にも同じ規定がある。

（12）協議書には統一的な書式がないが、一般には、

1、自然状況：当事者の姓名、性別、年齢、成分（本人の履歴や職業・出身による階級区分）、本籍、民族、職業、住所、調解の時期と場所。

2、事実経過：争いの事実、過程、および証人や物証など。

3、調解の結果：当事者双方が同意し達成された協議の内容。

4、結尾：当事者双方のサインあるいは押印、調解人員のサインあるいは押印、および調解委員会の押印。

の四つの部分から成るものとされる。一式三部で、当事者双方が各一部、調解委員会が一部を持つ。この書式については、注（5）前掲の『人民調解工作基本知識』八二頁以下、『中国司法制度』三三二頁以下、および『人民調解』一九八九年一号三五頁以下、参照。

申　　請　　書

申請人　姓名　年齢　　　　被申請人　姓名　年齢
本籍　職業　住所　　　　　本籍　職業　住所

申請人と被申請人の両家は祖先が建てた家が並んでおり、建物の前にはいずれも空き地があって、各々半分××平方米を使用し、永いこと仲良く暮らしてきました。ある時にはお互いに相手方の土地を使用して臨時に物を置くこともありましたが、双方とも文句も言わず、それで争うこともありませんでした。ところが何としたことか、去年×月より、被申請人は申請人が使用している土地の上に塀を作り、申請人が使用している土地×平方米を占用しました。これは申請人の土地に対する使用権を侵害するものです。この土地は申請人が毎年地産税を納めていて、使用権は私に属すべきものであり、歴史的にも我が家が使用してきました。被申請人は野蛮にも道理をわきまえず、塀の建築を強行し、何度も止めるように言いましたが聞き入れませんでした。そこで、あなた方が調査して事情を理解し、公平に調停して、隣同士の和睦と団結を保てるようにして頂きたく申請するものです。

此致

××人民調解委員会

申請人某某某（サインあるいは押印）

×年×月×日

(13) 調解費用の徴収を禁止する通達がしばしば出されたことについては、田中氏注(5)前掲一九九〇年論文(上)を参照。地域によっては謝礼を要求し、費用を徴収することが行われていたことは、注(5)前掲の『居民委員会工作指南』一三〇～一三一頁によっても窺われる。《条令》第一四条は、調解委員会の活動経費と委員への手当とが村民・居民委員会によって支出されるかのようにもとれるが、実はそうではない。注(6)前掲の『人民調解手冊』の八〇頁以下には、「調解員の労働報酬をいかに解決するか」と題して、(1)国家財政からの支出、(2)村民・居民委員会による資金の支出、(3)基層の法律服務所・郷鎮司法辦公室による支出、(4)工場・鉱業企業による援助、を挙げている。

(14) 注(7)前掲の『人民調解』一九八九年三号の「説明」には続いて、調解した紛争の総数七、二五五、一九九件中、調解の成功したのは六、五五〇、五九三件、九〇・三%であり、扶養と家庭・建物宅地・生産経営等の紛争の調解成功率は九〇%を超えているとの指摘がある。また、全国の郷鎮法律服務所の設置は二八、二四一、そこが調解した紛争の総数は全国の調解委員会が調解した紛争の六分の一に達するという。郷鎮法律服務所とは司法助理員が主任となって三名以上で構成される組織で、法律知識の宣伝普及や法律相談、また生産・経営上の紛争を調解するものである。なお注(5)前掲の田中一九九〇年論文(下)、参照。

(15) 実際には地方によって次のような事態も発生していた。注(5)前掲の『人民調解工作基本知識』の五七頁に、「ある調解員は調解を訴訟の必要な経過手続きとし、調解を経なければ法院への起訴を出来ないようにした。ある者は当事者が調解委員会へ行って調解することを願わず、あるいは調解委員会の調解を受けないことに対し、みんなは人をばかにしていると言い、ある者は当事者は調解の協議を実行しなければならないと強制した」とあり、同じく注(5)前掲の『居民委員会工作指南』の一二八頁には「いくつかの地方では、……調解組織と法院との問に一種の〝現地政策〟が形成され調解を経なければ調解委員会は紹介状を書いてやらず、紹介状がなければ法院は受理しなかった」とある。朱家角鎮の事例はこれとは違うが、しかし善意の働きかけが事実上の調解前置ないし調解強制となる可能性は常に孕まれているように思われる。

(16) 朱家角鎮西井街の登記簿の形式を参考までに章末に示しておこう。

（17）たとえば、『法制日報』一九八九年八月一六日「人民調解委員会組織条例概述」、参照。

（18）たとえば、注（6）前掲『人民調解工作基本知識』三二頁以下、『人民調解』一九八九年三号「不負重托、努力進取—司法部基層司負責人答本刊問—」、参照。

（19）高見沢磨「罪観念と制裁—中国におけるもめごとと裁きから—」（『シリーズ世界史への問い』第五巻、岩波書店、一九九〇年、所収）は、中国の紛争は説理—心服の構造によって解決されるとしながら、清末以前でも現代でも、裁く者への信頼のための条件が欠けているために、裁く者と裁かれる者との間には信頼関係がないとも述べる。これは私には奇妙なことに思われる。信頼しない者へ誰が問題の解決を持ち込むだろうか。なるほど中国にあっては、調解あるいは裁判いずれでも、その機関や組織また機構上の手続きに対する信頼は薄かったであろう。しかし、その中に身を置く人物に対する信頼があるからこそ人々は問題を持ち込み、そこに説理—心服の構造が生れるのではなかろうか。清末以前にあっても、高いコストとリスクを承知の上で人々が州県へ訴訟を行ったのは、知州や知県ならば自らの主張を理解し支持してくれると信じていたからであろう。「当時の中国で官僚に必要な資質と目されたもの」は「民の上に立ち多様な状況に応じて最も適切な統治を行ないうる真の道徳的能力・全人格的な優越性であった」（岸本美緒「明清時代の郷紳」一九九〇年原載、同氏『明清交替と江南社会』東京大学出版会、一九九九年、所収、三三頁）のであり、この官僚の持つ個人的な資質への信頼こそが、人々の裁判への動機を支えていたと考えねばならない。そこではまた、直接に人々が官僚を見知っているかどうかは問題とならない。官僚という地位と身分とが人々の信頼の源泉である。これは現在の調解員に対する住民の信頼とは異なる点であるが、しかし機関ではなく人物に対する信頼という点では同じ性質を持っている。

〈登記簿の形式〉

<table>
<tr><td colspan="2">糾 紛 類 別</td><td colspan="3"></td><td>編号</td><td></td></tr>
<tr><td colspan="2">受 理 日 期</td><td colspan="3"></td><td>結 案 日 期</td><td></td></tr>
<tr><td rowspan="5">糾紛当事人</td><td>姓　名</td><td>性別</td><td>年齢</td><td colspan="3">家 庭 住 址　工 作 単 位</td></tr>
<tr><td></td><td></td><td></td><td colspan="3"></td></tr>
<tr><td></td><td></td><td></td><td colspan="3"></td></tr>
<tr><td></td><td></td><td></td><td colspan="3"></td></tr>
<tr><td></td><td></td><td></td><td colspan="3"></td></tr>
<tr><td>糾紛簡要情況</td><td colspan="6"></td></tr>
<tr><td>調解結案</td><td colspan="6"></td></tr>
<tr><td>回訪情況</td><td colspan="6">承辦人＿＿＿＿＿</td></tr>
</table>

付録一　書評　柳田節子著『宋元郷村制の研究』

本書は、常に宋代史研究の第一線で活躍してきた著者柳田節子氏が、過去三〇年ばかりの間に発表してきた論文の中から、主戸客戸制、戸等制と郷村制にかかわるものを集録し、新たに新稿三篇を加えて成ったものである。旧稿には若干の補訂が施されているが、原発表時の体裁と論旨にはほぼ変更がなく、新稿三篇は、本書に収録されなかった既発表論文をふまえ、その論旨をより発展させたもの、および旧稿に対する諸氏の批判に反論すべく執筆されたものである。

書評の本来のスタイルとしては、論旨を要約・紹介し、それに感想なり疑問なりをつけ加えるというのが常道なのであろうが、柳田氏の旧稿はすでに中国史研究者にはなじみ深いものであり、新稿も旧稿の論旨をふまえ自説を補強したという性格のものであるから、以下、若干の論点を吟味しつつ私の感想を記して書評に代えたいと思う。まず、本書の構成を示しておこう。（　）内は旧稿の原発表年を示す。

第二部　雑　　纂　414
Ⅲ　元代郷村の戸等制　（一九七七年）
Ⅳ　宋元郷村戸等制補論　（一九八一年）
第二篇　戸に関する各論
Ⅰ　宋代郷村の下等戸について　（一九五七年）
Ⅱ　宋代郷村下等戸の生計－江南の養蚕農家経営－　（一九六一年）
Ⅲ　宋代郷村の客戸について　（一九五九年）
Ⅳ　宋代の客戸をめぐる諸問題
Ⅴ　宋代の丁税　（一九六一年）
Ⅵ　宋代形勢戸の構成　（一九六八年）
第三篇　郷村制の展開－宋から元へ－
Ⅰ　郷村制の展開　（一九七〇年）
Ⅱ　宋代の村　（一九八五年）
あとがき
　索引
（本書の「あとがき」には旧稿の原載誌と各論文の意図が簡潔に記されており、初めて本書に接する読者には便宜であろう。）

一

現在までのところ、宋代以降の国家権力ないし専制支配をどう理解するかについて、中国史学界には共通の認識が存在しないと言ってよいであろう。中央集権的な統治機構を備え、皇帝をその頂点に戴く宋～清代の国家権力は、いまだ有効な分析が加えられたことのない〝聖域〟に属しているのである。

従来、この宋～清代の国家は、一般に地主的土地所有を基礎とする地主国家であると考えられてきた。地主佃戸制を当該社会の基本的生産関係であるとし、地主の佃戸支配のための統一的権力がこの時期の国家権力であるというのが一般的なイメージだったように思われる。中国の土地改革が地主制の否定を通じて達成されたということが現代史の側からの根拠ともなっていた。しかし、そうしたイメージは実証的分析に基づいて論理的に導き出されたものではなく、各人の自由なイメージとして明瞭な表現を与えられることもなかったのであった。戦後のわが国の宋代史研究は地主佃戸制の分析とその性格規定とに大きな努力を払ってきたが、国家権力は地主佃戸制研究にとって外在的な位置しか与えられてこなかったのであり、官僚制や税財政史また商業史等の分野で優れた成果が見られたにもかかわらず、そこでも国家権力の問題はいわば〝自明の前提〟のごとく扱われてきたように思われるのである。

こうした中にあって、国家権力の問題を正面から取上げたのが、一九七〇年代における重田徳氏の郷紳支配論（「郷紳支配の成立と構造」岩波講座『世界歴史』一二、一九七一年）であり、一九八〇年代における中国史研究会の人々の国家的農奴制論（『中国史像の再構成―国家と農民―』文理閣、一九八三年）であった。郷紳支配論と国家的農奴制論とが学界に新鮮な衝撃を与えたのは、もとよりその現代的な問題関心や新たな理論的枠組の提出によるものではあるが、同時に、われわれが〝自明の前提〟のごとく思いなし、あえて問題としなかった、あるいはしえなかった国家の問題を課題の正面に掲げたことにもよるであろう。

しかし、重田徳氏や中国史研究会の人々より以前に、すでに一九五〇年代後半から宋朝専制国家の支配構造とその経済的基盤を問い続けてきた研究者がいたことを忘れることはできない。それが本書の著者柳田節子氏であった。中国史の時代区分論争の主要な焦点のひとつとして宋代地主佃戸制の性格が盛んに論じられていた一九五〇年代から、柳田氏は一方でその論争に参加しつつ、一方では数量的に佃戸より多数存在していた中小土地所有者層に着目し、それら中小土地所有者層こそが宋朝権力の経済的基盤であったと主張したのである（本書、第二篇所収論文）。しかし、氏の提言は必ずしも学界の主流的な研究方向を変えるものとはならなかったように思われる。それは、氏の個別的な実証研究の成果が、いまだ地主佃戸制をも取り込んだ形で宋朝専制支配の構造を説明するまでに理論化されていなかったからであろう。そこで、一九六〇年代の後半以降、柳田氏の研究は国家の農民支配機構と郷村社会の社会的諸関係との関連をより構造的にとらえる方向へと進んで行った。国家の税役徴収と郷村支配の在り方を「戸等制支配」という概念に定式化した本書の第一篇所収論文、郷村社会における農民諸階層の再生産構造と国家支配との関連を論じた第三篇所収論文とはその成果である。

こうして、本書における中小土地所有者層の位置づけ、「戸等制支配」概念の提出、郷村社会の構造という三点は、地主佃戸制からは直接無媒介に演繹されえない国家権力の問題を、柳田氏が独自に追求するに際して選択された課題となったのである。そこで、ここでは、上記三点の課題が本書においてどのように論じられているかに的を絞って検討することにしたい。

二

まず、第一篇における「戸等制支配」概念について見ることにしよう。

制度としての戸等制は、柳田氏も指摘しているように租調庸制下でもそれ以前にも存在した。しかし、氏によれば、宋代以降の戸等制は次のような点で前代のそれとは明確に区別されなければならない。すなわち、唐代以前の戸等制は定額均等賦課という原則からはずれて実際上生ずる貧富差に対し、負担を調節するという機能を果すものであった。これに対して、宋代の戸等制は公認された土地所有の不均等を前提とし基礎として農民を階層等級化したものであった。しかも、戸等制の果した機能面からすれば、税役の科派、両税の倚閣・減免・支移・折変のみならず、和糴や和買の賦課、青苗法や保馬法、郷兵制や賑恤等々、国家的収取や農民政策の各方面にわたって戸等制の介在が確認される。これが第一の論点である。こうした国家の農民支配に果した戸等制の機能に関する網羅的で手堅い実証は、本書によって達成された大きな成果であり、氏も言うごとく「戸等制の意義を消極的に、或は制約的に理解」（九二頁）することはできないであろうと思われる。

しかし、柳田氏の言う「戸等制支配」という概念は単に制度としての戸等の在り方やその機能を示すにとどまるものではなく、宋代の農民支配の基本的性格、とりわけ税役法の性格をも規定する内容が与えられているのである。これが第二の論点となる。たとえば、氏は次のように指摘している。

両税法は国家による私的土地所有の容認の上に立って制定された税制であるが、それはただちに田土そのものの直接的掌握を意味しない。田土を基準とし、田土を直接掌握の対象とするのであれば、何も戸等制という形態をとる必要はないはずである。（九一～九二頁）

両税はいうまでもなく、土地所有の多寡にもとづいて課される土地税であって戸等を基準としていたわけではない。……その両税法は戸等制にもとづいて実施運営されていたのである。両税として、紬か絹か、会子か現銭か、或は、支移の距離、折変率等、何をどのように負担させられるかによって負担に差が生じた。その負担差は戸等によるものであった。同一面積の田土でも、その田土が何等戸によって所有されるかによって負担が異なってきたのである。（九三頁）

見られるように、両税原額は各戸の所有田土の多寡に応じて算出されるが、徴収の際に（支移、折変、倚閣、減免の際に）戸等が介在し、各戸の実質的な負担額は両税原額＋αとなる。＋αの部分はそれぞれ戸等に応じた差となって現れる。それゆえ、両税法は田土の直接掌握とはいえず、あくまで「戸を媒介とする戸等制支配として実現した」（九二頁）というわけである。こうした理解に立って、氏は租調庸制から両税法への移行を個別人身的な丁支配から戸の支配へ、さらに両税法から地丁銀制への移行を戸の支配から田土の支配への、税役法上の支配対象の変化であるとする見方をも提出している。以上のような両税法のとらえ方と税役法の推移に対する理解の仕方が、小山正明氏の見解（「宋代以後の国家の農民支配」一九七五年度歴史学研究会大会報告『歴史における民族の形成』所収、青木書店）と相補的な関係にあることはあらためて言うまでもないであろう。

ところで、私には上述した柳田氏の第二の論点がなかなか理解できないのである。両税法が私的土地所有の公認の上に定められ、両税原額が基本的に――というのは、本書でも指摘されているように地域や時期によって異なる場合があるからなのであるが――田土を基準に算出されたということは氏も認めている（それならば両税は土地税であろうと私は考えるのであるが、それは暫く置くことにしよう）。そして、この両税原額が徴収される段階で支移や折変を通じて、結果として原額＋αとなり、＋αの部分は戸等に応じた差となるということは私にも理解できる。ただ、そのことがなぜ両税は戸を媒介とした賦課であり、両税法は田土の直接掌握を意味しない、という形に論理化、定式化されなければならないのかが私には理解できないのである。「同一面積の田土でも、その田土が何等戸によって所有されるかによって負担が異な」り、それゆえ「両税法は直ちに純粋に土地税として実現したのではない」（九三頁）という論理の組み立て方に重大な一面性があることは、すでに小山正明氏への批判として提出したことがある（拙稿「宋代官田の所謂佃権について―その実体と歴史的位置―」『史朋』五号、一九七六年、の注（31））ので、ここでは再説しない。ここでは、別の角度から両税法と戸等制との関係を問題にしよう。

すでに引用によって示したように、柳田氏は両税法が「田土を基準とし、田土を直接掌握の対象とするのであれば、何も戸等制という形態をとる必要はないはずである」と述べ、また「両税徴収は戸等制を媒介とすることなしには運営し得なかったのではないかとさえ思われる」（六一頁）とも述べている。元代江南の税糧徴収に戸等制が介在した形跡がほとんど全く認められない（第一篇Ⅲ・Ⅳ論文）のはなぜか、という点はいまは問わないとして、それでは「戸等制という形態をとる必要」はどうして生じていたのであろうか。氏はその理由を、両税の賦課対象、賦課形式の問題として、すなわち両税法それ自体の性格に由来するものと理解しているように思われる。しかし、私見によれば、問題はそれほど深刻ではないと思われる。両税法体制下において戸等制が必要とされ、それが様々な形で機能するのは、国家によって収取される税役が、米麦等の土地生産物、銅銭や会子等の貨幣、絹や紬等の家内手工業産品、生の労働力等々多様な形態をとっていたからであろう。基本的に田土を基準とする両税原額は、中央政府や地方官府の必要に応じて一定部分が現物から貨幣へ、あるいはその逆へ、さらに現物から他の現物へと折変される。税が現物であれば州県の倉庫への輸送＝支移が必要となる。役が現物＝生の労働力として徴収されるのであれば、役の軽重に応じて農民に振り分ける必要が生ずる（この場合丁男一人の労働力は均等なものとしてではなく、背後に各戸の土地や資産の不均等性を伴った不均等な量の労働力として把握されている）。戸等はそうした場合に、一定の基準を提供するものとして機能したのである。

しかし、もしかりに、両税や職役が原額算出の際に貨幣形態に一本化され、一律に貨幣形態で徴収されていたとするならば、支移や折変等は必要ではなくなるのであるから、戸等差に応じた負担差は全く認められず、両税法体制下における税役の田土対象という性格は直接的にその本来の姿を現すであろう。宋代の税役が一律に貨幣形態で算出、徴収され、それでもなお戸等差に応じた負担差が生ずるというのであれば、私は柳田氏の主張に同意する。しかし、そうした論理的可能性はおそらく全くない。むしろ逆に、柳田氏自身が指摘しているように、北宋中期の募役法施行後、免役銭が戸等によらずに税銭や苗米頃畝に応じて徴収される傾向を示していること（四一～四三頁）は、上述の私の論点を裏づけるものであろう。有名な北宋中期の人張方平の『楽全集』巻二六「論率銭募役事」に、

　本朝経国の制、県郷の版籍は戸を五等に分ち、両税を以て穀帛を輸し、丁口を以て力役を供す。此れ所謂田より取る者なり。

とあり、柳田氏は傍点部分の引用を省いたまま「両税もまた戸等を媒介としていたことを示す史料」（五六頁）としているが、これは戸等制を設けながらも、両税のみならず職役もまた本質的に田土を基準とする収取であったことを表明した史料なのである。

　さて、以上のように、両税法体制下における税役が戸等に応じた負担額の差として現象することの本質的原因が、収取物の多様な形態に求められるとするならば、つまり収取物が現物形態をとっていたがゆえに「戸等制という形態をとる必要」があったのであるならば、戸等制は文字どおり税役徴収の際に「媒介」機能を果していたのであり、両税や職役の性格自体と直接結びつけて理解されるべきものではないはずである。同時に、以上の理解に立てば、租調庸制から両税法への移行は、賦課対象の丁から田土への変化であり、両税法から地丁銀制への移行は、国家収取の内容が現物から銀形態へと形態転化してゆく過程であると考えられよう。そして、国家収取の内容が現物に大きく依存しているかぎり、戸等制やそれに類した何らかの徴収技術上の制度——南宋の「朱脚・白脚の法」や元代の「鼠尾輪差の法」など——が必要となるであろうし、税役が貨幣形態へ一本化してゆくにつれてそうした制度もその歴史的役割を失ってゆくであろう。

ところで、宋元代の戸等制を柳田氏のように理解するにせよ、私のように評価するにせよ、それはさし当り制度的側面にかかわるものでしかない。戸等制は政治的社会的側面においても検討されなければならないであろう。しかし、この点に関する本書での検討は残念ながら十分ではない。たとえば、柳田氏は戸等制のもつ意味のひとつとして、土地所有の不均等性を前提としつつも「同一戸等に属する戸は同一負担能力をもつ戸として均一的に把握する側面をもあわせもっている」(二五頁)ことを指摘している。また、氏によってはじめて網羅的な検討が加えられた元代江南の戸等制(第一篇Ⅲ・Ⅳ論文)の結論部分では、元代における戸等制の衰退化現象を指摘しつつも、「元朝は、結局、中国の農民支配に宋代以来の戸等制を継承することによって、はじめて郷村支配を貫徹し得たのである。言葉をかえていえば、中国農村社会は、モンゴル的支配をうけつけようとはしなかったのである」(一六八頁)との評価が加えられている。それでは、宋朝はなぜ形式的ではあれ戸等制による農民諸階層の負担の均一化という政策をとらねばならなかったのであろうか。元朝はなぜその郷村支配に宋朝の戸等制を継承する必要があったのであろうか。われわれは戸等制を必要とした社会的背景、戸等制の担った政治的意味を知りたいと思う。この問題に対する柳田氏の今後の研究に期待したい。

三

続いて、中小土地所有者層――柳田氏はしばしば「自作農」と呼んでいるが――の位置づけ、郷村の社会構造と国家支配との関係がどう扱われているかに目を転じよう。対象となるのは第二篇および第三篇所収論文であるが、農民諸階層の実態を分析した第二篇所収論文はかつて論争の的となったものもあるものの(第Ⅳ論文参照)、すでに古典的作品として常に顧みられるべき地位が与えられており、私がことさらに論評する必要はないであろう。それゆえ、ここでは第三篇における柳田氏の達成を検討することにしたい。

第三篇のⅠ「郷村制の展開」では、第一篇で主に制度史的に論じられた「戸等制支配」が現実に郷村を場としてどう展開していったのか、第二篇で個別的に検討された農民諸階層がどのような社会的諸関係を取り結んでいたのかが分析されており、本書の構成上からも内容的にも結論部分に相当する位置が与えられている。考察の対象は江南の水利田地帯であるが、氏によれば、江南の郷村社会は次のような構造と性格をもっていた。

地主的大土地所有が、すでに分散化した耕地片の集合的形態をとり、あるいは、一円的に集中化されていても、その内部における小作関係が、零細な小耕地片の分散小作形態をとっている以上は、灌漑・排水等をめぐる労働も、地主・佃戸間のみでなく、中小土地所有者をも含めて地縁的な関係をもたざるを得ない。これは、地主の側から見れば、そのような共同体関係こそが、自らの土地所有を可能とする基礎的条件でもあった。圩田・囲田・陂塘・堰埭等の隄防修築や、また灌漑・排水等が、圩長等を中心とする共同作業として進められ、その作業を通して、地主層を中軸として、上戸・下戸・佃戸をかかえこんだ地縁的関係が形成された。（四〇二頁）

圩長・陂長等は、上等戸・大田戸等地主層から選ばれ、村は、地主層を軸とした上下の階層分化を伴いながら、再生産維持の自律的性格をもった。（同上頁）

こうした自律的性格をもった郷村社会とその支配層としての地主の存在とをふまえて、朱子の社倉法や元朝の社制が実施されたことも指摘されている（四〇四〜四〇八頁）が、一方、国家は「このような下から形成されてきた村落」「下から生まれてきた関係を、上からつくり出されてきた行政組織が取込んで行」く（四〇三頁）という形で編成したことも指摘されている。

率直に言って、本書を通読して第三篇のこうした叙述に出会った読者は、柳田氏の構想する宋元郷村社会が果してどのような具体像を結ぼうとしているのかについて、ある種のとまどいを覚えるのではなかろうか。というのは、ここで描き出された郷村社会は、地主層を中軸とし中小土地所有者をも組み込んだ自律的な地縁的共同体社会であるが、第一篇での郷村像は、中小土地所有者のみならず地主やその支配下の佃戸をも戸等制・主客戸制に編成した国家の農民支配の場としての郷村だったからである。第一・二篇において柳田氏が最も強調してきたのは、「唐末以降、均田制の崩壊過程において、あらたに登場してきた大土地所有者層は、分解してくる均田農民を全面的に佃戸として、その土地所有内に吸収することに失敗し、全国的な規模での荘園制社会を形成し得なかった。郷村には、大土地所有者の支配に組込まれない多数の中小土地所有者層が広範に存在していた」（三七七頁）ことであり、宋朝権力はこれら中小土地所有者層を支配基盤とし、「基本的には土地所有の多寡を基礎として農民を戸等に編成し、階層的に構成し、その階層性にもとづいて郷村支配の貫徹をはかった」（二三頁）ことではなかったか。地主の在地支配の場としての郷村と、国家の農民支配の場としての郷村とは、柳田氏の中でどう整合的にとらえられているのであろうか。

私は宋元代の江南農村社会に、柳田氏が構想するような地縁的共同体的関係が成立していたという事実認識自体に疑問を抱いているが、それは実証のレベルに属する事柄であり、ここはその当否を争う場ではない。むしろ、ここで指摘しておきたいのは、上述した郷村社会のイメージの分裂は、おそらく本書を貫く氏の視点と深く関係しているであろうということである。氏は本書の中でしばしば地主佃戸制が当時の基本的生産関係であると言明している。しかし、氏が最も強調し本書の基調に据えられているのは、地主支配下に佃戸として取り込まれなかった中小土地所有者こそが専制支配の基盤であったという点である。したがって、われわれ読者は必然的に、国家対中小土地所有者と地主対佃戸というふたつの対抗関係が宋元社会の基本的構造をなしていたというイメージを与えられることになる。しかし、このふたつの対抗関係が相互にどのような構造的関連を有していたのか、それが歴史的にどう展開してゆくかについての具体的な説明はなされていない。第三篇で一部分試みられたその検討は、かえって上述のごとき分裂したイメージを残す結果となっている。かつて私は柳田氏の旧稿に接した際に、おそらく氏は、地主＝佃戸の関係と国家＝小農民の関係の二重の経済構造を構想しているものと予測していた。そして、私の予測は本書において明確に表現されるであろうと期待していたのであった。しかし、本書においても、国家対中小土地所有者の関係は生産関係であるとは語られてはいない。中小土地所有者は、国家的諸負担の主要な担い手であり、一方的に支配を受ける対象として設定されているにすぎないのである。果して、柳田氏が指摘するように国家対中小土地所有者の関係が宋元代の専制支配の基礎であるとするならば、それは歴史的にいかなる関係として規定されるべきなのであろうか。その時、国家とは、中小土地所有者とは、いかなる存在なのであろうか。基本的生産関係とされる地主佃戸制とは別個の所に支配基盤を置く国家とは、一体いかなる国家なのであろうか。

以上は、おそらく本書に残された最も大きな課題であろう。ただ、郷村社会における具体的な社会的諸関係や権力構造、農民の再生産構造、そして国家権力の性格といった問題は、周知のように宋元代史研究の中で最も蓄積の少ない分野のひとつであり、本書に残された課題は柳田氏のみならずわれわれの課題でもあることを銘記しておかねばならない。

『宋元郷村制の研究』という標題にも示されているように、本書は、国家権力の性格を扱ったものではなく、国家支配の性格を分析したものである。先に記したように、柳田氏の究極的な関心が国家と国家権力に置かれているとするならば、本書は氏の研究の前半部に相当する。後半部である国家の問題を柳田氏が近い将来明瞭な形で提示されるであろうことを期待して、疑問点の提出のみに終始した拙い書評を終えたいと思う。

（創文社、一九八六年二月刊、Ａ５判、四二八頁、七五〇〇円）

付録二　書評　柳田節子著『宋元社会経済史研究』

本書は、四〇数年前から今日に至るまで、たゆまず真摯に研究活動を継続されている柳田氏の論文を集めて昨年一〇月に上梓されたものである。第一編「宋代土地所有制と専制支配」、第二編「宋元史諸論」に一三編の論文が、第三編「宋元史研究の動向」には学界動向や書評合わせて一一編が収録されている。まず本書の構成を示しておこう。

IX　宋代都市の戸等制

第二編　宋元史諸論

I　南宋期家産分割における女承分について

II　宋代の女戸

III　元代女子の財産継承

IV　元朝治下中国農村社会における回民

第三編　宋元史研究の動向

I　宮崎史学と近世論

II　周藤吉之著『唐宋社会経済史研究』

III　宋代佃戸制の再検討—最近の草野靖氏の見解をめぐって—

IV　草野靖著『中国の地主経済—分種制』

V　吉岡義信著『宋代黄河史研究』

VI　中国史研究会編『中国史像の再構成　国家と農民』

VII　谷川道雄著『中国中世社会と共同体』

VIII　愛宕松男著『東洋史学論集』第四巻　元朝史

IX　一九五〇年代の中国における宋代土地制度研究—華山「関于宋代的客戸問題」を中心として—

X　一九七〇年代の中国における王安石評価をめぐって

XI　一九七〇年代の中国における宋代農民戦争研究—方臘起義を中心として—

事項索引、人名索引（日中論文筆者）、人名索引（宋元代）

一

柳田氏には一九八六年に上梓された前著『宋元郷村制の研究』（創文社）があり、前著に収録されなかった論考が本書に収録されている。ただし、そのすべてではない。氏の最近までの全業績は『学習院史学』三〇号（一九九二年）、『柳田節子先生古稀記念　中国の伝統社会と家族』（汲古書院、一九九三年）の「業績目録」によって知ることができるが、それを見ればまことに多くの仕事をされたものだという思いを新たにする。また氏に捧げられた右の記念論集の出版自体が、氏の学界に対する貢献と人々の尊敬の証であると言えよう。そこには内外の、宋元時代の枠を超えた多くの研究者が寄稿しているのを見ることができる。前著に続いて氏の代表的な論考が一冊に纏められたことをまず喜びたいと思う。

さて、本書所収論文の執筆意図は著者自らが「まえがき」で明快に述べている。柳田氏が研究生活を開始したころ、周藤吉之・仁井田陞氏と宮崎市定氏との間に唐宋変革をめぐる論争、とりわけ私的大土地所有とその経営形態としての佃戸制をめぐる論争があった。これらの論争と、それに対する疑問とが氏の研究方向を規定した。氏の出発点およびその後の課題は、第一に、地域的な差異に注目すること、第二に、国家権力に対する視点を持つこと、第三に、戸等制支配に組み込まれていた自作農ないし中小土地所有者に注目すること、第四に、地主、佃戸、自作農が取結ぶ共同体やその行政的表現である郷村制を検討すること、第五に、商品経済や商業の果した役割の解明、この五点であったといわれている。このうち、第三、第四の課題は前著によって考究されており、本書第一編には第一、二、五の課題に関わる論考が収められている。

第二編所収の女子の財産権に関わる論考は、中国女性史研究会の活動の中で触発されたもの、回民に関する論考は一九八〇年の中国旅行で見た多くの回民食堂が研究の契機であったという。

第三編は書評と学界動向であるが、氏自身の言葉によれば「或る意味では論文執筆よりは、はるかに緊張感を味わい、身構えて書いたものばかりである」という。一九八〇年代以降、中国への渡航や留学が容易となったが、敗戦後から中国の文化大革命終息までの長い間、中国を研究対象としながら中国の地を踏むことのできなかった世代の思いが込められたのが最後の研究動向で、「やるせない思いを込めて書いたものである」という。

さて、本書所収論文は書き下ろしの「元代女子の財産継承」を除いて、いずれもかつて発表されたものばかりである。私が宋代史の研究を志した一九七〇年代中頃には、周藤、仁井田、宮崎といった人々の見解は大方出されており、当時はそれらに対する検討、批判、そして新たな模索の時代であった。その中に柳田氏がいた。私は本書を手にして、かつて柳田氏の論文を読み、それに学びながら宋代の社会を思いやった当時の自分をも懐かしく思い出す。佃戸制の研究などほとんど目にすることのない昨今であればなおさらである。

ところで、はじめて本書を手にしたとき、論文標題を見てこれは過去に発表されたままの論文集であろうと思いなしていた。ところがそうではなかった。実際に原発表の論文と引き比べてみると、表現や体裁の統一に止まらず、文章や史料の削除、付加、構成の変更、注記の増加といった箇所が少なからずあることに気づかされる。本書の場合論旨の基本に関わる点での大幅な変更はなく、またこうした論文集として出版される場合には補訂を行ってより完成度を高める努力がなされることは歓迎すべきことではあるが、それにしてもその旨「まえがき」なりで明言されるべきではなかったかと思われる。というのは、たとえば各論文の末尾には原掲載誌と掲載年が記されているが、掲載年以降に発表された研究論文が本文の注の中に出現したりする。それらは「追補」「補注」と明記してある場合もあるがそうでないものもある（たとえば一六五頁注三二）。また、第一編第Ⅳ論文の末尾には「学習院史学」三一号が原掲載誌であると記されているが、そこにあるのは「宋代の農家経営」と題する講演記録であって、本論文の体裁に近いのは『中国の都市と農村』（汲古書院、一九九三年）所収論文「宋代農家経営と営運―家業銭に関連して―」である。しかも本論文と原論文とでは内容・構成が大幅に異なっている（この論文の出入が最も大きく、他はおおむね改訂部分が少ない）。こうした論文集が出された場合、常識的に考えてのちに出されたものを確定稿と見るべきであろうが、補訂や書き直しについては、やはり一言欲しかったという気がする。

二

以下各論文の簡単な紹介に移ろう。評者の関心が強い部分については批評や感想も加えておきたい。

まず第一編所収論文から。ⅠはⅤとともに佃戸制に関する氏の代表的な論文である。Ⅰでは地域差という考え方を導入することによって、先進地（狭郷）と辺境（寛郷）との佃戸制の差異、特に隷属性の強弱と農民の地主や国家に対する抵抗の違いを説いたものである。Ⅴは、公権力の側に視点を置き、それが地主佃戸関係の中にいかに関わっていたかを検討したものである。これらは地主佃戸関係自体の分析からその性格を論じてきた従来の研究に対して、あるいは地域差を、あるいは国家権力の関わりを強調した点で新たな問題を提起し、以後の地域史研究への先駆け的役割も果した労作である。柳田氏の研究は前著にも見られたように、地主佃戸関係を基本的生産関係としながらも、中小土地所有者層に注目し、それらに対する国家支配を視野に入れたという点で新しさがあったと思われる。そうした観点はⅥにも強く現れている。

いまここで、戦後の長期にわたる豊富な宋代土地所有制の研究史を振り返る準備も余裕もないが、一例を挙げれば、かつて宋代の佃戸制は契約的か身分的隷属的かをめぐる論争があった。宋代の佃戸が地主と契約を結んでいたことは疑いない。問題は契約の中味だという仁井田氏の主張にも道理があると思われる。しかしいま重要なのは、なぜ当時に契約という行為が必要とされたのか、その背景ないし社会的条件の説明であろう。また契約によって結ばれる地主佃戸関係が、一方で疎遠な全くの経済関係として現れ、一方で奴隷的な身分関係となって現れるのはなぜかということであろう。それは時には地域差として説明することが可能である。しかし、柳田氏自身が指摘されるように、同一地域にふたつの対極的な佃戸像が同時に現れてくることもあるのである（二九頁の追加記述のように）。地主佃戸関係が社会を規定しながら、一方で地主佃戸関係が成立している社会の性格や構造によっても地主佃戸関係の性格が規定されるのであるならば、今後解決されるべき課題はなお多くかつ大きいように思われる。

ⅡとⅢは、地客、雇傭人、奴婢等の法身分を検討したものである。主に批判の対象になっているのは評者すなわち私の見解である。私の主張はおよそ以下のごとし。宋代には良賤制はほぼ消滅し、新たに佃客と雇傭人の法身分が創設される。佃客・雇傭人ともに良民である。雇傭人の身分は長期の雇傭契約や人身の質入契約を直接の契機とし、佃客の場合は小作契約である。地客とは本来雇傭人身分の者が小作関係に移行したのであって、身分としては雇傭人身分であった。

これに対して、柳田氏によれば、地客は雇傭人身分ではなく、佃客の範疇にはいる。一方雇傭人には二種類があり、ひとつは良民でありかつ身丁税等の国家負担のあるもの、ひとつは新たな「賤民」である奴婢で、これには人力・女使も含まれ、国家的負担のないものであるという。これに従えば、宋代の賤民には二種類あり、ひとつは犯罪没官等による伝統的奴婢、さらに雇傭人身分と従来言われてきたところの人力・女使などの新たな賤民である。この二種類には階層差があったのかどうか、すなわち前者には伝統的な奴婢に関する法が適用され、後者にはいわゆる雇傭人法が適用されたということであろうか。あるいは両者ともに雇傭人法が適用されたのであろうか。氏の語り口からすると後者のように読めるが、であれば、宋朝はなぜそうした新たな賤民制度を創設したのであろうか。あるいは宋朝は雇傭による良民の賤民化をなぜ容認したのであろうか。唐宋の間の身分制度の変化の説明が是非欲しい。

問題はさらにある。国家的負担のある雇傭人は、身分的にはどう扱われていたのか。氏は「佃客の方に入っていたのではないだろうか」（七八頁）と言われるが、この点に関する論証は全くない。日雇いや短工も佃客と同じ法身分であったとは信じがたい。明代の奴婢や雇工人との関連はどうなるのかという疑問も残る。また賤民は国家的負担がなかったという主張にも論証はない。七九頁に引く『長編』の記事が唯一の史料だが、これも「僮奴になれば身丁銭がかからなかった」ことを示すものではない。身丁銭を免れたのは「民」すなわち子供を売って僮奴となした親の側であって、売られた僮奴に身丁銭がかからなかったとはどこにも書いていない。氏の所説が成立するためには、右の二点に関する論証は是非必要であろう。

柳田氏の批判で私が承認しなければならないのは、犯罪没官の奴婢が民間に流出した場合があったという指摘である（七六頁）。これは中国の王曾瑜氏にも指摘があって、根拠となる史料は同一であるが、しかしそれで宋代の民間の「奴婢」一般を説明するには例証が少なすぎるという気がする。ましてこうした伝統的奴婢と人力・女使が同一の身分だとは考えがたい。

地客について、柳田氏は地客の佃客と共通する租佃形態を重視され、これは佃客身分だとされるが、清代の汪志尹『荒政輯要』巻三「査賑事宜」には「業戸之田、類多佃戸代種。内如本係奴僕雇工、……如係専靠租田為活之貧佃、……」とあって、佃戸には奴僕・雇工の身分を持つものとそうした身分を持たないものの二類型が見られる。存在形態が直接身分を表示するわけではない。小山正明氏の明代の世僕の身分と存在形態に関する研究もこの点で参照に値しよう。

宋と明清で中国人の身分観念が大きく変わったという研究はないようであるから、明清代を視野に入れることは有意義だと思われる。またこれに関連して、やや迂遠になるが私自身の見聞を紹介しようと思う。私が小学生の頃、すなわち一九五〇年代の東北宮城の山村には地元の人々が「ソンゾグドリ」と呼ぶ労働者がいた。おそらく「相続取り」であろう。農家の次男三男が付近の富裕な農家に若くして住み込みで働き、成人に達すると主人によって結婚をさせてもらい、主人の家の近くに家屋と若干の土地を分けてもらって独立するのである（独立せず一生住み込みの者もいた）。独立後も主人の家で賃労働をし（戦前なら小作も）、農繁期や冠婚葬祭の際には無償で労働奉仕をするというものであった。契約書を立てていたかどうか私は知らない。近所で最後の「相続取り」となった人は、私より五歳ほど年上の人であったから、戦後もこうした労働形態が残っていたのであり、戦前はもっと多かったと聞く。問題はなぜこうした労働形態が存在したかである。当時の東北の農村には、農業以外に就業のチャンスがきわめて少なかったからである。富裕な農家、戦前ならば地主は、小作人を募ることも、季節的な労働力を農民から集めることもできたのであり、もとよりそうした存在は多かったのであるが、家内労働（たとえば牛馬の世話）を行わせつつ、手作り部分について恒常的に労働力を確保するには「相続取り」が最も適合的だったのであろう。「相続取り」の側からすれば、農業以外に就業の機会がなく、当時の家督相続制によって実家の家産を承け継ぐ可能性もなく、生涯にわたる生活の保証を得るためには、こうした労働形態が最も安定したものと映ったのであろう。こうした労働形態はなぜ消滅したか。富裕な農家がたとえば機械化によって労働力を必要としなくなったからではない。農業の機械化が進行する前に、近郊の小都市や大都市が農村の労働力を必要とし始めたからである。この「相続取り」は宋代の地客、明清代の世僕を髣髴とさせるように思うが、いかがであろうか。

こうした、まるで「見てきたような」形で宋代の地客あるいは佃戸制を説明できないものかと思う。佃戸制自体に埋没せずに、柳田氏が試みたように、地域差を考えること、国家権力と地域社会の関係あるいは国家の農民支配の特質を考えることは重要なことであり必要なことである。それと同時に、繰り返すことになるが、宋代の佃戸制はどのような社会的条件の中に存在したのか、なぜ宋代に佃戸制が発展していくのかという問題、あるいは地客の法身分も重要であるが、なぜ地客のような労働者が必要とされかつ存在したかという問題をも考えるべき段階に来ているように思われる。

Ⅳは、農民層における商業行為の実態を検討したもので、当時の流通経済が農民の上層と下層とで相反する作用を持ち、両者の矛盾を促進したこと、および貧窮農民の生計に占める商業行為――といっても零細な商いがほとんどだが――の重要性を指摘し、一口に農民という概念では捉えきれない生計の多様性を指摘した点で誠に興味深いものである。現在でも余剰生産物を自由市場に運び、季節的な賃労働に従事しつつ農地を耕す農民は多く見られ、かつ農家の老人達が道ばたで些少の商品を並べて日銭を稼ぐといった光景もありふれたものであるが、それらを想起させるものがある。

Ⅶは法的には禁止されていた官僚の商業行為を論じたもの。彼らは富商と結びつき、政府が掌握する流通機構に寄生して遠隔地商業で巨利を博していた。こうした実態も、現在の中国社会が抱える問題と通底するものがある。

Ⅵは官田経営と形勢戸、さらには専制支配の基盤を検討したもので、国家は剗佃によって形勢戸の土地冒占を規制し、支配基盤たる中小土地所有者の確保をめざしたこと、同時に形勢戸に依存せざるをえない二面性を持っていたことが主張される。

Ⅷは宋代の県尉が、本来の職務であった捕盗のみならず、現実には土地問題に関与していた実態を明らかにしたもの。実態説明としては興味ある事実だが、ただその意味については慎重に発言が抑制されている。

Ⅸは都市の戸等制を論じ、戸等制の基準や機能を詳細に明らかにしている。前著を補う論考である。

つぎに第二編所収論文について。Ⅰは、明版の『清明集』を用いて、改嫁の際にも自分名義の財産を自随してゆく例が多いことや、「在法、父母已亡、児女分産、女合得男之半」という所謂女子分法の存在など宋代の女子に一定の財産権が認められていることから、「当該社会において女子がおかれていた法的・社会的・経済的諸制約を充分に承知の上で、なお且つ、一定の女子財産権として積極的に理解し」（二三八頁）、そうした女性の財産に対する権利が明代以降低下してゆくのではないかと論じる。周知の仁井田・滋賀論争以来の女性の財産権の問題に新たな論点を提出したものである。

Ⅲはそれを承けて、元代の状況を検討したもの。元代には寡婦の改嫁の際、法としては粧奩の自随は許されなかったが、妻の財産は家産分割の対象とはならず、夫死亡後は女戸を立てており、これらは宋制を引き継いだものであるとされる。戸絶の場合は宋制と異なり、女子の成人を待って戸を復活することがあったという。ただし、二六五頁に引く『元典章』の記事によって二六六頁で「十歳以下の男女が残されて戸絶となった場合」と言うのは戸絶の概念を誤っており（男子があれば戸絶ではない）、同じく「男子の場合には、……妻を娶り、或は十五歳以上になれば、没官財産はすべて、もとに戻され、従って、戸絶は解除されて、戸が復活するらしく、元の戸絶とは暫定的なものであったらしい」と述べる部分なども、戸絶ではなく検校財産の取扱いに関わるものである。史料の標題は「絶戸卑幼産業」だが、内容としては氏の付された番号の（二）以下はすべて戸絶とは無縁である。

Ⅱは宋代の女戸について、その戸数、財産所有の実態、立戸の条件等を検討したもの。必ずしも寡婦が女戸の立戸の条件ではなく、女子分法によって父の財産を承け継いだ在室女や離婚によって夫の財産を受け取った女も女戸を立てえたのではないかと推測するなど、Ⅰ・Ⅲ論文と同じく女性の財産権という視点から問題が考察されている。事実や実態の解明という点では、他の諸論文と同じく多くの部分で学ぶべきものが多いが、女戸を女性の財産権の問題に引きつけすぎではないかとの印象を受ける。宋代の戸籍における財産の把握状況はなお不明な点が多く、戸籍上の筆頭者が数代前の先祖（多くは官戸）で、家産分割後もそのままにしておく例もある。今後女戸も含めて国家の人戸と財産把握の実態がより明確になることが期待される。

さて、以上の内、IとⅢの間にはやや抵触する論述が見られる。Iにおいて柳田氏が論証したのは、寡婦が改嫁する際に粧奩田や自分名義の財産を持ち去っていたという事実であった。それは判例等によって確かに承認されうることである。また元代に到ると、大徳七年にこれが法的に否定されることも事実である。ところが氏は、永田三枝氏がそれ以前には持参財産の持ちさりを禁止する法文が存在しないことをもって「持参財産の持去りは北宋・唐代以前からずっと存在していたものと考える方が自然ではなかろうか」（「南宋期における女性の財産権について」『北大史学』三一号、一九九一年）と述べたのに対し、「少なくとも、法文上、南宋と元との間に変化を認めるのは無理があるように思われる」、「禁止令は、遡って南宋代にも存在した」と反論している。しかし、改嫁の際に持参財産の自随を禁止した南宋代の法文は柳田氏によっても示されてはいない。二六二頁に引く『清明集』に「婦人随嫁奩田、乃是父母給与夫家田業、自有夫家承分之人、豈容捲以自随乎」（標点は柳田氏）とある部分を、氏のように「自随」する対象は「随嫁奩田」であると解釈したとしても、これは法文ではなく判者の評言でしかない。また「自随之産、不得別立女戸、当随其夫戸頭、是為夫之産矣」（二五三頁所引『勉斎集』）も、持参財産では独立の女戸を立て得ず、夫の家産に組み込めという趣旨の法であって、改嫁の際に持ち去ってはいけないという意味まで読みとるべきではないであろう。仮に、柳田氏の言うとおり、元・明代と同じく南宋代にも持ち出し禁止令が存在したとすれば、氏のIの論考は、それにもかかわらず、南宋代には事実として持ち出すことが多かったということの指摘にすぎなくなるのではないか。明代に持ち出すことが多かったかどうかの論証はまだないようであるから、南宋代の女性の財産権を肯定的に評価する氏の所説は説得力を著しく欠くことになろう。永田説批判に急ぐあまり自説をも否定しかねない結果に陥っているように思える。粧奩田が夫の家産に組み込まれるのは、税役負担と関係があると思われるが（独立の戸を立てれば夫の家の戸等は下がるから）、それでも夫の家の未分割の財産とは区別する意識が働いていたし、氏自身が論じるように、持参財産は南宋・元代ともに夫の兄弟による家産分割の対象から区別されている。法と現実、あるいは公法と私法の関わりが今後より究明される必要があると思われる。

Ⅵは、『元典章』巻四一刑部三、謀反「乱言平民作歹」を手がかりに、福建農村の漢回関係を分析したもの。「農村に居住し、日常的に漢人農民と接触していた回教徒たちは、自らは被支配者層でありながら、漢人たちからは、支配者層につながる存在として受けとめられるという、矛盾の中に身をおいていたのではないだろうか」（二九〇頁）という指摘が興味深い。

第三編所収の論考は書評と学界動向であるので、紹介と批評は差し控えたい。ただこれらの論考は、当時において貴重な役割を果したものであり、私個人としても多くを学んだものばかりである。書評は学界における問題の所在や研究の方向性を示したものとして、研究史を回顧する際には今後とも参照され続けるであろう。また中国学界の研究動向紹介も根気のいる仕事で、読者としては有りがたいものである。

最後に、気の付いた点をいくつか記したい。一六〇頁八行目は「宋王朝権力と形勢戸層との関係」か。二五四頁の『宋刑統』は「…而脱者、又減三等、…」であろう。二六九頁七行目は「…別に応継の人なければ、官収めて孤貧を養済す、…」であろうし、二七〇頁三行目も「…議して官物と作し、収めて孤貧を養済すとし難し」であろう。二六七頁の史料六行目は「官、為めに知す」ではなく「知在」（留め置く）ではなかろうか。

以上、評者の関心のある点についてのみ批評を加え、氏の研究を評価し宣揚すること少ない結果となってしまった。しかし柳田氏はすでに宋元時代史研究で定評を得た研究者である。こうした研究者の仕事に対しては批判を通じて継承するのが礼儀であり研究の進歩にもつながるであろう。柳田氏のご寛恕を乞うとともに、一層のご健康をお祈りします。

（創文社、一九九五年一〇月刊、Ａ５判、四九五頁、九二七〇円）

あとがき

本書所収論文の初出は以下のようである。本書に収めるに際して、全体の体裁を統一し、明確な誤りは正し、若干の史料を補充し、一部の表現を改めたが、第四章と第七章の一部を除いて、論旨に大きな変更はない。旧稿を書き改めた部分および旧稿に追記すべき論点については、各章末の《補記》に記した。第七章の付論と付録一、付録二は特定の論文と著書を批評したものであるため、誤字・脱字を正し体裁を統一した以外に手を加えることはしなかった。

第一章　宋代主客戸制と戸名―戸籍法上の取扱いを中心に―
『集刊東洋学』三三号、一九七四年

第二章　宋代官田の所謂佃権について―その実体と歴史的位置―
『史朋』五号、一九七六年

第三章　宋代官田の「立価交佃」と「一田両主制」
『東北大学東洋史論集』四輯、一九九〇年

第四章　宋代浙西デルタ地帯における水利慣行
『北海道大学文学部紀要』二九巻一号、一九八一年

第五章　宋代の抗租と公権力

宋代史研究会研究報告第一集『宋代の社会と文化』汲古書院、一九八三年
第六章　中国史における窃盗罪の性格―宋代以降の身分制史研究の一素材―
名古屋大学環太平洋問題研究会編『環太平洋問題研究』名古屋大学環太平洋問題研究会、一九八八年
第七章　務限の法と茶食人―宋代裁判制度研究（一）―
『史朋』二四号、一九九一年
付　論　植松正著「務限の法と務停の法」
『法制史研究』四三号、一九九三年
第八章　名公書判清明集
滋賀秀三編『中国法制史―基本資料の研究―』東京大学出版会、一九九三年
第九章　親を亡くした女たち―南宋期におけるいわゆる女子財産権について―
『東北大学東洋史論集』六輯、一九九五年
第十章　明律「威逼人致死」条の淵源
『東洋学報』八一巻三号、一九九九年
付　論　漢唐の間における自殺誘起罪の痕跡―明律「威逼人致死」条の淵源・その二―
研究代表者津田芳郎『宋～清代民事法の研究』平成一〇年～一二年科学研究費補助金基盤研究（C）
（2）研究成果報告書、二〇〇一年
第十一章　歴史上の宋江について―研究史的回顧―
研究代表者安田二郎『中国における歴史認識と歴史意識の展開についての総合的研究』平成四・五年

度科学研究費補助金総合研究（A）研究成果報告書、一九九四年
第十二章　明代徽州府休寧県の一争訟―『著存文巻集』の紹介―
『北海道大学文学部紀要』四六巻二号、一九九八年
第十三章　中国における人民調解委員会―上海市青浦県朱家角鎮の場合―
森正夫編『江南デルタ市鎮研究―歴史学と地理学からの接近―』名古屋大学出版会、一九九二年
付　録一　書評　柳田節子著『宋元郷村制の研究』
『歴史学研究』五七〇号、一九八七年
付　録二　書評　柳田節子著『宋元社会経済史研究』
『史学雑誌』一〇五編八号、一九九六年

一九六八年に私は宮城県北部の山村から仙台に出て東北大学文学部に入学した。当時は「大学紛争」の真只中で、一年目は正規の授業の半分ほどが行われただけであり、二年目は四分の一ほどが行われたにすぎなかった。私はアパートで麻雀を打つか本を読むかの生活を送っていた。学部へ進学してからも勉学への意欲はほとんど持てなかった。一九七二年に東北大学大学院文学研究科へ進んだのは、ただに就職口がなかったからである。修士課程の二年間はそれでもいくらかの勉強はした。一九七四年に博士課程に進学したときには、ここまでくれば研究者としてやってゆくしかないだろうと一応の覚悟を決めていた。それから四半世紀余りの時間が過ぎた。この間に書いた論文は、その一半を昨年の二月に『宋-清身分法の研究』と題して北海道大学図書刊行会から出版したが、残りの一半を今回ここに出版することができたのは、ひとえに汲古書院の坂本健彦、石坂叡志両氏のご厚意によるものである。昨今の出版事情

を思えば、ただ深く感謝申し上げるほかない。

私が在学当時、東北大学文学部には元朝史の愛宕松男先生、イスラム史の佐藤圭四郎先生（先生の演習は中国史に関わるものであった）、明清史の寺田隆信先生がおられた。先生方には授業を通じて、また論文提出後の口述試問等の場において厳しくご指導いただいたが、遺憾ながらいまに至ってもご指導に沿うような成果を上げることができずにいる。また劣等生の私は、普段、先生方には近寄りがたい思いを禁じえなかった。それゆえ日常的に初学者でも知っていそうなことを教えていただいたのは大学院生の方々であった。東洋史学の高橋継男氏（現東洋大学）、目黒克彦氏（現愛知教育大学）といった諸先輩が私の事実上の指導教官であった。博士課程の一年目に松風寮という大学の寮に住んだが、同部屋の住人は上里賢氏（現琉球大学）であった。沖縄出身の上里氏は細かいことに拘らない磊落な性格で、毎夜一一時半には彼と近くの赤提灯に行くのを日課としていた。こうした人々との交流は、私にとって大きな心の支えとなっていた。

本書の第一章は東北大学大学院に提出した修士論文を基にした私の最初の論文である。一九七四年の暑い夏に、上記の松風寮で執筆していた当時の記憶はいまでも鮮明に残っている。その年の秋に、北海道大学文学部（東洋史学第一講座）から助手に採用する旨の通知をいただき、私は幸運にも翌年四月から給料がもらえる生活に入った。当初、論文一編しか持たなかった者としては、助手としても将来の研究に対しても不安が大きかったが、菊池英夫先生および私と同時に赴任された濱島敦俊先生の演習に参加させていただき、助手ではありながら一面大学院生としての生活が始まった。当時北大の東洋史学関係の教官には菊池・濱島両先生のほかに、第二講座にインド史の高畠稔氏（現名誉教授）、トルコ史の小山浩一郎氏（現国士館大学）、イラン・イスラム史の北川誠一助手（現東北大学）が、共通講座には北東アジア史の菊池俊彦氏、中国近代史の中井英基氏（現筑波大学）が在職されていた。中国史を専攻する院生には、三木聰氏（現北海道大学）、友永植氏（現別府大学）、北田英人氏（現高崎芸術短期大学）、塚田誠之氏（現国立民族博物館）等が在籍されていた。北海道大学文学部は充実した研究環境であった。結局北大には八年間助手として勤務したが、この間に発表したのが本書の第二、四、五章の論文である。

一九八三年四月に名古屋大学教養部に採用され、専任講師として赴任した。教養部には多彩な分野の研究者がいた。歴史学担当教官には日本近世史の伊藤忠士氏（故人）、北欧史の熊野聰氏、日本中世史の小田雄三氏等がおられた。教養部の教官は分野に応じて各研究科の演習を一コマ担当することになっており、私も文学研究科のそれに加わった。当時名古屋大学文学部には明清史の森正夫氏（現愛知県立大学）、中国古代史の江村治樹氏、インド史の重松伸二氏（現三重県立看護大学）、唐・五代史の伊藤宏明助手（現鹿児島大学）がおられた。中国史専攻の院生には、小林義廣氏（現東海大学）、井上徹氏（現大阪市立大学）、吉尾寛氏（現高知大学）、葭森健介氏（現徳島大学）、高木智見氏（現山口大学）等が在籍されており、私の演習に参加した院生には、山田賢氏（現千葉大学）、戸田祐司氏（現静岡精華短期大学）、山本進氏（現北九州大学）、伊藤正彦氏（現熊本大学）等がおられた。名古屋大学もまた活気に満ちた研究環境ではあったが、それにしても北国育ちの私には名古屋の夏はまことに耐えがたいものがあった。夏季休暇が必要との認識はこの地で実感した。本書の第六章および付録一は、この間に発表したものである。

一九八九年、昭和が終わって平成と年号が替わった年の四月に私は再び北海道大学へ赴任することになった。菊池英夫先生が中央大学へ転出されるのと入れ替わる形であった。それからすでに一三年の歳月が過ぎた。教官の構成も組織も大きく変わった。本書の第三、七（および付論）、八、九、十（および付論）、十一、十二、十三章、付録二はこの間に発表したものである。

名古屋大学在職中の一九八四年から翌年にかけて一年間中国政府奨学金留学生（高級進修生）として中国復旦大学

への留学を許された。北海道大学へ再度赴任したのちにも、一九九四年から翌年まで一〇ヶ月間日本学術振興会特定国派遣研究者として中国社会科学院経済研究所への留学を許された。同僚の方々には大きなご迷惑をおかけする結果となった二度の留学は、しかし私にとっては大きな研究上の意味を持った。宋代から千年以上を隔てた時点での中国ではあるけれども、そこはやはり中国であり、中国人が暮らす土地である。中国の歴史と文化、あるいは伝統と変革といった問題を、肌身で感じつつ考える機会を与えられたことに感謝している。

各種の学会や研究会も新鮮な学問的刺激を受ける場であった。特に宋代史研究会（かつて「若手」の二字を冠していたことを思えば、苦笑を禁じえない）、明清史夏合宿の会、中国史研究会では多くを学んだ。

これまでなんとか研究を続けてこられたのは、家族の支援はもとより、先生方や先輩、友人の方々のおかげである。また論文を通じてしか存じ上げない国内外の研究者の方々からも多くを学んだ。優れた研究、秀でた研究者に接することが、才能に恵まれない者により高いレベルに達したいという意欲をもたらす源泉であった。これまでもそうであったが、学界の片隅に身を置けた幸せをいまでも感じている。また、すでに健康の面でも知力の面でも衰えを実感する年齢に達したが、将来から顧みたとき、本書が私の到達点ではなく一経過点であったと思うことができればと願っている。

なお末尾ながら、本書の出版に際し、日本学術振興会から平成一四年度科学研究費補助金（研究成果公開促進費）の交付を受けた。関係各位に感謝申し上げたい。

（亡き父と九〇歳の母に感謝をこめて　二〇〇二年八月三一日　五三歳の日に）

汲古叢書

1	秦漢財政収入の研究	山田勝芳著	本体 16505円
2	宋代税政史研究	島居一康著	12621円
3	中国近代製糸業史の研究	曾田三郎著	12621円
4	明清華北定期市の研究	山根幸夫著	7282円
5	明清史論集	中山八郎著	12621円
6	明朝専制支配の史的構造	檀上　寛著	13592円
7	唐代両税法研究	船越泰次著	12621円
8	中国小説史研究－水滸伝を中心として－	中鉢雅量著	8252円
9	唐宋変革期農業社会史研究	大澤正昭著	8500円
10	中国古代の家と集落	堀　敏一著	14000円
11	元代江南政治社会史研究	植松　正著	13000円
12	明代建文朝史の研究	川越泰博著	13000円
13	司馬遷の研究	佐藤武敏著	12000円
14	唐の北方問題と国際秩序	石見清裕著	14000円
15	宋代兵制史の研究	小岩井弘光著	10000円
16	魏晋南北朝時代の民族問題	川本芳昭著	14000円
17	秦漢税役体系の研究	重近啓樹著	8000円
18	清代農業商業化の研究	田尻　利著	9000円
19	明代異国情報の研究	川越泰博著	5000円
20	明清江南市鎮社会史研究	川勝　守著	15000円
21	漢魏晋史の研究	多田狷介著	9000円
22	春秋戦国秦漢時代出土文字資料の研究	江村治樹著	22000円
23	明王朝中央統治機構の研究	阪倉篤秀著	7000円
24	漢帝国の成立と劉邦集団	李　開元著	9000円
25	宋元仏教文化史研究	竺沙雅章著	15000円
26	アヘン貿易論争－イギリスと中国－	新村容子著	8500円
27	明末の流賊反乱と地域社会	吉尾　寛著	10000円
28	宋代の皇帝権力と士大夫政治	王　瑞来著	12000円
29	明代北辺防衛体制の研究	松本隆晴著	6500円
30	中国工業合作運動史の研究	菊池一隆著	15000円
31	漢代都市機構の研究	佐原康夫著	13000円
32	中国近代江南の地主制研究	夏井春喜著	20000円
33	中国古代の聚落と地方行政	池田雄一著	15000円
34	周代国制の研究	松井嘉徳著	9000円
35	清代財政史研究	山本　進著	7000円
36	明代郷村の紛争と秩序	中島楽章著	10000円
37	明清時代華南地域史研究	松田吉郎著	15000円
38	明清官僚制の研究	和田正広著	22000円
39	唐末五代変革期の政治と経済	堀　敏一著	12000円

著者紹介

高橋　芳郎（たかはし　よしろう）
1949年　宮城県に生まれる。
1972年　東北大学文学部卒業。
1975年　東北大学大学院文学研究科博士課程中退。
現　在　北海道大学大学院文学研究科教授。
博士（文学）。
主要著書　『宋-清身分法の研究』（北海道大学図書刊行会、2001年）

汲古叢書42

宋代中国の法制と社会

二〇〇二年九月三〇日　発行

著　者　高　橋　芳　郎
発行者　石　坂　叡　志
整版印刷　富　士　リ　プ　ロ

発行所　汲　古　書　院
〒102-0072 東京都千代田区飯田橋二-五-四
電　話　〇三（三二六五）九七六四
FAX　〇三（三二二二）一八四五

ISBN4-7629-2541-1　C3322

索　引

き

さ

た

ち

ひ

ふ

へ

ほ

中文提要

《宋代中國的法制與社會》

高橋芳郎 著作

本書中主要收集關於宋代法制度的論文。所收錄的論文大部分是直接論及法制與其周邊問題的，而我長久以來一直關心何謂中國人？ 中國又是怎樣的社會？ 這一點大概是我與許多中國史研究者的共通點。另外，了解中國社會，也應該可以了解日本社會與日本人，甚至可以了解我們自己，爲了達到上述的最高目標，選擇研究各方面的專門，假如以解決論題爲最高目標，那只是好奇者的嗜好。可惜，本書並沒有提及我概念上的中國史，或提示得並不理想，若讀者能從我論文上了解我想要表達的意思，那將是我的榮幸。

第一部收集關於宋代的法制與社會之論文。

第一章論述在主客戶制度中基本的主戶和客戶的概念。在宋朝稅役制度中作爲基礎的主客戶制度，照課稅對象的財產分量，將主戶分爲五種階層，將無稅產但可以徵用爲勞動者的客戶分配在其下。依照兩稅法的資產對應課賦之課稅原則，主戶與客戶之區別在於是否爲兩稅負擔者。由徭役徵用方面來看，丁男的勞動力並不均等，而是以擁有資產的多寡來決定的不同負擔能力的勞動力。也就是說，依徭役徵用來看，被分爲具有五階段資產的丁男與只具有勞動力的丁男之區別，變成主戶與客戶的差異。主客戶制與戶等制在宋代之所以具有深遠的意義之原因，如本書附錄一所述，因爲國家所徵收的稅役採取各種不同的形態。後代隨著稅役統一以貨幣的形態徵收，主客戶制與戶等制逐漸失去了歷史上的意義。

第二章及第三章探討何謂宋代官田的「立價交佃」和「資陪」交易，及其歷史地位如何。隨著兩稅法的實行，也同時進行私人土地所有合法化，必然也造成階層的分化。所有權歸於國家的官田，實際的情況絕不可能都一

樣，不僅關於土地經營的實際情況方面，在「所有權」的實際情況上亦同。國家不干預土地經營，讓人戶耕作而徵收租課的官田，在如此的官田，人戶產生己業意識，卽使是非法，也會典賣官田；另外，具有某種特殊來歷的官田，國家本身允許人戶典賣官田，這就是宋代已經合法化的官田典賣，被稱爲「立價交佃」、「資陪」，名目上的所有權屬於國家，事實上所有權歸屬於耕作者，這種官田隨著元代、明代、清代以降，逐漸擴大普及。另一方面，以宋代土地交易上常有的先典當土地，然後再賣掉，也就是「先典後賣」的事例來看，開始出現於業主的土地中，「典業」（典當的部份）賣給典主，「骨」和「根」（業主的回贖權或典當之後賣掉的部份）賣給另外的人戶這種事例。典業和骨、根各個獨立交易的事態，這不僅顯示兩個物權設定在同一個土地上，也成爲維持後來一田兩主制觀念的基礎。

第四章探討長江下游地帶的水利慣行。因爲成長的環境是在日本東北山村的關係，所以我常常可以親身體會我國村落的共同體慣行，也就是農業再生產過程中的村落參與、婚喪喜慶的互相扶助、河川與道路的修復、村落中解決糾紛的方法、祭祀和娛樂活動的舉辦等等。不過，當我接觸關於宋代中國社會史料時，如上所述對於「村落」所抱持的觀念完全行不通，強烈地感受到非得捨去以往所抱持的固定觀念不可。沒有我所經驗的共同體關係之社會，是如何能夠再生產？ 如何的社會關係與秩序足以取代共同體關係之問題，不僅是闡明中國史、中國社會的關鍵，還有助於了解文明社會的諸形態。

第五章，討論宋代抗租鬥爭。抗租鬥爭是延續第二次世界大戰後，有關階級鬥爭史、農民戰爭史的研究熱潮，所累積而來的研究領域。本章是以1980年夏天，在北海道大學舉辦的「抗租鬥爭的諸問題」研討會所發表的文稿爲基礎。這個研討會後來成爲「明清史夏天集訓會」出現的契機，隔年由名古屋大學以「對於地域社會的視點」爲題而舉辦。之後正如衆所周知，地域社會論對我國的中國史、尤其是明清史研究有很大的影響，後來的研究者大概是把1980年與1981年的研究會當作對比，而將我國的中國史研究總結爲由階級鬥爭史觀演變爲地域社會論。由現象上來看，這並沒有錯，不過，以

抗租鬥爭爲中心的階級鬥爭史研究，沒有得到明確的總結而被毅然捨棄，像是在時代的潮流之中將舊衣服換掉似地被遺忘。但是，我認爲並不是階級分析不適合中國史研究，而是我們就中國史文脈進行階級分析的方法尚未成熟。

第六章，是我在身份制研究的過程中所寫出的小論文。大概大家都已經知道，中國史上的竊盜罪，若是強盜的話一定是處以極刑；不過，家屬和親屬內竊盜罪的刑罰，卻比一般竊盜罪還來得輕，本章針對起因作探討，而主張以同居共財及造成同居共財消失的家產分割等，中國人一貫的經濟關係爲基礎。何謂罪、對於怎樣的罪有如何的刑罰之問題，是依人們的法律意識，即其價值觀和時代的變化而有差異，若是如此，刑罰史研究就是某種社會的秩序與價值觀的研究，而其樂趣即在於此，困難點亦在於此。

第七章，探討宋代審判制度中的務限之法與茶食人。宋代審判制度由於前輩的努力，大概已經闡明了，但是尙留有幾個論點需要研究明白，本章只是其初步嘗試。

第七章的附論，一方面評論植松正氏的論考，一方面再次確認自己在第七章有關務限之法的主張。

第八章是爲了書籍解題而執筆的。1983年在中國發現《名公書判淸明集》（北京圖書館的十卷本、上海圖書館的十四卷本）的消息，第二年傳到日本，因爲我對《淸明集》有很強烈的興趣，於是趁著1984年在上海復旦大學留學時，首先到上海圖書館申請閱覽明版，因此得以允許閱覽微捲，雖然無法取得複印或微捲拷貝版本，但是一部份可以翻拍成照片。我帶著雀躍的心情申請沖洗和宋版沒有重複的部份（我已讀過宋版，所以大概知道那些部份與宋版重複）。我帶回來的照片，由梅原郁先生加以複印，並贈送給京都大學人文科學研究所與東京大學東洋文化研究所，因此，由1985年開始，在日本也可以閱覽明版的《淸明集》。不過，1987年由中華書局出版點校排印本，並且近年上海圖書館可以自由影印，所以我帶回來的《淸明集》照片版應該可以功成身退了。不過即使如此，我現在仍然對於第一次看到明版微捲時的感動記憶猶新。後來1985年春天在北京圖書館，還有1995年春天在上海

圖書館都有機會親眼閱覽明本，我對《清明集》有許多這種愉快的回憶，現在還對本書覺得難以忘懷。現在還有疑問的是，關於上海圖書館收藏的《清明集》，其加以校訂的人與其人物收藏的版本，在上海圖書館本加以校訂的人物，很清楚地是一邊看著和上海圖書館本不同的版本，一邊進行校訂。因此，在本章中進行關於《清明集》版本的繼承問題之考察，但其中之一還存在的可能性仍然不能否定，假如其版本出現的話，關於《清明集》的文獻目錄學的見識將會有很大的助益，今後的發展值得期待。

第九章，關於已經論戰很久的南宋女性財產權略陳己見。在宋代已經出現許多民事立法，在審判的記錄上留有很多例子，有關女子有繼承財產的權利之立法問題也是其中的一部份。宋代爲什麼有那麼多的立法出現？ 這一點被認爲是作宋代史研究時的重要論點。不過，我認爲大部分的這種民法，是作爲統一運用行政的手段，或爲了防止官僚的胡作非爲而制定的，換句話說，是爲了行政上的效率化與省力化爲目標的，所以，本來就沒有法律上保護民眾權利的目的。對於本章的論點，已受到一些批評，不過我依然沒有修改在本章所提出的結論之想法。

第十章探討在唐宋代已經存在的、明律中與有名的「威逼人致死」這一條相關的法律。本章與第九章一樣依靠《清明集》史料，何謂罪的概念，因民族與時代而異，自殺的誘因這個問題正好可以當作恰當的事例。一般而言，將自殺的誘因認定爲犯罪，是舊中國獨特的想法，並且將自殺的誘因當成犯罪的是漢民族，其證據是元朝時自殺的誘因沒有被認爲是犯罪。將自殺的誘因當成犯罪的法律概念，在現代中國的刑罰上也可以看到一部份，不自然的死或自殺之類的行爲，還被當成刑事上的責任問題，這種態度顯示出中國人對生命的價值觀，以及中國人的正義與法律，即人權觀。

第十章的附論，是由於滋賀秀三先生的指教而啟發的，試圖對於第十章的論點有所加强。即敘述將自殺的誘因認定爲犯罪的法律概念，在唐律中明確地記載著，而且東漢以後的史書中亦可略窺其痕跡。

第二部收集與本書書名上所提到的「宋代」或「法制與社會」沒有直接

關聯的文章，因此取名爲雜纂。

第十一章是藉由有名的《水滸傳》主角宋江的歷史像，來介紹日中的研究史。因爲文化大革命剛結束不久的關係，中國人對於歷史上宋江的研究，我國研究者幾乎沒有人關心，而本章卽是介紹那些研究的。中國長久以來，庶民都是只能靠戲劇與傳說故事，才有接觸本國歷史的機會，以《三國演義》爲其代表。宋江爲歷史上的實際人物，不過，歷史上的宋江是盜賊頭目，其實不太有影響力，而且現在存留下來關於宋江的史料只是少數的片斷，也許這一點是《水滸傳》中的宋江不夠生動活潑的原因。

第十二章介紹上海圖書館所藏的《著存文卷集》。我對中國的判牘有興趣，1989年訪問上海圖書館時有機會閱覽正本。個人的判牘有很多被收錄在他們的文集中，近年徽州文書中的判牘亦有被介紹和廣爲利用，但出版像這個史料一般受到爭議的史料卻很少見。

第十三章是介紹我參加森正夫先生爲團長的名古屋大學調查團時，調查上海市青浦縣朱家角鎭時之記錄。這次調查使我體會到現代中國獨特的人民調解委員會制度，其實與中國傳統的紛爭處理機關、處理方法有歷史性關聯。

附錄二篇是對於柳田節子女士著作之書評。雖然是書評、或者因爲是書評，其中有些部份論述我個人對於宋史直率的看法，所以收錄在本書中。